In Gedenken an
Koen Resodikromo,
einen Freund, der
durch Bürgerkrieg und Mord
sich selbst und seine Familie verlor.
Ich werde Dich und Imelda nie vergessen.
Vielen Dank für die schönen Stunden mit Euch.

Bernhard Conrad wurde 1961 in Saarbrücken geboren. In den 80er- und 90er Jahren war er aktiver Teil der Hausbesetzer- und Protestbewegung. Er war der erste Totalverweigerer in Deutschland, der nicht zu einer Gefängnisstrafe verurteilt wurde.

Seine Reisen führten ihn insbesondere nach Südamerika, wo er mehrere Jahre in Französisch-Guayana auf einem Segelschiff lebte. Er hielt sich mehrmals während des dortigen Bürgerkrieges in Suriname auf. Mit seiner Familie lebte er später einige Jahre in der Ukraine und wurde dort Zeuge der „Orangenen Revolution“. Inzwischen befindet sich sein Lebensmittelpunkt im Südwesten Deutschlands.

Er ist Verfasser mehrerer erfolgreicher Reiseführer, einer Anthologie mit Kurzgeschichten über die Guyanas sowie eines Foto-Kunstbandes. Weiterhin veranstaltet er international erfolgreich Fotoausstellungen, zu denen er die Texte beisteuert.

In seinem Leben kam er mehrmals mit Gewalt in Berührung, mußte miterleben, wie Menschen gewaltsam starben, wurde von Polizisten und Militärs verschiedener Länder mit der Waffe bedroht. In persönlichen Gesprächen mit Opfern von Gewalt, Folter und Verfolgung konnte er sich in diese Thematik, mit der er sich bereits während seines Studiums über Marquis de Sade auseinandergesetzt hatte, vertiefen.

Inhalt

Vorwort

Wichtiger Hinweis:
Teile dieses Romans sind für Kinder, Jugendliche sowie sensible Menschen eher ungeeignet.

La Libertad ist eine Reisebeschreibung, doch die Reise geht nach innen, beginnt zwar mit klar umrissenen Abenteuern in einem eindeutig zu erkennenden Land, doch sie setzt sich fort in der Selbstfindung eines gepeinigten Menschen, dessen Befreiung sowohl äußerliche als auch innerliche Züge an sich hat. Aus diesem Grunde sind die Darstellungen der Gebiete, die der Held durchwandert, nur zu Anfang und am Ende, dort, wo seine Reise einen äußerlichen Charakter hat, klar zu erkennen. Während seiner inneren Reise treten die äußerlichen Attribute seines Aufenthalts dagegen zurück, sind nicht Bestandteil seiner Reise in die Freiheit.

Die Reise des Helden findet in keinem eindeutigen historischen Kontext statt. Aus diesem Grunde sind verschiedene historische Ereignisse und reale geographische Gegebenheiten ineinander verwoben. Die Darstellungen Französisch-Guayanas und Brasiliens entsprechen etwa den Zuständen in diesen Ländern um 1988, der Bürgerkrieg in Suriname fand in den Jahren 1986 bis 1992 statt, die argentinische Militärjunta herrschte von 1976 bis 1983. Ich selbst hielt mich ab 1987 für mehrere Jahre in Südamerika auf, und bereiste in der Entstehungszeit dieses Romans neben Französisch-Guayana und Suriname auch Brasilien, Argentinien und Paraguay. Diese historischen Verquickungen finden in einem imaginären Putsch nach dem zweiten Golfkrieg ihren Höhepunkt.

Das Land des Putsches ist beliebig gewählt, erhebt keinen Anspruch auf die Darstellung einer realen Gefahr in diesem Land. Ebenso sind die geschilderten Menschen frei erfunden, sofern sie nicht als historische Personen kenntlich gemacht wurden. Die Qualen dagegen, die der Held erleiden muss, sind nicht gänzlich erfunden. Folter wie die geschilderte, gab und gibt es immer wieder! Die Helden aus La Libertad könnten überall leben, ihnen könnten überall dieselben

Leiden widerfahren, ihre Befreiung würde überall denselben inneren Schmerz heraufbeschwören, denn:

Freiheit muss erkämpft werden!

Cayenne, Îles du Salut, Kourou, Saint-Laurent-du-Maroni, Saül, Stoupan, Yalimapo (Französisch-Guayana); Galibi, Nieuw Nickerie, Paramaribo, Santigron (Suriname); Alcântara, Bélem, Foz do Iguaçu, Macapa, Olinda, Recife, Rio de Janeiro (Brasilien); Puerto Iguazú (Argentinien); L´viv (Ukraine); Salem, Hamburg, Wittstock, Fischbachtal, Viernheim und Worms; 1987 – 2019

Reise in den Tod

Die Flucht

Aufbruch

Als die Reise begann war er aufgeregt. Damals in Paris. Es würde seine erste Reise in die Tropen werden. Alleine. Seine Freundin hatte ihn verlassen. Warum? Ihm war klar, dass er nie ganz den Grund für die Trennung finden würde. Seine Freundin hatte ihn verlassen, weil... Warum? Immer wieder stellte er sich diese Frage. Keine Antwort. Nicht jetzt, da er bereits im Flugzeug saß, und nicht zuvor.

Seine Reise begann an einem kalten, regnerischen Wintertag. Die dunklen Wolken passten zu seiner Stimmung. Trübe hing er seinen Gedanken nach, trübe, dass ihm zum Kotzen war. Wieder und wieder dachte er an sie, an all jene Augenblicke, von denen er glaubte, dass sie davon zusammengeschweißt würden für ein trügerisches Immer. Er hatte sie verloren und konnte es einfach nicht begreifen. Er hatte geglaubt, sie zu kennen, doch nun war er schockiert. Deshalb diese Flucht. Eine Flucht, die ihn soweit wie möglich von ihr reißen sollte.

Zuerst aus dem kalten Deutschland in das etwas wärmere Paris. Doch auch Paris war absolut passend für seine Stimmung: Die Menschen vom Wetter unfreundlich, seine Schuhe durchnässt und am Himmel keine Sonnenstrahlen - von Liebe allemal keine Spur! Hätte er umkehren sollen? Er wusste nicht, was ihn auf der anderen Seite des Meeres erwarten würde, wusste nicht, ob er sich dort ablenken könnte, wusste nicht, ob seine Flucht erfolgreich sein würde. Nichts wusste er. Seine Flucht war improvisiert wie sein Leben - immer nur im Jetzt, sich selten fragend, was wohl danach käme. Vielleicht hatte sie ihn deshalb verlassen. Vielleicht. In diesen Momenten war er voller Zweifel.

Er war noch recht jung. Mitte zwanzig, keine Schönheit, aber auch nicht schlecht gebaut. Seine Hakennase störte ihn gelegentlich, aber das machte er mit seiner guten Kleidung und mit seinen immer auf dem neuesten Stand frisierten Haaren wieder wett. Er war möglicherweise kein Frauenheld, aber die Frauen mochten ihn. Sportlich-elegant wäre eine gute Umschreibung seiner Erscheinung gewesen. Sein Leben war bisher recht einfach verlaufen: Schule, Studium der Philosophie, diverse Sprachen erlernen, jobben - einige Freundinnen, dann sie, die er wirklich liebte - seine Eltern, die ihn unterstützten, ihm ein relativ sorgenfreies Leben gönnten. Er war nicht reich, hatte jedoch genug Geld von ihnen erhalten, um diese Flucht zu bewerkstelligen.

"Spann dich ein bisschen aus, versuch sie zu vergessen“,

hatte seine Mutter gesagt, und sein Vater fügte in einer ruhigen Minute, verschmitzt grinsend hinzu:

"Und lass´ da drüben nichts anbrennen, Junge! Die Frauen sollen da ja ganz toll sein!"

So waren seine Eltern: liebevoll um sein Wohlergehen bemüht. Schon immer waren sie so gewesen, hatten seine ersten Liebesabenteuer mit stoischer Gelassenheit aufgenommen, seine Haschischeskapaden für ihn bei der Polizei grade gebogen, das zu Schrott gefahrene Auto des Vaters verziehen - obwohl da doch Unruhe aufkam -, und nur einmal gab es einige kleine Probleme, als er sich kurzzeitig für politische Ziele einsetzte, die so gar nicht in das gutbürgerliche Bild der Eltern zu passen schienen - aber das war eine kurze Episode, die er schnell hinter sich ließ.

Und dann kam sie, seine große Liebe. Über Jahre ging alles gut, sie zogen zusammen und hätten vielleicht sogar bald heiraten wollen. Doch dann... hatte sie einen anderen kennen gelernt? War es das? War sie ihm untreu geworden, weil er unfähig war, sie wirklich an sich zu binden? Er wusste es nicht, konnte es nicht verstehen, wollte es nicht verstehen!

Er lief weg. Wie immer lief er weg. Hatte er jemals etwas anderes gelernt? Und bei der Flucht halfen ihm seine Eltern, wie sie es immer getan hatten. Sie waren seine wahren Komplizen, jene, die ihm halfen alles zu verdrängen, auch seinen Schmerz.

Nun saß er im Flugzeug, auf dem Weg in ein vermeintliches, aber begrenztes Abenteuer. Nicht zu viel Abenteuer! Es sollte alles gesittet bleiben, bloß kein Risiko! Cayenne, jene Kleinstadt am Ende der Welt. Das klang gut und war trotzdem noch Europa. Es war weit weg und doch nah genug, dass die Zivilisation ihn nicht verlassen würde. Von dort wollte er dann weiter Richtung Süden, nach Rio, wo er auf Frauen hoffte. Das Abenteuer dieser Reise sollte die richtige Mischung haben! Ihn insbesondere ablenken. Das war es, was er sich wünschte und weswegen er diese Destination gewählt hatte. Flucht durch Ablenkung. Vergessen durch Flucht.

Ankunft

Als er im Anflug auf Cayenne war, jener noch immer etwas verschlafen wirkenden Metropole Französisch-Guayanas, sah er zuerst nur das endlose Grün des Waldes, durchschnitten von mittelbreiten, braunen Flüssen, in das sich, Parasiten gleich, eine recht kleine Siedlung eingenistet hatte, direkt am Ufer des großen Meeres. Das Flugzeug hatte dieses Nest so schnell überflogen, dass er sich nur noch an die schachbrettartig angeordneten Straßen erinnern konnte. Der viele Verkehr auf diesen Straßen erstaunte ihn allerdings. Schließlich setzte der Jumbo scheinbar direkt im Urwald auf, und als er ausstieg, umklammerte ihn die schwülheiße Luft, dass es ihm den Atem raubte. Sein Hemd war in Sekunden durchnässt. Es nieselte jenes berühmte guyanesische Nieseln, welches, so hatte er gehört, manchmal nie enden wollte und die Menschen über Wochen terrorisierte. Er hoffte, dass dies ein Gerücht bliebe. Als er zu Fuß auf die Eingangshalle eines größeren Dorfflughafens zuging, begegnete sein Blick dem Modell einer Ariane-Rakete. Er musste lächeln, denn es erinnerte ihn daran, dass er noch immer in Europa war, wenn auch nicht wirklich. Aber für ihn war es ein Fixpunkt, an dem er sich erst einmal festhalten konnte. Innerhalb von Sekunden hatte sich die Welt für ihn verändert, die Temperaturen, die Geräusche, die Farben und vor allem die Gerüche. Es war eine Orgie für seine Nase, er glaubte sich schon jetzt im Sog der guyanesischen Tropenluft zu verlieren. Das ging entschieden zu schnell für ihn! Daher benötigte er dringend diesen Fixpunkt, dieses Modell der Rakete, diese Erinnerung an zuhause. Dann war er durch die Zollkontrollen durch, betrat eine Wartehalle, aus der man ohne Umschweife direkt ins Freie treten konnte und in der neben den vielen wartenden Menschen lediglich die Unmengen von Autovermietern auffielen.

Als er durch die sich automatisch öffnende Schiebetür getreten war, sah er sofort jenen europäisch gekleideten, untersetzten Indianer, von dem er wusste, dass er ihn abholen würde. Seine Flucht war gut vorbereitet, er würde nur wenig dem Zufall überlassen! Natürlich war er nicht gänzlich unvorbereitet hierher gekommen, hatte für Kontakte gesorgt, und wusste, dass dieser Mann, der eher wie ein Asiat aussah, auf ihn wartete. Sie begrüßten sich, Fremde jetzt und in Zukunft. Dieser Mann war der Häuptling eines kleinen Indianerdorfes der Galibi an der Mündung des Maroni. Häuptling? Er war enttäuscht! Kein Federschmuck, kein Lendenschurz, nichts! Stattdessen ein typischer Europäer, der ihn in perfektem Französisch begrüßte. Sie mussten noch etwas warten, denn noch ein weiterer Europäer würde zu ihnen stoßen. Als er schließlich den Holländer erblickte, wusste er sofort, dass hier ein Survival erprobter Kämpfer vor ihm stand. Die mehr als zweihundert Kilo Gepäck des Holländers und sein Rucksack wurden auf die Pritsche eines heruntergekommenen Toyotas gehievt und schon begann die Fahrt in die Nacht.

Er hatte wenig Zeit, die anderen kennen zu lernen. Die erste Etappe würde nur bis nach Kourou führen, wo sie die Nacht bei einer indianischen Familie verbringen sollten. Und wieder eine Enttäuschung für ihn, denn an Stelle einer Indianerhütte wurden sie in einer kleinen Betonwohnung in einem Betonwohnblock unweit der Fremdenlegion untergebracht. Das marode Europa grüßte seine unehelichen Kinder ... Seine Enttäuschung hätte kaum größer sein können! Wo war bloß das erhoffte Abenteuer, jener Kitzel, der ihm zur Flucht verhelfen sollte?

Sie hatten Hunger und gingen noch mal auf die Straße, hin zu einer kleinen Imbissbude, an der sich junge Kreolen zur lauten Reggae-Musik bewegten und ihn schief beäugten. Da half ihm auch nicht die Begleitung der Indianer, oder war die etwa eher hinderlich? Er wusste es nicht so recht, hatte jedoch das ungute Gefühl, nicht sonderlich willkommen zu sein. Und dann waren da noch die Millionen von Moskitos, die ihn zu hassen schienen: Sie fielen über ihn her, blutrünstig und ohne Erbarmen. Er war schließlich froh, als ihn die Betonmauern der kleinen Wohnung umschlossen, gleich einer muffigen Höhle, die trotzdem ein wenig Sicherheit bot. Und schließlich, kurz bevor er erschöpft in einen traumlosen Schlaf fiel, war er seltsam überrascht, als er die gut sortierte Bibliothek des Hausherrn im Bücherregal entdeckte, die mehr Bildung erkennen ließ, als dies bei seinen Eltern je der Fall gewesen war.

Yalimapo

Als sie nach strapaziöser Fahrt über die pistenähnliche Route Nationale 1 von Kourou über St-Laurent-du-Maroni in dem kleinen Galibi-Dorf Yalimapo ankamen, war es bereits später Nachmittag. Das Rund der offenen Indianercarbets begrüßte ihn ebenso wie die Myriaden von Moskitos, die hier besonders blutgierig zu sein schienen. Unweit des "Zentrums", welches von einem "Ronde Point" gebildet wurde, befanden sich die alten Gemäuer eines ehemaligen Sträflingslagers, welches nunmehr als Brutstation für Riesenschildkröten diente. Hier würde er die ersten Tage im Lande verbringen.

Er merkte sofort, dass ihn die Regenbogenleute[1], die den Holländer überschwänglich als hilfreiche Verstärkung begrüßten, nicht mochten - doch sie mussten die Einquartierung hinnehmen, wenn sie weiter im Dorf arbeiten wollten. Sein Glück also, zumindest was die Übernachtung angehen würde. Die Indianer selbst verhielten sich äußerst zurückhaltend, beobachteten ihn, waren jedoch höflich und nicht so abweisend wie die Europäer. Immerhin war er nicht mehr ganz so sehr enttäuscht wie noch am Vorabend, denn zumindest ein Teil des Dorfes schien schon eher von Abenteuer zu berichten.

Der Strand war himmlisch und fast menschenleer, die drei riesigen Palmen am Dorfrand wedelten ihm gute Laune entgegen und die Wogen des Meeres ließen ihn eine Weite verspüren, die er noch nie erlebt hatte. Er hatte die Brutstation schnell wieder verlassen, denn keiner der Europäer schien an ihm Interesse zu haben. So wanderte er jetzt am Ufer entlang, die Ruhe genießend. Nach nicht allzu langer Zeit merkte er, dass ihm eine völlig verlauste Hündin folgte, auf drei Beinen humpelnd und ein Auge eitrig verschmiert. Sie war ein Häuflein Elend, doch er verliebte sich augenblicklich in sie. Sie würde ihm die nächsten Tage auf Schritt und Tritt folgen, das spürte er schon jetzt. Doch ihre Tage waren gezählt, auch das konnte er fühlen, denn Krankheit und Verwesung lagen über ihr, wie eine Vorahnung dessen, was noch auf ihn wartete.

Er kehrte um, hin zur Brutstation, wo helle Aufregung in

---

[1] Anspielung auf ein Greenpeace-Projekt zur Rettung der Lederschildkröten in diesem Dorf

der Luft hing. Im Nachbardorf war eine Riesenschildkröte in ein Fischernetz geraten. Wollte man sie retten, so war Eile geboten. Da einige der Regenbogenleute auf Patrouille waren, wurde schließlich auch er um Mithilfe gebeten, die er willig zu geben bereit war, da er sich dadurch ein besseres Verhältnis zu den anderen erhoffte und gleich in ein Abenteuer gerissen würde, was ihn in seiner Flucht, dem Vergessen wollen, helfen würde.

Schon wenige Minuten später erreichten der Holländer, eine Französin, der Dorfhäuptling und er den Strand von Awala, einer größeren Siedlung an der Mündung des Mana. Eine starke Strömung riss an dem riesigen Fischernetz der Indianer, die bereits am Strand warteten, in den Händen die Macheten, mit denen sie notfalls der Lederschildkröte die Flossen abhacken würden, damit das Netz nicht zerstört würde. Auf der anderen Seite der einige hundert Meter breiten Flussmündung lag die verlassene Landzunge der Pointe d'Isère, die vom Meer unaufhörlich abgetragen wurde. Es wehte ein heftiger aber warmer Wind. Die Szene wirkte seltsam vertraut auf ihn. Gemeinsam suchten Sie den Fluss ab und entdeckten schließlich für einen kurzen Augenblick den Kopf der Schildkröte. Nach einem kurzen Palaver wurde schließlich eine Piroge bereitgestellt und die vier paddelten zu jener Stelle, wo sie auf das erneute Auftauchen warten wollten. Für ihn war es das erste Mal, dass er in einer Piroge saß, das erste Mal auf einem Fluss wie diesem und das erste Abenteuer überhaupt. Er dachte nicht daran. Die Unausweichlichkeit des Notwendigen hinderte ihn am Denken. Er war wie eine Marionette, die von äußeren Zwängen bewegt wurde. In der Zwischenzeit hatte sich am Ufer ganz Awala versammelt, man schmunzelte, lachte, zeigte und gab Kommentare unbestimmbaren Wertes.

Schließlich erreichten sie die Stelle, an der die Schildkröte zuletzt aufgetaucht war. Stille. Leichte Paddelstiche stabilisierten die Lage der Piroge. Während der Holländer und der Häuptling die Wasseroberfläche absuchten, versuchten die Französin und er das Boot auf der Stelle zu halten. Die

Ruhe zerrte an den Nerven. Jeden Augenblick musste die Lederschildkröte auftauchen. Da! Nur wenige Meter entfernt blähte sich der schwarze, ledrige Panzer aus dem Wasser. Hektik entstand. Sie paddelten zu der Stelle, das Tier war weggetaucht, sie folgten und am Ende einer kurzen Jagd hatten sie den stromlinienförmigen Körper der Aitikanti[2] erreicht. Unmittelbar neben ihm tauchte unvermittelt der mächtige Kopf aus der Strömung auf, und scheinbar Millionen Jahre alte Augen blickten ihn fragend an, während sich ihr urtümlich monströs gezackter Mund mit einem erstickten Rülpser öffnete und sich ihm das Weiß des Mauls auftat. Sie war aufgeregt, ebenso er. Es roch nach Schweiß und sein T-Shirt klebte an ihm. Eine Flosse des Tieres war im Netz verhakt. Wild schlug diese Flosse nun auf das Wasser auf. Die Luth[3] wollte wegtauchen, doch der Holländer hatte sie inzwischen am Panzer gepackt, so dass sich ein unbändiger Kampf entwickelte. Ihm wurde in diesem Augenblick nicht bewusst, dass die kleinwagenschwere Schildkröte mit Leichtigkeit das Boot hätte zum Kentern bringen könne. Doch sie wollte nur Fliehen, in Ruhe gelassen werden. War sie da nicht ebenso gefangen wie er selbst? Doch er hatte keine Zeit für solche Gedanken - die kamen ihm erst später. Schließlich trat nach einigen Minuten eine Ruhepause bei ihr ein, woraufhin ihr sofort ein Tau umgelegt wurde, womit man sie an Land ziehen wollte. Nachdem die Aitikanti endlich weggetaucht war, paddelten sie zurück ans Ufer, wo alles akribisch beobachtet wurde. Doch der Versuch, die Lederschildkröte an Land zu ziehen, misslang, denn sie war viel zu stark für die Männer und das Auto konnte nicht richtig in Position gebracht werden.

Also, wieder raus. Immer noch dachte er keine Sekunde nach. Er war wie im Rausch, gefangen von einer Rettungsaktion, die ihn eigentlich nichts anging. Zu dritt paddelten sie zu der wild um sich schlagenden Schildkröte. Laut tra-

---

2 surinamisch für Lederschildkröte, wörtlich etwa „Achtzackige"

3 französisch für Lederschildkröte, eigentlich „Tortue Luth"

fen ihre Flossen auf das Wasser. Ein seltsamer Geruch stieg in seine Nase, urweltlich, ja, aus einer anderen Zeit. Diesmal hielt ein Indianer am Strand das Tau, während er versuchte das Netz kurz zu halten. Die Französin bemühte sich, das Boot zu stabilisieren und der Holländer rackerte sich ab, wenigstens einige Maschen von ihr zu lösen. Doch alles schien vergeblich. Die in Panik um sich schlagende Riesenschildkröte hatte die Piroge bereits bedrohlich mit Wasser gefüllt, ein Kentern schien unausweichlich. Unwillkürlich begann er beruhigende Worte zu sprechen, die für niemanden bestimmt waren und die auch niemand hörte. Inzwischen war der Häuptling zu ihnen geschwommen, hatte sich irgendwie ins Boot gehievt, und vereint gelang es ihnen doch noch irgendwie, sowohl das Tau als auch das Netz zu lösen. Sofort tauchte das Tier weg. Wenige Meter weiter erschien nochmals kurz ihr riesiger Kopf an der Wasseroberfläche, wirkte plötzlich klein und verloren in der Weite des Wassers.

Völlig durchnässt erreichten sie den Strand. Die Indianer verliefen sich. Langsam kam er zur Ruhe, seine Gedanken fanden sich wieder. Er war glücklich. Nicht so sehr, weil er einer Schildkröte das Leben gerettet hatte, auch nicht, weil er jetzt für einige Zeit im Camp der Brutstation nicht mehr ganz so isoliert sein würde, sondern vielmehr, weil er den Wert seiner Nützlichkeit, seiner Mithilfe erkannte, sich nicht mehr sinnverloren in dieser Welt vorkam. Noch lange würde er sich genau jener kalten Cola erinnern, die er, wie zur Belohnung, genussvoll im Beisein der erzählenden Indianer schlürfte.

Am Abend lag er gedankenverloren in seiner Hängematte und hörte die Berichte des Holländers und der Französin. Schließlich kam einer der Regenbogenleute zu ihm und sagte, er solle doch kommen, einen 'Ti Punch[4] mit ihnen zu trinken. Wenige Stunden später schaukelte er angeheitert in seiner Matte, froh, neue Freunde gefunden zu haben, die er noch vor Stunden nicht gekannt hatte. Seine Gedanken

---

[4] „kleiner Punsch“: Rum mit Zuckerrohrsirup und Limette

waren zum ersten Mal seit Wochen nicht mehr trübe und wolkenverhangen, hatten ein Ziel gefunden, wenn auch nur ein vorübergehendes.

Camp de la Transportation

Nur wenige Tage später wurde er eingeladen, mit zwei Indianerinnen und dem Häuptling nach St-Laurent-du-Maroni zu fahren, jener ehemaligen Verwaltungshauptstadt des Bagno[5]. Die Fahrt im Toyota war wie immer holperig, insbesondere, da er auf der Pritsche sitzen musste. Neben ihm saß eine alte Indianerin unbestimmbaren Alters, mit einer von der Sonne gegerbten Haut, die ledriger als eine Mumie zu sein schien und deren tiefe Furchen auf Hunderte von Jahren der Erfahrung zu zeigen schienen. Ebenso wie ihn durchzuckte sie jede Unebenheit der Straße. Er jedoch wagte nicht, sie anzusehen, denn er war fest davon überzeugt, dass sie ihn niemals verstehen könnte. Ihm gegenüber thronte dagegen ein Berg von einer Frau. Sie war die wahr gewordene Inkarnation all seiner Vorstellungen von einer Indianerfrau: Gelassen glichen ihre immensen Fettpolster jede noch so schlimme Unebenheit der Piste aus, ihr Gesicht verzog keine Mine, keine Furche verriet ihr Alter, kein Zucken ein Unwohlsein. Diese Frau ruhte in sich selbst wie ein Denkmal! Um den Hals dieser Statue lagen Glasperlenketten in solchen Massen, dass er sich unwillkürlich fragte, ob er jemals dieses Gewicht hätte tragen können. Und dann dieses Kleid! Zum ersten Mal sah er eine Indianerin in ihrer traditionellen Festtagskleidung: ein langes, blaues Baumwolltuch, besetzt mit mehreren Reihen handgearbeiteter Troddeln aus Baumwollfäden in den verschiedensten Farben. Auf dem Kopf krönte ein breites Perlenband die Schönheit dieser Frau, doch ihre Erdverbundenheit zeigte sie dadurch, dass sie barfuß war.

---

[5] Straflager (Gefängniskolonie): Französisch-Guayana war ab 1797 für Deportationen genutzt worden; das offizielle Bagno existierte von 1854 bis 1939

Noch immer in diesen Anblick vertieft bemerkte er nicht, wie sie durch die Vorboten St-Laurents fuhren, und erst als das Auto in einer Staubwolke vor einer großen Wellblechhütte hielt, realisierte er die Ankunft. Die Königin der Fahrt nickte ihm zu, erhob sich, als wäre sie aus einem Nickerchen erwacht und hüpfte zu seinem Erstaunen wie eine junge Gazelle von der Pritsche des Fahrzeugs. Er war wie versteinert. Diese Frau war mindestens dreimal so alt wie er und hatte dabei mehr Energie als er jemals besessen hatte - und sie war schön. Niemals hätte er geglaubt, eine solch füllige Frau als hübsch zu empfinden, niemals gar eine über sechzig Jährige als schön zu bezeichnen. Auch er erhob sich wie aus Trance, sprang schwerfällig wie ein Sack von der Pritsche, reichte der zweiten Indianerin die Hand, und diese schritt wie eine Majestät von dannen. War das ein Traum? Er war verwirrt und abgelenkt. Seit Tagen fühlte er, wie ein neues Leben von ihm Besitz ergriff, wie diese Welt ihn veränderte.

Unschlüssig stand er auf dem staubigen Hof. Alle waren gegangen, verliefen sich in der Siedlung, die den rechten Namen besaß: Paradies. Und da stand sie plötzlich vor ihm: ein kleines Mädchen, vielleicht sechs Jahre alt. Das Kindergesicht war wie gemalt, ein Gauguin der Tropen, eine Perle, die ihm den Atem raubte. Ihre großen schwarzen Augen blickten ihn mit einer Tiefe an, die ihn zu verschlingen drohte, die Lippen zeigten ein breites Lächeln und die Nase war so ebenmäßig, dass er sich wie ein Monster vorkam. Wenn die beiden alten Indianerinnen die Weisheit und die Ehre darstellten, so war dieses Mädchen die Unschuld. Und wie zum Beweis dafür hielt sie ein Bündel in den Armen, dunkel und behaart. Er fragte sich zuerst, was sie da wohl hätte, doch schon in diesem Augenblick drehte sich ein kleiner Kopf in seine Richtung, und aus den scheinbar lustigsten Clownsaugen der Welt blinzelte ihm ein Faultier-Baby zu. Er konnte es nicht glauben. Das war ein Witz oder ein schlechter Film; so etwas konnte nicht sein! Er kam sich vor wie in einem Traum, in einem Alice im Wunderland, welches ihn aus der realen Welt zu entführen drohte.

Der Tag bei den Indianern verging wie im Fluge und aus seinem Traum wachte er nicht auf. Schon wenige Tage später verließ er Yalimapo, wiederum in Richtung St-Laurent. Er hatte einen Franzosen kennen gelernt, der mit dem Motorrad unterwegs war. Patric, so hieß dieser Abenteurer, war ihm sympathisch, und sie hatten vereinbart, zusammen auf dem Maroni eine Flusstour zu unternehmen. Dafür würden sie sich im Toucan treffen, jenem Restaurant und Hotel gegenüber dem Krankenhaus und dem alten Camp de la Transportation, wo sich alle Europäer der Stadt trafen um Unmengen Bier zu vertilgen. Patric wartete mit guter Laune auf ihn. Es war früh am Morgen, ein französisches Frühstück würde genau das Richtige sein. Nach der guten Tasse Café au Lait mit einem noch knusprigen Baguette gingen sie gemeinsam zum Markt, der nur wenige Schritte entfernt lag.

Hier war ein Kommen und Gehen verschiedenster Hautfarben und die Sprachen hatten sich in ein babylonisches Meer von Tönen verwandelt - er verstand nichts und niemanden. Französisch gekleidete Kreolinnen suchten die Waren aus, daneben einige runtergekommene Europäer; ihnen gegenüber tiefschwarze Händlerinnen der Boni-Stämme[6] und bunt gekleidete laotische Hmong-Frauen[7], die überwiegend lebende Tiere und Gemüse anboten. Der Markt war nicht groß, aber er schien so intensiv zu Leben, dass er glaubte, in seinem Sog mitgerissen zu werden. Patric war schon länger in diesem Teil der Erde unterwegs und sah dem Gewoge mit Gelassenheit zu. Sie waren hier, um sich ein wenig Proviant zu besorgen, denn der Ausflug würde mindestens den ganzen Tag dauern.

Gemeinsam zogen sie danach durch die kleine Stadt, vorbei an der kolonialen Kirche, hin zur schneeweißen Unterprä-

---

[6] Die Boni (Aluku), entflohene Sklaven aus Suriname, wanderten im Zuge der dortigen Sklavenkriege (1680-1767) in Französisch-Guayana ein.

[7] Die Hmong, ein Bergvolk aus Laos, wanderten als Flüchtlinge des Vietnamkrieges 1979 in Französisch-Guayana ein.

fektur, weiter zum alten Hafen, wo eine künstliche Insel gegenüber dem Anlieger wuchs, da, wo die Bonifrauen ihre Kleider wuschen, und schließlich natürlich in die alten Gemäuer des Camp de la Transportation.

Zuerst gingen sie durch den Teil, wo ehedem die Neuankömmlinge gehaust hatten, jetzt jedoch Flüchtlinge aus Suriname zu finden waren, die jeden Touristen mit angespannter Mine beobachteten. Ihm war unklar, ob er nun Angst vor diesen Menschen haben müsste oder ob vielmehr diese Angst vor ihm hatten. Später am Tag erfuhr er dann, dass die Flüchtlinge jeden Tag mit ihrer Ausweisung aus dem rettenden Gefängnis St-Laurents rechnen mussten. Sie gingen außen an einer hohen Mauer entlang und erreichten schließlich eine unscheinbare Stahltüre, die schief in den Angeln hing. Vorsichtig lugten sie in das Dunkel des angrenzenden Raumes. Eine Art Foyer bildete die Mitte zwischen zwei riesigen Innenhöfen. Der Raum war voller Unrat und es stank erbärmlich nach menschlicher Scheiße. Zuerst wandten sie sich nach rechts. Patric ging vor, was ihm nur recht war, denn die Umgebung schien ein unschönes Abenteuer zu verheißen. Als sie wieder ins Freie traten, fand er einen dichten Urwald vor sich, der nicht nur den Innenhof ausfüllte, sondern sich auch auf den höher gelegenen Seitengängen ausbreitete und selbst von diversen Zellen Besitz ergriffen hatte. Patric kämpfte sich ins dichte Grün. Vorsichtig folgte er seinem Freund von Zelle zu Zelle. Die Düsterheit ergriff ihn, jede Zelle schien ihm Angst und Verzweiflung entgegen zu schreien. In einigen Räumen, die nur wenige Meter maßen, standen noch die Holzpritschen, so, als wollten sie ihn einladen, doch hier zu bleiben. Ihn fröstelte. Weiter. Weiter! Patric war in einer Zelle verschwunden.

"Hey, komm mal her."

Er war froh, die Stimme seines Freundes zu hören, folgte ihr, wie an einer Schnur gezogen. Patric stand im Dämmerlicht einer winzigen Zelle. Die Schlafpritsche war hochgeklappt, die Gitter vom Rost zerfressen und die Decke teilweise durch ein wild wachsendes Wurzelwerk in kleine Risse gesprengt. Patric wurde durch diese Risse wie ein Dämon von den Sonnenstrahlen gestreift.

"Sieh da.“

Patric zeigt mit seinem Messer, welches er immer bei sich trug, auf eine Gravur in der bemoosten Wand, die vom Wunsch der Freiheit sprach. An anderer Stelle fanden sie weitere Gravuren, diesmal von den Qualen der Folter entstellt. Er begann sich unwohl zu fühlen, wollte Patric jedoch nichts davon zeigen. Er musste weiter, war verzweifelt, denn seine Flucht schien nun in einer Sackgasse zu enden, gezeichnet von Folter und Tod. Endlich war er aus dieser Zelle entwichen, atmete tief durch als er in die Sonne trat, und folgte wie ein gehetztes Tier seinem Freund, der auf weitere Funde hoffte. Durch den Eingangsraum hindurch gelangten sie in den zweiten Innenhof, größer noch als der erste. Von hier aus rechts gesehen lagen die Blockhäuser vor ihnen, jene riesigen Sammelzellen, in denen Dutzende von Gefangenen auf ihren Kojen Platz gefunden hatten. Die Räume erschienen ihm menschlicher als die Einzelzellen, insbesondere, da mehr Licht in sie dringen konnte. Alles in allem erinnerten sie ihn jedoch eher an Kuhställe. Wieder auf dem Platz, entdeckten sie am Ende einen Brunnen und dahinter einen weiteren Durchgang zu einem kleineren Hof, an dessen Ende sich das alte Küchengebäude befand. Und es roch immer noch nach Essen. Er war verwundert, doch schließlich entdeckten sie den alten Boni, der hier zu hausen schien.

"Lass uns lieber von hier verschwinden," sagte Patric. "Es könnte sein, dass wir hier nicht sonderlich willkommen sind."

Also begannen sie einen Rückzug, der zumindest für ihn fast panisch endete, denn wie aus dem Nichts tauchte ein weiterer Boni auf, schwarz wie die Nacht und mit ebensolchen Augen.

"Nun Béké[8]?"

Die Stimme war dunkel und schien aus der Tiefe der Vergangenheit zu kommen. Der Mann sprach ein gebrochenes Französisch, durchmischt mit dem am Maroni üblichen Taki-Taki. Mit seinen wilden Augen blickte er die Beiden an, fragend und zugleich herausfordernd.

"Nun Béké, ihr hören die Fallen der Messermaschine, das Schreien der Bagnard[9]?"

Er verstand die Worte nicht, fühlte jedoch, dass es Zeit war, schnellstens zu verschwinden.

"Da sie stand und hackte euch die Köpfe ab!"

Seine schwielige Hand zeigte auf die Mitte des überwucherten Platzes und sein Zeigefinger tippte wie die Schneide der Guillotine auf den geschwollenen Daumen. Als er zu Laufen begann, versuchte Patric ihn noch zu halten, doch das abgrundtiefe Lachen des Schwarzen hetzte ihn wie eine Beute durch die Eisentür ins Freie.

Keuchend stand er vor dem alten Gefängnisgebäude, wartete auf Patric, der besonnener den Rückzug angetreten hatte. Als er aufblickte, sah er Unwillen in Patric's Gesicht.

"Du darfst so was nicht tun, mein Lieber. Hier kannst du nicht weglaufen! Du kannst dich zurückziehen, aber du darfst niemals Angst zeigen, sonst bist du verloren!"

Er nickte zwar zu diesen Worten, jedoch ohne jeden Glauben. Schließlich drehte er sich um und blickte direkt in die toten Augen eines Surinamer, der in einer blutigen Uniform gegenüber dem Eingang an eine Mauer gelehnt lag, die Arme herunterhängend, den Kopf zur Seite

---

8 Schimpfwort für Weiße, bezeichnete früher einen weißen Kolonialherren

9 Sträfling

geneigt, die Beine ausgestreckt. Ihm gefror sein Blut. Das konnte nicht sein, nicht hier, nicht in diesem Zipfel Europas! Um den Hals des Mannes hing ein blutbeflecktes Schild:

„Mörder!"

Wieder schien er in Panik zu geraten, hoffte auf die Hilfe Patric's. Doch dieser blickte gelassen an ihm vorbei auf die Gestalt an der Mauer und nickte mit seinem Kopf in diese Richtung. Wieder drehte er sich um und blickte in das böse Grinsen des scheinbar Toten.

Maroni

Patric und er machten sich schließlich auf den Weg zu jener kleinen Bonisiedlung am Rande St-Laurents, direkt am großen Fluss, wo Hütte an Hütte dicht gedrängt stand und die riesigen Lastpirogen von den Noir-réfugiés[10] beladen wurden. Beide wollten nach Maripasoula, der letzten Ortschaft vor dem Sperrgebiet im Inneren Guayanas. Sie hatten keine Ahnung, was bei einer solchen Fahrt auf sie zukommen würde, es versprach jedoch ein ausgiebiges Abenteuer, so hofften sie zumindest. Schließlich, nachdem sie an laut gestikulierenden, tiefschwarzen Frauen vorbeigeschlichen waren, deren Fleischesfülle sie schon von Weitem zu ersticken drohte, trafen sie auf jenen, etwa vierzig Jahre alten Boni, der sie schon aus der Ferne ausgemacht hatte. Er war unscheinbar, hatte aber sympathische Gesichtszüge. Sein Lächeln enthüllte leuchtend weiße Zähne, und seine offenen Augen schienen sie einladen zu wollen. Ganz Händler begann er sofort ein Palaver, es stellte sich jedoch schnell heraus, dass er erst in einer Woche nach Maripasoula fahren würde. Als dann auch noch einige junge Boni

---

[10] „schwarze Flüchtlinge“: Bezeichnung für die Boni-Stämme, aber auch für die neuen Flüchtlinge des surinamischen Bürgerkrieges (1986-1992).

erschienen, durchtrainiert, mit Goldnuggets behangen und herablassend unfreundlich zu verstehen gaben, wer hier der Herr auf dem Maroni sei, verspürten weder er noch Patric weiterhin den Wunsch, sich auf diese Art Abenteuer einzulassen. Er folgte da ganz dem Gespür seines neuen Freundes, zumal er sich ja bereits im Gefängnis eine unverzeihliche Blöße gegeben hatte. Patric hatte jedoch eine Idee, telefonierte ein wenig herum, und schon am selben Nachmittag wurden sie von einem jungen französischen Pärchen abgeholt. Die Fahrt ging in einem altersschwachen Gefährt zum nächsten Dorf, St. Jean, wo die Straße im Ort am Fluss endete. Annie, ebenso Aussteigerin wie ihr Partner Rene, sprach nur Französisch, war jedoch zurückhaltend sympathisch. Er hingegen behauptete, Englisch zu sprechen, was sich in Wahrheit jedoch als das am Maroni übliche Taki-Taki entpuppte, ein scheinbar unverständliches Kauderwelsch aus afrikanischen Dialekten, Holländisch, Französisch, Englisch, Spanisch und wusste der Teufel noch was, durchwoben mit einzelnen deutschen Brocken. Er verstand kein Wort und Patric musste dolmetschen. Rene war ein Aufschneider, der alles besser zu wissen schien, und in seinem Auftreten ein unsympathischer Gegensatz zu seiner Freundin. Doch beide hatten ein paradiesisch gelegenes Haus direkt am Fluss, der sich träge dahin wälzte. Als sie ankamen betrachtete sie der Ara mit neugierigen Blicken, während die Hühner, Kaninchen und Affen sie eher beiläufig beobachteten. Rene erzählte viel und ohne Pause. Seine Tochter tauchte auf, ein junges, hübsches Mädchen, das man in dieser Umgebung sicherlich nicht erwartet hätte und verschwand sogleich wieder mit ihrer Freundin, einer nachtschwarzen Boni-Schönheit von vielleicht vierzehn Jahren.

Wenig später, nachdem ihnen Rene die Erkennungsmerkmale der Paddel der verschiedenen afrikanischen Stämme am Maroni erklärt hatte, starteten sie zu einer kleinen Bootstour zur Ile Portal, einer sehr großen Flussinsel gegenüber St. Jeans. Die Piroge, in der sie knapp über der Wasseroberfläche saßen, ließ ihn den Fluss gewissermaßen greifen und bei jeder Welle unsanft spüren. Sie setzten sich erst langsam, dann immer schneller in Bewegung. Annie saß am Bug, musste dann aber in den engen, von Pflanzen überwucherten Criques immer wieder aufstehen, um Hindernisse für Rene, der am Motor saß, zu erspähen, damit dieser ausweichen oder den Motor anheben konnte. Die Waldriesen rückten ihm immer näher, der Geruch nach moderndem Holz, brackigem Wasser und duftenden Blüten drang in seine Nase, das Licht der gleißenden Sonne durchschnitt die zwielichtige Dunkelheit, in denen sich riesenhafte Brettwurzeln, Gebirgen gleich, ins Wasser schoben. Morpho-Schmettelinge umflatterten ihn, zu schnell, um sie länger im Auge zu behalten, und eine urtümliche Ruhe hielt ihn im Bann, wenn Rene den Außenborder abstellte.

Unvermittelt stießen sie wieder auf den Maroni. Die kleinen Wellen zitterten im Sonnenlicht, hohe Wolken spendeten gelegentlich kühlenden Schatten. Eine Last-Piroge zog knatternd vorüber. Frische Luft. Da, eine meterlange Wasserschlange! Sein Herz schlug höher. Ihn überkam der Gedanke, dass er das erste Mal in seinem Leben wirklich etwas erlebte. Ihm wurde innerlich warm, und erst in diesem Augenblick begriff er, wo er sich befand. Es war ein seltsames Erwachen, wie aus einem unwirklichen Traum, denn sein bisheriges Leben, so schal angefüllt mit Nichtigkeiten, schien ihm in unerreichbare Ferne gerückt, während ihm hier alles so vertraut vorkam, als lebte er schon sein ganzes Leben an diesem Fluss.

Inseln tauchten auf und zogen vorüber. Das Ufer entfernte sich. Ein neues Ufer tauchte auf, ein Indianer paddelte in seiner kleinen Piroge lautlos vorüber, ruhig, lächelnd, hierher gehörend. Sie hielten auf die Ile Portal zu. Eine kleine Bonisiedlung tauchte auf: wenige, geduckte Hütten am Ufer, zwei Frauen, ein junger Mann. Sie legten an. Annie ging voraus, Rene redete mit dem Boni; man kannte sich. Bei der Arbeitshütte angekommen, erklärte Annie die Maniok-Zubereitung. Patric schien interessiert, während er sich über die kleinen Hütten wunderte, die sich so sehr von den Carbets der Indianer unterschieden: die einen hell und offen, die anderen dunkel und verschlossen, so als hätten die Boni Angst vor dem Urwald. Sie gingen umher und trafen auf dem Weg zurück den jungen Boni, der ihn aus tiefen Augen ansah. Dahinter prangte ein Schuh an einem Baum. Ihn schauderte. Ob das Voodoo war? Kindisch! Wieder auf dem erfrischenden Fluss, atmete er tief durch. Die Welt der Afrikaner an diesem Fluss missfiel ihm, machte ihn unsicher und ängstlich.

Als sie um die Ostspitze der Insel herum auf die Suriname zugewandte Seite zusteuerten, trafen sie auf ein altes Galibi-Dorf, von dem nur noch ein Carbet übrig geblieben war. Hühner, ein paar Kinder, die Eltern, Furchen im Gesicht. Noch vor ein paar Jahren, so berichtete Rene, war hier ein großes Dorf gewesen, doch der Besitzer der Insel, ein Franzose, habe die Galibi vertreiben wollen und alles bis auf dieses Carbet abgebrannt. Heute lebten erst wieder ein paar Indianer unweit des alten Dorfes und versuchten, sich wieder anzusiedeln. Er verstand nicht, dass Rene ein solches Vorgehen des Besitzers auf französischem Boden so einfach hinnahm, dass die Polizei nicht einschritt, dass solch imperialistisches Verhalten nicht verhindert wurde. War der Schein Guayanas nicht vielleicht doch besser als seine Wirklichkeit? Er war in seiner Naivität geschockt. Doch inzwischen versuchte der alte Indianer eine zerbrochene Holzschale zu verkaufen, die er wohl irgendwo gefunden hatte, denn sie zeigte die Muster der Saramacca[11], eines afrikanischen Stammes aus Suriname, der nicht am Maroni lebte. Von diesem Schwindel abgestoßen zogen sie sich höflich aber bestimmt zurück, und auf der Fahrt nach St. Jean wurde für den nächsten Tag eine große Flussfahrt vereinbart.

Patric zog zu ihm ins Hotelzimmer um Geld zu sparen, was niemanden zu interessieren schien, wahrscheinlich würde lediglich die dicke, alte Haitianerin einen ihrer humorigen Kommentare abgeben, der, wie immer, in jenem

---

11 Größter der afrikanischen Stämme aus den Sklavenkriegen (s. Fußnote 6), lebt weitestgehend im Zentrum Surinames.

lustigen, schwer verständlichen, abgehackten Englisch gehalten sein würde, das in der Karibik so weit verbreitet war. Es war heiß und stickig in dem nunmehr zu kleinen Raum. Nur eine dünne Decke bedeckte ihn. Kein Ventilator. Das imaginäre Fenster stand offen, dahinter der verschlafene Hotelflur. Direkt unter diesem Fenster lag Patric, dessen kahler Kopf spitz zur Zimmerdecke wies. In den Ecken lagen ihre Sachen, die Dusche tropfte unregelmäßig, es roch nach Benzin, das Patric in einem Kanister für den morgigen Tag in den Raum gestellt hatte.

Er war verschwitzt und erregt. Das kommende Abenteuer und die Erkenntnis, wo er sich befand, hatten ihn zum Leben erweckt, hatten den Trübsinn der vergangenen Wochen vertreiben. Er war hier um zu flüchten, sich abzulenken, zu vergessen. Draußen, in den dunklen Nachbarstraßen des Hotels wusste er die Schönen der Nacht, schwarze, meist füllige Surinamerinnen, die willig mitkämen, würde er die rechte Summe dafür hinblättern. Er verspürte Lust und Angst zugleich, Angst vor dem Unbekannten einer schwarzen Frau und Angst vor Geschlechtskrankheiten, Angst vor den im dunkel verborgenen Zuhältern und Drogendealern, Angst vor einem möglichen Versagen seiner sexuellen Potenz, doch gleichzeitig ließen wahrscheinlich gerade diese Ängste seinen Penis nach einer Frau rufen. Er hielt es nicht aus! Selbst sein Vater wollte doch, dass er nichts "anbrennen" ließe, warum dann nicht mit einer Prostituierten beginnen? Das war unproblematisch, ohne Gefühl, ein rein geschäftlicher Akt. Ein bisschen verrucht vielleicht, mit einem gewissen Risiko behaftet, aber eben auch ein kleines Abenteuer. Sein pochender Penis behielt die Oberhand. Er stand leise auf, zog nur das Nötigste an und verließ den Raum so geräuschlos wie eine Katze. Auf der Straße angekommen, atmete er erst einmal tief durch: Nicht nur die stickige Luft des Hotelzimmers wollte er abstreifen, sondern sich so auch auf eine neue Erfahrung vorbereiten, denn bisher hatte er sich Sex noch nie erkauft.

Er schlenderte scheinbar unbedarft um den Häuserblock

und besah sich so gut es ging die wenigen käuflichen Frauen, die an den Häuserfronten mit dunklen Gestalten herumlungerten. Schließlich entschied er sich für die schmächtigste von ihnen, denn die hier wohl beliebte Leibesfülle der Damen schreckte ihn eher ab. Er war erfreut, sich in Englisch unterhalten zu können, stellte dann fest, dass er sich eine recht hübsche Frau ausgesucht hatte, deren Gesicht ihn aus schwarzen Augen so natürlich anlächelte, dass er gerne bereit war, den doch erheblichen Geldbetrag hinzulegen, der jedoch die ganze Nacht umfassen sollte. Nur wohin? Daran hatte er gar nicht gedacht, denn sie verfügte über kein Zimmer und er konnte kein weiteres Zimmer im Hotel anmieten, da die Rezeption bereits geschlossen war. Schließlich fragte er sie gerade heraus, ob sie es mit ihm in einem Zimmer mit einem anderen treiben würde. Es schien ihr nicht wirklich etwas aus zu machen, aber sie wollte natürlich mehr Geld dafür sehen. Er war verrückt! So ein Vorschlag! So eine Idee überhaupt! Konnte es wirklich sein, dass er mit einer Prostituierten in einem Zimmer, in dem sich ein anderer Mensch befand, Sex haben wollte? Es schien, als würde er sich aller möglichen Tabus entledigen wollen, als würde die Erwartung an zukünftige Abenteuer diese eine Ungeheuerlichkeit als winzigen Nervenkitzel erscheinen lassen.

Sie schlichen auf leisen Sohlen in das Zimmer, nachdem sie sich durch das offene Flurfenster versichert hatten, das Patric wirklich schlief. Er zog sich hastig bis auf seine Unterhose aus und legte sich in sein Bett. Sie setzte sich, sah ihn im Dunkeln an und legte sich dann mit ihrem Hängerkleid neben ihn. Sie streichelte sein Gesicht, lächelte jenes entwaffnende Lächeln, wobei ihre elfenbeinfarbenen Zähne in der Nacht glänzten, und strich dann den Rücken hinab zu seinem Po. Sein Penis pochte sofort und schnellte in die Höhe, dass es ihm peinlich war. Er hatte schon längere Zeit keine Frau mehr gehabt, und alles an dieser Situation schrie nach Aufregung. Sie drehte sich um und streckte ihm ihre hinteren Rundungen entgegen. Er streichelte ihre gefetteten Haare, ihre zarte Gesichtshaut, sie küsste seine Finger, die daraufhin über Brust und

Lenden hinab zu ihren Knien wanderten, um langsam aber zielsicher den Rock in die Höhe zu schieben. Als ihr Slip seine Eichel berührte, hatte er Angst zu explodieren, so aufgeregt war er, aber, wie um sich zu beruhigen, legte er erst einmal seine wandernde Hand auf ihren Bauch. Behutsam glitt seine Hand wieder zu ihren Schenkeln, den Knien und wieder hinauf, umfasste das Rund ihres Po´s, glitt in ihre Furche, vorbei an seinem heißen Penis, dessen größter Teil bereits seinen Slip gesprengt hatte, begann sie zu reiben, merkte, wie sie antwortete, ein Bein anwinkelte, sodass er es leichter hatte. Die andere Hand streichelte ihren Kopf, den Nacken, während sein Penis ihren Slip langsam zur Seite schob. Ihr bereits feuchtes Geschlecht lag offen bereit für ihn. Sie war ganz still. Patric schlief noch immer. Er begann, ihre Brüste zu liebkosen, küsste ihren Nacken. Sie reagierte, griff mit ihrer erstaunlich rauen und schwieligen Hand nach seinem Schenkel, wendete ihren Kopf zu einem Kuss. Patric drehte sich auf seinem Lager um, sie hielten den Atem an, doch der Freund schlief tief und fest. Langsam schob er sein Becken ein Stück zurück, dass die kleinste Bewegung ihn in sie gleiten lassen musste. Seine Hand übernahm nun die Stelle seines feuchten Geschlechts. Als er schließlich in sie eindrang, unglaublich langsam nur, glaubte er, sich ergießen zu müssen. Er bewegte sich nicht mehr, spannte lediglich seine Muskeln in ihr an, worauf sie gleichermaßen antwortete, während seine Finger sanft zwischen ihren Schamlippen kreisten. Als sie, unmerklich fast, kam, spritze auch er in schier unermesslichen Mengen in sie, so kam es ihm zumindest vor. Er war außer Atem, obwohl er noch nie so ohne jede Anstrengung mit einer Frau geschlafen hatte. Vor seinen Augen drehten sich bunte Wirbel und ihn fröstelte vor Erregung. Sie drehte sich um, legte ihren Kopf an seine Schulter, streichelte ihn zart. War das wirklich eine Prostituierte? Er wusste nicht, was er hier an diesem Ort für Real und was für einen Traum halten sollte. Er war noch immer zu erregt, um einen wirklich klaren Gedanken fassen zu können. Und die Erregung verging nicht, denn sie wurde durch die Vorstellung des kommenden Tages, die Fahrt auf dem großen Fluss noch verstärkt.

Schließlich fiel er in einen wirren, aber festen Schlaf, aus dem ihn Patric am frühen Morgen weckte. Sie, deren Namen er nicht einmal kannte, war verschwunden, und da auch Patric nichts sagte, schwieg er über dieses Erlebnis, nachdem er sorgfältig geprüft hatte, ob sie ihn nicht bestohlen hatte. Oder hatte er das alles doch nur geträumt? Er kam sich vor, als sei er im Fieberwahn, doch die Spermaspuren auf dem Bettlaken wollten ihn an eine Wirklichkeit erinnern, die nicht die seine zu sein schien. Er sprang unter die kalte Dusche, und nach einem kurzen Imbiss gingen Patric und er leise die Hoteltreppe hinunter und betraten die noch morgenkühle Straße, auf der bereits ein reges Treiben herrschte. Auf der anderen Straßenseite sah er seinen Traum der vergangenen Nacht stehen. Sie lächelte ihn an, nickte unmerklich, worauf Patric, der sie ebenfalls bemerkt hatte, sagte:

"Immer diese Nutten. Sie sehen teilweise wunderhübsch aus, aber sie sind gefährlicher als du denkst. Ich meine nicht nur die Krankheiten, die sie haben können, sondern sie hängen an dir wie Kletten in der Hoffnung, du nimmst sie mit - oder sie nehmen dich nach Strich und Faden aus."

Als er Patric fragte, ob er denn Erfahrungen mit den hiesigen Prostituierten gemacht hätte, antwortete dieser:

"Nun ja, nicht so viele wie in Brasilien und den anderen lateinamerikanischen Ländern - die Frauen sind hier anders, weißt du?! Aber mein Interesse ist langsam am versiegen, denn mir ist schon zu viel passiert über das ich nicht reden möchte."

Er bohrte nicht weiter, denn er wollte diesen Traum in Erinnerung behalten. Gleichzeitig merkte er sich jedoch die Worte seines Freundes und wollte zukünftig vorsichtiger sein.

Quer gegenüber des Kinos stand das Geländemotorrad Patric's, der damit seit Jahren durch Südamerika zog, eine alte, ziemlich mitgenommene Maschine, auf der sich der

Freund mit Verpflegung und dem Benzinkanister auf den Weg machen würde. Er selbst wollte nach St. Jean trampen, so hatten sie dies am gestrigen Abend verabredet. So ging er also in die aufsteigende Sonne hinaus, vorbei an der sich mit Menschen füllenden Markthalle, rechts davon die Sozialstation, vor der bereits eine Menschenschlange auf ihre Sozialhilfe wartete, hin zum Sportplatz neben dem Friedhof.

Als er bereits ein gutes Stück marschiert war hielt schließlich doch ein Auto, gelenkt von einem Weißen, der von Cayenne kommend auf Jagd in den Urwald wollte. Er würde schon nach wenigen Kilometern abbiegen, trotzdem stieg er ein, um voran zu kommen. Kurz nachdem er wieder ausgestiegen war hielt ein kleiner blauer Lieferwagen, in dem drei Boni saßen, die ihn freundlich anlächelten und ihn auf die Pritsche verwiesen. Sie fuhren vorsichtig, so, als sähe man ihm an, dass er keine Erfahrung mit einem solchen Ritt hatte - und die hatte er ja auch nicht. Als er in St. Jean von der Pritsche sprang, war er für die Rücksichtnahme der drei sehr dankbar, denn er hatte unbeschreibliche Angst verspürt, dachte an solche Dinge wie Versicherungsschutz und seine Eltern, die spätestens bei dieser Fahrt ihre Nerven verloren hätten.

Kurz nach dem ausgiebigen Frühstück mit Rene und Annie stiegen sie in die Piroge. Diesmal fuhr Annie jedoch nicht mit, sondern ein Boni saß am Motor und Rene am Bug. Rascher als am Vortage entfernten sie sich von St. Jean. Die Fahrt gegen den Strom verbrauchte sehr viel Benzin, und der kräftige Außenborder röhrte unaufhörlich. Zuerst fuhren sie wieder zur Ile Portal. Auf dieser Insel war ehemals die Destillerie des Gefängnisses von St. Jean. Alle Gefangenen sollen sich darum gerissen haben, hier zu arbeiten, so Rene, weil es hier immer genug Rum für jeden gegeben haben soll. Die Anlegestelle war verwaist, nur die alten Holzbohlen, die wie faulende Zähne aus dem Wasser ragten und ein altes Transportboot, aus dem jetzt kleine Palmen wuchsen, begrüßten sie. Über all dem wachten einige schlanke Riesen, Kokospalmen, die in ihrer grazilen

Form hochgewachsenen Senegalesinnen glichen. Sie gingen an Land. Ein Sandweg, von einem Trecker ausgefahren, führte ins Innere der Insel. Vereinzelte Kuhfladen bedeckten den Weg, Banalität verheißend. Nach einigen hundert Metern erreichten sie eine Holzhütte, aus der ein Kreole trat, der Rene freundlich begrüßte. Sie palaverten eine Weile, in der er sich umsah: Sand, das Ufer, die Hütte, Dickicht, Bäume und dann... ihm stockte der Atem! Vor der Hütte stand ein unscheinbares Holzkreuz im Sand, auf seiner Spitze ein Helm mit einem Einschussloch, die Inschrift auf dem Kreuz lautete:

"Privatbesitz! Er konnte nicht lesen."

Er wusste nicht, ob dies ein schlechter Witz sein sollte. Patric hatte das Kreuz ebenfalls erblickt und bedeutete ihm, sich ruhig zu verhalten. Schließlich kam Rene zurück und sagte, sie könnten weitergehen. Auf die fragenden Blicke der Freunde bemerkte er lapidar, in Guayana würde halt erst geschossen und dann gefragt. Sie zogen weiter und standen schließlich vor einem alten Gebäude, in dem jetzt einige Geräte vor sich hin rotteten, als plötzlich ein junger Mann vor ihnen stand, weiß und arrogant. Das schien nichts Gutes zu verheißen, doch Rene besprach sich mit ihm, erst ruhig, dann zunehmend genervt und gereizt. Der Mann, ein Angestellter des Inselbesitzers, verschwand schließlich mit unwirschen Worten und aggressiven Gesten, den Eindruck hinterlassend, dass der Eigentümer eine äußerst unangenehme Persönlichkeit zu sein schien. Sie gingen in das Dickicht des Waldes und standen unvermittelt vor riesenhaften Monstren aus Eisen: Dresden, Leipzig, Berlin, London, Paris - so die Schriftzüge auf den alten Maschinen der Destille: Kuriositäten vergangener Tage. Diese Maschinen aus dem fernen Europa hatten dem Dschungel weitaus länger getrotzt als die Menschen, die hier krepierten. Nur sie legten Zeugnis ab für das Unrecht, die Anmaßung und Ignoranz eines kolonialen Denkens. Patric und er gingen umher, Rene verhielt sich endlich einmal still. Riesige metallene Speichenräder blickten sie tot an, eine Hütte duckte sich in die Dunkelheit, zwielichtige

Schatten spiegelten sich auf den monströsen Körpern der Wellen, Stangen, Zylinder, dahin modernde Urtiere aus längst vergangenen Werkzeugfabriken, deren Etiketten noch heute von der Macht der kolonialen Herren und der gemeinsamen Ohnmacht der europäischen Arbeiter, der Bagnards, der Sklaven und der Indianer zeugten. Niemand schrie mehr auf: Die Arbeiter hatten inzwischen Auto und Eigenheim, kamen als Touristen, die Kapitalherren schmiedeten an neuen Machtstrukturen, die wenigen noch lebenden Bagnards versteckten sich vor den Augen der Menschheit, verloren, vergessen, zerstört, die Sklaven waren inzwischen gut versorgte Franzosen zweiter Klasse, die gefälligst nicht immer soviel nörgeln sollten, und die etwa zehntausend noch lebenden Indianer in diesem Teil der Welt, waren, außer im Wahlkampf, nur gut bezahltes und integriertes folkloristisches Beiwerk. Seine Gedanken verloren sich in den dunklen Konturen des Waldes, zunehmend betrübt.

Unvermittelt bemerkte er den Zeigefinger des Schornsteins der Anlage, der vergebens den Urwaldriesen zu drohen schien. Diese überwucherten bereits alles und würden die schreckliche Vergangenheit schon bald dem Vergessen anheim fallen lassen. Er war erleichtert als sie zur Piroge zurückkehrten und diesen Ort verließen.

Die Sonne brannte unerbittlich, er rieb sich mit Sonnenmilch ein, Patric hatte ein Taschentuch auf seiner Glatze ausgebreitet, während sich Rene lieber im Django-Hut sah. Lastpirogen kamen an ihnen vorbei, gelegentlich wurde gewunken. Unweit der Ile Portal schrie ein Bagger, der versuchte, eine Fahrrinne auszuheben. Eine monströse, schwarze Dampfmaschine rottete am Ufer vor sich hin, einem Dinosaurier gleich. Weiter. Das Boot durchschnitt den Fluss und helle Perlen des kühlenden Nass spritzten auf seine Hände. Er war glücklich auf dem Fluss zu sein. Kleine Bonisiedlungen tauchten auf und verschwanden wieder, man winkte sich zu, Frauen wuschen, Männer gingen unbestimmbaren Arbeiten nach, angelten; Kinder. Auffällig war, dass am surinamischen Ufer keine Hütten zu sehen waren. Eine unbestimmbare Ruhe herrschte dort, eher bedrohlich. Ein französischer Grenzhubschrauber tauchte auf, verschwand wieder, wenig später sah er auch ein Patrouillenboot der französischen Armee, das eine andere Piroge anhielt. Die Franzosen schirmten Guayana ab, zeigten, angesichts des Flüchtlingsstroms aus Suriname Zähne - gelegentlich tauchten Kriegsschiffe am Maroni auf, so erzählte Rene. Er berichtete, dass hier noch vor einem Jahr heftig geschossen wurde und er sich nicht flussabwärts bewegen wolle, da er die dort operierenden Einheiten der surinamischen Armee und des Dschungelkommandos nicht kannte. Nach einer geraumen Weile erreichten sie ein kleines Bonidorf, das zur Familie des Bootsführers gehörte, weswegen sie anlegen konnten. Endlich schien er sich in den richtigen Bahnen zu bewegen, denn die ständigen Konfrontationen mit der tristen Vergangenheit Guayanas und der tödlichen Gegenwart des bürgerkriegsgeschüttelten Suriname gingen ihm zunehmen auf die Nerven. Er wollte hier ein Abenteuer erleben und fing an, ungehalten auf Rene zu reagieren, der ihn laufend mit diesen unschönen Dingen konfrontierte. Aber jetzt endlich bei den Afrikanern Südamerikas!

Das Dorf war klein, sauber und an einer steilen Böschung oberhalb des Flusses errichtet worden. Der undurchdringliche Urwald begann bereits wenige Meter hinter den Häusern: Hier führten keine Wege hin, nur der Fluss stellte eine Verbindung zur Außenwelt dar! Zwei pechschwarze Bonimädchen blickten ihn verschmitzt aus dunklen Augen an, während sie sich feine Zöpfe in die Haare flochten. Sie waren vielleicht dreizehn, vierzehn Jahre alt, schlank und durchtrainiert, ihre nackten, spitzen und wohlgeformten Brüste ließen ihn nur mit Mühe wegschauen und seine Erregung verbergen. Die Mädchen spürten dies wohl, denn sie kicherten ob seiner Verlegenheit. Patric verhielt sich gelassener und flüsterte ihm zu:

"Mach keinen Scheiß, Alter! Die Mädchen sind tabu für uns Weiße - zumindest, wenn du überleben willst!"

Diese Worte brachten seine Erregung zum Stillstand und sein Blick wendete sich hastig den geduckten Hütten zu, die jedoch insgesamt einladender zu sein schienen, als die des Dorfes vom Vortage. Im Arbeits-Carbet waren zwei weitere Mädchen gleicher Schönheit dabei, Maniok zu rösten, wozu sie die gelbe Masse mit großen Schiebern auf dem riesigen Rostblech hin und her bewegten. Daneben standen Behältnisse mit Maniok in verschiedenen Gärzuständen und am Dach hingen die geflochtenen Schläuche, in welche der Maniok zum entgiften gefüllt wurde. Ihm wurde schließlich gestattet, die Mädchen bei der Arbeit zu fotografieren, wozu sich die beiden jedoch zu seinem Bedauern ihre Brüste mit Tüchern verhüllten. Sie lachten dabei verlegen, doch gleichzeitig befreiend, immer genau beäugt von der älteren Frau, die im Hintergrund saß. Er war gerne hier. Nichts erschien ihm gekünstelt, die Natürlichkeit beeindruckte ihn. Verlegenheit und freundliches Entgegenkommen wechselten einander ab, er wusste, dass sie ständig beobachtet wurden.

Dann erreichten sie endlich Apatou, eine größere Siedlung an der ersten Stromschnelle des Maroni, ihr Tagesziel. Rene ließ sie jedoch zuerst auf die surinamische Seite bringen, wo ein feiner Sandstrand auf sie wartete. Es sei hier völlig ungefährlich, so Rene, und nach einem kleinen Picknick gönnte er sich ein Bad in den Fluten des Maroni. Danach saß er auf den Felsen, die Apatou gegenüberlagen, und betrachtete die Felsformationen der Stromschnellen, die den Maroni, wie alle Flüsse Guayanas, unbeschiffbar machten. Sie bildeten eine unregelmäßige Kette von flutumspülten Brocken, die genau auf die Gendarmerie Apatou's zu weisen schienen. Später, als sie hinüberfuhren, wurden sie ständig vom Grenzsoldaten beobachtet, der misstrauisch in seinem Unterstand verharrte. Schließlich betraten sie das etwa vierhundert Seelen große Dorf.

Im Dorf gab es einen Betonweg, der unnötig zu sein schien. Dieser Weg führte vom Anleger direkt zur Bürgermeisterei, ein zeltförmiges Betongebäude, das hier nicht hingehörte und deshalb auch bereits verrottete. Die Boni-

Hütten, die ihm hier größer und einladender erschienen, standen fast alle unterhalb dieses Gebäudes, welches sich auf einer kleinen Anhöhe befand. Lediglich die neue Schule und die Häuser der Lehrer standen noch höher und exponierter. Doch auch die relativ großzügig angelegte Schule, die aus mehreren Einzelgebäuden bestand, fing bereits an, hier und da ihren Putz zu verlieren. Zwischen den Gebäuden dieser Schule befand sich ein kleiner, unscheinbarer Platz. Hier stand auf einem Sockel, wie ein wichtiges Denkmal, ein Wassertank für einen Trecker, mit großen Löchern darin. Den dazugehörigen Trecker hatte man wohl vergessen, so schien es ihm. Unweit der Schule, in der von Unterricht oder etwas ähnlichem keine Rede sein konnte, standen die Lehrerhäuser, schön, sauber, adrett: europäisch. Rene bemerkte dazu nur, dass die Kinder hier noch bis vor kurzem gelernt hätten, dass sie von Galliern abstammten. War es da nicht nur konsequent, so dachte er, dass hier offenbar niemand zur Schule gehen wollte? Sie gingen weiter. Plötzlich standen sie vor einem alten Auto. Der Anblick war herzergreifend: Auf dem völlig zerbeulten Dach saß ein Huhn und gackerte, die Scheiben waren zerschlagen, Gras wuchs überall, Schrott. Dieses Auto war ein Geschenk der französischen Regierung an den Kapitän von Apatou, so erzählte ihnen Rene. Es wurde, da die vor über zwanzig Jahren geplante, aber immer noch nicht fertig gestellte Straße nach Apatou fehlte, mit einem Hubschrauber eingeflogen. Irgendein kluger Kopf erkannte dann wohl doch die Unsinnigkeit dieses Geschenks, und so wurde der nächste Wagen, den der Kapitän sich natürlich gewünscht hatte, in St-Laurent abgestellt, auf dass der besagte Kapitän auch immer - mit eigenem Chauffeur versteht sich - nach Cayenne fahren konnte, wenn dies notwendig sein sollte. Aber, bitte schön, wer sollte der Chauffeur sein? Nichts leichter als das, dachte sich der Kapitän, man griff sich einfach einen Boni von seiner Hütte weg, transportierte ihn nach St-Laurent, sagte, er sei jetzt der Chauffeur des Kapitäns und überließ ihn und den Wagen ihrem Schicksal. Nun, so Rene mit einem verschmitzten Lächeln, der Boni lebte wohl noch, nur der Wagen war nach etwa zehn Minuten schrottreif, man habe nämlich im Eifer völlig übersehen, dass der arme Mann, wie alle Bewohner Apatou's, noch nie Auto gefahren war, geschweige denn einen Führerschein besessen hätte. Nachdem sie alle herzlich über diese unglaubliche, aber wahre Episode gelacht hatten, begann er mit Rene eine heftige Diskussion über Entwicklungshilfe. Auf ihrem weiteren Rundgang erreichten sie schließlich eine Boni-Hütte mit reichhaltiger Bemalung an Fenstern und Tür. Rene erklärte ihnen die Bedeutung der Symbole und er war zutiefst fasziniert. Endlich konnte er in eine andere Welt eintauchen, die eines vergessenen Afrikas, so wie es sich in diesem Teil Südamerikas durch historische Besonderheiten erhalten hatte. Es erzählte von polygamen Kriegergesellschaften, von klandestinen Dörfern, die sich in die Verborgenheit des Waldes duckten, von tödlichen Intrigen und den ersten freien Afrikanern in der Karibik. Die Komplexität der Geschichte verstand er nicht, jedoch wurde ihm klar, dass er und Europa hier fremder waren als anderswo in Südamerika. Die Boni, die sie kurz darauf trafen, sahen sie mürrisch an, und er fragte sich, was nun schon wieder falsch gelaufen war. Sie kamen am leerstehenden Hospital vorbei, dass, so Rene, ursprünglich von Ordensschwestern geführt worden war, die aber nach einem Streit mit dem Medizinmann fluchtartig das Dorf verlassen mussten. Direkt dahinter glaubte er den Grund für die mürrischen Blicke der Boni gefunden zu haben: Ein ganzer Trupp Infanteristen geriet regelrecht in Aufruhr, als er sie erblickte. Der Grund ihrer Präsenz war die politische Situation in Suriname. Misstrauisch beäugt gingen sie weiter, an der Gendarmerie und dem Wachtposten vorbei, der just in diesem Moment mit allem Brimborium abgelöst wurde, was wohl nur wegen ihrer Anwesenheit im Dorf so förmlich geschah und äußerst lächerlich auf ihn wirkte. Aber trotz dieser Lächerlichkeit konnte er sich eines unguten Gefühls, einer ungewissen Angst angesichts des Militärs und des martialischen Auftretens der Soldaten nicht erwehren: Es schien, als habe er eine Vorahnung dessen, was noch auf ihn zukommen würde - und dabei, so glaubte er zu fühlen, würde das Militär keine unwichtige Rolle spielen. Schließlich war er froh, wieder in der scheinbar so sicheren Piroge auf dem scheinbar so sicheren und vertrauten Fluss zu sitzen. Als er ein paar Worte mit Patric wechselte, merkte er jedoch, dass nur er von dieser seltsam trübsinnigen Stimmung, dieses Atems seiner Zukunft, berührt worden war, denn Patric genoss den Ausflug, der ihm eher zu unspektakulär zu sein schien. Lag es vielleicht doch alles nur an seiner Unerfahrenheit in diesem Teil der Erde?

Auf dem Weg zurück nach St. Jean wurden die dicht bewaldeten Hügel immer kleiner, liefen sich aus wie Wellen am Ufer. Die gigantischen Urwaldriesen neigten ihr grünes Haupt einem Fächer gleich über die kleineren Bäume, spendeten dabei mehr Schatten als die Dächer mehrerer großer Indianercarbets. Etwa auf halbem Wege verdüsterte sich der Himmel, dichte Wolken verbargen die Sonne und entließen sturzflutartige Bäche von Regen, sodass er völlig durchnässt und vor Kälte zitternd bei über zwanzig Grad im Schatten der Ankunft entgegenfieberte. Als die Sonne dann doch nach wenigen Minuten wieder obsiegte, war er froh, sich ausgiebig aufwärmen zu können, ohne dabei an den möglichen Sonnenbrand zu denken.

Nur kurz nach dieser Regenepisode fuhren sie unvermittelt erneut in einen jener unzähligen und gut verborgenen Criques ab, die Guayana, Würmern gleich, durchzogen. Um sie herum wurde der Wald plötzlich greifbar, seine Ruhe, seine Tiefe, seine Geheimnisse. Zwielicht umfing ihn. Der Außenborder wurde zeitweilig abgestellt und es wurde gepaddelt. Das Manövrieren wurde immer schwieriger. Immer wieder musste die Bootsschraube aus dem brackigen Wasser gehievt werden. Rene stand dazu am Bug und beobachtet genau die Hindernisse im Wasser, zumeist umgestürzte Baumstämme, die vor sich hin moderten und einen Geruch nach Fäule und Verwesung verbreiteten. Der Boni am Heck reagierte auf jede Handbewegung Renes wie ein Automat; sie waren ein gut eingespieltes Team. Wie eine Schlange wand sich der Crique immer tiefer in das Dunkel des Waldes. Exotische Vögel waren zu hören, das Summen der Insekten, verzauberte Schmetterlinge gaukelten vor seinen Augen, gelegentlich knackte es unangenehm im Unterholz. Blütenduft schien ihn verzaubern zu wollen, während alles in ihm bis zum bersten angespannt war. Er fühlte sich in eine Welt gezogen, die so märchenhaft anders war, als alles, was er sich bisher hatte vorstellen können. Die Konfrontation mit der Natur in solcher Fülle schien ihn erdrücken zu wollen. Die zwielichtige Dunkelheit passte zu seiner inneren Stimmung und den unbestimmbaren Vorahnungen, ebenso wie der Crique schien an dieser Stelle seine Flucht in einer Sackgasse zu enden.

Völlig unvermittelt tauchten vor ihnen zwei, drei Pirogen auf, beiläufig ans Ufer gehievt. Dahinter, scheinbar verwachsen mit dem Urwald, ein paar dunkle, alte Hütten. Ein paar Boni sahen sie erstaunt und neugierig an. Stille. Rene ließ nicht anhalten, sondern sie fuhren weiter. Es wurde kein Wort gesprochen. Sofern Rene oder ihr Bootsführer die Dorfbewohner gegrüßt hatten war ihm dies völlig entgangen, so aufgeregt war er. Sein Instinkt, der zunehmend aktiver wurde, sagte ihm, dass sie sich in einer unbestimmbar gefährlichen Situation befanden, die keinen Fehler erlaubte. Weiter. Der Crique war nunmehr nur wenig breiter als ihr Boot. Und wieder tauchte eine Siedlung auf, noch kleiner und versteckter als die vorige. Am Ufer standen vollkommen nackte Mädchen, wunderschönen Fabelwesen gleich, mit ihren vom Öl glänzenden Körpern. Daneben eine ältere Frau mit einem Säugling auf dem Arm, auch sie vollkommen nackt. Ebenso wie er erstaunt die Frauen betrachtete, nahmen diese ihre Gruppe in Augenschein. Ihre Augen waren weit geöffnet und ihre Lippen bebten, dann stoben die Frauen wie auf ein Signal auseinander und waren im Nu verschwunden. Kurz hinter diesem Dorf konnten sie nicht weiter. Das Wasser war von Pflanzen bedeckt, Äste versperrten den Weg. Er fragte sich unwillkürlich, ob Rene und sein Boni gewusst hatten, in welchen Crique sie gefahren waren. Unter großen Mühen konnten sie die viel zu lange Piroge wenden und erreichten erneut das kleinere Dorf. Diesmal stand ein abweisend drein schauender Mann am Ufer, bekleidet mit farbenprächtigen Tüchern. Unweit seines Standortes konnte man ein Gewehr an einen Baum gelehnt sehen. Rene grüßte ostentativ und auch er nickte instinktiv eine unbestimmbare, aber beschwichtigende Begrüßung. Als sie schließlich wie räudige Hunde den Crique verließen und auf den großen Fluss stießen, atmeten sie alle tief durch, auch ihr Bootsführer, selbst ein Boni. Was wäre geschehen, so fragte er sich, wäre dieser nicht dabei gewesen. Seine Gedanken gingen zurück zu den Frauen und dem abweisenden Mann, der klar zu verstehen gegeben hatte, wem dieses Land gehörte. Er fragte sich, was er wohl den Frauen erzählen würde. Waren sie etwa wie Geister einer anderen Welt für diese Mädchen erschienen? Plötzlich fühlte er sich um Jahrhunderte zurückversetzt, als die Großeltern dieser Menschen in den Urwald flohen, sich gewaltsam und erfolgreich gegen die Sklavenhalter zur Wehr setzten, die Indianer vertrieben oder töteten, dieses Land schließlich in Besitz nahmen und bis heute nicht hergaben. Was war Europa, was Frankreich für sie? Existierte Guayana oder Suriname überhaupt für sie? Sie schienen sich selbst genug. Der Maroni war ihre Welt, durchdrungen von afrikanischen Mythen und einen Freiheitskampf, der ihnen Stärke verliehen hatte. Sie kannten kein Pardon gegenüber ihren Feinden, denn dies konnten sie sich nicht leisten, wollten sie überleben. Wieder fühlte er diese instinktive Vorahnung. Was hatten diese Menschen und ihre Vergangenheit mit ihm gemein, welche Bedeutung konnte ihr Überlebenswillen für ihn erhalten? Noch wusste er nicht, was dies zu bedeuten hatte, aber er konnte vor dem Eindruck nicht fliehen, dass sein Leben vor einer entscheidenden Wendung stand.

Ile du Salut

Nach den trüben Vorahnungen der Bootstour wollte er nichts mehr vom Urwald und seinen dunklen Botschaften wissen. Er redete mit Patric darüber, doch dieser verstand ihn nicht, schob alles auf seine Unerfahrenheit. Da Patric unbedingt nach Suriname weiter wollte - wie, war noch völlig unklar, denn die Grenzen waren geschlossen, selbst der internationale Flughafen von Paramaribo war zwischenzeitlich umkämpft - würden sich ihre Wege schneller trennen, als er erhofft hatte. Doch er würde Richtung Süden weiterziehen, nach Brasilien, wo er sich endlich die gewünschte Abwechslung versprach. Zuvor jedoch musste er einige Tage Wartezeit überbrücken, da er kein Flugticket mehr nach Belém am Ufer des Amazonas bekommen hatte. Er wollte sich endlich erholen und würde daher einen kleinen Abstecher auf die Iles du Salut, die Inseln des Heils, wie die Teufelsinseln in Wirklichkeit hießen, unternehmen. Von diesen Inseln hatte er bisher nur Gutes gehört, sie schienen ein kleines Paradies zu sein, auch wenn das Buch Papillon und der dazugehörige Film etwas anderes behaupteten. Er war gespannt und voller Hoffnungen.

Es war an einem Karfreitag als er sich in dem kleinen Fährschiff den Inseln näherte. Nach einer langen und kühlen Nacht am künstlichen Strand von Kourou, war er über die Menschenmassen überrascht, die in die Fähre drängten: tobende Kinder, bleiche, gerade aus Europa angekommene Franzosen, Ingenieursfamilien aus dem nahen Raumfahrtzentrum und einige wenige Kreolenfamilien. Die See war aufgewühlt, als wolle sie ihn vor den Inseln warnen. Die kleine Fähre, auf der ein übel gelaunter Kapitän mürrisch hinter dem Ruder stand, wurde von den hohen Wellen wie ein Ball auf- und niedergeworfen. Er hatte das Gefühl, auf einem Rodeo-Pferd zu sitzen, das ihn ständig abzuwerfen drohte und sich gegen seine Anwesenheit zur Wehr setzte. Ihm war übel, doch er bemühte sich, seinen Mageninhalt bei sich zu behalten. Wie um sich über ihn lustig zu machen, schepperte aus den Lautsprechern des Schiffes der neueste Raggamuffin, zu dessen Stakkato-Rhythmen einer jener jungen, durchtrainierten und verrückten Surfer am überfluteten Bug die üblichen Reggae-Schreitbewegungen machte, so als wolle er zu Fuß durch die meterhohen Wellen zu den Inseln gelangen. Von Weitem sah er die Inselgruppe aus dem Meer ragen, und nur langsam konnte er die Konturen der drei winzigen Eilande ausmachen.

Sie näherten sich der größten Insel, Ile Royale, die einstmals das Verwaltungszentrum der Inselstrafkolonie gewesen war. Der Pier lag einladend ruhig vor ihm, so als wäre das schlechte Wetter nur eine Einbildung seiner trüben Gedanken gewesen. Nachdem sich der Strom der Touristen auf die Insel ergossen hatte, verließ auch er als letzter das Schiff und ging rechter Hand den kleinen Fußweg entlang. Von hier konnte er sehr gut die nur wenige hundert Meter entfernte Ile St. Joseph beobachten, auf der sich ehemals das Zuchthaus befand. Er ging an Ruinen vorbei, erreichte an der Rückseite, von wo aus man sehr gut die eigentliche Teufelsinsel sehen konnte, die einzige, winzige und jetzt menschenüberfüllte Badestelle der Insel und wendete sich dann bergauf, zu dem Hauptgebäude mit Hotel und Restaurant, auch dieses mit Menschen überfüllt und von einem äußerst unfreundlichem Personal geführt. Von den Menschen fühlte er sich abgestoßen und auch der wunderbare Ausblick auf das Meer und die sich im Wind wiegenden Palmen konnten ihn nicht mehr aufheitern. Ein Arapärchen zog krächzend vorüber, eine Freiheit vorgaukelnd, die nicht wirklich existierte, denn für die Vögel war es unmöglich, bis zum Festland zu gelangen. Er wollte hier weg und schollt sich dafür, der Idee, hierher zu kommen, nachgegeben zu haben. Schließlich hörte er jemanden davon reden, man könne vielleicht mit einem der Segler, die hier vor Anker lagen, zur St. Joseph übersetzen. Eilig machte er sich auf den Weg zum Pier, wo tatsächlich gerade ein Segelschiff einlief, ebenfalls mit einer, leicht vom 'Ti Punch angeheiterten Ausflugsgruppe besetzt. Nachdem ein Teil der Ausflügler das Schiff verlassen hatte sprach er den Skipper an, der ihn daraufhin freundlich einlud, mit ihm zur St. Joseph überzusetzen, gegen Bezahlung verstand sich. Auch teilte er ihm mit, er könne bei ihm Trinkwasser und Verpflegung erhalten, denn auf der St. Joseph gäbe es weder Wasser noch andere Nahrungsmittel.

Sie legten ab, fuhren jedoch nicht direkt zur nahen Insel hinüber, sondern machten einen weiten Bogen hinaus aufs Meer, umrundeten unter Segeln die Royale und erreichten schließlich querab die Ile du Diable, die Teufelsinsel, auf der Kapitän Dreyfus mehrere Jahre verbracht und ein Tagebuch verfasst hatte. Seine unter Denkmalschutz stehende Steinhütte hatte er von der Badestelle der Royale aus undeutlich sehen können, und auch jetzt konnte man in der Senke zwischen den beiden geduckten Hügeln der Insel einige kleine Steingebäude erkennen, überwuchert von Palmen und Gestrüpp. Die Wellen brachen sich an den schroffen Steinfelsen, die ein Anlegen unmöglich oder zumindest sehr gefährlich erscheinen ließen, und auf seine Frage hin erklärte der Skipper, dass nur sehr selten Privatleute mit etwas Mut und Glück die Insel betreten würden, auf der es aber angeblich aggressive Bienen gäbe, was aber auch ein Gerücht sein könne, um die Touristen fern zu halten. Zu Zeiten des Straflagers aber, so meinte er, wäre ein Anlegen mit einem Ruderboot immer eine lebensgefährliche Angelegenheit gewesen. Ihr Schiff hatte nun die Meer zugewandte Seite der Insel erreicht, und der Skipper bestätigte mit abfällig lachenden Worten seine Vermutung, dass Papillon niemals auf dieser Insel gewesen sein konnte, denn die Fluchtbeschreibungen in dem Buch entsprachen nicht der Realität dieser Insel, von der ein Entkommen wirklich nicht möglich war, die Bucht zumindest, in die sich Papillon gestürzt haben wollte, existierte nicht. Als sie die Insel umsegelt hatten, näherten sie sich den beiden größeren Inseln von der Seeseite her: ein phantastischer Anblick von sonnenumfluteten Palmenhainen, im Hintergrund, schemenhaft nur, die Anhöhen der Affenberge Kourous.

Das Betreten der St. Joseph, auf der er in einer Hängematte übernachten wollte und von der ihn der Skipper am nächsten Tage abholen sollte, war äußerst mühsam und gefährlich: Es gab zwar eine Art Anleger, dieser war jedoch für die Fremdenlegion reserviert, die hier ein Feriencamp für verdiente Legionäre unterhielt. So mussten sie über die klitschigen Steine des ins Wasser reichenden Weges kriechen und konnten die nahe Leiter der Pier nicht benutzen. Eine junge Frau, die ebenfalls an Bord gewesen war, rutschte unsanft aus, und aus einer langen Schnittwunde sprudelte ihr Blut ins Meereswasser. Am oberen Teil der Pier angekommen, versorgten sie erst einmal diese Wunde, bevor sie mühselig die Wasserkanister und den Proviant derer hinauf verfrachteten, die über Nacht bleiben wollten. Die wenigen Legionäre, die hier ihren Dienst verrichteten, beäugten sie argwöhnisch, ohne ihnen zu helfen, es wurde weder gegrüßt noch miteinander gesprochen. Langsam trottete die kleine Gruppe Ausflügler den Weg gegenüber dem Legionärshaus entlang und entfernte sich vom Anleger, leicht bergan gehend. Er versuchte, sich mit den Franzosen zu unterhalten, aber diese schienen ihn als Fremdkörper zu empfinden, sodass er sich rasch ein wenig zurückfallen ließ. Schließlich war er allein, hörte die anderen nur noch wie ein sich verflüchtigendes Murmeln, das dann gänzlich verschwand. Er betrachtete die Wucht der Wellen und die Wand aus Kokospalmen, die erst nach der Gefängniszeit hier angepflanzt worden waren, denn zur Zeit des Bagnos waren die Inseln fast kahl gewesen, so hatte er durch zeitgenössische Fotografien und Stiche erfahren. Nach kurzer Zeit schon erreichte er eine Gabelung, an der es linker Hand zum Muschelstrand ging, der jetzt von den Ausflüglern in Beschlag genommen worden war, während sich rechter Hand der Weg steil bergauf im Dunkel der Palmen zu verlieren schien. Gleich neben der Gabelung befand sich eine alte Umfriedung, vielleicht ein ehemaliges Feld, bewachsen mit Kokospalmen, wo sich am hinteren Rand ein größeres Carbet der Fremdenlegion befand, indem er seine Hängematte aufspannte. Danach ging er hinunter zu dem kleinen Strand. Schäumend liefen die Wellen in den feinen Muschelresten aus, die den Eindruck feinen Sandes vorgaukelten, gebrochen von unzähligen Felsen, die schroff aus dem Wasser ragten, sodass an schwimmen nicht zu denken war. Immer noch war die Umgebung des Strandes mit Menschen angefüllt, von denen die meisten jedoch am späten Nachmittag die Insel wieder zur nahen Royale verlassen würden. Einige wenige Ausflügler hatten zwischen den Palmen ihre Hängematten aufgehängt, am äußersten Rand der Bucht war eine kleine aber laute Party einiger Kreolen im Gange. Nur wenige Menschen schienen sich für das Inselinnere zu interessieren, denn er traf auf seinem Rundgang so gut wie niemanden.

Enttäuscht verließ er den Strand und machte sich am Ufer entlang auf den Weg, die Insel zu umrunden, vorbei an dem kleinen Friedhof, auf dem verfallene, umgestürzte Kreuze den Untergang der Folterknechte ausriefen. Ein undurchdringliches, faszinierendes Palmenrelief schloss sich an, um das der Weg einen steinigen Bogen machte. Schließlich erreichte er die höchste Stelle des Weges, zur Meerseite hin, wo beeindruckende, meterhohe Brecher tosend an den massiven Felsblöcken zu haushohen Fontänen eruptierten. Die Luft war von feinen Wasserperlen durchzogen. Trotz des Getoses herrschte eine himmlische Ruhe. Er setzte sich etwas erhöht auf einen Felsvorsprung und genoss den Blick in die Weite, die ihm eine melancholische Freiheit zuzurufen schien. Schließlich, nach einer kleinen Ewigkeit, machte er sich auf, in Gedanken versunken.

Sein Weg führte ihn an einigen niedrigen, etwas höher am Weg gelegenen und von einer massiven Mauer umgebenen Ruinen vorbei, hin zu der im Meer durch Steine gebildeten Badestelle für die Gefangenen, wo sich jetzt die Fremdenlegionäre tummelten. Da er bereits die Gebäude der Legion am Pier erkennen konnte, kehrte er um, zurück zu der scheinbar undurchdringlichen Mauer. Schließlich jedoch fand er nach langem Suchen einen Durchlass und konnte die Gefängnisgebäude, lang gestreckte Steinrechtecke, betreten. Innen war es dunkel und modrig, eine Einrichtung, sofern es eine gegeben haben sollte, nicht mehr zu erkennen. Am Ende der Gebäude fand er Plumpsklos. Es wirkte nicht besonders beängstigend auf ihn, doch er konnte sich trotzdem vorstellen, die Stimmen der Gefangenen zu hören, die hier ihr Dasein fristeten. Wie viele Qualen diese Mauern gesehen haben mochten, war für ihn nicht mehr zu erkennen, dafür hatte sich die Natur bereits zu viel zurückerobert. Er ging weiter, den Berg hinauf, fand eine Treppe mit vielen Stufen und gelangte schließlich an eine riesige Halle, in deren Inneren sich eine gespenstige

Schattenwelt auftat: Durch das teilweise eingestürzte Dach fluteten Sonnenstrahlen in die kalte, düstere Halle, unzählige Male von den Tausenden Lianen gebrochen, die sich durch die Dachlöcher dem Erdboden entgegen wanden. Es entstand so ein Gespinst aus Licht- und Lianenfäden, dass er den Eindruck hatte, es würde regnen. Im diffusen Schatten flatterten unzählige Schmetterlinge umher und auf dem Boden bewegten sich Heerscharen von Blattschneiderameisen, deren Straßen sich, wogenden Flüssen gleich, im Nichts zu verlieren schienen.

Nachdem er ängstlich dieses zusammenbrechende Monstrum durchschlichen hatte, gelangte er durch einen Durchlass hindurch in die eigentliche Reclusion, das Zuchthaus, von dem Papillon berichtet hatte. Hier befanden sich die unmenschlichen Zellen, scheinbar endlos, in langen, rechtwinkligen Gängen aneinandergereiht, die alle von einem zentralen Flur aus betreten werden konnten. Die ehemals dunklen, jetzt durch das fehlende Dach, zwielichtig von der Sonne durchfluteten Kerker, erschienen ihm so klein, dass ein ausgewachsener Mann darin nur wenig Platz gefunden haben mochte. Sie waren im Zerfall befindlich, fast überall fehlten die Deckengitter, die Dachgänge waren verschwunden, von denen aus die Wärter ihre Opfer beobachtet hatten, sie jeder Privatsphäre beraubend. Einige Dunkelzellen, kleiner und beeindruckend brutal fand er noch recht gut erhalten: Alte Metallteile, Türen, Gitter und Treppen lagen oder hingen herum, alles von der gewaltigen Kraft der Pflanzen überwuchert, die dieses Unrecht vom Erdboden zu vertilgen suchten. Pittoreske Wurzeln gruben sich um Eisenstäbe, krochen auf Wänden entlang um irgendwo sachte in den Grund zu fließen, während riesige Stämme die viel zu engen Gänge zu sprengen versuchten. Überall grünte es, wie aus Hohn. Eine Ruhe umfing ihn, deren Bitternis er gewissermaßen auf seiner Zunge schmecken konnte, schwer und tödlich. Fluchtartig stürzte er in den Mittelgang, suchte verzweifelt nach einem Ausgang, verlief sich vollends, sich immer wieder in riesigen Spinnennetzen verfangend, aus denen handgroße, langbeinige Monstren auf ihn zustürzten. Er wollte schreien, brachte jedoch nur ein Röcheln hervor, Angstschweiß troff aus allen Poren und ihm war, als vernehme er ein höhnisches Lachen der Folterknechte.

Als er endlich den Ausgang zu jenem kleinen Pfad entdeckte, der direkt zu seiner Hängematte den Berg hinunter führte, dämmerte es bereits. Er lief direkt zur kleinen Bucht, an der er nunmehr nur noch ein halbes Dutzend andere Personen fand, die er nicht weiter beachtete. Es war Flut, der Strand gut mit Wasser gefüllt, in dessen Fluten er sich wie zu einer überhasteten Flucht stürzte. Als er das Meer verließ bemerkte er die verstohlen amüsierten Blicke der Franzosen, die ebenfalls die Nacht hier verbringen würden und deren Lagerfeuer, gespeist aus den unzähligen Kokosnüssen, gemütlich in der untergehenden Sonne glühten. Es war, als hätte er innerhalb weniger Minuten eine andere Insel erreicht. Einige Hühner kamen gackernd an ihm vorbei, sogar einige Kinder liefen zwischen den Palmen herum. Beschämt kehrte er zu seiner Hängematte zurück, die so erschreckend nah an seinem albtraumhaften Erlebnis von vorhin hing. Es dunkelte bereits, als er merkte, dass er keine Streichhölzer oder ein Feuerzeug bei sich hatte, um den Inhalt der Konservendose zu erhitzen, die er von dem Skipper erstanden hatte. Sein knurrender Magen und eine ungewisse Angst trieb ihn hinunter zum Strand, wo er in der Nähe der anderen seine Hängematte aufspannte. Schließlich fasste er sich ein Herz und erbettelte sich von seinen Nachbarn, zwei offensichtlich weitaus weniger schreckhaften Müttern mit ihren beiden Kindern, ein Feuerzeug, das ihm zu einer warmen Mahlzeit und schützendem Licht verhalf. Obwohl er wusste, dass es auf den Inseln keine gefährlichen Tiere gab, konnte er nur schlecht einschlafen und ein Albtraum jagte den nächsten.

Raue Männerstimmen erschollen im Dunkeln der Nacht, Fackeln erhellten sein Gesicht, das entsetzt in die Augen bewaffneter Uniformierter blickte. Die Soldaten warfen ihn unsanft in den Morast, stießen ihn mit ihren Musketen, einer hielt ihm einen Säbel vor die Nase. Er wollte schreien, doch als er den Mund öffnete, spritzte sein Blut meterweit.

Einer der Männer lachte ein höllisches Lachen, tief wie das Meer und dunkel wie eine sternenlose Nacht. Dann packte er ihn mit eisenharten Pranken an seinem kahl geschorenen Kopf, riss ihn ganz nah an sein Gesicht, sodass er den fauligen Atem riechen konnte, und hielt ihm schließlich seine abgeschnittene Zunge vor die tränenden Augen. Ihm wurde übel und seine Kotze vermischte sich mit seinem fäulnisschwarzen Blut. Als er erwachte waren sie weg, vermutlich dachten sie, er sei tot. Ihn fröstelte. Langsam begann er davon zu kriechen. Er versteckte sich in einem Dickicht, weinend und von Blut durchtränkt.

"Hey!"

Ein Flüstern aus nächster Nähe.

"Wie heißt du?“

Aus dem Dunkel seiner Umgebung schälten sich zwei blaue Augen und ein dreckverschmiertes Gesicht.

"Wie heißt du?"

Er öffnete seinen Mund, wollte antworten, doch seine Zunge war nicht an ihrem Platz, stattdessen ein Fleischstumpf, dessen Bewegungen unkontrolliert von todbringenden Schmerzen begleitet waren.

"Lass gut sein! Du lebst. Sei froh, dass du noch lebst! Die Zwölf sind tot.[12] Sie haben sie gestern am Ufer unten erledigt. Ich weiß nicht, wie viele von uns noch hier draußen herumirren. Ich glaube nicht, dass es bisher jemandem gelungen ist, die Insel zu verlassen. Aber von der Royale sind mehrere duzend Wachen herübergekommen, um unseren Aufstand niederzuwerfen. Und sie leisten gute Arbeit, wie du siehst. Ohne die Zwölf sind wir anderen nichts! Und

---

12 „die Zwölf“, Anspielung auf die zwölf Jünger Jesu; gemeint ist jedoch kein historisch belegbarer Aufstand auf den Teufelsinseln

du? Ach, und du! Ein jammernder Haufen Fleisch! Ich kann dir nicht helfen..."

Der Kopf des Gegenüber bäumte sich auf, ein Röcheln durchzuckte die Nacht und er bemerkte, wie ein Bajonett aus dem Rücken des Flüchtlings gezogen wurde, nicht, ohne es noch einige Male genüsslich darin zu wenden und zu drehen. Blut quoll aus dem dreckigen Hemd, vermischte sich mit dem der vielen anderen. Er wurde unsanft gegriffen, wieder von diesen Pranken, die wie ein Schraubstock zupackten, wurde getreten von Füßen in Uniformstiefeln, die ihn vor sich hertrieben, immer weiter, immer weiter. Er versuchte zu fliehen, und mit jedem Versteck, das er fand, verriet er einen der Seinen. In diesen Nächten starben einhundertfünf. Verreckten. Wurden erschlagen, gemartert, zu Tode gequält.
Er überlebte.
Überlebte ..
Überlebte ...
In seiner nassen, kalten und dunklen Zelle, in der er zu verhungern drohte, hörte er ihre Ketten. Sie rasselten damit böse vor seinen Augen, zeigten ihm die abgeschlagenen Hände, Füße und Penisse, die ausgerissenen Nasen, Ohren und Zungen, die ausgestochenen Augen und von Vergewaltigungen zerfetzten Ärsche.

"Du hast uns verraten! Wir lassen dich nicht los! Jeden einzelnen von uns hast du auf dem Gewissen! Mit deiner Angst hast du uns verraten! Mit deiner Angst hast du uns getötet! Mit deiner Angst wirst du dich selbst töten! Sei bereit zu sterben oder kämpfe! Räche uns! Vergiss uns nicht! Räche uns!"

Schreiend wachte er auf, von Schweiß durchnässt, sein Rücken schmerzte, da er aus der Hängematte gefallen war. Die beiden Frauen kamen herübergelaufen, erst besorgt, dann amüsiert bei seinem elenden Anblick lachend, dann ärgerlich.

"Jetzt reicht es aber! Wir wollen schlafen und uns nicht unseren Urlaub von ihnen verderben lassen! Benehmen sie sich endlich!"

Und die andere fragte nur:

"Oder haben sie etwa Malaria?"

Er schüttelte den Kopf und wusste nicht, wie er den morgigen Tag überleben sollte, wenn er daran dachte, mit diesen Frauen zusammen zur Royale übersetzen zu müssen. Die beiden drehten sich schließlich kopfschüttelnd um, und wie zu einem verächtlichen Abschied, spuckte die eine von ihnen direkt vor seinen Füßen in den Sand.

Ziellose Suche

Belém

Er war froh, als er endlich das Flugzeug nach Belém, jener Millionenstadt am Amazonas betreten hatte. Der Flug über die unvorstellbar breite Amazonasmündung, die durch einen Wirrwarr von Inseln durchzogen war, erschien ihm wie das Überspringen einer innerlichen Grenze. Beim Aufsetzen der Maschine atmete er erleichtert auf, denn ihm war, als habe er die tristen Gedanken, die ihn in Guayana niederschlugen, hinter sich gelassen. Ein sonniger Tag begrüßte ihn auf der Fahrt in die Stadt, hin zu einem kleinen Hotel, welches er sich aus einem Reiseführer ausgewählt hatte. Schnell eilte er in die Stadt, hinunter zum Ver-o-Peso, direkt am Ufer des träge dahin fließenden Stromes. Er stürzte sich in diesen vor Leben sprudelnden Markt, auf dem alle noch so abenteuerlichen Dinge feilgeboten wurden, versteckt unter bunten Plastikdächern, als wolle er sich zwischen den Menschenmassen verlieren. Schließlich nahm er an einem Tisch Platz, der zu einem jener Straßenbars gehörte, die unweit des Marktes, auf der anderen Seite der Fischerboote, am Ufer ihr vielfältiges Lachen anboten. Die Sonne strahlte und die Wolken waren so hoch, wie er sie noch niemals in seinem Leben am Himmel gesehen hatte, als wollte ihn die Natur für alle bisherigen Erlebnisse entschädigen. Seine Stimmung hellte sich mit jeder Minute und jedem Caipirinha zusehends auf und die vielen, spärlich bekleideten Mädchen taten ein Übriges. Schließlich kaufte er sich doch wieder eine Prostituierte, die sich jedoch nicht direkt so offen zu erkennen gab. Hier schien ihm selbst dieses Geschäft ein reizvolles Spiel der Geschlechter zu sein, bei dem sogar die Preisverhandlung in Erotik versank.

Die Frau war überaus hübsch, vielleicht zweiundzwanzig Jahre alt, hatte hüftlanges, schwarzes Haar, dunkle Augen, breite Backenknochen und neben einem vollen Kussmund eine etwas zu breite Nase. Ihr Lächeln aber wurde von wunderhübschen Grübchen umrahmt, die ebenso mit ihm spielten, wie ihre zarten Finger. Ihre Haut war wie Samt und leicht gebräunt, ihre Brüste klein, ihre Hüften schmal und ihre makellosen Beine lang. Sie trug ein rötliches, eng anliegendes Stretch-Kleid, das nur spärlich ihren niedlichen Po bedeckte. Endlich das erhoffte Abenteuer mit einer Brasilianerin! Er war gespannt, ob die Erzählungen über das besondere Temperament dieser Frauen der Wahrheit entsprachen oder doch Erfindungen waren. Nachdem er dem Portier einen Extraschein zugesteckt hatte, durfte sie ihn auf sein Hotelzimmer in einer der engen Gassen begleiten. Sie umarmten sich, der erste Kuss folgte. Diesem Kuss ging keine Diskussion darüber voraus, ob er extra zu bezahlen sei, oder ob sie überhaupt küssen würde, es schien, als sei sie seine Freundin und keine Prostituierte. Die Berührung ihrer Lippen war zärtlich, das Spiel der Zungen begann zaghaft und wurde nur langsam wilder. Als sich ihre Gesichter für einen kurzen Moment von einander trennten, lächelte sie ihn so befreiend an, dass er sie beinahe gefragt hätte, ob sie ihn heiraten wolle. Aber das war ja Unsinn! Er hatte sie bezahlt, das gehörte hier offenbar dazu, diese Emotionalität, die ihn an die besten Tage seiner Beziehung erinnerte, vor deren Erinnerung er ja auf der Flucht war. Langsam glitten beim nächsten Kuss seine Hände über ihre Hüften, hinab zu ihrem Po, und auch ihre Finger liebkosten nun seinen Arsch. Er schob ihr Kleid hoch bis zu ihrem Bauchnabel und trat zurück. Ein weißer Spitzenslip bedeckte ihr Geschlecht. Er kniete sich vor sie, sie spreizte ihre Beine ein wenig, seine Hände umfassten ihre Hüften und seine Nase schnupperte an ihrer Mitte. Schließlich schoben seine Finger ihren Slip zur Seite und seine Zunge wirbelte einen ersten Tanz. Nach einigen Minuten sackte sie leicht in ihren Knien ein, ihr Rücken lehnte sich an die nahe Wand, seine Finger gruben sich in ihren festen Po, zwangen ihre nasses Geschlecht direkt in sein Gesicht. Schließlich stand er auf und zog ihr das Kleid über den Kopf. Ihre sehr kleinen Brüste, auf denen er erstaunlich große und dunkle Brustwarzen fand, waren das nächste Ziel seiner Zunge. Sie hatte ihm inzwischen sein Hemd und seine Hose ausgezogen. Ihre Finger spielten auf seinem Rücken und seinen Lenden. Wieder und wieder küssten sie sich, immer leidenschaftlicher, so, als seien sie wahrlich Verliebte, seine Finger massierten ihre Mitte und stöhnend wie eine Raubkatze kam ihr Orgasmus, bei dem sie ihn fest packte, ihren Oberkörper mit gespanntem Bauch durchbog und tief in ihre Knie sackte. Danach legte er sie vorsichtig auf das Bett und drang langsam in sie ein. Sie wand ihr Becken unter seinem Körper, gefangen von seiner immensen Manneskraft, bis er sich schließlich tief in ihr drinnen in das, ihm zuvor von ihr übergestreifte Kondom ergoss. Danach liebkosten sie sich schwitzend und er fragte sich, ob dieser Traum von einer Frau, dieses Fest eines Beischlafes, nun typisch für die Brasilianerinnen sei oder doch ein Glücksfall, der ihm widerfuhr. Der Ventilator rauschte und bescherte ihnen alle paar Sekunden eine erfrischende Brise. Schließlich schliefen sie bei offenem Fenster ein.

Tief in der Nacht, die mannigfaltigen Geräusche der Stadt hatten sich schon lange beruhigt, weckte ihn ein unbestimmbares Geräusch. Sie lag neben ihm und schlief tief und fest. Der Ventilator rauschte noch immer unvermindert vor sich hin, einige Moskitos hatten sich sein Blut genommen, er musste sich an mehreren Stellen ausgiebig kratzen. Aber was war das für ein Geräusch gewesen? Kam es etwa vom Fenster? Aber das Zimmer befand sich in der dritten Etage, das Hotel war ein schmaler Kolonialbau, weiß getüncht, der seine besten Jahre schon lange hinter sich gelassen hatte. Die Straße war sehr eng, kaum breit genug, ein Auto hindurch zu lassen. Er griff nach seiner Gürteltasche, die neben dem Bett auf einem Stuhl hing, und entnahm ihr sein Segelmesser, dass er extra für diese Reise gekauft hatte. Langsam und lautlos öffnete er die große, breite Klinge und auf der gegenüberliegenden Seite die dolchartige Spitze, sodass er eine Waffe mit Doppelklinge in Händen hielt. Er atmete tief durch, war sich seines scheinbaren Mutes nicht so ganz sicher, wusste vor allem nicht, was dort am Fenster auf ihn wartete. Sollte er sie wecken? Würde er sich nicht lächerlich machen, sollte da nur eine Ratte sein? Langsam setzte er sich im Bett auf und kroch bis ans Fußende, direkt am Fenster. War da eine Hand? Ja! Draußen versuchte jemand über die Fassade in ihr Zimmer einzusteigen! Er wusste nicht, was er tun sollte. Schließlich glitt er eilig zurück und schüttelte sie an der Schulter. Als sie - viel zu langsam - erwachte, bedeutet er ihr, keinen Laut von sich zu geben, wies mit einer Kopfbewegung auf das Fenster. Inzwischen war der Einbrecher schon erstaunlich weit geklettert, sein Kopf bereits deutlich zu sehen. Als seine Hand gerade nach der Fensterbrüstung griff und er noch immer unschlüssig darüber, was zu tun sei, dumm fragend gerade dieses Fenster anstarrte, sprang sie nackt aus dem Bett, hinüber zu dieser störenden Hand. Noch bevor er aufgestanden war, hatte sie fluchend die Brüstung erreicht und trat mit voller Wucht auf die Hand des Einbrechers, die sich noch am unteren Fensterabsatz festhielt. Ein dumpfer Schmerzenslaut erscholl, doch der Einbrecher versuchte nun schneller in ihr Zimmer zu steigen. Ohne nachzudenken sprang er ebenso nackt neben sie, das Messer drohend erhoben. In diesem Moment schien der Mann auf der anderen Seite der Brüstung zu bemerken, dass er sich an der Außenwand in nicht unerheblicher Höhe befand, in einer strategisch so ungünstigen Lage, dass ein Kampf aussichtslos erschien. Der Fassadenkletterer trat den Rückzug an. Als sie sich auf das Bett setzten, war ihm seltsam zumute. Er hatte vorhin nicht wirkliche Angst verspürt, war jedoch besonders von seiner Zaghaftigkeit beschämt, davon, dass sie viel mutiger und kompromissloser reagiert hatte als er. Sie legte sich ohne ein Wort zu sagen wieder hin, blickte noch einmal mitleidig auf sein Messer, so als wolle sie sagen, dass er mit diesem Spielzeug hier nichts ausrichten konnte, lächelte ihn müde an und schlief so unvermittelt ein, dass er sich fragte, ob sie überhaupt wahrgenommen hatte, was hier eben vorgegangen war. Er konnte die ganze Nacht kein Auge mehr zumachen, fühlte sich verpflichtet, eine imaginäre Wache zu schieben, gegen einen Feind, von dem er noch nicht einmal wusste, ob er überhaupt real gewesen war.

Am nächsten Morgen verließ sie ihn. Sie gab ihm zum Abschied zwar einen Kuss, aber es schien, als habe er in dieser Nacht als Mann für sie versagt, auch wenn er als Liebhaber vielleicht gar nicht so schlecht gewesen sein mochte. Gleichzeitig war er so verunsichert und beschämt, dass er sich nicht getraute, sie nach einem weiteren Treffen zu fragen. Im schien, als würde er auch hier, wo doch alles so gut begonnen hatte, vom Pech verfolgt zu sein. Als er schließlich am späten Morgen die vom brasilianischen Treibstoff nach Alkohol riechende Straße betrat, war ihm klar, dass er auch diese Stadt möglichst rasch verlassen wollte. Er befand sich auf der Jagd nach etwas, von dem er noch nicht sagen konnte, was es genau wäre, aber er wusste, dass er es genau wissen würde, wenn er es gefunden hatte. Ob es eine Frau oder vielleicht etwas gänzlich anderes sein würde, war ihm völlig unklar, er merkte nur ganz tief in seinem Inneren, dass sich seine Flucht zu eben dieser Jagd entwickelt hatte, dass er suchte und nicht mehr weglief.

Kinder

Am Busbahnhof Beléms angekommen, der sich am Rande der Stadt befand, wollte er eigentlich sogleich eine Fahrkarte nach Rio erstehen, überlegte es sich dann aber plötzlich doch anders und kaufte ein Ticket nach Sao Luis, jener alten Stadt nur etwa achthundert Kilometer entfernt. Es würde dadurch auf ihn erst einmal nur eine Tagesreise zukommen, so konnte er sich an die übliche Art des brasilianischen Reisens gewöhnen, denn bis Rio wäre er mehrere Tage und Nächte unterwegs.

Der makellos saubere und komfortable Bus erwartete ihn am späten Nachmittag, denn die Fahrt würde ihn über

Nacht an sein Ziel bringen. Alle Reisenden hatten einen reservierten Platz, es gab keine Bettler und auch sonst war alles so tadellos organisiert, dass er völlig erstaunt war, denn er hatte das übliche brasilianische Chaos erwartet, welches er schon nach wenigen Stunden in Belém zu genüge kennen gelernt hatte. Nachdem sie eine gewisse Zeit durch die Randbezirke Beléms gefahren waren, ließen sie die Stadt und ihre Vororte auf einer gut ausgebauten Autobahn hinter sich. Doch schon bald änderten sich die Straßenverhältnisse grundlegend, und schließlich, mitten in der Nacht, begann ein fürchterlicher Regen. Dann, völlig unvermittelt, musste der Bus halten. Sie befanden sich auf freiem Feld, weit und breit war keine Siedlung zu sehen. Noch immer regnete es. Diffuses Licht schien durch die leicht beschlagenen Fensterscheiben, Unruhe machte sich bei den Fahrgästen breit. Dann sah er mehrere Fahrzeuge vor und neben sich, sowohl Autos als auch Busse und große Lastkraftwagen. Leute liefen umher, auf einer Böschung stand eine Gruppe Männer, abwartend. Die Fahrerkabine ihres Busses war, wie in Brasilien bei Überlandbussen üblich, vom Fahrgastraum getrennt, sodass man nicht direkt sehen konnte, was vorne vor sich ging, jedoch konnte er durch sein Fenster beobachten, wie einige Männer sich dem Bus näherten und mit dem Motorista, dem Fahrer, sprachen. Die Unterhaltung wurde immer lauter und schließlich öffnete sich die Tür zum Fahrgastraum. Der Beifahrer trat ein und verkündete, dass eine Straßensenke durch den Regen unpassierbar geworden sei. Die Leute aus dieser Gegend würden jedoch eine Fuhrt kennen, die sie aber nur gegen Bezahlung bereit seien zu offenbaren. Der Motorista habe jedoch entschieden, nichts zu zahlen und mit dem Bus so durch die Senke zu fahren. Da die Einheimischen nunmehr recht erzürnt über sie seien, habe der Motorista ebenfalls entschieden, ihnen mit Waffengewalt zu drohen, sollten sie den Bus nicht ziehen lassen. Er glaubte, er sei in einem schlechten Film gelandet, doch die übrigen Fahrgäste nahmen diese Nachricht mit Erheiterung oder gelassenem Kopfnicken auf. Er musste sich offensichtlich doch noch sehr umgewöhnen, bevor er verstand, was in diesem Teil der Erde normal war. Seltsamerweise fühlte er sich jedoch durch die Entscheidungen des Motoristas, jenes Angehörigen einer hoch angesehenen Berufsgruppe in Brasilien, nicht nur beruhigt, sondern alles in ihm sagte, dass genau dies die richtige Entscheidung gewesen sei und ihm nichts geschehen konnte. Der Busfahrer ließ, wie um dieses Gefühl zu unterstützen, den Motor des Busses aufheulen und gab Vollgas. Erst langsam, dann jedoch mit großer Geschwindigkeit, zogen sie an den wartenden Fahrzeugen und den nicht einmal staunenden Menschen vorüber, tauchten in den schlammigen Morast der Senke ein, die aus der Lateritpiste einen mehrere Hundert Meter langen und duzende von Metern breiten See hatte werden lassen. Wie tief dieser See an einigen Stellen war, konnte er schon bald erkennen, denn mehrere Fahrzeuge, darunter auch große und schwere Überlandtransporter standen bis zu den Windschutzscheiben im rotbraunen Wasser. Doch ihr Bus fuhr. An den Seiten spritzten haushohe Wasserfontänen auf und verwandelten die Bäume in ihrer Nähe in schlammverklebte Drecksäulen. Die Männer auf der Anhöhe stieben wild auseinander und die wartenden Menschen auf beiden Seiten der Barriere johlten angesichts dieses Ereignisses oder riefen ihnen Mut zu. Je weiter sie in die Senke fuhren, desto tiefer sank der Bus und desto langsamer wurde seine Fahrt. Trotzdem stoppte der Motorista nicht, sondern ließ den Motor röhrend die letzten Pferdestärken aktivieren. Gurgelnd und einen Schlammsturm hinter sich lassend wühlte sich der Bus schlingernd durch die Untiefe und erreichte schließlich nach endlosen Minuten unter lautem Beifall aller Fahrgäste und der umherstehenden Leute das andere Ufer. Selbst die Männer der Umgebung klatschten auf der Anhöhe kleinlaut über den Mut des Motoristas. Nur kurz hielt der dreckverschmierte Bus, der Beifahrer stieg aus, um den Zustand des Gefährts zu prüfen, dann ging es weiter.

Doch kurz darauf, sie waren erst wenige Stunden von Belém entfernt und hatten noch die ganze Nacht vor sich, musste nach einem lauten Knall der Bus erneut anhalten. Diesmal war ein Stein in die große Windschutzscheibe geschlagen. Woher der Stein gekommen war ließ sich in der

Dunkelheit nicht mehr nachvollziehen. Die Scheibe jedoch war zersplittert. Spätestens jetzt konnte er jedoch die hohe Wertschätzung der Brasilianer für die Motorista verstehen, denn ihr Busfahrer schlug kurzentschlossen die Splitterreste der Windschutzscheibe aus ihren Verankerungen und fuhr mit unverminderter Geschwindigkeit weiter. Als sie dann nach etwa zwei Stunden an einen der regelmäßig vorhandenen Servicestationen ankamen und sich auch die Fahrgäste die Beine vertreten konnten, sah er den Motorista, ihren Motorista, mit dreckverschmiertem Gesicht und einem von Schlamm verschmutzten Anzug in die Toilette eilen. Als auch er dort eintrat, sah er den Mann bereits gesäubert vor sich, lediglich der Anzug war noch etwas verschmutzt.

"Ich hoffe, wir sind pünktlich",

sagte der Motorista unvermittelt auf englisch zu ihm, ihn indirekt im Spiegel des Waschraumes anblickend. Ein Lächeln stand auf dem sympathischen Gesicht des vielleicht fünfundvierzig jährigen Mannes:

"Ich wünsche ihnen noch einen schönen Aufenthalt in unserem Land!"

Mit diesen Worten ließ der Motorista ihn verdutzt vor dem Spiegel zurück, und da erkannte er zum ersten Mal, seit er in Südamerika war, dass wirklich jeder ihn sofort als Gringo, als einen unerfahrenen Touristen erkennen konnte. Bei diesem Gedanken musste er unwillkürlich lachen. Es war kein bitteres Lachen, wie er es erwartet hätte, sondern es befreite ihn, ja, bestätigte ihn in seiner Vermutung, in seinem Gefühl, seine Reise habe sich gewandelt, von einer Flucht, bei der er sich zu verstecken, zu verstellen suchte, hin zu einer Suche nach sich selbst, bei der er der sein konnte und durfte, der er war.

Fast pünktlich erreichten sie Sao Luis, wo er sich sofort in ein Taxi setzte und schließlich nach einer kurzen Fahrt ein Hotel erreichte, dessen Fassaden mehr als ein Jahrhundert gesehen hatten. Die schiefen Wände, Treppen, Fenster und Holzbohlen ließen ihn nichts Gutes ahnen, doch er war überrascht, ein sauberes, recht neues Bett in einem großen Zimmer mit einer himmlischen Aussicht auf die unter ihm liegende Altstadt vorzufinden. Die Leute waren nett und er stürzte sich schon bald in das muntere Gewimmel auf den menschendurchfluteten Straßen und Fußgängerzonen. Er hatte das Gefühl, in einer südeuropäischen Stadt zu sein, konnte endlich einmal wieder richtig und nach Herzens Lust durch große Kaufhäuser bummeln und in hübschen Straßencafés einen eiskalten Saft zu sich nehmen. Die Stadt strahlte eine Art Lebensfreude aus, die seine Stimmung endlich auf die richtige Fährte zu bringen schien, es fehlte nur noch ein deftiges Abenteuer um seine neu erstandene Manneskraft zu beweisen. In den engen Straßen der Altstadt mit ihren wunderschönen, mit Kacheln verzierten Häusern, hörte er von Ausflügen in das nahe gelegene Alcântara, auf der anderen Seite der Bucht.

Am nächsten Morgen setzte er in einem der farbenprächtigen, mit Menschenmassen überfüllten Holzschiffe über die Bucht. Die Stimmung an Bord war ausgelassen, es wurde viel gelacht und gesungen. Zwei Mädchen, vielleicht sechs und neun Jahre alt, traten zu ihm und bettelten ihn an. Er wollte ihnen kein Geld geben, so ging er mit ihnen zu einem Essensverkäufer und orderte kleine Snacks und Getränke für ihn und die Mädchen. Als der Verkäufer bemerkte, dass die Speisen für die Mädchen waren, erschien ein freundliches Lächeln auf seinem Gesicht, und er war nicht schlecht überrascht, als er die Speisen für die beiden geschenkt bekam. Eine alte Frau, die unweit des Standes saß, schaute ihm tief in die Augen, nickte ihm zu und schlug ein Kreuz vor ihrem Herzen. Ihm kam diese Szene so fremd vor, dass er sich Mühe geben musste, nicht zu lachen, doch er schien instinktiv zu verstehen, dass er eine menschliche Regung der Nächstenliebe gezeigt hatte, die ihn hier zu einem neuen Menschen machen sollte, gleichsam einer der Ihren, einer, der Armut in seiner wahren Tiefe zu verstehen vermochte. Die Mädchen, scheinbar noch zu jung, um solch fundamentalen Gedankengängen folgen zu können, waren übermütig und laut lachend mit ihren Geschenken vom Gringo davon gestoben, scheinbar in der Angst, er könne sich das alles doch anders überlegen und ihnen das gerade Errungene wieder entreißen. Er ging zurück zur Reling, von wo aus er den glitzernden Wellen zuschaute. Da tauchten die Mädchen wieder auf, schlenderten um ihn herum, zogen immer engere Kreise bis sie ihn fast berührten. Die Ältere lächelte ihn an und schließlich begann sie zu sprechen:

"Woher kommst du? Wohin gehst du?"

Die Antworten waren so einsilbig wie ihre Fragen. Dann:

"Hast du eine Freundin?"

Er verstand nicht.

"Hast du eine Freundin?"

Nein.

"Suchst du eine Freundin?"

Die Frage war so naiv gestellt, dass ihm immer noch nicht der Sinn der Fragen aufging.

"Suchst du eine Freundin?"

Ja, warum nicht. Er war amüsiert über die Offenheit der Kinder.

"Sie sucht einen Freund."

Er schluckte, begann zu verstehen. Aber das andere Mädchen war höchstens sechs Jahre alt!

"Möchtest du ihr Freund sein?"

Er war verstört. Wie sollte er reagieren, was sagen? War dieses Angebot aus Dankbarkeit ausgesprochen, oder suchte das Mädchen einen Schutzpatron, was bedeutete dieses Angebot überhaupt?

"Sie heißt Lisa."

Lisa lächelte verlegen und berührte seinen Arm. Verstohlen sah er sich um. Wurde er beobachtet? Bemerkte irgendjemand, was hier vor sich ging? Was bedeutete das Wort "Freund" in diesem Zusammenhang?

"Lisa ist schüchtern, viel zu schüchtern. Sie findet keinen Freund. Ich habe schon lange einen. Er ist schon alt, aber lieb. Er hat mich noch nie geschlagen und er schickt mich nicht zum betteln. Er ist gut. Aber er hat nicht genug für uns beide."

Aha, so war das also. Sie suchte einen Beschützer und Ernährer. Er war erleichtert. Das könnte er mit einigen Geldscheinen abbügeln können.

"Lisa wird lieb zu dir sein!"

Die Worte kamen jetzt sehr leise, aber drängend über die Lippen des älteren Mädchens. Sein Zögern schien sie in eine Art Panik zu versetzen, so, als verliere sie eine Chance fürs Leben - und er musste sich eingestehen, dass es für diese Mädchen wahrhaftig die Chance ihres Lebens sein könnte, dass er einen Traum von einem besseren Leben für sie darzustellen vermochte.

"Lisa wird überallhin mit dir gehen. Sie wird dir treu sein! Du kannst mit ihr machen was du willst. Wenn sie böse ist, kannst du sie schlagen."

Lisa, das kleine, hübsche Mädchen, sah ihn mit einem Lächeln an, das sich bei diesen Worten in eine unbestimmbare Angst wandelte, doch immer noch voller Hoffnung.

"Aber sie ist lieb. Wirklich! Sie macht alles was du willst! Sie ist noch klein, aber sie weiß schon viel... wie man mit Männern umgeht, du verstehst?"

Ein verschmitztes Lächeln erschien auf dem Gesicht der Älteren, die für ihn das Antlitz einer heiligen Zuhälterin bekam. Ja, sie versuchte wahrhaftig, Lisa an ihn zu verschachern! Er musste sie stoppen! Das ging ihm zu weit. Er wollte, ja, suchte ein Abenteuer. Aber mit einer Frau. Nicht mit einem sechsjährigen Mädchen! Doch den beiden schien dieses Angebot ein ganz normaler Deal zu sein. Er versuchte, sich in ihre Lage, in ihre Hoffnungslosigkeit zu versetzen. Da tauchte ein Gringo auf, der war nett, spendabel, war im Vergleich zu den Männern, mit denen sie bisher Kontakt gehabt hatten vielleicht so etwas wie ein Traummann, ein Märchenprinz. Ihr Leben war sicherlich hart, ein Leben, das er sich nicht wirklich vorzustellen vermochte. Er kannte keine Armut, war nur den Bettlern auf deutschen Straßen ausgewichen, die im Vergleich zu diesen beiden Mädchen geradezu in Reichtum versanken, die an einem schlechten Tag mehr Geld erbetteln konnten, als diese Mädchen mit dem Verkauf ihrer Körper in Wochen zu verdienen im Stande waren. Und dann tauchte er auf: Eine Versicherungspolice für ein gesichertes Leben! Nur ein Mann, noch nicht zu alt, vielleicht sogar hübsch, dem zu dienen sogar ein sechsjähriges Mädchen besser fand, als ihr bisheriges Leben so weiter zu führen. Die beiden Mädchen warfen alles was sie hatten in eine überdimensionale Waagschale, die ihr ganzes Leben bestimmen konnte. Und er musste die Entscheidung für sie treffen! Er: Ein junger Schnösel, der vom Leben noch nicht allzu viel gesehen hatte, der mit Lebensfragen wie diesen noch nie konfrontiert gewesen war. Wenn diese Kinder bloß wüssten, wem sie die Entscheidung über ihr weiteres Leben anvertrauten. Sie würden schreiend davonlaufen! Körperlich bekam er in diesem Augenblick Magenkrämpfe, seelisch wurde ihm speiübel und deutsch bekam er eine Höllenangst. Wie kam er aus dieser Zwickmühle der Verantwortung für diese Kinder wieder heraus ohne sein Gesicht zu verlieren? Und. Er wandte sich dem kleinen

Mädchen zu. Du. Er sah ihr fest in die Augen. Lisa? Er zertrümmerte mit dieser hinterhältigen Frage all ihre Hoffnungen, verschob den Schwarzen Peter auf sie, die Verantwortung für ihr noch so junges Leben schlug er ihr mit diesen drei Worten um ihre Ohren. Er versetzte dem Mädchen einen Schlag, den es nie vergessen würde, so glaubte er in diesem Augenblick. Dieser eine Satz, diese drei kurzen Worte, sollten ihr scheinbar die Freiheit einer Entscheidung eröffnen, die sie nicht hatte. Was sollte sie denn darauf antworten? Nein, ich will dich nicht, will lieber weiter einem alten, armen Mann auf der leeren Tasche liegen, der zwar lieb (wie lieb eigentlich?) aber eben alt ist, will lieber betteln und hungern und wahrscheinlich früh in irgendeiner Gosse sterben? Wie konnte er diese riesige Verantwortung nur dieser kleinen Seele aufbürden? Wenn ihm eben schlecht gewesen war, so wurde ihm jetzt gewahr, dass er am liebsten im Erdboden verschwunden wäre! Er fragte sich, ob man ihr Angebot unmoralisch hätte nennen können. Deutsch - ja! Brasilianisch? Er musste erkennen, dass seine Vorstellungen von Moral hier nicht mehr passten, dass ihr Angebot eben nicht unmoralisch gewesen war, selbst, wenn sie ihren Körper für ein bisschen Essen, Kleidung und Sicherheit verkaufen wollte. Nein, unmoralisch war seine Frage an sie gewesen, diese drei Worte, die sie eiskalt zu entsorgen versuchten! Doch jetzt war es zu spät! Er hatte mit diesen drei Worten seine Schwäche eingestanden, so wie er mit dem Zögern im Hotel in Belém seine Männlichkeit verraten hatte. Doch was würde er als nächstes machen, wenn sie seine unverschämte Frage so beantworten würde, wie sie es musste? Würde er den Mut aufbringen, sie offen abzuweisen? Oder würde er versuchen, sich mit ein paar Geldscheinen freizukaufen? Ja, immerhin hatte sie ein Kaufangebot an ihn gestellt - das konnte er ablehnen! Sie gefiel ihm nicht. Sie war zu jung für ihn. Er hatte keine Zeit für sie. Er war doch nur auf der Durchreise, ein Tourist. Während sein Gehirn sich mit den Formulierungen diverser Ausreden beschäftigte, bemerkte er nicht die Veränderung in dem Gesichtchen des kleinen Mädchens. Erst als sie die Berührung mit seinem Arm, dieses unschuldige Antasten an die vermeintliche Hoffnung, aufkündigte und ihre Hand in die Rocktasche steckte, suchend, da bemerkte er wieder ihr Gesicht, ihre Augen, ihren Mund. Es waren nur Sekunden vergangen, die für ihn eine Ewigkeit zu sein schienen. Er wartete auf ihre Antwort, die er irgendwie zu kennen glaubte. Auch die Ältere blickte gespannt auf Lisa. Er erwartete einen flehentlichen Blick, gestammelte Worte, Tränen vielleicht. Doch stattdessen streckte sie ihm ihre Hand entgegen, jene, die ihn zuvor berührt hatte, jene, die suchend in ihrem alten, dreckigen Rock verschwunden war. Er sah einen roten Kunststoffring darauf, einen Kinderring, so, wie man sie in Kaugummiautomaten fand. Sie hielt ihm diesen Ring entgegen, offensiv und mit einem fast dankbaren Lächeln. Er konnte nicht anders, er streckte seine Hand nach diesem Ring aus, diesem wohlmöglich einzigen Besitz des Mädchens. Als er den Ring in seinen Fingern hielt, fühlte er eine Kraft, die ihn durchzuckte, eine ungestüme Kraft, die von diesem kleinen Mädchen ausging. Sie schien ihn zu durchströmen, schien ihm zuzurufen, sieh, ich treffe Entscheidungen, die mein Leben betreffen, ich fliehe nicht wie du es getan hast, sondern ich zeige dir, dass auch ich Würde besitze und nicht in deine verbale Falle laufe! Ich werde nicht um deine Almosen betteln, denn ich habe dir ein Angebot unterbreitet, ein geschäftliches Angebot. Wer mich nicht will, dem biedere ich mich nicht an. Doch ich schenke dir diesen Ring, damit du vielleicht verstehst, was es heißt, Verantwortung für sein Leben zu tragen! Noch während er diese Kraft in sich spürte, diese Worte in sich hörte, von denen er wusste, dass sie seiner Phantasie entsprangen, hatten sich die beiden Mädchen lachend umgedreht und waren davon gehüpft, als wäre dieses Intermezzo nie geschehen. Er drehte und wendete den Ring in seinen Fingern, die Kraft, die imaginären Worte vergingen, doch er wusste, dass er lernen musste, Verantwortung für sich zu übernehmen. Die beiden Mädchen sah er nie wieder, doch den Ring verstaute er sorgfältig in seiner Tasche.

Alcântara

Alcântara war ein liebreizendes Nest, eine Anhäufung alter Kolonialgebäude, gruppiert um einen großen Platz, den er nach einem kurzen Fußmarsch erreichte. Zuvor hatte er in einem abenteuerlichen Umsteigemanöver von dem Fährschiff auf ein kleines Ruderboot einen Mut bewiesen, der so lächerlich war, dass er sich dafür schämte. Im Zentrum des Ortes gab es eine Art Hotel in einem der ansehnlichen Holzhäuser. Ein Restaurant würde für sein körperliches Wohl sorgen, nur das erhoffte Abenteuer mit einer Frau schien ihm durch das zuvor erlebte aus den Augen zu geraten. Nachdem er einen kurzen Rundgang durch den Ort unternommen hatte, blieb er am Ortsrand, da wo die weiten Felder begannen, vor dem Fenster einer kleinen Bar stehen, aus der ohrenbetäubender Lambada erscholl. Er blickte hinein und erkannte die beiden Mädchen, die sich im erotischsten aller Tänze übten und dabei sichtlich ohne große Mühen jede europäische Frau zu einer verstaubten Mottenkugel degradierten. Noch nie hatte er Frauen, geschweige denn Kinder, so tanzen sehen: Die Hüften schwangen sich in einem kopulierenden Rhythmus in großen, wilden Kreisen, die Beine waren zum Stoß geöffnet, die kurzen Röckchen flogen, und offenbarten verheißungsvolle Augenblicke auf die scheinbar so unschuldigen weißen Unterhosen, die noch nicht entwickelte Geschlechter und kleine Pobacken betonten. Dieser Tanz war die Aufforderung zum Geschlechtsverkehr, direkter konnte es nicht ausgedrückt werden. Er bemerkte nicht das vielleicht achtzehnjährige Mädchen am Rande der Tanzfläche, das ihn intensiv beobachtete. Schließlich löste sie sich vom Tresen, schlenderte gleichsam beiläufig zum Ausgang, wobei ihr kurzer, weit wallender Rock durch ihre Hüftbewegungen verlockend zu schwingen begann und trat schließlich ins Freie. Als sie um die Ecke bog, auf ihn zukam, bemerkte er sie aus den Augenwinkeln, kurz nur, aber intensiv, bemerkte ihre vollen, schwarzen Haare, die ihr feines Gesicht mit den großen dunklen Augen, den langen Wimpern, der geraden Nase und dem großen Kussmund umspielten, gleichsam eine Ikone der Schönheit, der Verführung schaffend. Diese Haare schienen nicht enden zu wollen und bedeckten sogar noch den Rock. Doch er war zu sehr vertieft in den Tanz der beiden Mädchen, als dass er sich umgewandt hätte. Sie trug nur diesen kurzen Rock und ein Bikinioberteil, tänzelte in ihren Badelatschen auf ihn zu und trat direkt hinter ihn. Er war plötzlich wie betäubt. Seine Nackenhaare registrierten den Atem des Mädchens, seine Arme ließen sich ohne Widerspruch von ihren Händen unterfassen, die sich auf seinen Bauch legten, dann nach unten wanderten und schließlich auf seinen Lenden, unweit seiner Mitte, dort wo sein Penis begann, zu liegen kamen. Ihr Kopf legte sich an seine Schulter, sie summte leise die Melodie des Lambadas. Ihre kleinen Brüste berührten seinen Rücken, die spitzen Knospen liebkosten und kitzelten ihn. Dann fühlte er ihr Becken an seinem Hintern, sie drückte ihn sanft an sich, ihre Beine gespreizt, leicht in den Knien eingeknickt und begann, ihm den Rhythmus der Erotik aufzuzwingen. Es war der schönste Zwang seines Lebens, dem er sich mit geschlossenen Augen bereitwillig hingab. Unter jeder anderen Bedingung wäre er im Erdboden versunken, doch hier ließ er sich am helllichten Tage, mitten auf der Straße, vor allen Augen, sosehr gehen, dass er befürchtete, sein Samen würde schon jetzt einen nassen Fleck auf der Hose hinterlassen. Er konnte nicht anders, er musste sich umdrehen, wollte er sich nicht vor all den Menschen entleeren. Seine ungelenken Glieder umfassten unbeholfen das junge Mädchen, ein Mädchen, dessen Schönheit er nicht zu glauben vermochte und dessen Offensive ihn sichtlich entblößt hatte. Ihr Geschlecht rieb sich an ihm, ihre Lippen fanden die seinen, zwangen sie liebevoll auf, und ihre Zunge brachte ihn zu einem verlegenen Orgasmus, dessen er sich wie durch ein Wunder nicht schämte. Sie bemerkte seinen Erguss und tanzte ihn langsam und vorsichtig von der peinlichen Öffentlichkeit weg, hinaus zu den Wiesen, wo sie sich unbeobachtet von der Dorfgemeinschaft endlich ein wenig voneinander lösen konnten, ohne dass seine Nässe jedem sofort aufgefallen wäre. Aber er glaubte sowieso, dass alle seinen Unfall bemerkt hatten. Doch noch immer bemerkte er kein Schamgefühl in sich aufkommen, sondern vielmehr sah er in diese alles verschlingenden, ihn verschlingenden Augen, dieses tiefschwarze Meer lustvoller Pupillen, in denen er sein Antlitz gespiegelt sah. Sie lächelte ihn an. Wieder küsste sie ihn, so heiß und innig, dass ihm schwindelig wurde und sein Penis erneut zu leben begann. Sie griff in seine schleimige Unterhose, sank auf die Knie, wobei sie seine Hose zu Boden zog, und nahm schließlich seinen feuchten, mit Samen beschmierten Penis in ihren leuchtend roten Mund. Als er kurz vor einem erneuten Erguss stand, zwang sie ihn zu sich auf den Boden, zog ihren kleinen, weißen Tangaslip zur Seite und er drang in sie ein, ohne auch nur einen Gedanken an Verhütung oder AIDS zu verlieren. Nie hätte er sich eine solche Gedankenlosigkeit, eine solche gefühlsmäßige Hingabe vorstellen können, dafür war sein bisheriges Leben zu rational verlaufen. Doch hier, an diesem Ort, schienen alle Regeln außer Kraft zu sein, schienen alle Unmöglichkeiten möglich zu werden, schienen Traum und Realität zu verschmelzen. Als sie sich nach einer heftig-liebevollen Kopulation voneinander trennten, fand er endlich Zeit, sie genauer zu betrachten, ihre Schönheit einzusaugen. Er konnte das Geschehene nicht glauben, war sprachlos und begann beinahe, unsicher zu werden. Da sagte sie ihren Namen, leise, geflüstert, beiläufig in die Stile geworfen, doch gezielt genug, um ihn aus seiner Starre, in der er sich zu verlieren drohte, zu retten. Er musste plötzlich lachen und auch sie lachte los, befreit von einer zwanghaften Begierde, die sie beide ergriffen hatte. Ohne viel zu sprechen standen sie auf und gingen in den Ort zurück, fest umschlungen. Den Leuten, denen sie begegneten, wollte er erst ausweichen, doch dann bemerkte er ihre wohlwollenden Blicke, die wie selbstverständlich diesen Ausflug in die körperliche Begehrlichkeit zu begrüßen schienen, ja einige Frauen schienen ihm sogar zuzunicken. Unvermittelt standen sie vor der Kirche des Ortes. Der Priester trat auf sie zu, sprach ihn an, fragte, ob er den Altar gerne sehen würde. Das Mädchen musste den Altar doch kennen, oder war sie etwa gar nicht von hier? Das Verhalten des Priesters schien darauf hinzudeuten, dass auch sie nicht aus diesem Ort stammte. Langsam gingen sie hinter der schwarzen Kutte her und flüsternd fragte er sie, woher sie käme.

"Aus Sao Luis", war ihre Antwort, "morgen muss ich wieder zurück."

Nach dieser Antwort, die ihm einen Schlag versetzte, ihn sozusagen seines Traumes beraubte, nahm er den sehenswerten, mit verborgenen Türen versehenen Altar, nicht wirklich wahr. Schließlich bestiegen sie den Kirchturm, der einen unglaublichen Blick freigab, und plötzlich begann der Priester für sie beide die Glocken zu läuten, wohlwollend lächelnd. Sie schmiegte sich an ihn, so als würden die Hochzeitsglocken singen und auch er gab sich unvermittelt irrwitzigen Gedanken einer Amour fou hin. Als sie die Kirche verließen, musste er jedoch erkennen, dass der Priester mit seiner Show lediglich sein Taschengeld aufzubessern versuchte, denn die eher schlecht als recht versteckt ausgestreckte Hand für eine Gabe war doch zu offensichtlich. Doch sie schien dies nicht zu stören. Den Abend und die Nacht würden sie zusammen verbringen, darüber mussten sie nicht sprechen. Überhaupt sprachen sie nicht viel, beinahe gar nichts, denn sie waren von gegenseitiger Begierde wie betäubt.

Sie schlief fest neben ihm in diesem himmlisch großen Bett, in diesem himmlisch großen Herrenzimmer, in diesem himmlisch malerischen Kolonialgebäude. Die Decke verlor sich über ihren Köpfen, Fledermäuse flogen umher. Der Ventilator ratterte leise vor sich hin und versuchte vergebens, den Geruch von Schweiß und ihrer Leidenschaft zu vertreiben. Ihr Beischlaf war von erstickender Schönheit gewesen, wild wie eine Katze war sie auf ihm geritten, ungestüm wie ein Stier hatte er sie hart und unerbittlich genommen. Sie hatte ihm alle ihre Öffnungen dargeboten und er hatte zum ersten Mal analen Verkehr gehabt. Sicherlich war sie keine Jungfrau mehr gewesen, das war ihm klar, doch er wollte sie auch nicht als Hure erkennen, die sie durchaus hätte sein können. Insbesondere war er so unvorsichtig wie noch nie in seinem Leben gewesen, hatte alle

Aufklärungsarbeit der Behörden, der Schule, der Eltern und Freunde in den Wind geschlagen, hatte sich in einer Weise hingegeben, die nicht nur sträflich, sondern sogar selbstmörderisch genannt werden musste. Es war ein Hasardeurspiel, dem er sich aus reiner Leidenschaft hingegeben hatte. Er fühlte sich zunehmend in dieses Mädchen verliebt, in diese Kindfrau, die ihn mitgerissen, an sich gerissen hatte, die ihn jedoch morgen wieder fallen lassen würde, dessen war er sich sicher. Warum? Er wusste es nicht. Aber instinktiv spürte er, dass diese Nacht keine Wiederholung finden würde. Er konnte nicht schlafen. Schließlich stand er auf, beobachtete stehend ihren nackten, makellosen Körper, ihre Schultern, ihre Brüste, ihre wunderbaren Hüften, ihren kleinen, zarten Hintern, dessen Loch sich so spielerisch um seinen Penis gewunden hatte, ihre langen, haarlosen Beine, ihre feingliedrigen Füße, ihre rasierte Scham, die ihn sosehr aufgewühlt hatte. In der Mitte des Raumes hing, wie aus dem Nichts, eine Sitzhängematte, in die er sich einkuschelte. Aus einem der Nachbarräume hörte er das Stöhnen eines anderen Paares, das sich in der betörenden Milde der tropischen Nacht verlor. Er träumte von ihrer Haut, ihren Augen, ihren Händen, ihrem Mund. Unvermittelt bemerkte er ein leichtes Zucken. Was war das? Wieder begann der Hängesitz zu zittern, leicht nur, unscheinbar. Er blickte auf. Das Seil der Hängevorrichtung verlor sich im Dunkel des Dachgewölbes. Wieder dieses leise Zittern. Und dann bemerkte er endlich den Grund: Eine riesige Ratte sah ihn aus ihren großen Augen an, vielleicht einen halben Meter über seinem Kopf. Noch schien sie unschlüssig zu sein, ob sie sich weiter vorwagen konnte oder lieber den Rückzug antreten sollte. Er bekam beinahe einen Herzinfarkt. Einen Schrei mit Mühe unterdrückend sprang er aus der Hängematte und flüchtete sich zum Bett. Doch nun erkundete er den Raum genauer, jenes Paradies auf Erden. Überall huschte es, hier eine Fledermaus, dort ein Moskito und dann die Ratte. Aber auf der Kommode war noch eines dieser Biester und die auf der Hängematte hatte sich nunmehr dort eingerichtet, wo er noch vor wenigen Minuten gesessen hatte. Er überwand seinen Ekel und ging zum

Fenster, das auf den Dorfplatz blickte. Der Mond stand über ihm, ließ alles in einem aschgrauen Licht erscheinen, die Luft war erfrischend kühl, was seine Stimmung etwas aufmunterte. Warum musste nach jedem positiven Erlebnis auf dieser Reise immer etwas erschreckendes folgen? Diese Frage marterte ihn noch stundenlang, Stunden in denen er an diesem Fenster stand und in die Nacht blickte. Dann tauchten die ersten Leute auf der Straße auf, der Platz begann sich zu beleben.

Plötzlich ließ ihn eine unbestimmbare Unruhe auf dem Platz aufmerksam werden. Eine kleine Gruppe von Schulkindern hatte sich zu einer jagenden Horde vereint, die gestikulierend und wilde Schreie ausstoßend hinter irgendetwas herlief. Dann sah er ein kleines, bepelztes Tier um sein Leben rennen. Haken schlagend lief der Nasenbär über den Platz, fand ein Regenrohr an der Außenwand eines Hauses und sprang behände daran in die rettende Höhe. Die Kinder versammelten sich unter dem Haus, johlten und sammelten Steine, mit denen sie nach dem Tier warfen. Das ganze Dorf schien sich inzwischen auf dem Platz zu versammeln und lachend beteiligten sich Alt und Jung an der tödlichen Hatz. Etwas verschlafen trat seine Schönheit hinter ihn, fragte, was da draußen los sei. Er zeigte nur mit seiner Hand auf das zitternde Tier, das sich nunmehr über eine Stromleitung hangelte. Sie überblickte die Szene mit einem Lächeln, ihr Mund näherte sich seinem Ohr, hauchte ein "Ich liebe dich“, ihre Zunge begann sich an seinem Nacken hinaufzuarbeiten, verfing sich kitzelnd in diesem Ohr, das nicht hören wollte. Wie gebannt betrachtete er die todbringende Jagd, die blutgierige Meute, das Spektakel einer ursprünglichen Begierde. Sie griff nach seinem Penis, er wollte sie wegstoßen, doch sie erregte ihn zu sehr, ihre Zunge erweckte seine Begierde und ihre andere Hand streichelte seinen Hintern. Ihr Körper rieb sich an seinem und sie hauchte ihm ein "Nimm mich!" zu, dem er nicht folgen wollte. Zu sehr war er von der Jagd da draußen in Bann gezogen, zu sehr widerte ihn die Brutalität an, mit der die Steine durch die Luft schwirrten. Sie wichste ihn hart und unerbittlich, sein Penis war zum Bersten steif, er wollte sich dieser Erregung schämen, wollte diese Verbindung von Jagd, Tod und Sex nicht zulassen, doch seine Erregung obsiegte und er ließ sich von ihren Händen, ihrem Mund, ihrem Körper ohnmächtig treiben, schier willenlos und seine Zivilisation einem unglaublichen Urinstinkt geopfert. Der Nasenbär war mehrfach von Steinen getroffen worden, blutete aus der Seite und hing nur noch an seinen Vorderpfoten an der Stromleitung. Er versuchte verzweifelt, sich wieder und wieder auf die Leitung zu hieven, doch dann traf ihn eine Salve von faustgroßen Geschossen, und er stürzte in die Tiefe. Die Blutspur hatte das Dorf zusammengerufen und gemeinsam warfen sich die Mörder auf das waidwunde Tier. Immer noch wichste sie ihn, er konnte, ja wollte es nicht glauben. Sie leckte sein Gesicht wie ein Hund und just in dem Moment, in dem ein groß gewachsener Mann das blutende Pelzknäuel am Schwanz in die Höhe riss, stieß sie ohne Vorwarnung ihren Zeigefinger in seinen Anus. Er stöhnte auf, denn noch nie hatte er einen Finger an dieser Stelle, in sich drin, gespürt, es war Schmerz und Lust zugleich, sie umklammerte mit festen, gewalttätigen Fingern seinen Penis, pumpte ihn, wie er noch nie gepumpt worden war, von vorn und von hinten, wobei der Zug an seiner Vorhaut mit dem harten Stoß in seinem Hintern korrespondierte. Er spürte seinen Samen unaufhaltsam aufsteigen, während er diesen Mann beobachtete, der den Nasenbär mit weit ausholenden Kreisbewegungen auf das Straßenpflaster schleuderte, immer und immer wieder. Sie wichste und stieß in seinen Anus im Rhythmus dieses Schwungs, und als er das Knacken des aufsplitternden Schädels millionenfach hörte, säuselte sie ihm ein "töte es!" ins Ohr. So wie das Blut des Tieres meterweit aus dem Kopf spritzte, so spritzte auch er mit einem lauten Schrei seinen Samen über die Brüstung des Fensters. Nachdem sie ein letztes Mal ihren Finger in ihn gerammt hatte zog sie sich vorsichtig zurück, kniete sich neben ihn und begann, seinen noch steifen Penis abzulecken. Tränen standen in seinen Augen. Er wollte sie wegstoßen - konnte es aber nicht; wollte sie anschreien - konnte es aber nicht; wollte hinauslaufen, das Tier zu retten - konnte es aber nicht; wollte sich vor der Welt verstecken -

konnte es aber nicht. Stattdessen zitterte er und weinte, weinte immer hemmungsloser, angesichts seiner Blöße, seines Verrats an dieser getöteten Kreatur. Sie ließ von ihm ab, stand auf und betrachtete ihn verwundert.

"Es wäre schön gewesen, hättest du mich eben genommen. Du wärest ein Mann gewesen, hättest mir deine Männlichkeit bewiesen! Doch jetzt weinst du wie ein kleines Kind!"

Sie wendete sich ab, zog sich an und verließ den Raum. Wieder hatte er die Regeln nicht verstanden, hatte sich zu sehr in seiner Kultur verschanzt, hatte seine Chance bei der schönsten Frau, die er bisher gesehen hatte, verspielt. Er hatte geahnt, dass sie ihn verlassen würde, doch den Grund dafür hätte er nie erraten. Er ekelte sich vor sich selbst, vor seiner Ohnmacht ihr gegenüber, vor der Erkenntnis, dass ihn der Mord an dem unschuldigen Tier erregt hatte, dass es nicht nur sie war, die ihn hatte abspritzen lassen, sondern er selbst, sein tierischer Jagdinstinkt. Dass Gewalt, Tod und Sex so nahe beieinander liegen würden hätte er niemals für möglich gehalten, noch viel weniger, dass er Teil dieses Mechanismus sein könnte. Seine Flucht war zu einer Suche geworden, doch noch ahnte er nicht, wohin ihn diese Suche führen würde. Was würde er noch alles erleben, was noch erkennen müssen, bis er wusste, was er gesucht hatte, bis er erkennen würde was er gefunden hatte? Erschöpft sank er zu Boden. Wie ein Schlag überkam ihn ein von Albträumen geplagter Schlaf, aus dem er nach kurzer Zeit völlig ermattet geweckt wurde. Etwas kitzelte an seinem Penis. Noch wollte er seine Augen nicht öffnen. Es kitzelte angenehm an seiner Penisspitze. Trotzdem wollte er seine Augen noch nicht öffnen. Er glaubte, sie sei zurückgekommen und streichele ihn, ja er konnte ihre Finger ganz deutlich an seinem Schaft spüren. Wie schön von ihr, wie tröstlich. Als er die Augen öffnete, war sie nicht da, nur das kitzelnde Lecken an seinem Penis. Er blickte hinab und sah die kleine, spitze Zunge der großen Ratte über seine Eichel zittern, ihre kleinen Füßchen seine Hoden kneten. Er sah ihre spitzen Zähne, die jeden Augenblick zubeißen konnten, sah aber auch ihre dunklen Augen, die ihn scheinbar zärtlich anblickten. Mit einem Aufschrei sprang er in die Höhe und die Ratte machte sich davon. Dann musste er sich übergeben, mitten im Raum. Er wollte sich waschen, doch die Duschen waren eine Etage tiefer. So rubbelte er mit einem Hemd an seinem Penis herum, der auf eine Unscheinbarkeit geschrumpft war. Er suchte die Duschen auf, doch statt des erhofften Wassers, kamen lediglich ein paar dürre Tropfen aus dem Duschkopf. Als er ungläubig aufblickte, waren da aber duzende von fingergroßen Kakerlaken, sodass er erneut das Weite suchte. Er wollte nur weg von hier, weg von diesem Albtraum, nach Hause, in die Geborgenheit seiner Kultur.

Rio

Fluchtartig verließ er Alcântara mit der nächsten Fähre. Fluchtartig verließ er Sao Luis mit dem nächsten Flugzeug Richtung Süden. Fluchtartig erreichte er Rio. Stadt der Liebe. Stadt der Erotik. Stadt des Leichtsinns. Stadt des ...? Es trieb ihn suchend durch die Häuserschluchten der Stadt. Wie im Fieberwahn starrte er den Millionen hüftschwingender Frauen hinterher, sich nicht entscheiden könnend, welche von ihnen er ficken wollte. Er hatte das Gefühl, über alle diese Frauen herfallen zu wollen, seinen Schwanz wie zu einer kollektiven Bestrafung in jede dieser Geschlechter stecken zu müssen. Er hasste die Schönheit dieser Stadt, hasste die Gelassenheit der Menschen, hasste die vor unaufhaltsamer Erotik flirrende Luft, die Wärme, die Sonne, den Strand, das Meer - er hasste sich. Wie um sich selbst zu bestrafen, wollte er irgendwelche Frauen durch brutalen, unmenschlichen Geschlechtsverkehr bestrafen. Gelegentlich dachte er sogar über eine Vergewaltigung nach. Er erkannte sich nicht wieder: Die Brutalität seiner Gedanken überraschte, verstörte, ja schockierte ihn. Diese Stadt ließ ihn sich verloren fühlen, verloren in einem erotischen Albtraum, aus dem er nur durch eine reale Frau, durch irgendetwas Positives gerettet werden konnte.

Er fickte Huren. Er ließ sich gehen. Er saß in Straßencafés oder am Strand, und sein Blick war leer von Alkohol. Er wurde bestohlen. Er hatte keine Angst. Warum bloß hatte er keine Angst? Seine Antwort war niederschmetternd: Die Angst, dieser natürliche Schutzmechanismus, war ihm durch den Verlust von moralischer Integrität abhanden gekommen. Er widerte sich an, fühlte sich wie eine menschliche Kloake. Er musste hier heraus, musste die Hektik der Stadt verlassen, die Erotik der wunderbaren Strände, brauchte Ruhe und Abgeschiedenheit, wenn er sich wiederfinden wollte.

Er hatte von einer kleinen Insel gehört, die zur Stadt gehörte. Er nahm eine der Fähren, die halb leer an jenem etwas kühleren Werktag hinüberfuhr, vorbei an der, die Bucht überspannenden, schier nie enden wollende Brücke, hin zu jenem Miniatureiland, auf dem an den Wochenenden sich die Menschenmassen tummelten. Jetzt war nichts los. Die wenigen Passagiere verloren sich schon nach Minuten in dem kleinen Ort, keine Touristen weit und breit. Eine Kutsche tauchte neben ihm auf, doch er wollte nicht gefahren werden, wollte alleine sein. Doch wie alleine sein, wenn der Kutscher nicht in der Lage war zu verstehen, dass es Menschen geben mochte, die einen etwa zweistündigen Spaziergang um die Insel einer weniger anstrengenden Kutschenfahrt vorziehen konnten. So musste er fast die Hälfte seines Weges am Ufer entlang den unermüdlichen Verlockungen des etwa vierzigjährigen Mannes widerstehen. Schließlich gab dieser doch auf, einen finanziellen Verlust hinnehmend, den er am Wochenende wieder wettmachen musste.

Er atmete auf. Endlich war er alleine, konnte beginnen, klar zu denken. Keine Menschen. Keine Autos. Keine Frauen! Frauen: Er hatte sich in seiner Flucht in den Gedanken verrannt, andere Frauen, Abenteuer, könnten ihn wieder auf den rechten Weg bringen, ihn ablenken und ihm gleichwohl neue Kraft verleihen. Doch er musste nunmehr erkennen, dass er einer falschen Versuchung erlegen war, die von all seinen Freunden und sogar von seinen Eltern unterstützt worden war. Ihm wurde klar, dass all dieses Herumgeficke, dieses wie ein Besoffener hinter jedem wackelnden Arsch herlaufen, ihn nur noch mehr in einen Trübsinn treiben würde, der seine Situation in keinster Weise erhellen konnte. Dabei war eigentlich alles ganz einfach und klar: Er hatte eine Trennung hinter sich, die schmerzhaft aber nicht unüberwindlich war. Sein Leben war nicht solcherart aus den Fugen geraten, dass er nicht damit fertig werden konnte. Es gab genug Arbeit in die er sich stürzen konnte, genügend Freunde, die zu ihm standen und eine Familie, die jederzeit für ihn da sein würde. Und eine neue Freundin würde er sicherlich auch in Deutschland bald finden können. Warum war er überhaupt hierher geflüchtet. War diese Flucht denn überhaupt notwendig gewesen? Etwa für diese banalen Antworten? Er setzte sich auf einen Stein am Uferweg und blickte auf das ruhige Meer hinaus. Plötzlich erkannte er, dass seine Flucht aus Deutschland nichts anderes gewesen war, als der Versuch, sich der Verantwortung für das Scheitern seiner Beziehung zu stellen, dass die Suche, die er auf diesem Kontinent begonnen hatte, nichts anderes zu sein schien, als die Suche nach diesem Stein, diesem Blick aufs Meer und dem Eingeständnis, dass er sein Leben endlich selbst in die Hand nehmen müsste, wollte er den Verlust seiner Freundin überwinden. Ja, er gestand sich ein, dass seine Flucht genauso wie diese scheinbare Suche, diese nebulöse Aufwertung seiner sexuellen Ausschweifungen, eine Anhäufung von Banalitäten darstellte, die er sich hätte ersparen können. Somit stand sein Entschluss fest: Er würde so schnell wie möglich nach Hause zurückkehren, in jenes wohl geordnete Leben und sich dort von neuem einrichten.

Als er in der Stadt ankam, suchte er umgehend ein Reisebüro auf, um einen Rückflug nach Deutschland zu buchen, musste jedoch erkennen, dass er erst in einer Woche einen freien Platz ergattern konnte. Er fragte herum, was er in dieser Woche an touristischen Sehenswürdigkeiten abhaken könnte. Das verlockendste Angebot waren die Wasserfälle von Iguaçu im Dreiländereck Brasilien, Argentinien und Paraguay.

Putsch

Gefangen

Ein Bus voller einkaufshungriger Brasilianer brachte ihn in den Grenzort, unweit der Wasserfälle. Die Stimmung war ausgelassen, alle freuten sich auf den lukrativen Einkaufsbummel im viel billigeren Paraguay, wo es echtes Channel No 5 genauso gefälscht zu kaufen gab wie allen anderen Tand, den man nicht wirklich brauchte. Dieser würde sich in Rio oder anderenorts sicherlich mit entsprechender Gewinnspanne wieder verkaufen lassen, sodass die Reisekosten ohne Probleme wieder hereinkommen würden. Touristen hingegen sah er im Bus keine und auch am Grenzort und selbst bei den Wasserfällen waren nur wenige Ausländer zu finden, angesichts der zunehmenden Kälte des Südwinters, der mit heftigen Regenfällen Einzug hielt.

Er fuhr zu den beeindruckenden Wasserfällen, zuerst auf der brasilianischen Seite, die einen guten Überblick über die etwa 150 einzelnen Kaskaden bot, dann über die Grenze nach Argentinien, um sich den Wassermassen direkt gegenüberzustellen. Noch nie hatte er einer solchen Wucht gegenübergestanden, sich so verloren gefühlt, wie auf dem plötzlich endenden Steg direkt über den Fluten, dessen weiterer Verlauf schon vor Jahren hinweg gerissen worden war. Schließlich der Blick in eine unergründliche Tiefe, in eine Gischt, die schon nach wenigen Metern die Sicht auf das tosende Teufelsloch verhinderte. Auf dem Rückweg zu seinem Bus überraschte ihn ein Gewitter mit solch einer Wucht, dass er sich dem Erdenende nahe fühlte.

Der Himmel verdunkelte sich an jenem Nachmittag eines unbestimmbaren Jahres mit schwarzen Wolken, aus denen sich ein Regen ergoss, der die Natur zu erschlagen versuchte. Die wild zuckenden Blitze erhellten die ungewöhnliche Dunkelheit mit einem fahl-tödlichen Licht und der Donner vermischte sich mit dem Tosen der Wasserfälle zu einem Inferno, das wie ein Dampfross vergangener Tage durch die Schlucht jagte, alles mit sich reißend, was sich ihm in den Weg stellen würde.

Nachdem der heftige Regen etwas nachgelassen hatte, bemühte er sich, so schnell wie möglich zu seinem Bus zu kommen, völlig durchnässt und mit matschigen Schuhen. Doch an der Bushaltestelle war keine Menschenseele zu finden, kein Bus weit und breit. Das Unwetter schien alles Leben weggespült zu haben. Alleine machte er sich auf den Weg in die rund fünf Kilometer entfernte Stadt, um sich dort in einem Café aufzuwärmen und einen Bus nach Brasilien zu ergattern. Es war schon spät, als er am Stadtrand eintraf, der hinter Wolken verborgene Sonnenuntergang bereits fast abgeschlossen. Er folgte der Avenida Victoria Aguirre in die Stadtmitte. Die Straßen waren menschenleer, die Geschäfte geschlossen, ebenso die Cafés und die kleinen Supermärkte. Er fragte sich unwillkürlich, ob er in einen lokalen Feiertag geraten sei, denn er wusste, dass um diese Zeit normalerweise alle Geschäfte noch geöffnet sein sollten. Ihn begann zu frösteln, nicht nur wegen seiner durchnässten Kleidung, sondern auch, weil er unwillkürlich spürte, dass hier etwas nicht mit rechten Dingen zuging. Plötzlich ein kurzes Donnergrollen, nicht natürlich, nein, ganz anders als das tiefgründige Grollen der Natur, von Menschenhand auf Menschen geschmettert. Der Explosion in einer nahe gelegenen Straße folgten mehrere Schüsse und Maschinengewehrsalven. Instinktiv warf er sich zu Boden und robbte an eine nahe gelegene Häuserwand. Was sollte das? War er schon wieder in einen dieser wirklich zum Kotzen schlechten Filme dieser Reise geraten? - Es hing ihm zum Halse heraus! Er hatte keine Lust mehr auf all diese unsinnigen, unschönen Abenteuer, wirklich nicht! Es war eine tödliche Ruhe um ihn herum eingetreten, die ihn nachdenken ließ. Er begann sich an Dinge zu erinnern, die er nicht gesehen oder erlebt hatte, es war wie ein Traum, der ihn in dieser leblosen Starre gefangen zu halten schien:

Der Garten liegt still in der untergehenden Sonne, leicht weht eine Brise vom Meer über den Mangrovensumpf, nur die Hunde sind unruhig. Vor der hübsch zurechtgemachten Wellblechhütte, die orange und hellrosa angestrichen ist, wachsen die Früchte im säuberlich gepflegten Garten. Die Straße befindet sich in Sichtweite, dahinter das moskitoverseuchte Ufer der Baggerlagune, in der einige Segelboote vor Anker liegen. Von weitem kann man ein Auto nahen hören, das zielsicher zum Garten fährt. Die Hütte ist menschenleer, die Tür geschlossen oder zumindest angelehnt. Drinnen jedoch erblickt der Betrachter ein heilloses Durcheinander: Möbel liegen umgestürzt herum, eine Moskitospirale glüht vor sich hin, Essen steht auf dem Tisch, halb verschüttet, nasse Kleidung liegt auf dem Bett und Erbrochenes bedeckt den Boden. Doch es herrscht Stille. Der Garten mit der Hütte gehört einer surinamischen Familie, die, geflohen vor den Wirren des Bürgerkrieges, in Französisch Guayana versucht, sich eine neue Zukunft aufzubauen. Sie sind liebe Menschen, arm und voller Hoffnung, intelligent. Das Auto, obwohl es zielstrebig auf den Garten zugefahren war, hält unvermittelt auf der Straße an. Der Hausherr steigt aus, verharrt unschlüssig, blickt sich nach seinen beiden französischen Begleitern um, geht dann, jedoch nicht allein, in den Garten. Im Garten unter dem großen Baum, unweit des Brunnens, liegt eine Gestalt. Die Hunde bellen, laufen verwirrt umher. Die Gestalt lächelt aus einem aufgedunsenen Gesicht, ein Bein angewinkelt, die blond gefärbten Haare kurz geschoren. Die Gestalt ist tot. Noch warm. Ein Legionär. Deserteur. Erschossen. Der Hausherr verliert die Fassung. Wenige Wochen später ist auch er tot. Er hat sich erhängt. Die Hoffnungen haben sich zerstoben. Der Garten überwuchert und breitet Vergessen aus. Ungewollte Erinnerungen. Gewalt.

Das Fort von Macapa ist ein großes Fort, seine Mauern dick, die Kanonen mächtig, das Munitionsdepot bedrohlich. Wenn die großen Kanonen, die auf den Amazonas blicken, zum Wald hin ausgerichtet werden sollen, da wo die Indianer ihr Unwesen treiben, müssen sie die langen Rampen hinunter- und hinaufgeschoben werden. Das Eingangstor ist riesig, links davon das Offiziersgebäude, rechts das Munitionsdepot, das wie ein fensterloser Bunker Unmenschlichkeit ausstrahlt. Die einfachen Soldaten hausen in den dunklen Mauern, wo sich endlose Ganghallen erstrecken, in deren Wänden Kochstellen eingelassen sind. Es ist Mittag, die Äquatorsonne brütet unsichtbar gewordene Schatten, der Schweiß der Soldaten verdampft wie ihre Seelen. Befehle durchzucken die Stille des Windes, klar, unmissverständlich, brutal. Ein Trommelwirbel ertönt, ein Priester betet leise vor sich hin. Sonnenverbrannte Hände greifen nach glühenden Gewehren, heben diese an, bis sie waagerecht ausgestreckt sich im Spalier erheben. Ein Wort zuckt auf, ein viel tönender Knall durchreißt die ohnmächtige Stille, grollt wie Donner nach, Pulverdampf steigt auf. Leblos sinken Gestalten mit ledrigen Gesichtern zu Boden. Aus kleinen Wunden fließt Blut, das den Sand rot färbt. Stille herrscht. Hoffnungen zerbrechen. Ungewollte Imagination. Gewalt.

Olinda ist eine schöne kleine Stadt im Schatten Recifes. Viele kleine und große Kirchen zeugen von der vergangenen und gegenwärtigen Macht der katholischen Kirche. Die Sonne scheint gleißend auf die weiß getünchten Fassaden, auf denen junge Künstler sich zu verewigen suchen. Selbst die Befestigungssteine des Strandes unweit der Favela sind mit bizarren Figuren, Tieren und Fratzen, bemalt. Kitsch löst Ernstes ab, Fred Feuerstein und Barney Geröllheimer lachen einen vergnügt an. Hier lässt sich vergessen. Wer könnte auf den Gedanken kommen, dass hier oder anderswo Menschen gequält werden, sterben? Man geht die ruhigen Straßen der Altstadt entlang, genießt diese stille Abgeschiedenheit, in der man vor dem Getöse der Metropolen zu fliehen versucht, wimmelt die paar Kinder ab, die um irgendetwas feilschen wollen, und steht unvermittelt vor einem Meisterwerk der Kunst: Picasso. Picasso? Na ja, eine Imitation - natürlich. Der Aufschrei der Kreatur, Verletztheit, Hoffnungslosigkeit - Guernica. Wer kennt es nicht? Die Imitation ist gut gelungen, vielleicht hier und da nicht ganz originalgetreu, aber gelungen, doch, ja. Aber etwas stört bei der Betrachtung dieses unverhofften Meisterwerkes. Da steht ein Satz, drei Worte nur, Aufschrei der Hoffnung und des Widerstandes: "Tortura nunca mais!"

Schüsse in unmittelbarer Nähe rissen ihn aus seiner traumartigen Starre. Eine schreiende Menschenmenge kam um die Straßenecke gerannt, gefolgt von einer heftigen Detonation, deren Staubwolken sich auf die große Avenida ergossen. Die Menge versuchte sich über die ganze Breite der Straße zu verteilen, versuchte, in kleinen Hauswinkeln, Türnischen oder Gärten Zuflucht zu suchen. Ein Panzer tauchte auf, gefolgt von Mannschaftswagen, denen schwer bewaffnete Soldaten entsprangen. Schüsse durchschnitten die Luft, Maschinengewehre knatterten ohrenbetäubend vor sich hin. Ein Aufschrei ging durch die Menge, Menschen sanken zu Boden, mal in Sekundenschnelle, mal langsam wie in Zeitlupe. Blut quoll aus allen erdenklichen Körperöffnungen, die da nicht hingehörten. Er wollte mit all dem nichts zu tun haben! Was gingen ihn die politischen Wirren dieses Landes oder irgendeines Landes an, was die Sorgen dieser Menschen? Er wollte nur seine Ruhe haben. Und zurück nach Hause. Er war doch Ausländer, hatte mit dem hier nichts zu tun, war quasi immun. So dachte er in diesem Augenblick. Wie um zu zeigen, dass er hier ein unverwundbarer Fremdkörper sei, stand er auf und ging scheinbar ruhig die Straße entlang, doch instinktiv so nah wie möglich an den Häuserwänden. Einige Menschen liefen an ihm vorbei, Panik im Gesicht. An einer Kreuzung tauchte erneut ein Panzer auf, dahinter Soldaten, zum Teil mit aufgepflanzten Bajonetten. Die Menschen blieben stehen, duckten sich zu einem hilflosen Knäuel. Plötzlich war es unglaublich still um ihn, kein Vogel war zu hören, keine Grille, kein Auto, kein Hupen, nur sein Atem und sein Herz. Er bekam Angst. Hinter sich wusste er einen weiteren Trupp Soldaten, den er zwar nicht gesehen hatte, den er jedoch unversehens spürte. Das Schluchzen eines Kindes durchbrach die Stille und wie ein Gewitter erbrach sich das Geknatter der Gewehre in die Straße, in der es vor Angst brodelte. Er ließ sich zu Boden fallen, presste die Augen zusammen und die Hände auf seine Ohren. Wie lange mochte er so gelegen haben? Minuten? Stunden?

Ewigkeiten? Ein Tritt in seine Seite weckte ihn unsanft aus seiner Starre. Als er aufblickte, sah er in die Mündung einer Maschinenpistole. Er hatte unglaubliche Angst. Man bedeutete ihm, aufzustehen. Langsam, als wüsste er, dass jede zu schnelle Bewegung seinen Tod bedeuten würde, erhob er sich aus dem Dreck der Straße. Mechanisch zog er seinen Pass aus der Tasche, sein Passierschein in die Freiheit, so dachte er, seine Garantie fürs Überleben, so dachte er, doch die Papiere wurden ihm aus der Hand geschlagen und landeten genau in dem Dreck, wo er zuvor sowieso schon seine Würde verloren hatte. Da knatterte es neben ihm, und er zuckte im Rhythmus der Salve zusammen. Seine Hose wurde langsam nass. Der Urin lief die Beine hinab, gut sichtbar für die lachenden Soldaten. Vielleicht rettete ihm dies das bisschen Leben, doch vielleicht hätte er sich den Tod lieber wünschen sollen. Ein Offizier trat lachend auf ihn zu, schlug ihm munter auf die Schulter, so wie man es bei guten Freunden macht, nahm ihn dann erst zärtlich doch dann immer fester zudrückend in den Schwitzkasten und schlug ihm schließlich mit den Worten "Oh, Gringo ..." kopfschüttelnd mit der blanken Faust ins Gesicht, dass seine Lippe zersprang und die Nase blutete. Als sie ihn schließlich mit ihren Gewehren vor sich hertrieben, so wie man Tiere auf der Hatz vor sich hertreibt, die Angst riecht, der Blick sich auf die Unmittelbarkeit des nächsten Schrittes verengt, das Gehör der Stille des nahenden Todes auflauert, da erinnerte er sich jener Gedanken des Toten im Garten, seiner Fantasie der Hinrichtung im Fort und letztendlich der Hoffnung des "Tortura nunca mais!", an das er sich jetzt klammerte angesichts der

Imagination?

Gewalt?

Hoffnung?

Anmerkung zu den folgenden Kapiteln

Ein Vorwort zu einzelnen Kapiteln, noch dazu innerhalb eines Romans. Was soll das? Nun, als ich die erste Fassung des Romans einigen Freunden zur ersten Lektüre gab, musste ich mich hinsichtlich der nun folgenden Kapitel mit ungeahnten Reaktionen auseinandersetzen. Mir waren diese zentralen Kapitel anscheinend so schockierend gelungen, dass die Leser mit Albträumen wach in ihren Betten lagen und partout nicht weiterlesen wollten ... Es kam zu mehrwöchigen Pausen der inneren Erholung, bevor die Lektüre wieder aufgenommen werden konnte. Also musste ich mir überlegen, was ich ändern könnte. Sollte ich die Kapitel inhaltlich so sehr entschärfen, dass sie kein elementares Schockerlebnis oder tiefste moralische Bestürzung hervorriefen, sollte ich also das, was ich beschreiben wollte, verleugnen, dem Leser zuliebe? Ich entschied mich dagegen und für dieses Vorwort, welches den zukünftigen Leser innerlich auf das vorbereiten soll, was in den nächsten Kapiteln auf ihn zukommt.

Doch dann wurde ich mit einem weiteren Problem konfrontiert, an welches ich zuvor nicht gedacht hatte: Die Verlage, denen ich den Roman anbot, zeigten zwar Interesse, schreckten dann aber vor der Möglichkeit einer Indizierung des Romans zurück. Wollte ich diesen Roman, an dem ich ab 1995 über sieben Jahre lang intensiv geschrieben hatte, einfach so aufgeben? Ich entschied mich also zur Überarbeitung und Entschärfung der wuchtigsten Stellen, insbesondere in den folgenden Kapiteln.

Was Sie nun also in den Händen haben, ist eine „entschärfte“ Version, welche die tödlichen Ereignisse immer noch darzustellen vermag, dies jedoch in einer Form, so glaube und hoffe ich, die einer aufgeschlossenen Leserschaft und den Verlagen entgegenkommt und zumutbar ist.

Es geht um Folter. Über Folter wurde und wird viel geschrieben. Folter scheint ein Teil unseres menschlichen Daseins zu sein, scheint uns Menschen von Geburt an als Disposition inne zu wohnen. Die Frage, warum dies so ist, warum Menschen zu Folterern werden, welches ihre Motivationen dazu sind, wird im Laufe des Romans noch vertieft werden. In den folgenden Kapiteln allerdings geht es um die Darstellung von Folter. Es handelt sich nicht um eine Art Dokumentation, nicht um die Distanziertheit, die uns aus den Fesseln der Emotionalität entlässt. Mein Ziel war es, Folter in ihrer ganzen „unmenschlichen" Grausamkeit darzustellen, in ihrer Abfolge der Zerstörung einer Persönlichkeit, in der Vernichtung der Gefühls- und Seelenwelt des Opfers. Ich hätte dabei den „einfachen" Weg einschlagen können und eine psychologische, ein Weiße Folter beschreiben können, womit ich sicherlich „im Trend" gelegen hätte. Auch eine „konventionelle" Gewaltdarstellung hätte eine Wahl sein können, die Leser sind heute bereits in einfachen Krimis mit solchen Gewaltformen konfrontiert. Ich entschied mich jedoch für die Form der Folter, die psychische und konventionelle Gewalt mit Sexualität verbindet und damit die tödlichste aller Foltern darstellt, da sie sowohl die Psyche als auch den Körper zu zerstören sucht.

Mir fiel es schwer, dieses Kapitel zu schreiben, ich litt unter Atemnot und konnte nur unruhig schlafen. Ich fragte mich schon während des Schreibens, wie weit durfte ich gehen, was war zumutbar, was klang zu fantastisch, wie konnten die Emotionen des Opfers dargestellt werden, erschien es als wahrscheinlich, dass in solch einer Situation ein Gepeinigter zu philosophischen Diskursen fähig wäre.

Ich kam zu dem Ergebnis, dass nichts unzumutbar sein kann, wenn es um die Aufklärung zur Folter geht, dass nichts zu fantastisch klingen kann, wenn es in der mörderischen Realität existiert, dass die Zerstörung von Emotionen, die Abstumpfung des Opfers gegenüber seinem eigenen Tod nur als bruchstückhafte Versatzstücke erscheinen konnte, dass schließlich ein philosophisch oder religiös motivierter Diskurs des Opfers weniger unwahrscheinlich sein dürfte, als sich dies die Nichtopfer vorstellen können, denn gerade diese undurchdachten Diskurse stellen sich wie ein Halt gebender Strohhalm dar, können zum Erklärungsansatz eines verlorenen Lebens herhalten.

Ich fragte mich und wurde gefragt, ob einige Anmerkungen, dezente Hinweise, Verweise oder allgemein gängige Formulierungen nicht genügen würden, ob eine "geistige Verschmutzung" der Leserschaft, ja der Welt, wirklich notwendig sei. Ist es wirklich getan mit der Formulierung "er wurde vergewaltigt"? Reicht es wirklich aus, wenn ich sage: "Er wurde gefoltert." Erklärt es wirklich irgendetwas, wenn wir hören: "Er machte sich in seiner Opferrolle mitschuldig am Tod der anderen Opfer"? Macht der Satz "Ihm wurden alle Zähne ausgeschlagen" wirklich verständlich, warum ein Mensch danach nicht mehr zu sprechen vermag? Ich glaube: nein.

Die folgenden Kapitel schildern nichts, was es an Folter nicht schon gegeben hätte. Nur die Aneinanderreihung der Ereignisse ist romanhaft fiktiv. Die fast schon sezierende Genauigkeit in der Darstellung ist ein Aufschrei der Seelen der Gefolterten, die nie zu Wort kommen, oder wenn, dann nur distanziert dokumentierend. Wir halten es für unzumutbar, uns mit der grausamen Wirklichkeit der Folter auseinanderzusetzen, doch die Worte Holocaust, Vergewaltigung, Zerstückelung, ethnische Säuberung oder ähnliche verbale Versatzstücke, bleiben an der Oberfläche, entfernen uns von den Opfern und ihren Leiden! Und selbst de Sade, der als erster die Grausamkeiten zum Exzess beschrieb, gab seinen Opfern keine Seele, keine Gefühle, sodass sich seine Werke wie Staffelläufe der Grausamkeiten lesen. Ich habe versucht, eine Folter in all ihren widerwärtigen Facetten zu schildern, in Schuld und Mitschuld, in Vernichtung von Leben und Seelen.

Die Reaktion der ersten Leser scheint zu zeigen, dass ich einen wunden Punkt getroffen habe. Eine Freundin konnte irgendwann einfach nicht weiterlesen und übersprang den Rest des Kapitels. Vielleicht ist das eine Lösung für diejenigen Leser, die sich mit dem Horror der Menschheit nicht auseinandersetzen können oder wollen. Ich selbst musste die Folterszenen dieses Romans mehrmals durchleiden, und jedes Mal fiel es mir schwer, es war wie ein Kampf gegen den Teufel und seine Hölle! Doch dann erinnerte ich mich an die Opfer des Bürgerkrieges in Suriname, wo ich mich während dieser Zeit aufhielt, die zerstörte Seele eines Indianers, der gefoltert worden war, einen toten Mann, der an einer Drahtschlinge um seinen Hals an einem Fähranleger in der Hauptstadt hing, ich erinnerte mich an jene Militärpolizisten, die mir in Rio auf offener Straße eine Maschinenpistole in meinen Bauch drückten, bereit, jeden Augenblick abzufeuern, erinnerte mich an jene Aufnahmen aus dem ukrainischen L'viv (dort lebte ich mehrere Jahre lang während der späten Phase des Schreibens an diesem Roman), wo Faschisten ihre jüdischen Mitmenschen zu Tausenden nackt und gedemütigt durch die Straßen trieben, um sie dann später in Massengräbern zu verscharren. Schließlich sah ich dann die Dokumentationen über die Leiden der Opfer der Kinderschändungen in Belgien, und ich musste erkennen, dass selbst meine Schilderungen wahrscheinlich noch weit von den Qualen derer entfernt sind, die von der Folter perverser Mitmenschen getroffen werden!

Hier liegt die Gefahr, auf die ich - zu Recht - hingewiesen wurde: Es mag Menschen geben, die sich durch die Schilderungen der folgenden Kapitel zu ebensolch perversen Taten hinreißen lassen könnten. Ich glaube allerdings, dass solche Menschen über kurz oder lang sowieso in eine Situation gelangen könnten, die sie zu eben diesen Monstern werden lässt. Mir geht es aber eben auch um die Monster in uns allen, so wie dies schon de Sade in seinem Vorwort zu den „Hundertzwanzig Tagen"[13] erkannte. Wir müssen uns klar sein, dass wir alle potenzielle Folterer sind, die einen mehr, die anderen weniger! Wenn die Leser durch die folgenden Darstellungen zutiefst geschockt werden, so hoffe ich, darin auch eine tiefere Erkenntnis und eine Abscheu zu wecken, die uns alle möglicherweise aufrütteln mag, gegen die unwürdigen Bestrebungen einiger Staaten zur neuerlichen Legalisierung von Folter vorzugehen.

Ich bitte Sie also, die folgenden Kapitel mit Bedacht zu lesen. Sollten Sie an irgendeiner Stelle nicht mehr in der Lage sein, weiterlesen zu können, so stellt es keine "intellektuelle, moralische, religiöse oder emotionale Schande" dar, im nächsten Kapitel fortzufahren. Trotzdem wünschte ich mir, dass diese Kapitel unser aller Sinne schärft für die Hölle auf Erden, die täglich viele Menschen nicht nur in sogenannten "Schurkenstaaten" durchleben müssen, denn Folter findet auch in unseren zivilisierten Gesellschaften statt.

Ich danke Ihnen schon jetzt für Ihren Mut und Ihre Leidensbereitschaft, sich auf die folgenden Schilderungen einzulassen und hoffe aus tiefstem Herzen, dass Sie danach vielleicht die Welt mit anderen Augen sehen werden, mit Augen, die Sie auffordern, gegen diese Leiden vorzugehen.

---

[13] Donatien-Alphonse-François Marquis de Sade:
„Les 120 Journées de Sodome ou l'Ecole du libertinage", Paris, 1785, unveröffentlichte Textrolle, 12,1x0,11 Meter; Rumpfausgabe deutsch:„Die Hundertzwanzig Tage von Sodom oder die Schule der Ausschweifung", Berlin, 1904 (ca. 900 S.); vollständige französische Ausgabe (soweit bekannt): Paris, 1931-1935

Inzwischen schreiben wir das Jahr 2019. Im arabischen Raum werden Menschen vor laufender Kamera geköpft, in Afrika Mädchen zur Zwangsverheiratung entführt, in Syrien und dem Irak bestehen moderne Sklavenmärkte, auf denen auch Kinder angeboten werden, in der Welt gibt es immer mehr Kindersoldaten, im Ukrainekonflikt sterben Menschen durch Lügen, in Mexiko schlachtet die Mafia Zehntausende Menschen bestialisch ab, der Menschenhandel blüht weltweit, doch die Folterer, Mörder und Bestien leben ungehindert und unbestraft weiter, häufen mit dem Blut Unschuldiger Millionenvermögen an, von denen auch unsere Banken gut leben. In den USA gibt es inzwischen einen Laienpräsidenten, der Hass im eigenen Lande schürt und Gewalt in jeder Form für angemessen hält, der Tag für Tag die Welt durch Provokationen einem Nuklearkrieg näher bringt, der politische Gegner mit Fäkalsprache überschüttet und dem, was wir Humanität nennen, den Kampf angesagt hat. Die Auseinandersetzungen nehmen weltweit in rasender Geschwindigkeit zu, aktuell meist noch im wirtschaftlichen Rahmen, doch wie lange noch? Sind die Stellvertreterkriege in Vietnam, dem Irak, Libyen oder Syrien in ihrer jeweiligen Bestialität nicht nur Ausdruck von verfehlter Weltpolitik sondern vielmehr auch ein Spiegelbild unserer eigenen dämonischen Veranlagung? Wir hören im eigenen Land zunehmend von Verrohung, dass Menschen aus reinem Egoismus sogar Rettungskräfte behindern, beschimpfen oder gar angreifen, dass immer mehr Menschen sogar Verletzte gleichgültig sind, es zur Mode geworden ist, Angriffe auf unschuldige Passanten zu filmen und ins Internet zu setzen. Ist die Welt etwa grausamer geworden? Ich glaube nein, sie erscheint uns jedoch in zunehmender Verrohung zu versinken, Gewalt und Menschenverachtung sind medial weltweit stets präsent.

Seit ich diesen Roman geschrieben habe, sind einige Jahre ins Land gezogen. Während damals über die Gräuel gesprochen wurde, werden diese heute medial von Terrorgruppen zur Spielfilmreife gebracht. Hass wird weltweit mittels Internet und Neuen Medien verbreitet, Gewalt allenthalben verherrlicht. Ich wurde vor Jahren tatsächlich gefragt – von Freunden wie von Verlegern –, ob ich mit meinem Roman (und insbesondere den folgenden Kapiteln) nicht die Welt mit grausamen Gedanken „verschmutzen" würde. Doch heute muss ich erkennen, dass die Welt durch den Terror im Namen der Religionen genauso wie im Namen der Unabhängigkeit, der ethnischen Zugehörigkeit oder einfach der Kriminalität viel mehr verunreinigt wird, als ich dies mit einem Roman je könnte. Unsere Kinder sind heute in jungen Jahren bereits einer medialen Gewalt ausgesetzt, die sie gegenüber Gewalt vollkommen abstumpfen lässt, ja, die Gewalt als Mittel zur Durchsetzung ganz individueller Wünsche nicht nur als legitim ansieht, sondern sie sogar in einen religiös-metaphysischen Kontext stellt, der diesen Monstern einfach alles erlaubt. Die Humanität stirbt auf den Schlachtfeldern des Terrors in jeder Minute – und wir werden uns dieser Logik nicht entziehen können.

De Sade hatte also in seiner Einschätzung recht – und das bereits vor über 200 Jahren!

Folter

Es war dunkel um ihn herum. Irgendwo plätscherte Wasser. Es war kalt und feucht. Ihn fröstelte. Sein Gesicht schmerzte, sein Rücken, sein Bauch, die Genitalien. Seine Kleidung war nass und stank nach Urin. Blutkrusten bedeckten Teile seiner Augenbrauen und die Mundwinkel. Eines seiner Augen konnte er kaum öffnen. Er schlief wieder ein.

Schreie hatten ihn aus einem nie enden wollenden Schlaf geweckt, doch als er aufgeschreckt war, wusste er, dass dieser erschöpfende Schlaf nur wenige Augenblicke gewährt hatte. Seit Tagen hatte er nicht länger als eine Zigarette geschlafen, immer wieder brutal geweckt durch Schreie aus unbekannten Nachbarzellen, Kettengerassel, Schüsse, fallende Körper. Er wusste, dass Menschen starben. Doch er wusste nicht, wofür oder warum. Auch wusste er nicht, wo er war. Als man ihn hierher verschleppt hatte, war er bewusstlos gewesen, bewusstlos von all den Schlägen und Tritten, die seinen Körper zu einem scheinbar leblosen Fetzen Fleisch geschlagen hatten, so wie man ein Steak durch hämmert, damit es schön zart wird.

Aus der absoluten Dunkelheit seines Verlieses wurde er in unregelmäßigen Zeitabständen von vermummten Soldaten herausgerissen. Sie schlugen ihn jedes Mal, egal, in welche Ecke er sich verkrochen hatte, stülpten einen Sack über seinen Kopf, zogen ihn zu, bis er kurz vorm Ersticken schien, und schleiften ihn hinaus. Nach kurzer Zeit erreichten sie immer denselben Raum: Betonfußboden, Rohre an den Decken, an denen Fleischerhaken hingen, von Blutspritzern gerötete Kacheln, zum Teil aufgesprungen. In diesem Raum empfing ihn immer gleißendes Licht, sodass seine Augen fürchterlich schmerzten. Manchmal warfen sie ihn auf den Boden, nachdem sie ihm den Sack vom Kopf gerissen hatten, manchmal durfte er auf einem Stahlstuhl sitzen. Er wurde nicht gefesselt. Zur Gegenwehr war er viel zu schwach nach all den Schlägen und dem wenigen Essen, dass er gelegentlich erhielt. Manchmal wurde er über belanglose Dinge ausgefragt, manchmal lag oder saß er nur eine kleine Ewigkeit bewegungslos da, bevor er wieder in seine Zelle gebracht wurde, der Dunkelheit überlassen. Kein einziges Mal fragte ihn jemand nach seinem Namen oder seiner Nationalität, obwohl sie an seiner Aussprache erkennen mussten, dass er ein Gringo, ein Ausländer, war. Es schien sie nicht zu interessieren. Wenn er befragt wurde, konnte er die Person nie erkennen, sie blieb hinter grellen Lichtkegeln verborgen.

Eines Tages, als er wieder in den Raum gebracht wurde, lag da eine Gestalt auf dem Boden, ein Mann. Das Fleisch lag in einer riesigen Blutlache direkt vor dem Stuhl, auf den er gesetzt wurde. Er sprang nicht auf. Wie gelähmt betrachtete er die Gestalt, von der er wusste, dass sie tot war, das spürte er. Es roch nach Blut und Tod. Der Mann war nackt, das Alter nicht zu bestimmen, da das Gesicht ein einziger aufgedunsener Blutkrater war. Die Mundöffnung schien zu schreien, doch es fehlten die Lippen und Zähne, auch eine Zunge war nicht zu sehen. Darüber ein Loch, da, wo sich die Nase befinden sollte. Die Augen waren leere Höhlen. Vor ihm lag ein mit Fleischfetzen bedeckter Totenkopf. Er übergab sich. Seine Kotze spritze auf den Toten. Er wurde ohnmächtig.

Als er aus seiner Ohnmacht erwachte, war die Leiche verschwunden. Nur die blutigen Schleifspuren erinnerten an den verstümmelten Mann und ein Augapfel, der ihn hasserfüllt anstarrte. Wieder übergab er sich. Es stank erbärmlich. Ein schleifendes Geräusch erweckte seine Aufmerksamkeit. Da hing ein Körper an einem der Fleischerhaken. Eine nackte Frau drehte totenstill ihre winzig kleinen Runden, der Strick an ihren nach oben gerissenen Armen wand sich um sich selbst. Ihr Kopf war an den langen schwarzen Haaren am Fleischerhaken fixiert. Sie hatte schöne, dunkle Augen, die starr ins Nichts blickten. Sie war noch jung, vielleicht zwanzig Jahre. Sie war tot. Ihre Brüste fehlten. Da wo ihre Füße sein sollten, waren nur noch rot tropfende Stümpfe. Er verlor erneut das Bewusstsein.

Als er erwachte, war auch sie verschwunden, nur eine Brust lag noch da. Ein höhnisches Lachen drang an seine Ohren, in sein Bewusstsein. Irgendjemand rauchte eine Zigarette, Männer unterhielten sich belustigt hinter ihm. Den Inhalt ihrer Worte nahm er nicht wahr. Dann traf ihn ein Schlag am Hinterkopf und er wurde brutal an einem der Haken gebunden. Auch er drehte sich jetzt. Man riss ihm die feuchten und stinkenden Kleider vom Leib. Er war nackt und fror. Sein Körper zitterte, und die Soldaten lachten über ihn, über seine Angst. Einer gab ihm einen Schlag von der Seite und er drehte sich wie ein Kreisel um seine Achse. Das schien sehr lustig zu sein, denn alle schrien vor Lachen auf. Schließlich traf ihn ein eiskalter Wasserstrahl. Er wusste nicht, wie lange er so abgeduscht wurde, aber es schienen Stunden zu sein, denn als sie ihn herunterließen, war sein Körper wund und hatte unzählige Blutergüsse. Er fiel wie betäubt zu Boden, war zu schwach, aufzustehen. Dann schleppten sie ihn davon, in eine neue Zelle, in der er nicht alleine war.

Tod

Wieder befand er sich in einem düsteren Verlies. Es gab kein Tageslicht, nur eine Luftöffnung, durch die kein Licht fiel. Stundenweise, manchmal aber auch in kurzen Minutenintervallen wurden die vergitterten Neonröhren an der Decke angeschaltet, häufig begleitet von ohrenbetäubendem Lärm: Propaganda, gespenstisches Lachen, angsterfüllte Schreie oder einfach nur Geräusche, so wie zuvor, als er noch alleine gewesen war. Seine Augen waren eingefallen, sein Körper bis auf die Knochen abgemagert. Er war nackt. Auch diese Zelle, ebenso feucht und kalt wie die vorherige, bot keinen Schutz. Vereinzelt huschten Ratten umher. Die Schlafstelle - eine Ecke, die mit nassem Stroh ausgelegt war, in der Kakerlaken und anderes Ungeziefer hausten - mied er; der blanke Boden schien ihm sicherer. Der Raum stank fürchterlich angesichts des Kots in der anderen Ecke, um den sich jedoch niemand kümmerte. Zudem wollte der Durchfall, den er von dem seltenen wässrigen Fraß bekommen hatte, nicht vergehen.

Er war nicht alleine in dieser Zelle. Als sie ihn hinein warfen, lag da bereits ein alter Mann, ebenso nackt wie er. Auch er war übel zugerichtet gewesen, aber er hatte sich schnell erholt - schneller auf jeden Fall als er. Der alte Mann war zäh. Er hieß Carlos. Er bewunderte Carlos, der keine Angst zu haben schien. Dieser Mann war ein abgebrühter Untergrundkämpfer vergangener Tage, der bereits lange vor den mutigen Müttern um die Freiheit seines Landes gekämpft hatte. Doch diesmal hatten sie ihn so schnell gefangen. Ja, Carlos gab ihm gegenüber zu, dass er alt geworden war, unsicher, unvorsichtig, die aufkeimende Gefahr nicht erkennend, an die demokratische Stärke seines Landes glaubend. Jetzt hatte er gelernt - vielleicht zu spät. Carlos war stark, trotz seines zerbrechlich wirkenden, verwelkenden Körpers. Die Soldaten behandelten ihn schlecht, wie alle, doch insgeheim schienen sie den alten Mann zu bewundern. Seit er die Zelle mit Carlos teilte, fühlte er sich stärker, unangreifbarer. Doch was würde er machen, wenn sie ihn oder den alten Mann eines Tages holen kämen? Er hatte Angst vor diesem Tag, vor dieser Stunde.

Carlos und er redeten oft leise miteinander, als könnte jedes laute Wort Bestien wecken. Sie redeten nur belangloses Zeug. Sie vermieden es, über ihre Lage zu sprechen. Sie redeten nicht über ihre Vergangenheit. Träume. Oft erzählte er Carlos seine Träume von einer besseren Zeit und Carlos lächelte. Der alte Mann konnte gut zuhören, auch zwischen den Zeilen lesen, verstehen, dass dort ein gebrochener, unerfahrener Gringo neben ihm lag. Carlos bemühte sich, ihm Trost zu spenden, ihm Kraft zu geben.

Die Zeit in der Zelle verging langsam und unregelmäßig. Sie wussten nicht, ob Nacht oder Tag war, noch hatten sie eine Ahnung, wer sich in den anderen Zellen befand. Es schien Zufall gewesen zu sein, der sie zusammengeführt hatte. Auch war ihnen unklar, warum man sie so lange in Ruhe ließ. Schon keimte Hoffnung in ihnen auf, dass draußen vielleicht eine Wende eingetreten sei, doch Carlos glaubte nicht wirklich daran, ließ ihn jedoch in dieser Hoffnung Kraft schöpfen.

Wieder dämmerten sie in einer dieser Dunkelphasen. Unvermittelt flammte das Licht auf, und Schritte waren zu hören. In solchen Situationen wird man aufmerksam, und sie merkten sofort, dass etwas Entscheidendes bevor stand. Die Türriegel wurden scheppernd zurückgeschoben, und Soldaten erschienen in der Öffnung, die Waffen schussbereit. Sie sagten kein Wort. Sie waren nicht vermummt, hatten keinen Sack dabei. Zwei von ihnen griffen ihn und zerrten ihn nach draußen. Er begann zu schreien. Carlos blieb, scheinbar ruhig, zurück. Die Tür fiel schmetternd ins Schloss, und er wurde, von Gewehrläufen getrieben, im Laufschritt durch schier endlose Gänge gehetzt.

Ihn fröstelte. Eine Gänsehaut hatte sich auf seinem, durch die Dunkelheit weißen Körper gebildet, sein Gesicht war aschfahl. Er erinnerte sich unvermittelt jener Erzählungen seines Vaters über die Kriegsgefangenschaft in Russland. Ihm hatten sie genauso den Kopf kahl geschoren wie ehedem seinem Vater, und er hatte es genauso als Erniedrigung, als Vernichtung seiner Person, begriffen. Ebenso diente das Scheren der Soldaten der Eliminierung der Persönlichkeit, so dachte er, und diese gaben ihre Erniedrigung an die Gefangenen weiter. Den letzten Funken von Macht mussten sie ausspielen, um zumindest die Illusion einer Persönlichkeit zu behalten. Dass sie dabei jede Menschlichkeit verloren, wurde ihnen nicht bewusst und war den Herrschenden nur recht.

Seine Gedanken sprangen mit jedem Schritt. Er sah sich wieder als Junge mit Pfeil und Bogen durch Gärten schleichen, auf der Hut vor den Nachbarjungs, die als Cowboys in seine Jagdgründe eingebrochen waren. Gegen Abend war er dann immer hungrig nach Hause gekommen, und seine Mutter hatte wegen der zerrissenen Hosen mit ihm geschimpft.

Vor ihm tauchte auf der Wand unvermittelt ein mit Blut gekritzeltes kleines Kreuz auf, das offensichtlich von einem anderen Gefangenen stammte - lautloser Schrei um Erlösung. Er sah sich bei diesem Anblick nochmals widerwillig in die abendliche Messe gehen. Den ganzen christlichen Hokuspokus hatte er nie begriffen. Er wurde davon eher abgestoßen. Einmal, als er in der Notre Dame die Priester in ihren Glasvitrinen die Gläubigen empfangen sah, als er den Prunk und die Vermarktung mit dem Elend auf den Straßen der Metropolen verglich, war er fluchtartig ins Tageslicht gehastet, um dem Bannkreis der Kirche zu entgehen. Doch jetzt, angesichts dieses Kreuzes, empfand er tiefe Ehrfurcht vor jener, ihm unbekannten Person, die all ihre Hoffnung, all ihr Sein, in dieses Kreuz gelegt hatte. Ihm fehlte solch ein Stärkungsmittel. Kein Glaube, keine Religion, keine Ideologie, die ihm beistand. Nur ein alter Mann in einer vergessenen Zelle, den er nicht einmal wirklich kannte. Und seine Familie, seine Freunde, seine vergangene Liebe, seine sexuellen Abenteuer der vergangenen Wochen? Ob sie gerade an ihn dachten?

Er stolperte. Sein Knie war aufgescheuert, doch er stand direkt wieder auf, nur um den brutalen Griffen der Soldaten zu entgehen. Er hatte Angst. In diesem Augenblick, als die Wände durch den anstrengenden Lauf vor seinen Augen verschwammen, hatte er wieder seine Mutter vor Augen, die ihn keiner Gefahr aussetzen wollte, ihn nur zu oft hätschelte, sich irrsinnig über seine erste Tramptour aufgeregt hatte. Wie lächerlich waren doch ihre Ängste angesichts eines nahenden Todes. Er sah Zellentüren auftauchen und wieder verschwinden, dachte einen kurzen Augenblick daran, einem Gefangenen etwas zuzurufen, vermied es dann aber doch, angesichts seiner Angst.

Die Filmaufnahmen vom Warschauer Ghetto tauchten vor ihm auf. Lange Zeit war er der Ansicht gewesen, dass, wären alle Juden, Polen, Sinti und Roma, alle politisch Verfolgten so aufgestanden wie die Menschen des Ghettos, Nazideutschland ein schnelles Ende gefunden hätte. Doch jetzt erkannte er, wie schwer es angesichts der Vereinzelung und des Todes war, nur einen simplen Zuruf zu wagen, welcher Mut dazugehörte, anderen zu zeigen, dass sie nicht alleine waren. Er hatte diesen Mut nicht. Plötzlich fragte er sich, ob er wohl den Mut aufbringen würde, sich gegen seine Folterer zu wehren, wenn er die Möglichkeit bekäme. Einmal hatte er miterlebt, wie auf offener Straße ein Mensch niedergestochen worden war. Das Blut floss aus der Seite, die Wunde war groß, der Täter hatte das Messer nur zustoßen brauchen und dann, beim Herausziehen, langsam nach oben zu bewegen. Doch er hatte kein Messer. Und seine Peiniger hatten Gewehre.

Sie erreichten eine Tür, durch die er gestoßen wurde. Dahinter war ein großer Raum ohne Fenster, kalt. Die Tür wurde verriegelt, und es war für einen kurzen Moment tödlich still. Ihm war aufgefallen, dass sie hier in einem entlegenen Trakt sein mussten: Der Gang hatte schon länger keine Zellentüren mehr aufgewiesen. Aber war dies von Bedeutung? Das harte Neonlicht erreichte jeden Winkel. Seine Augen schmerzten. Als er sich an die plötzliche Helligkeit gewöhnt hatte, sah er den fast leeren Raum, lediglich ein großer Tisch, ein paar Stühle, ein kleiner Beistelltisch mit irgendwelchen Gerätschaften und einige Käfige mit Ratten konnte er erblicken. Einer der Soldaten ging zu einer zweiten Tür, verschwand kurz, um mit noch drei anderen zurückzukommen. Sie führten eine nackte, ebenfalls kahl geschorene Frau mit sich. Die Frau, leicht gebräunte Haut, große Augen, schmale Nase, breites Kinn, wurde auf eine der Stühle gesetzt und festgebunden. Ihr Blick war abwesend, Wunden am Körper zeigten, dass sie bereits viel durchgemacht haben musste. Sie machte auf ihn einen verlorenen Eindruck. Auch er wurde nunmehr auf einen Stuhl gestoßen. Ein Offizier fing an, einige Dinge auf dem Beistelltisch zu ordnen, dann begann er zu reden. Seine Stimme klang gefährlich. Die übrigen Soldaten lachten, die Frau begann zu zittern. Er verstand nicht alles, denn es wurde zu schnell für ihn gesprochen. Sie blickte ihn das erste Mal an, doch ihr Blick erreichte ihn nicht.

Wieder gingen zwei Soldaten hinaus, diesmal etwas länger. Als sie zurückkamen, hatten sie eine Frau in ihrer Mitte, etwa zwanzig Jahre alt, in eine Art Büßergewand gehüllt, die Haare, was ihn verwunderte, nicht geschoren, begleitet von einer hart blickenden Offizierin in Kampfuniform. Die Frau wurde von dieser auf die Knie gezwungen, die Hände nach hinten gebunden. Noch war sie sehr ruhig, machte einen überlegenen Eindruck. Er war davon überzeugt, dass sie aus guter Familie stammen musste. Ihm wurde kalt, als er den Offizier auf sie zutreten sah. Der Schlächter knöpfte ruhig und gelassen seine Uniformhose auf und nahm sein noch schlaffes Geschlecht heraus.

Er erinnerte sich an die "Hundertzwanzig Tage"[14], „Justine

---

14 Donatien-Alphonse-François Marquis de Sade:
„Les 120 Journées de Sodome ou l'Ecole du libertinage", Paris, 1785, unveröffentlichte Textrolle, 12,1x0,11 Meter; Rumpfausgabe deutsch:„Die Hundertzwanzig Tage von Sodom oder die Schule der Ausschweifung", Berlin, 1904 (ca. 900 S.); vollständige französische Ausgabe (soweit bekannt): Paris, 1931-1935

und Juliette"[15], an all jene Erniedrigungsszenen, die er mit widerwilligem Interesse gelesen hatte. Er war von de Sade fasziniert und abgestoßen gewesen, hatte jedoch alles mit großem Interesse gelesen, was er finden konnte, hatte aber nie wirklich begreifen können, was de Sade sagen wollte. Jetzt begann er zu begreifen, erkannte dieses tödliche Wechselspiel von Macht und Ohnmacht, jene Perversion des Handelns im grenzenlos gelassen sein.

Als der Offizier der hübschen Frau seinen Penis förmlich ins Gesicht stieß, versuchte diese, auszuweichen - doch vergeblich. Die Offizierin griff in ihre Haare, dass sie aufzuckte, und fixierte ihren Kopf für einen erneuten Stoß. Der Peiniger sagte etwas, woraufhin die Frau den Kopf zu schütteln versuchte, wobei sich lediglich ihre langen Haare ein wenig bewegten. Er holte aus und schlug ihr mit voller Wucht ins Gesicht, dass ihr Tränen in die Augen traten. Sie schrie nicht. Wieder sagte er etwas, gefährlich leise, und die Frau öffnete den zuvor geschlossenen Mund, in den er seinen inzwischen leicht erigierten Penis mit solcher Wucht stieß, dass die Frau beinahe hintüber gefallen wäre.

Er wollte diese Szene nicht mit ansehen, wäre am liebsten weggelaufen, konnte jedoch nicht, sodass er lediglich versuchte, seinen Kopf abzuwenden. Doch inzwischen war einer der Soldaten hinter ihn getreten und hielt seinen Kopf auf die Szene gerichtet, wo der Offizier mit stoßenden Bewegungen begonnen hatte. Unwillkürlich schloss er die Augen, woraufhin eine wütende Stimme erscholl. Seine Augen wurden brutal geöffnet, Metallklammern tauchten vor seinem Gesichtsfeld auf, die seine Augenlider schließlich schmerzhaft nach oben quetschten. Er schrie auf. Erst

---

15 Donatien-Alphonse-François Marquis de Sade:
A) „Les Infortunes de la Vertu“, Paris, 1787/1788, unveröffentlicht ; Rekonstruktion : Paris 1930 (138S.)
B) „Justine ou les Malheurs de la Vertu“, Paris 1791; deutsch: „Justine oder Die Leiden der Tugend“, München, 1964 (258 S.)
C) „La nouvelle Justine ou les Malheurs de la Vertu, suivie de l'Histoire de Juliette, sa Sœur“, Paris, 1797 (3.700 S.), Verbot : 1798 ; deutsch : „Justine oder Die Leiden der Tugend gefolgt von Juliette oder Die Wonnen des Lasters“, Berlin, 1905 (1.100 S.)

jetzt schien auch die Frau im Büßergewand ihn wahrzunehmen, zumindest zuckten ihre Augenbrauen für einen unsagbar kurzen Augenblick.

Wieder ein Ruf. Seltsam, erst jetzt bemerkte er, dass die Stimmen der Soldaten ein kurzes, unscheinbares Echo erzeugten. Sie klangen dadurch noch dämonischer, noch gefährlicher. Die nackte Frau wurde zu ihm geführt und vor ihn hingekniet. Sie leistete keinen Widerstand, begann vielmehr sofort, seinen schlaffen Penis zu lecken. Er wusste nicht, was dies bedeuten sollte, verstand nicht, was die Folterer mit ihm und der Frau im Büßergewand vorhaben konnten. In diesem Moment tauchten unversehens all seine Freundinnen und Affären vor seinem inneren Auge auf. Alle waren sie da, eine nach der anderen. Er erinnerte sich ihrer Zärtlichkeiten, der schönen Momente, der Zuneigung, der Liebe. Mit einigen war er nur kurze Zeit zusammen gewesen, Tage oder Wochen, mit anderen dagegen einige Monate oder gar Jahre. Er war ein „Spätzünder" gewesen, so hätte sein Vater es bezeichnet. Seine erste Freundin hatte er erst mit achtzehn Jahren gehabt, völlig unerfahren war er gewesen. Aufgeklärt hatte er sich durch Bücher. Er hatte edle Ideen von Liebe gehabt, die mit der Realität nicht übereinstimmen wollten. Erst seine letzte feste Freundin hatte die Fähigkeit besessen, sich auf seine Launen einzustellen. Mit perversem Gedankengut war er erst durch die Lektüre de Sades in Kontakt gekommen. Zu jener Zeit hatte er seine letzte Freundin schon gekannt. Sie war so aufgeschlossen, dass sie sogar versuchte, sich auch mit diesem Thema auseinanderzusetzen, doch es fiel ihr schwer, zumal es bei de Sade nicht um die pseudoperversen Spielchen ging, die man allenthalben im Fernsehen unter dem Deckmantel der Aufklärung zu Gesicht bekam. De Sade meinte es ernst. Das hatte er vielleicht viel weniger begriffen als sie, die sich wohlmöglich eher instinktiv, denn aus Überlegung von dessen Schilderungen abgestoßen fühlte. Er versuchte vielmehr, die philosophische Theorie hinter all den Perversitäten zu entdecken, distanzierte sich dadurch zusehends von den Darstellungen, sodass er ihre Realitätsnähe, ihre Struktur der Erniedrigung, der Macht, sowohl des Körpers als auch des Geistes, nicht erkannte. Er hatte sich damals in theoretische Betrachtungen vertieft, die es ihm nicht ermöglichten, die historische Rolle de Sades als Macht besitzender Peiniger und seiner Macht entrissener Gepeinigter zu erkennen. Die Modernität, sprich: die Universalität der Sadeschen Perversionen des ausgehenden achtzehnten Jahrhunderts, die Aufarbeitung des Folterers und des Gefolterten Sade in einer Art Selbsttherapie, die eindeutigen Hinweise im Vorwort zu den „Hundertzwanzig Tagen", hatte er schlichtweg überlesen. Erst jetzt, angesichts seiner eigenen Lage, erkannte er die Sadeschen Gedanken als das, was sie waren: Der Versuch, die Struktur der Macht und Ohnmacht in einem totalitären Staat durch die universelle Darstellung der Perversion des Denkens mittels der Perversion des Handelns zu entlarven und ihr mit diesem „Spiegelbild" einen, wenn auch rudimentären, Gegenentwurf einer fast romantisch zu nennenden Philosophie der Gegenaufklärung im aufklärerischen Sinn der Freiheit der "Aline et Valcour"[16] zur Seite zu stellen. Er hatte alles gelesen - und nichts verstanden. Jetzt kam er dem Verstehen näher, näherte sich der Struktur der Folter, Gewalt und Macht.

Angesichts solcher Erkenntnisse wollte sein Penis einfach nicht erigieren. Der Soldat hinter ihm war ungehalten und fing an, wütend mit der nackten Frau, die ihn mechanisch geleckt hatte, zu schimpfen. Der Offizier brüllte plötzlich auf, ergoß sich in die Gepeinigte. Sie weinte. Der Schlächter schlug sie mehrere Male erbarmungslos ins Gesicht. Noch immer versuchte die Frau vor ihm, ihn zu erregen, jetzt aber gefühlvoller. Er war angewidert. Nun ergriffen die Soldaten die Büßerin und banden sie auf dem Tisch fest. Die Männer entledigten sich ihrer Hosen, Stiefel und Jacken ließen sie an, als wollten sie ihre militärische Stärke dadurch unter Beweis stellen. Die Offizierin zog sich eben-

16 Donatien-Alphonse-François Marquis de Sade:
„Aline et Valcour ou le Roman Philosophique“, drei Ausgaben („A, B und C“), alle Paris, 1795, Verbot: 1815 und 1825; deutsch (Rumpfausgabe): „Aline und Valcour oder der philosophische Roman : geschrieben in der Bastille, ein Jahr vor der Französischen Revolution“, Hamburg, 1963 (1.092 S.)

falls bis auf die Stiefel aus, legte dann jedoch den Munitionsgürtel wieder um und setzte sich ihre Uniformmütze wieder auf. Er erinnerte sich an Pornos, die er gesehen hatte. Damals amüsierten ihn solche Attribute der Überlegenheit, jetzt jedoch verstand er ihren symbolischen Wert.

Scheinbar beachteten sie ihn nicht mehr. Er dachte daran, dass sie sich noch nicht einmal die Mühe machten, ihn zu bewachen. Sie fühlten sich so sicher. Sie waren sicher! Er erkannte ihr Bewusstsein der Macht. Er erkannte auch, dass er nicht den Mut und die Kraft aufbringen würde, zu fliehen oder sich gar zur Wehr zu setzen. Er war ein Feigling! Aber war er wirklich ein Feigling? Seine Gedanken überschlugen sich und er versuchte krampfhaft, sich an möglichst theoretischen Mustern festzusaugen, um sich vor dem Erliegen in die körperliche Hingabe zu bewahren. Instinktiv erkannte er, dass, würde er nur für wenige Augenblicke die Kontrolle über seine Gedanken verlieren, er zum Komplizen der Perversionen dieser Peiniger werden würde - und zweifellos war genau dies das Kalkül ihrer Handlungen: Indem sie die Opfer zu Mittätern werden ließen, wurde nicht nur ihre Macht gesichert, sondern sogar ins unermessliche gestärkt, denn ein zum Mittäter gewordenes Opfer war nicht nur leichter zu steuern, sondern es würde sogar ein noch willigeres Werkzeug für künftige Perversionen der Macht sein!

Er blickte auf die Frau zu seinen Füßen, die bemerkte, dass er ihr Handeln nicht mochte. Sie hielt für einen kurzen Moment inne, doch auf den ersten Ruf der Soldaten hin begann sie sofort, ihn erneut zu lecken. Sein Penis begann langsam zu reagieren. Er konnte sich trotz all seiner Theorieversuche nicht dagegen wehren. Nacheinander machten sich die Soldaten über die junge Frau im Büßergewand her, vergewaltigten sie brutal, schlugen und bespuckten sie. Die Offizierin setzte sich auf den Kopf der Gepeinigten und rieb ihr Geschlecht an deren Nase. Die Frau schrie erstickt auf. Er sah diese Szene und begann zu ahnen, dass die Frau diese Orgie nicht überleben würde. Die Schlächter hatten offensichtlich nichts zu befürchten, ihr Tun war entweder von höherer Stelle gedeckt oder sie waren der Auffassung, von alle dem würde nichts nach draußen gelangen. Egal wie es sich verhielt, sein Leben war mit dem kommenden Tod der Frau gleichermaßen verwirkt, das wurde ihm in diesem Augenblick bewusst.

Über Stunden marterten die Soldaten die Frau. Eine Vergewaltigung folgte der nächsten. Gelegentlich trat einer der Folterer zu ihm, um nachzuprüfen, in welchem Zustand sich sein Penis befand. War er zu erregt, quetschten sie seine Hoden oder schlugen ihn, sodass er sofort schmerzhaft begriff, dass sie seinen Erguss verhindern wollten. Die Büßerin und er schrien abwechselnd auf, und ihre Schreie hallten in dem Raum wider. Die Ratten in den Käfigen waren unruhig, die Schlächter lachten.

Plötzlich schrie die Vergewaltigte entsetzt auf, ein Quietschen wie von einem Schlachtschwein. Die Offizierin war an den Instrumententisch getreten. Einer der Soldaten war inzwischen mit Flaschen voller Alkohol gekommen, von denen sie alle reichlich genossen. Der Offizier kam zu ihm, begutachtete seinen inzwischen doch erigierten Penis und lachte auf. Er warf eine Bemerkung über seine Schulter, woraufhin die anderen Soldaten ebenfalls in ein bösartiges Lachen ausbrachen. Dann trat er zu. Die Frau, die aus Angst ununterbrochen weiter an seinem Penis gesaugt hatte, bekam einen Teil der Wucht des Trittes ab, prallte mit voller Wucht gegen seinen Bauch und stürzte aufschreiend mit ihm zu Boden. Er krümmte sich und glaubte, seine Hoden seien tief in seine Eingeweide getrieben worden. Ihm war schwarz vor Augen. Als er wieder seine Umgebung wahrnahm, sah er, dass sein Peiniger sich über die Geschorene hergemacht hatte und sie brutal von hinten nahm. Ein unterdrücktes Stöhnen ließ ihn aufmerksam werden. Die Offizierin saß mit einer Zange bewaffnet über der jungen Frau im Büßergewand und urinierte ihr ins Gesicht. Zwei Soldaten lösten der Gequälten ein Bein vom Tisch und zwangen es in die Höhe, woraufhin die Folterdame die Zange ansetzte. Begleitet von einem ohrenbetäubenden Schrei, der aus der Tiefe ihrer Seele zu kommen schien, wurde ihr der Nagel des großen Zehs herausgerissen. Das Blut spritze. Oh mein Gott, dachte er, kann es dich angesichts solcher Taten wirklich geben? Und wieder begriff er, was Sade in seinen Werken zu sagen beabsichtigt hatte. Was war Gott angesichts solcher Qualen? Konnte es Gott, jenes gute, allwissende und allmächtige Wesen wirklich geben, wenn Menschen im Stande waren, solche Handlungen zu vollbringen? Mussten nicht alle Versuche, für Gott zu argumentieren - nicht im Angesicht des Glaubens, sondern im Rahmen der Vernunft und der Aufklärung - an den offensichtlichen Widersprüchen des Göttlichen mit den Handlungen der Peiniger scheitern? Wenn Gott all dies zuließ, diese persönliche Qual ebenso wie Auschwitz, wie konnte er dann gut im moralischen Sinne sein? Wenn Gott von all dem wusste, wurde er dann nicht zum Mittäter? Und wenn Gott wirklich allmächtig sein sollte, wie konnte er dann solches zulassen? Das Konstrukt des Teufels konnte man nicht gelten lassen, denn das war nur für kleine Kinder und ein Widerspruch in sich selbst. War die Konsequenz also nicht doch, dass Gott nicht existierte? Er wusste nicht mehr weiter. All diese Qualen, diese Ohnmacht, dieses Wissen vom sinnlosen Tod, verwirrte ihn so sehr, dass er keinen klaren Gedanken fassen konnte. Er zerbrach tief in seinem Inneren, verlor schließlich das bisschen Rest von Kraft, dass da noch irgendwo gewesen sein mochte. Er war verloren.

Der Offizier hatte in der Zwischenzeit sein Werk an der Nackten beendet. Man setzte ihn erneut auf den Stuhl und sie vor ihn, die ihn mit angsterfüllter Mine wieder zu lecken begann. Die Frau im Büßergewand wurde losgebunden und aufgerichtet, doch als man sie losließ, fiel sie zu Boden. Wütend droschen die Peiniger auf sie ein, richteten sie erneut auf, und diesmal blieb sie mit schmerzverzerrtem Gesicht stehen. Mit einer Schere zerschnitt die Offizierin ihr das Büßergewand und ihr unvergleichlich schöner, jugendlicher und unverbrauchter Körper kam zum Vorschein. Seine Augen schmerzten angesichts der Klammern, doch obwohl er es nicht wollte, begann er eine animalische Erregung in sich zu spüren. Sie wurde zu ihm geführt.

Befehle wurden geschrien, unverständlich in seinem Delirium. Mit Hilfe der kahl Geschorenen stellte sich die junge Frau mit gespreizten Beinen direkt vor sein Gesicht. Wieder Befehle, die er nicht verstand. Da er nicht reagierte, begannen die Soldaten auf ihn einzuschlagen, bis er ohnmächtig wurde.

Als er erwachte, lag er wieder auf dem Boden, diesmal an den Stuhl gefesselt. Dann war plötzlich ihr Gesicht vor seinen Augen, und er sah in ihrem Blick, dass sie erlöst werden wollte. In ihren Augen stand das Leiden von Jahrtausenden - sie war unfähig zu weinen, auch nur eine Träne zu vergießen. Ihr Körper zuckte. Sie öffnete die Augen und den Mund zu einem endlosen Schrei. Er blickte auf, konnte einen Soldaten sehen, der ihr von hinten etwas in den Anus rammte. Als dieser dann nach mehreren qualvollen Schreien der Frau seinen blut- und kotverschmierten Arm mit einem lauten Lachen aus ihrem Anus herausriss, rückte sie mit ihrem Mund ganz nah an sein Gesicht und hauchte ihm unverständliche Worte entgegen. Er hätte ihr so gerne geholfen, sie von ihren Martern erlöst, doch er war gefesselt und hatte Angst, grenzenlose Angst. Schließlich riss man sie mit lautem Gebrüll von ihm fort.

Als man ihn wenige Augenblicke später von dem Stuhl losband und wieder aufrichtete, stank es nach Rauch, verbranntem Fleisch und ... Haaren. Die Soldaten hatten die junge Frau erneut auf dem Tisch festgebunden und waren gerade dabei, ihr die Haare abzufackeln. Ihm war zum Kotzen. Doch schon wieder begann die kahl Geschorene ihn zu lecken und die Offizierin war hinter ihn getreten, um ihn zu liebkosen. Er hatte seinen Gedankenfaden endgültig verloren, ließ sich treiben, er wusste nicht wohin. Langsam begann Erregung von ihm Besitz zu ergreifen. Als er die Augen schließen wollte, um vor alledem zu fliehen, musste er feststellen, dass er die ganze Zeit nicht in der Lage gewesen war, seine Augen zu schließen, denn noch immer zwangen ihm die Klammern die Augenlider nach oben, nur den Schmerz, den hatte er nicht mehr gefühlt. Er ergab sich. Ihn interessierte nicht mehr, was sie mit ihm vorhaben könnten, wie er sich und den Frauen helfen könnte, was noch alles geschehen mochte. Er war innerlich müde, doch sein Geschlecht erregte sich wider Erwarten und die Offizierin manipulierte ihn hart und unerbittlich. Sollte er doch zum Komplizen werden! Die junge Frau würde sowieso sterben. Und er auch. Was sollte er schon machen? Es war um so vieles leichter, sich zu ergeben, sich hinzugeben, zu erliegen, mitzumachen.

Sie führten ihn wie eine Marionette zu der jungen Frau, immer weiter erregt von der kahl Geschorenen und der Offizierin, hoben ihn über die junge Frau, deren Schönheit am verwelken war, so schnell, so unaufhaltsam, so gedemütigt, und quetschten seinen Geschlecht in ihres, aus dem unaufhörlich Blut und Sperma flossen. Er wehrte sich nicht. Die Soldaten begannen, sein Becken zu bewegen, denn er stieß nicht in sie hinein. Sein Gesicht lag genau über ihrem, er konnte ihre schmerzverzerrten Züge sehen, die Tränen in den Augen, ihre Angst riechen und er wollte sie um Verzeihung bitten, brachte jedoch keinen Laut über seine Lippen. Sie schloss ihre Augen, und in diesem Augenblick, in dieser Geste der Aufgabe, erkannte er, ja spürte er ihren Schmerz. Sein Penis erschlaffte augenblicklich und er rutschte, trotz der gemeinsamen Bemühungen der Soldaten, der kahl Geschorenen und der Offizierin, aus ihr heraus. Wie tot lag er auf der jungen Frau. Er wollte nicht an ihrem Leid teilhaben, nicht an ihrer Auslöschung! Die Soldaten begannen zu toben. Sie rissen ihn von der jungen Frau, die auf ihr Schicksal wartete, und schlugen auf ihn ein, immer und immer wieder, bis er erneut das Bewusstsein verlor.

Wie viel Zeit verstrichen war, wusste er nicht. Doch als er aufblickte, erkannte er, dass nunmehr die junge Frau ohne Bewusstsein auf dem Tisch lag. Was mit ihr geschehen war, konnte er nicht erkennen. Die Offizierin hielt ihr eine Art Riechfläschchen unter die Nase, wovon die Frau langsam hustend erwachte. Sie spuckte Blut. Die Männer lachten und einer klatschte der Offizierin laut rufend auf deren Hintern. Wo aber war die kahl Geschorene? Er versuchte, sich unmerklich umzublicken. Schließlich erkannte er nicht weit hinter sich die Konturen der Frau. Sie zuckte, doch ihr Zucken hatte etwas unwirklich, irreales an sich. Dann sah er einen der Soldaten, der gerade seine Sodomie beendete. Nun bewegte sie sich nicht mehr. Der Mann trat noch einmal in ihren Unterleib, dass sie sich schüttelte und spuckte auf sie, dann drehte er sich um und ging zu den anderen. Doch sie blieb liegen, wie sie lag. Aus ihrem Po und ihrer Mitte floss Blut. Doch dann war da eine Bewegung, kurz und von aufdringlicher Klarheit: Ihr Kopf rollte langsam einige Zentimeter von ihrem Hals herunter, blickte aus toten Augen ihren eigenen geschundenen Körper an. Es spritzte keine Blutfontäne hervor, wie er erwartet hätte, sondern es sickerte nur ein kleiner Strom übrig gebliebener roter Flüssigkeit aus ihrem Körper.

Ein rasender Schrei hinderte ihn daran, sein Innerstes nach außen zu kehren. Der Offizier hatte gerade in diesem Augenblick eine armdicke Kanüle in das Geschlecht der jungen Frau getrieben. Genüsslich drehte er das Gerät immer und immer wieder in ihrem Körper, immer tiefer stieß er es in sie hinein, und sie schrie und wimmerte und wimmerte und wimmerte ... Inzwischen war die Offizierin an ihn herangetreten, hatte ihn hart gepackt und zerrte ihn nun zu der jungen Frau. Er wurde am Kopf der Frau postiert, von der Offizierin fixiert, die unaufhörlich mit ihrer freien Hand seinen Penis antrieb, bis er steif über die blutende Nase der jungen Frau ragte. Einer der Soldaten ging zu den Käfigen und holte eine der Ratten heraus. Sie piepste aufgeregt und zappelte. Sie schien den Tod zu fühlen, den Tod der Frauen und ihren nahenden eigenen Tod. Sie wand sich in den Händen des Mannes und biss ihn schließlich schmerzhaft in seine Hand, woraufhin dieser sie fallen ließ. Die anderen Soldaten lachten, die Ratte lief um ihr Leben, doch da löste sich hinter ihm ein Schuss, ganz nah an seinen Lenden, und die Ratte fiel zappelnd zur Seite. Der Gebissene hob sie auf, trat, die Ratte am Schwanz haltend, an die Frau heran und ließ das Rattenblut auf ihr Gesicht und seinen Penis tropfen. Die junge Frau schrie auf, begann ebenfalls zu zappeln, doch der Offizier schlug sie mit einer Härte ins Gesicht, die keinen Widerspruch duldete, und sie blieb bewegungslos liegen, nur ihr röchelnder Atem, die Tränen und der Schweiß ließen erkennen, dass sie noch lebte. Sein Geist war so leer, dass er noch nicht einmal dazu in der Lage war, sich über seinen erigierten Penis zu wundern. Sein Trieb hatte sich zum Komplizen des Todes gemacht. Dafür hasste er sich aus der tiefsten Tiefe seiner Seele. Der Soldat warf die tote Ratte schließlich achtlos in eine Ecke, trat erneut an die Käfige und entnahm den Gefängnissen eine neue Ratte, die ebenso um ihr Leben zappelte wie die vorherige. Doch diesmal gelang es ihm, die Ratte mit dem Kopf zuerst in die Kanüle zu stopfen, die dann mit einem Schieber verschlossen wurde.

Langsam schob der Soldat den Schieber nach vorne, die anderen Männer standen neben der jungen Frau und befriedigten sich über ihrem geschundenen Körper. Die Offizierin erregte weiterhin immer härter seinen Penis und rieb ihr Geschlecht an seinem Hintern. Die junge Frau hatte begonnen, lautlos und mit irrem Blick den Kopf zu schütteln. Sie war ganz offensichtlich nicht mehr bei Verstand, hatte sich in ein unerreichbares Jenseits geflüchtet, in das auch er nur zu gerne entrückt wäre. Als die Ratte - unsichtbar für alle Anwesenden, doch durch die Reaktion der jungen Frau eindeutig erkennbar - die Kanüle im Geschlecht der Frau verlassen hatte, zuckte diese kurz auf und lag dann plötzlich ganz ruhig vor ihm, an allen Vieren gebunden. Ihr Blick blitzte kurz in einem verlorenen Moment auf, sah ihn mit einem tiefen Mitleid an, so als würde sie ihm wünschen, nicht das erleben zu müssen, was noch vor ihm lag, dann schloss sie die Augen in der Erwartung ihres Todes. Mit einem unerbittlichen Ruck riss der Soldat die Kanüle aus ihr heraus und ließ die Ratte in ihrem Körper zurück.

Die junge Frau schrie auf,
ein Schrei,
wie er ihn noch nie gehört hatte,
ein Schrei,
wie er ihn nie wieder hören wollte,

in seinem ganzen Leben

nie wieder,

nie wieder,

nie wieder!

Tortura nunca mais

nunca mais,

nunca mais!

Sie wand sich auf dem Tisch. Ihr Körper zuckte, hob sich ihn Qualen, die für ihn niemals nachzuvollziehen sein würden. Die Offizierin machte sich unaufhörlich an ihm zu schaffen. Die Soldaten johlten und spornten sich gegenseitig an. Als aus der jungen Frau Blut hervorquoll, zeigte sich an seinem Geschlecht eine Form der Erregung, für die er sich abgrundtief hasste. Er sah dieses Blut, wie es immer stärker zu fließen begann, sah, wie sich ein Soldat nach dem anderen auf ihren ehedem schönen Körper ergoß, sah, wie sich ihre Bauchdecke bewegte, unter der er die um ihr Leben tobende Ratte wusste, hörte, wie ihr unaufhörlicher Schrei in ein nie endendes Röcheln überging, merkte, wie er sich wider seinen nicht mehr vorhandenen Willen auf sie ergoss, hörte die Folterer lachen und schreien, ihm wurde schwindelig und er erbrach sich stinkend auf die Brust der Sterbenden.

Noch immer lebte sie. Die Bewegungen in ihrem Becken hatten aufgehört. Die Ratte war erstickt. Blut quoll unaufhörlich aus ihrer Mitte. Sie war ruhig, ihr Atem ging schwach. Alle beobachteten sie. Es herrschte eine fast religiöse Stille. Dann sickerte Blut aus ihrem Mund und ihrer Nase, sie öffnete noch einmal für einen kurzen Moment ihre Augen, sah ihn leer an, ohne einen Ausdruck des Verstehens, dann sank ihr Kopf zur Seite.

Der Offizier packte nun ihn am Kopf, riss ihn auf einen Stuhl. Man band ihn fest und fixierte seinen Kopf. Die verbliebene Frau, Offizierin des Todes, kniete sich vor seine Mitte. Sie lächelte ein dämonisches Grinsen, dann nahm sie eine lange Nadel und stach sie langsam und genüsslich von oben in sein Geschlecht. Er schrie auf. Alle Gedanken drehten sich nur noch um seinen Schmerz. Das zuvor Geschehene war von einer Sekunde auf die andere in Vergessenheit geraten. Er lebte nur noch in diesem Augenblick des Schmerzes, unfähig, auch nur einen anderen Gedanken zu fassen. Blut spritzte, doch sie drückte noch einmal die Nadel tief in ihn hinein, bevor sie diese mit einer Sicherheitsnadel an seinem Bauchnabel schmerzhaft fest stach. Er zuckte ohne jede Kontrolle, worüber die Soldaten wie irr lachten. Dann nahm die Frau eine noch längere Nadel, dicker auch als die vorherige, und durchstach damit seine Hoden, von einer Seite zur anderen, so, dass die spitzen, von bluttriefenden Enden an beiden Seiten überstanden und ihn in die Oberschenkel stachen, wenn er diese nicht auseinander zwang. Tränen spritzten meterweit aus seinen geröteten und durch die Klammern ansonsten trockenen Augen. Seine Nasenflügel bebten vor Schmerz, sein Mund war ein einziger Aufschrei, in den der Offizier zur Geburt des Fisches ansetzte:

Mit einer rostigen Zange kniff er in den Mund, packte vorsichtig zu, wackelte ein wenig, wobei er lachte, und riss dann mit voller Wucht einen Zahn nach dem anderen heraus, bis nur noch eine blutige, löchrige Fleischhöhle übrig geblieben war, die den Mund des Fisches darzustellen versuchte, jenes verlorenen jungen Mannes aus einem anderen Land, jenes Gringos, der durch einen dummen Zufall in dieses tödlich ernste Spiel geraten war, in dem er als Mensch gestorben war und nur noch als sprachloser Fisch dahinvegetieren sollte.

Zwischenleben

Der Fisch

Geburtswehen

Als er aus seiner langen Ohnmacht erwachte, lag er in der Zelle, in der Carlos ihn seit Tagen versorgt hatte. Der alte Mann hatte ihm die Nadeln aus Penis und Hoden gezogen, hatte die Wunden mit Spucke und Stoffresten, die er einem mitleidigen Wärter irgendwie entlocken konnte, versorgt, hatte den Fisch am Leben gehalten. Carlos hatte den jungen Mann in seinen Armen gehalten, ein riesiges Kind in seinen alten Armen, die doch so lange kein Kind mehr gehalten hatten. Er wiegte den Ohnmächtigen wie eine Amme und ließ diesen schließlich sogar mit seiner zahnlosen Mundhöhle in Fieberträumen an seinen Brustwarzen saugen. Der Fisch überlebte, der junge Mann war tot. Der Fisch überlebte und sprach kein Wort. Der Fisch überlebte und Carlos verstand dessen Sprachlosigkeit nur zu gut. Carlos hatte einen neuen Sohn bekommen, ein gefoltertes, lebensunfähiges Kind, ein Kind, dessen Kraft, dessen Willen zum Überleben, auf ein instinktives Minimum reduziert worden war, ein Kind, das urinierte und dessen Verstandesfähigkeiten wohl denen eines Neugeborenen gleichkamen, nur, dass dieses Neugeborene bereits das Trauma des Todes hinter sich hatte.

In der Zelle war es totenstill geworden.

Befreiung aus dem Tod

Es vergingen Wochen in denen nichts geschah. Der Fisch lebte mehr schlecht als recht. Er zappelte gewissermaßen an der Oberfläche eines winzigen Aquariums, das man im allgemeinen Leben nennt, in diesem Falle aber eher ein Dahinvegetieren bedeutete. Der Fisch nahm nichts um sich herum wahr. Er befand sich offensichtlich in einer anderen Welt, zu der niemand Zugang hatte, höchstens vielleicht Carlos, der alte Mann, der sich wie eine Mutter um ihn sorgte. Oft wälzte sich der junge Mann nackt auf dem Boden, geschüttelt von Fieberqualen, von Schmerzen und Albträumen. Carlos spendete Trost. Doch zu keiner Zeit wurde auch nur ein Laut von den beiden ungleichen Männern hörbar, alles spielte sich in dieser tödlichsten aller Stillen ab, in dieser Ruhe, die den Tod gewissermaßen zu riechen im Stande war.

Und dann, nach all den Tagen, Stunden, Minuten der absoluten Geräuschlosigkeit, die selbst die Wärter nicht zu durchbrechen wagten, drang erneut brutaler Krach an ihre Ohren. Schlüssel rasselten im Schloss, so gewaltsam, wie schon lange nicht mehr. Die Tür öffnete sich mit einer tödlichen Unerbittlichkeit. Man bekam ein Gespür für die Unausweichlichkeit des Schicksals, für jene Momente, in denen sich dein Leben über dir schließt, ohne dass du auch nur einen Finger zu deiner Rettung rühren könntest. Selbst der entrückte junge Gringo, der da wie ein Säugling in den Armen des alten Vaters lag, konnte in seiner anderen Welt das nahende Ende spüren. Er klammerte sich an die Brust des Muttervaters, des Ursprungs, der Gnade, des Gottes, der ihm das Leben, dieses Fischleben geschenkt hatte, so, als wenn er ihn erneut erretten könnte. Doch Carlos war ebenso machtlos wie das letzte Mal als sie den damals noch nicht geborenen Fisch geholt hatten. Nur, dieses Mal gab es einen entscheidenden Unterschied: Beide Männer wurden brutal gegriffen und aus der Zelle gezerrt. Diesmal wurden ihnen in alt bekannter Weise Säcke über die Köpfe gestülpt, bevor sie wie Vieh voran getrieben wurden.

Sie wurden in ein Fahrzeug gestoßen, landeten unsanft auf dem nackten Metallboden. In solchen Situationen lernt man instinktiv, dass es besser ist, sich nicht zu rühren, gewissermaßen bereits gestorben zu sein. So lagen sie beide da, kein Muskel in ihnen wagte sich zu bewegen, ihr Atem ging unmerklich leise und langsam, die Brust hob sich kaum. Soldaten bestiegen den Wagen, redeten laut und aufdringlich, brachen gleichsam in die intime Stille der beiden Todgeweihten ein. Die Tür schloss sich, wurde von außen verriegelt, der Motor sprang an, ein rasselndes, unangenehmes Geräusch, und ihre holprige Fahrt in den sicheren Tod begann, das fühlten sie mit jeder Faser ihres Körpers.

Nach Stunden unaufhörlichen Gerüttels stoppte der Wagen so unvermittelt, dass einer der Soldaten über Carlos fiel und fluchte. In die Stille drangen plötzlich aufgeregte Rufe. Schüsse folgten. Wer auf wen schoss war unklar, der Wagen begann sich wieder zu bewegen, die Soldaten im Inneren beruhigten sich schnell, denn sie fühlten sich trotz des Zwischenfalls sicher. Doch kurz darauf warf eine unglaubliche Erschütterung die Insassen durcheinander. Carlos landete auf einem der Soldaten, bekam dessen Revolver zu fassen und begann sofort um sich zu schießen, ohne jedes Ziel, denn er hatte noch immer den Sack auf dem Kopf, war jedoch nicht gefesselt, ebenso wie der Fisch, der unter zwei um sich schlagenden Soldaten begraben lag, die verzweifelt versuchten, den wild durch die Gegend zischenden Kugeln auszuweichen. Carlos war von einer Sekunde auf die andere der erfahrene Guerilla geworden, der er schon früher gewesen war. Seine durch das hohe Alter scheinbare Ungefährlichkeit wandelte sich innerhalb eines Augenaufschlags in die tödliche Gefährlichkeit eines Kämpfers, der keine Skrupel kannte, seine Wärter zu töten. Seine Schüsse waren zwar nicht gezielt genug, als dass er alle Soldaten hätte ausschalten können, doch seine Erfahrung sagte ihm, dass er nur so genug Zeit gewinnen konnte, damit die anderen von draußen die Tür des Transporters öffnen konnten. Dies geschah mit einem lauten Knall und einem Blitz, der sogar die Dunkelheit der Säcke durchdrang. Keiner der verwirrten und geblendeten Soldaten hatte dem etwas entgegenzusetzen, und keiner kam mit dem Leben davon.

"Carlos?"

Die Frauenstimme drang leise in den Raum, durchbrach die eingetretene Stille nach der Schießerei.

"Vater?"

Nochmals diese junge Stimme, nicht hart, nicht weich, sachlich, ja, mit einem Unterton von Verzweiflung.

"Hier, Maria."

Carlos, dessen Stimme nicht die Gebrochenheit eines alten, verlorenen Mannes hatte, ließ die junge Frau aufatmen. Der Sack wurde ihm vom Kopf gezerrt, viel zu schnell, voller Ungeduld, und schließlich lagen sich die junge, hübsche Frau und der alte Mann in den Armen.

"Warum muss ich jetzt ausgerechnet weinen?“

Die Stimme der Frau klang trotzig, mit einem leicht lächelnden Unterton.

"Weine nur, mein Kind. Weine. Ich würde es auch so gerne, wenn ich nur könnte."

"Wir müssen weg von hier. Es ist zu gefährlich.“

Das war eine Männerstimme, rauchig und hart.

"Ja, komm Vater, schnell, ein zweiter Konvoi ist nur wenige Minuten von hier entfernt."

"Wo sind wir?"

"In der Nähe des fünften Verstecks[17], vielleicht zehn Kilometer. Doch da können wir nicht bleiben, wir müssen aus diesem Gebiet verschwinden, es sind zu viele Soldaten hier, und unsere Gruppe ist nicht schlagkräftig genug, ein längeres Feuergefecht durchzustehen. Schnell, Vater, oder brauchst du Hilfe?"

"Ja, ich brauche Hilfe. - Wo ist nur...?"

Carlos begann sich im Raum umzusehen, fand den Fisch jedoch nicht.

"Wo ist er nur?"

Maria, die junge Kämpferin blickte Carlos unverständig an. Doch dann fand Carlos den nackten Fuß des Fisches unter einem der Soldaten. Er drehte den Toten zur Seite und darunter lag der blutverschmierte nackte Körper, ausgemergelt wie ein Biafra-Kind, der Kopf unter dem Sack versteckt, zitternd. Er lebte. Immer noch. Er schwamm. Immer noch. Dieses Leben wollte nicht enden. Noch nicht. Oder nie. Oder wartete es auf eine Wiedergeburt, eine Art Reinkarnation - vom Mensch zum Fisch - vom Fisch zum ...?

Maria

Als Carlos dem nackten Gerippe vorsichtig den Sack vom Kopf nahm, sah ich den jungen Gringo zum ersten Mal. Zum Vorschein kam ein entstelltes Gesicht, jung und doch unendlich alt, die Augen rotblau unterlaufen, keine Augenbrauen, die Lider mit Blutkrusten überzogen, teilweise eitrig, die Stirn in viele Falten gelegt, so, als wollte ein Säugling über den Sinn des Lebens nachdenken, die Wangen eingefallen, nur Haut auf Knochen, die Nase offensichtlich

---

[17] das „fünfte Versteck" ist imaginär, historisch nicht belegbar

mehrfach gebrochen und unnatürlich gekrümmt, die Lippen schließlich nicht fähig sich zu schließen, aufgedunsen von unvorstellbaren Martern, seibernd wie ein Fieberkranker. Sein Blick war irr, nicht von dieser Welt, er erkannte nichts um sich herum, hatte nur Angst, und diese Angst war der Blick. Dann erkannte er Carlos, seine Augen hellten sich für Sekundenbruchteile auf, schienen Klarheit zeigen zu wollen, verdunkelten sich aber augenblicklich, dafür hob er flehentlich bittend seine Arme zu meinem Vater, so wie ein todkrankes Kind seine Mutter um Aufnahme bittet. Carlos nahm ihn in die Arme. Ich stand daneben, war entsetzt von dem Anblick dieses Zombies, war angeekelt von der Schwäche dieses ... Wesens.

Carlos drehte sich um, half dem Gringo auf die Beine, die ihn kaum tragen konnten.

"Er muss mit."

Die Stimme meines Vaters duldete keinen Widerspruch. Die Männer der Gruppe wären auch nie auf die Idee gekommen, zu widersprechen, doch ich, die junge Guerilla, die Frau, die Carlos ihren Vater nannte, versuchte, wenn auch nur schwach, dem Gedanken entgegenzutreten, diese Kreatur, dieses Hindernis, mitzunehmen.

"Der da kann nicht mit. Wir haben keine Zeit für fast Tote, keine Medikamente. Er ist ein Risiko. Wir müssen schnell machen. Weg von hier. Mit dem da geht das nicht. Versteh doch Carlos! Vater! Er kann nicht mit, selbst wenn wir ihm alle helfen wollten."

"Er muss mit! Ich habe ihn nicht ins Leben zurückgeholt um ihn hier krepieren zu lassen! Er muss mit! Und du, Maria, wirst dich um ihn kümmern!"

"Was?"

Ich schrie auf, wie konnte Carlos nur? Doch dieser Gringo, den mein Carlos, mein Vater, mein Ein und Alles als so wichtig empfand, reagierte das erste Mal seit er seine Arme gehoben hatte. Er betrachtete mich. In seinen geschundenen Augen konnte ich einen Blick erkennen, der zweifelsohne mir, der jungen Frau in Kampfuniform galt, das Gesicht mit schwarzer Farbe bemalt, die Hände voll mit Waffen. In seinen Augen erkannte ich Angst, die Angst eines waidwund geschossenen Tieres, eine abgrundtiefe Angst vor allem, was um ihn herum geschah. Dann wandelte sich sein Blick in eine ungläubige Frage. Er blickte mich an, als wolle er zu einem Engel sprechen, und da erkannte ich im Metall der gegenüberliegenden Wand mein Gesicht, schemenhaft nur, aber klar genug, um eine Art Heiligenschein um meine dunklen, kurz geschorenen Haare zu erkennen, der durch das diffuse Licht irgendwelcher Autoscheinwerfer hervorgerufen wurde.

"Schnell, sie kommen!"

Eine Stimme aus dem Dunkel der Nacht machte uns auf die sich nähernde Wagenkolonne aufmerksam, auf die Soldaten, die schon bald eintreffen würden.

"Nimm ihn und kämpfe um ihn! Er ist wichtig."

Mit diesen Worten überantwortete Carlos dieses Wesen endgültig an mich, die ich mich seiner angewidert annahm, ihn unterfasste und in die Nacht schleppte. Weg von dem Wagen, weg von den Soldaten, weg von den offensichtlichen Foltern. Dem Mann wurde dies alles nicht klar. Er ließ es geschehen, wie er alles mit sich geschehen lassen würde. Das fühlte ich. Und das war der Grund, warum ich ihn den Fisch nennen wollte. Ja, ich gab ihm diesen seltsamen Namen, den wir dann alle wie selbstverständlich benutzen sollten.

Es war wirklich der richtige Name für dieses Etwas aus Fleisch und Knochen, denn er war nicht zu fassen, wand sich kraftlos aus jedem Griff, entzog sich jeder Ansprache durch grenzenloses Schweigen. Er ließ sich hinführen wohin ich es wollte, er ließ alles mit sich machen. Sicherlich, ihm war anzusehen, dass er viel durchgemacht haben musste. Das war ein Grund. Carlos hatte mir schon früh beigebracht, gerade für die Schwachen da zu sein. Aber dieser hier war nicht schwach - er war tot!

Oder eben ein Fisch. Was wollte Carlos mit dieser Kreatur? Hatte er ihn zufällig getroffen? Oder war er ein besonderer Guerilla, den ich noch nicht kannte und von dem noch keiner etwas gehört hatte - außer Carlos natürlich, der viel mehr wusste als wir alle. Es musste so sein, denn niemals würde Carlos unsere Gruppe für einen Niemand in Gefahr bringen, für jemanden, der die Sache nicht unterstützen würde. Oder war Vater etwa sentimental geworden? Nein, das konnte nicht sein, denn er war so wie ich ihn kannte: ein Kämpfer, zielbewusst, ohne Wenn und Aber. Es hatte schließlich keine zwei Minuten gedauert, bis er das Kommando unserer Gruppe, ohne auch nur eine Frage zu stellen, von mir übernommen hatte... Ja, ich war die Anführerin dieser verwegenen kleinen Gruppe, zehn Mann nur, und ich, die einzige Frau. Aber ich hatte die meiste Erfahrung im Guerillakampf, war von Carlos ausgebildet worden, jenem Relikt aus vergangenen Tagen, eine Art Übervater für alle, die nach dem Putsch nach Halt, Kraft und Hoffnung suchten. Die Enttäuschung war daher umso größer gewesen, als man ihn so schnell aufgegriffen hatte. Der noch nicht begonnene Widerstand war dann auch sofort zusammengebrochen. Mir gelang es nur mit viel Glück und der Hilfe einiger mutiger Ausländer unterzutauchen.

In der Hauptstadt war die Hölle los. Die neue Junta wollte nicht die Fehler der alten wiederholen. Man wollte Nägel mit Köpfen machen und nahm alles fest, von dem man auch nur glaubte, es sei ein Funken Auflehnung vorhanden. Tausende junger Leute landeten in Foltergefängnissen. Jung und nicht aus einem Slum zu stammen galt bereits als verdächtig. Hatte man dann noch die falsche Haarfarbe, ein falsches Make-up, die falsche Kleidung an, hörte man die falsche Musik oder hatte man die falschen Freunde, so war man verloren. Unschuldig. Denn die meisten jungen Leute, die in den ersten Stunden des Putsches in die Vergessenheit gezerrt wurden, waren niemals politisch tätig gewesen und wären es wohl auch niemals geworden, hätten sie überhaupt die Chance dazu gehabt.

Als ich jedoch vom Putsch hörte, denn ich war in jenen Stunden auf einer Exkursion mit einer Studentengruppe, weit ab von jedem Zentrum des Geschehens, war für mich klar, was zu tun war. Carlos hatte mir alles beigebracht. Es war nicht leicht gewesen. Von Ort zu Ort, von Gehöft zu Gehöft tastete ich mich näher an das Zentrum des Putsches, die Hauptstadt, heran. Bei einigen Freunden konnte ich für Stunden schlafen, etwas essen oder mich umziehen, baden, doch je näher ich der großen Stadt kam, desto weniger Freunde traf ich. Die Wohnungen waren verlassen, zumeist schon von außen bewacht, und da, wo ich hinter die Türen blicken konnte, sah ich Spuren des Kampfes und das eine oder andere Mal sogar Tote. Es war gefährlich, in die Nähe des Zentrums zu gelangen, aber gleichzeitig war nur hier die Möglichkeit gegeben, Kampfgenossen zu finden.

Und dann erreichte mich die Nachricht von der Festnahme meines Vaters, Carlos. Ich war bei einer Deutschen untergetaucht, die mich und Carlos schon länger kannte. Auch das war gefährlich, und Anna, so hieß die Frau, die hier Sozialarbeit leistete, wusste dies. Doch sie gab mir einen entscheidenden Tipp, denn sie hatte schnell bemerkt, dass die Junta Slumbewohner als ungefährlich einstufte. Und tatsächlich waren die Einwohner der Favelas scharenweise den Militärs in die Arme gelaufen, in der Hoffnung, hier endlich eine Chance auf eine bessere Zukunft zu gewinnen. Ja, die Demokratie, die Mächtigen der Parteien, hatten nie an diese verlorenen Seelen gedacht, immer nur an sich, vielleicht noch an eine diffuse Mittelschicht, aber nie an die Machtlosen. Und da erblickten die neuen Machthaber ihr Potential, eine lenkbare, zu allem bereite Masse, die so unendlich leicht in den Faschismus zu treiben war.

Ich veränderte also mein Äußeres zu einer heruntergekommenen, verarmten, hässlichen jungen Frau, die nach außen so wenig Intellektualität ausstrahlte wie es mir möglich war.

Es viel mir sichtlich schwer, denn Anna kritisierte immer wieder etwas, und war erst zufrieden, als ich mich beim Blick in den Spiegel nicht nur nicht wieder erkannte, sondern sogar vor mir erschreckte. Nachdem ich von einer anderen Untergrundgruppe neue Papiere erhalten hatte, tauchte ich weg, auf dem Weg nach Norden, da, wo sie Carlos gefangen hatten. Für mich stand außer Frage, dass ich Carlos befreien musste. Wie und wo war mir egal. Diese Ungeduld hatte Carlos an mir immer wieder kritisiert, doch so war ich nun mal.

Wenig später hatten sie dann Anna festgenommen. Sie war verschwunden wie so viele andere auch, denn genauso wie die alte Junta machte auch die Neue keinen Halt vor Ausländern, und ebenso wie immer gab es Botschaften, die zumindest versuchten, ihren Landsleuten zu helfen, und es gab Botschaften, denen ein Militärregime allemal lieber war als ein paar ihrer Leute, die doch nur die guten Beziehungen störten. Anna war schon nach wenigen Tagen getötet worden. Man hatte sich wenig Mühe gegeben, die Leiche zu verstecken, sondern warf sie unweit des Flughafens an einer Straßenecke aus einem fahrenden Auto, am helllichten Tage sogar, nackt und offensichtlich Dutzende male vergewaltigt bevor man ihr die Kehle durchgeschnitten hatte. Die neuen Machthaber hatten alles so perfekt unter Kontrolle, dass sie es sich sogar leisten konnten, solche Foltertoten als Opfer von blindwütigen Verbrechen hinzustellen, für die sie dann in Schauprozessen andere Opfer des Regimes als Täter aburteilten und ebenso töten konnten - diese dann scheinbar ganz legal. Es war ein perfides System, das sich für eine Art Recht und Ordnung einsetzte, die keinen Widerspruch zuließ.

Doch trotz des Verlustes von Anna, der mich hart traf, waren meine Gedanken nur auf die Rettung von Carlos gerichtet. Je weiter ich in den Norden vorstieß, desto mehr Freunde traf ich. Die ersten Stunden, Tage, Wochen des Schocks waren vergangen, viele Menschen, Fremde und Freunde für immer verschwunden, von anderen hörte man hier und da ein paar Worte, doch einige hatten Zeit und

Gelegenheit gefunden, unterzutauchen. Und wir trafen uns. Es gab Verstecke aus alten Tagen, und es gab neue Treffpunkte. Es war gefährlich, besonders dann, wenn neue Leute auftauchten, solche, die man noch nicht kannte. Es war wie eine Paranoia: jedes unbekannte Gesicht konnte ein Verräter sein. Da war die Idee, einen alten Kämpfer, die Galionsfigur des alten Widerstandes, zu befreien, ein einigendes Unterfangen, etwas, das einem ein nahes, überschaubares Ziel gab, sozusagen ein Durchatmen vor der Bewältigung der großen Aufgaben.

Und dann hatten wir Carlos gefunden, in einem Gefängnis nahe der brasilianischen Grenze. Sie hatten Angst, ihn dort zu töten. Der Kommandant, so sagte man, sei Carlos in alten Tagen einmal begegnet und habe so eine Art sentimentale Anwandlung gehabt, die es ihm nicht erlaubte, den alten Mann unter seiner Verantwortung zu töten. Also ließ er ihn wegbringen. So sind diese Mörder: wenn sie sich selbst von einem Opfer betroffen fühlen, lassen sie die dreckige Arbeit von anderen durchführen. Das war unser Glück - und Carlos Rettung.

Wir waren zehn Männer. Und ich. Die einzige Frau des Kommandos. Die Anführerin. Die Erfahrene.
Die Tochter.
Und Carlos.
Und der ... Fisch.

Ich schleppte diesen wandelnden Toten widerwillig durch die Nacht. Hinter uns wussten wir die Soldaten. Handlanger eines Putsches, der so gar nicht in die Zeiten der neuen Weltordnung des Postkommunismus zu passen schien, Relikte aus vergangenen Tagen, so schien es, Relikte, die so gut zu Carlos passten, der ja ebenfalls ein Überbleibsel zu sein schien. Und doch war es zu diesem unverständlichen Putsch gekommen, der zudem noch machtvoller ausgefallen war, als es zu Zeiten des Kalten Krieges, des Eindämmungskampfes der USA gegen die Macht der Sowjets je gewesen war. Warum? Zuerst hatte ich keine Antworten auf diese Frage finden können. Waren wir inzwischen wirklich so unabhängig von den Wünschen des großen Bruders im Norden, dass wir tatsächlich einen eigenen Weg einschlagen konnten? Ich konnte und wollte das nicht glauben. Es hätte allem widersprochen, was Carlos mir beigebracht hatte. Die rasche de facto Anerkennung des neuen Regimes gerade durch Länder, die auch die alte Junta stützen, schien mir da eine klarere Sprache zu sprechen. Mir wurde zwar nicht bewusst, welche Interessen die schwache Demokratie unseres Landes gestört hatte, aber die neue Junta hatte offensichtlich schnell erkannt, welches Spiel sie spielen musste, um internationale Anerkennung zu finden. Das Verschwinden von Menschen war da viel schwieriger zu vertuschen. Also vertuschten die neuen Machthaber gar nichts. Nein, in der allgemeinen Welthysterie gegen den Terrorismus fanden die Militärs nur zu leicht die notwendige Unterstützung, besonders bei denen, die schon in Bagdad bewiesen hatten, dass Tabus der alten Zeit nicht auch die Tabus der neuen Zeit sein mussten. Man übte sich im Staatsterrorismus, unterjochte eigene und fremde Völker, tötete und folterte, wo immer man es für legitim hielt, eine Legitimität freilich, die nichts mit Rechtsstaatlichkeit zu tun hatte, sondern vielmehr eine Legitimität aus scheinbaren Sachzwängen, aus den Bedingungen des Momentes geboren und damit so willkürlich, wie die Folter selbst. Mir ging langsam auf, dass ein Militärregime wie dieses eine Art Vorbereitung auf eine neue Weltordnung darstellen könnte, eine Weltordnung der kapitalkräftigen und militärisch unterstützten Oligarchien, eine Weltordnung der mächtigen Konzerne, die ganze Staaten zu lenken im Stande waren, ja, im Rahmen der sogenannten Globalisierung sich sogar anschickten, die Welt zu beherrschen, in denen Randstaaten nur eine Rolle spielen konnten, wenn sie sich den Regeln dieser Kämpfe unterwarfen. Für echte Demokratien war da schon lange kein Platz mehr. Die alte Welt hatte sich schon seit längerem zu von Oligarchen gelenkten Marionetten entwickelt. Man versuchte, sich hier und da in Scheingefechten gegen den Übermächtigen Riesen von der anderen Seite des Atlantiks zu wehren. Aber die alte Welt wurde ebenso zerrieben wie die Randstaaten: Sie stand und wankte umgeben von der Skrupellosigkeit und der rechtlosen

Ungezügeltheit eines aufstrebenden Manchesterliberalismus der östlichen Prägung und der Übermacht des urkapitalistisch-militärischen Apparats der einzigen verbliebenen Supermacht, die nicht umhin kam, dieselben Fehler zu machen, die alle Supermächte zu allen Zeiten gemacht hatten, sich im imperialistischen Gehabe zu lieben und zu verlieren. Wir in den Randstaaten hofften derweil auf eine erstarkende Demokratie, die mit den Problemen der Zeit, den Unzulänglichkeiten unserer Gesellschaft, fertig werden sollte, den Problemen der Armut und sozialen Ungerechtigkeit. Doch wir verkannten gänzlich, dass den Mächtigen gerade eine solche soziale Gerechtigkeit ein Dorn im Auge sein musste. Man sprach zwar allenthalben von sozialem Ausgleich gerade in der Dritten Welt, doch nur, um seine eigenen macht- oder kapitalpolitischen Interessen gerade hier, in der Peripherie, zu stärken. Und das alles unter dem Decknamen der Globalisierung, was nichts anderes bedeuten sollte, als die schrankenlose Ausbeutung der Völker, Kulturen und Staaten durch die Kapitaloligarchen dieser Welt. Wir erkannten viel zu spät, dass wir nur ein Spielball der Mächtigen waren, dass unsere Probleme und Hoffnungen sie einen Furz interessierten. Und dann ließen sie diesen tödlichen Furz auf uns los. Keiner unternahm etwas gegen die Militärs, die ohne großen Widerstand die Macht an sich rissen. Vielmehr waren die Mächtigen dieser Welt zufrieden über ein Regime, das zumindest hier für ihre Ordnung sorgte. Terroristen zumindest - und das waren alle, die gegen die ungezügelte Expansion der Konzerne kämpften - würde es hier keine mehr geben. Und die Kurse an den Börsen stiegen wieder ...

Jetzt war ich eine Terroristin. Sicherlich, Carlos hatte mich ausgebildet. Zur Guerilla. Zu einer politisch geschulten Person. Zu einem Menschen, welcher Recht von Unrecht zu scheiden wusste. Zu einer Frau, die wusste, was sie wollte. Ich hatte getötet. Vorhin. Das erste Mal in meinem Leben, denn bis zur gelungenen Befreiung meines Vaters war alles nur Theorie gewesen. Ich hatte noch keine Zeit gefunden, über die toten Soldaten nachzudenken. Sie schienen mir einerlei. Sie waren willige Werkzeuge gewesen. Jetzt waren sie tot. Das war gut so, denn jeder tote Soldat der Junta bedeutete einen Funken Hoffnung und Stärke mehr für unsere Freiheit.

Wir waren zehn Männer. Und ich. Die einzige Frau des Kommandos. Die Anführerin. Die Erfahrene.
Die Tochter.
Und Carlos.
Und der ... Fisch.

Wir näherten uns dem fünften Versteck, ein paar Erdlöcher in einem waldigen Hügelzug. Die Soldaten hatten uns im Dunkeln aus den Augen verloren. Ich schleppte diesen zitternden Fisch mit mir herum, so als trüge ich einen lästigen Rucksack zu viel bei mir. In den Erdlöchern würden wir den Tag verbringen, wir waren erst einmal weit genug von unserer Befreiungsaktion entfernt. Das Versteck war gut getarnt und nur wenigen alten Kämpfern bekannt. Trotzdem konnten wir nicht lange hier bleiben, denn die Soldaten würden nach unseren Spuren suchen und früher oder später dieses Versteck finden. Wir mussten weiter, zurück zu unserem Camp, das in den Bergen gut versteckt war. Dort hatten wir eine gute Basis und insbesondere treu ergebene Dorfbewohner in der Umgebung, die uns nicht verraten würden. Es war eine der wenigen Regionen des Landes, in denen die Militärs noch nicht Fuß gefasst hatten. Dort mussten wir hin, und es lagen noch einige harte Fußmärsche vor uns.

Carlos machte mir aber unmissverständlich klar, dass ich mich auf dem ganzen Weg um den Fisch kümmern sollte. Ich erkannte ihn nicht wieder, begann ihn fast zu hassen und fragte mich, ob das Risiko der Befreiung wirklich gerechtfertigt gewesen war. Dann erschrak ich ob dieser Gedanken. Was war in mich geraten? Wie konnte ich bloß die Rettung meines Vaters in Frage stellen? Nur wegen dieses dreckigen, verlorenen, kraftlosen Fisches! Ich hasste den Fisch umso mehr.

Wir waren zehn Männer. Und ich. Die einzige Frau des Kommandos. Die Anführerin. Die Erfahrene.
Die Tochter.
Und Carlos.
Und der ... Fisch.

Nachdem wir ohne Zwischenfälle im Camp angekommen waren, ließ ich den Fisch sofort los und ging in die Frauenhütte. Wir hatten nicht viele Gebäude auf dem Gelände: ein Frauenhaus, ein Männerhaus, eine Hütte für Paare, in denen es kleine Zimmer gab, eine Sanitätshütte, eine Küche, das Munitionslager und eine kleine Hütte, in der Carlos jetzt wohnte. Alle Gebäude waren tief geduckt und zur Hälfte ins Erdreich eingelassen. Von oben war das Lager von Bäumen und Tarnnetzen bedeckt, so dass es auch aus der Luft nur schwer zu finden war. Zudem gab es einige Höhlen, die zu einem alten Bergwerk gehörten.

Das Carlos ausgerechnet mich für den Fisch bestimmt hatte, nahm ich ihm immer noch übel. Er hatte mir nicht erklärt, was es mit dem Fisch auf sich hatte und warum ausgerechnet ich mich um ihn kümmern sollte. Die Stimmung zwischen Carlos und mir war daher gespannt. Ich hasste den Fisch! Er hatte die Wiedersehensfreude, die gelungene Befreiung, meine erste Aktion als Anführerin einer Guerillagruppe, zunichte gemacht!

Trotzdem interessierte mich, was er wohl machen würde, nachdem ich ihn einfach so losgelassen hatte. Ich blickte verstohlen aus dem Frauenhaus. Er hatte sich an der Stelle, wo ich ihn stehen gelassen hatte, hingesetzt, mitten auf dem kleinen Platz, der zwischen den rund angeordneten Hütten lag. Es interessierte mich nicht mehr. Sollte er doch sitzen, wo er wollte! Sollte er doch seine Pisse in seine Hose fließen lassen wie ein Baby! Ich würde ihm nicht mehr helfen, seinen entstellten Schwanz zu entleeren! Ja, selbst das hatte ich auf dem Weg hierher für ihn machen müssen. Carlos bestand darauf. Die anderen Männer der Gruppe hatten zum Glück keine Bemerkungen gemacht. Sie waren gute Kämpfer. Doch alle spürten meinen Zorn auf Carlos, wie er meine Autorität hintertrieb. Würde mich nach all dieser Erniedrigung, der er mich ausgesetzt hatte, noch irgendjemand im Camp ernst nehmen?

Ich ging zu den anderen Frauen, denn alle waren begierig zu erfahren, wie die Befreiungsaktion verlaufen war. Am Abend sollte ein Fest zu Ehren Carlos' stattfinden. Die Stimmung im Camp war ausgelassen. Nur ich war es nicht. Alle freuten sich, obwohl die meisten Carlos gar nicht kannten.

Ich hatte ihm viel zu verdanken - und doch zu wenig. Damals, in der Zeit der alten Junta, als viele Menschen zu verschwinden begannen, kamen eines Tages auch einige Männer zu uns nach Hause. Carlos war ein Freund meiner Eltern, für mich einfach der Onkel Carlos. Ich war sehr jung. Carlos und ich spielten im Kinderzimmer. Er sollte mich zum Essen rufen. Im Esszimmer warteten bereits meine Eltern und mein älterer Bruder. Da krachte es plötzlich an der Haustür. Carlos griff mich und hielt mir den Mund zu, damit ich nicht schreien konnte. Er bedeutete mir, still zu sein, kroch zum Fenster, sah, dass niemand dort war, öffnete es, griff mich und kletterte mit mir nach draußen. Im selben Augenblick krachten Schüsse, die Tür zum Kinderzimmer wurde von meiner schreienden Mutter aufgerissen, wieder knatterten Gewehrsalven, sie stürzte während Carlos mich zum Nachbarhaus trug, ich sah meine fallende Mutter und dahinter ihren Mörder, schwarz und mit Kapuze. Alles geriet in Aufruhr, Menschen liefen auf die Straße, andere wiederum rannten in ihre Häuser, Mütter riefen nach meinen Freundinnen und Carlos lag mit mir im Garten der Nachbarn als unser Haus in Flammen aufging. Die Männer verschwanden ebenso schnell, wie sie gekommen waren. Ich begriff noch nicht. Meine restliche Kindheit verbrachte ich mit Carlos auf der Flucht, in Guerillacamps, bei Freunden, im Ausland. Ich lernte die Theorie des Kampfes. Und zu begreifen. Meine Familie war nicht mehr. Carlos wurde allmählich zu meinem Vater. Er gab mir Liebe und Verständnis, ließ sich Zeit mit mir, erklärte alles auch hundertmal, wenn es notwendig erschien. Dann kam die Zeit der Demokratie. Wir krochen aus unseren Verstecken, kehrten aus dem Exil in unsere geliebte Heimat zurück, waren voller Hoffnungen und Tatendrang. Mercedes[18] gab diese wunderbaren Konzerte, ließ ihre lange gelebte, ihre berühmte Melancholie in einer schlimmen Vergangenheit zurück, sprühte vor Leben und Freude und trug dieses Gefühl über die mit Hunderttausenden gefüllten Stadien hinaus in die entferntesten Winkel des Landes, ja, sogar bis in die Kälte und Unwirklichkeit Feuerlands, das von ihrer Liebe und Hingabe bis an das Ende der Tage gewärmt wurde. Wir brachen mit Mercedes in eine neue Welt auf, in eine Zukunft, die Menschen wie Carlos oder Mercedes sie sich gewünscht hatten, die aber gleichzeitig gerade diese Persönlichkeiten sehr schnell in Vergessenheit gerieten ließ. Die Freude wich dem Alltag, der Tatendrang einem allmählichen Erkennen, dass auch diese Zukunft nur von denen gemacht war, nur von denen gesteuert wurde, die alles bereits zuvor gelenkt hatten. Ich löste mich allmählich von Carlos, wurde erwachsen, ging mein eigenes Leben, begann ein Studium, lernte Menschen kennen, doch niemanden, den ich wirklich geliebt hätte. Ab und zu kehrte ich zu Carlos zurück, traf ihn in heimlicher Verschwiegenheit, so als wären die alten Zeiten noch nicht vergangen. Doch während ich mich immer noch mit Feuer für eine bessere Welt einsetzte, schien mein Vater die Ruhe, die Kampflosigkeit zu genießen. Oft sprachen wir darüber, doch ich verstand ihn nicht, der die Gestaltung der Zukunft uns Kindern überlassen wollte, wie er sagte. Erst heute, in diesem plötzlichen Wandel meines Vaters vom Gefangenen zum Anführer meiner kleinen Guerillagruppe, erkannte ich, dass Carlos nur den Kampf kannte und für diesen lebte. Er besaß kein gestalterisches Talent oder gar ein Ziel, das über die Zerschlagung des Unrechts hinausging. Und wenn ich mich ehrlich fragte: Hatte ich eine echte Vorstellung von dem, was ich mir wünschte? Doch ich liebte meinen neuen Vater, ich liebte Carlos!

---

[18] Gemeint ist die argentinische Sängerin Mercedes Sosa (1935 - 2009), die während der Militärjunta der 1970er Jahre u.a. im deutschen Exil lebte und nach ihrer Rückkehr eine viel umjubelte Konzerttournee durch ihr Heimatland unternahm

Umso mehr war ich darüber enttäuscht, dass er mich dem Fisch aussetzte. Viel weniger störte mich, dass er sich noch nicht um mich gekümmert hatte, denn wir hatten schon oft ähnliche Situationen erlebt, in denen es keine Zeit für Gefühle gab.

Und da saß dieser Fisch auf dem Platz. Der Abend brach herein, das Fest begann, alle lachten, wir tanzten und sangen - und dieser Fisch saß einfach nur da, den Kopf gesenkt. Und wieder war Carlos es, der mir sagte, ich solle ihn zur Seite bringen, ihm eine Decke geben, etwas zu essen, eine Suppe. Angewidert brachte ich ihn an eine Stelle, wo ihn niemand sehen konnte, auch ich nicht. Er war so schwach, ich hätte mit ihm machen können was ich gewollt hätte - er hätte sich nicht gewehrt. Ich glaube, das war es, was mich an ihm am meisten störte. Carlos hatte mich zur Stärke, zum Widerstand erzogen. Nur aus fast kindlicher Dankbarkeit gab ich jetzt der Forderung meines Vaters nach, mich um den Fisch zu kümmern. Außerdem war es schwer, dem alten Mann zu widersprechen, denn er konnte überzeugen, war beeindruckend ruhig, fast gelassen. Alle im Camp hatten sofort diese einmalige Überlegenheit meines Vaters gespürt, hatten ohne einen Gedanken zu verschwenden seine Führerschaft in diesem Lager, ja für alle Widerstandskämpfer des Landes, anerkannt. Ich konnte ihm nicht entgegentreten. Oder war es gerade das, was er von einer guten Guerilla einverlangte? Aber noch war ich zu sehr an seine Kraft gefesselt, die allen anderen um mich herum diese unvergleichliche Hoffnung einflößte - doch für mich hatte er nur diesen gebrochenen Kerl mitgebracht!

In den nächsten Wochen saß der Fisch auf der Stelle, wo ich ihn hingesetzt hatte. Er urinierte sich in die Hose, nur für das Andere bewegte er sich kriechend einige Meter zur Seite und streifte sich seine Hose im Sitzen herunter. Mich entsetzte es zutiefst, dass Carlos sogar das Wechseln der stinkenden Wäsche von mir verlangte. Ich konnte diese Erniedrigung nur ertragen, weil auch Carlos selbst den Fisch pflegte, ihm die Kleidung wechselte und reinigte, ihn fütterte wie ein Baby, ihn wusch. Carlos ging zu jeder Mahlzeit zum Fisch, ihn zu füttern. Ich verstand die Welt nicht mehr. Mein Vater redete leise mit ihm, und gelegentlich glaubte ich, ein kaum bemerkbares Nicken festzustellen. Er nahm mich immer mit zu diesen Fütterungen, Fragen nach dem Fisch hingegen beantwortete er so verschwommen, dass sich daraus kein Bild ergab. So wurde mit der Zeit dieser gebrochene Mann eine Herausforderung für mich.

Mutter

Die Zeit verstrich, doch mit dem Fisch änderte sich nichts. Sicherlich, wir pflegten ihn gesund. Körperlich. Doch seine Seele blieb gebrochen. Er saß an dieser verdammten Stelle, die ich für ihn ausgewählt hatte, verborgen vor allen im Camp und gerade dadurch besonders präsent. Es verging kein Tag, an dem die Blicke der Anderen mich nicht nach dem Fisch gefragt hätten. Freilich, keiner sprach mich direkt an. Die Verantwortung, die mir Carlos für den Fisch aufgebürdet hatte, wurde allmählich zu einer Verantwortung für das ganze Camp. Allen schien klar zu werden, dass, würden wir den Fisch verlieren, wir auch den Kampf verlieren würden. Sein Zustand wurde gewissermaßen zum Seismographen unseres inneren Zustandes und unseres äußeren Erfolgs. Mein anfänglicher Ekel vor dieser Kreatur wandelte sich im Laufe der Zeit in eine distanzierte Fürsorglichkeit. Ich lernte Seiten an mir kennen, die ich nie für möglich gehalten hätte. Einem willenlos dasitzenden Menschenwrack die stinkende, vom Urin durchnässte Wäsche abzustreifen, war ein härteres Stück Arbeit, als ich dies je vermutet hätte. Ihn zu füttern, diese seibernde, stinkende Mundhöhle, kostete mich anfangs mehr Überwindung, als der erste Schuss, den ich schon als Kind abfeuerte. Ach, wie distanziert waren doch alle Lebenserfahrungen gewesen, die ich bisher gesammelt hatte, wie theoretisch all das, was mir Carlos beigebracht hatte, wie weit entfernt selbst die Tötung der Soldaten. Ich musste erkennen, dass Carlos mich einem Menschenkind nahe brachte, so wie er sich mir nahe gebracht hatte.

"Es fiel mir sehr schwer, mich mit dir auseinanderzusetzen, Maria“, so sagte Carlos zu mir, als ich ihn einmal fragte, wie er mich als Kind erlebt hatte.

"Ich hatte selbst nie Kinder gehabt, das weißt du. Als du mir durch den Tod deiner Eltern überantwortet wurdest, warst du nicht nur eine neue Erfahrung für mich, sondern du bedeutetest, Verantwortung für jemanden anderes übernehmen zu müssen. Ich musste viel lernen, nicht nur, wie man mit einem Kind umgeht, wie man für es sorgt, mit ihm spielt, ihm Dinge erklärt, auf seine Gesundheit und sein Wohlergehen zu achten, sondern ich musste auch lernen, mit meiner zunehmenden Liebe zu diesem Kind umzugehen, mit der Sorge, die daraus erwuchs. Und dann wurdest du älter, wurdest selbstständig, gingst fort. Und wieder musste ich etwas Neues lernen, nämlich loslassen zu können. Ich musste erkennen, dass du mir nicht gehörst, dass du zwar ein Teil meines Lebens geworden warst, ich dadurch aber keine Rechte über dich ableiten konnte. Du warst gegangen, und ich musste mein Leben neu ordnen."

Er schwieg. Ich merkte, dass ich seine Gedanken nicht unterbrechen durfte, dass ich etwas über den Fisch erfahren könnte, würde ich meinen Vater weiterreden lassen. Die Pause währte ungewöhnlich lange. Doch ich wurde nicht ungeduldig, bemerkte vielmehr, dass es in Carlos brodelte, dass er mit sich kämpfte, mit Mühe nur Tränen unterdrücken konnte. Dann begann er wieder zu sprechen, sehr leise, obwohl er zuvor tief Luft geschöpft hatte. In seiner Stimme schwang ein Zittern mit, das von Wut und Ohnmacht gezeichnet wurde.

"Und dann traf ich auf ihn, den du Fisch nennst. Er war bereits zerstört, als er in meine Zelle geworfen wurde, doch er lebte noch. Wir sprachen miteinander, leise und voller Angst. Er spricht unsere Sprache ganz gut, weißt du? Er erzählte mir, wie er in den Putsch geraten war, woher er kam, wie er hieß. Nein, ich werde dir seinen wahren Namen nicht nennen, denn er ist gestorben. Nur dein Fisch existiert noch. Über seine Folterungen sagte er kein Wort, aber das ist auch nur zu verständlich, wir redeten alle nicht darüber. Du brauchst einem Gefolterten nicht deine Martern zu erzählen, denn er kennt sie ja schon. Und dann nahmen sie ihn erneut mit. Warum nur? Ich weiß es nicht. Er hatte nichts mit diesem Land zu tun, war nur einige Stunden hier gewesen, zur falschen Zeit am falschen Ort. Aber vielleicht war gerade dies der Grund, denn niemand würde ihn hier suchen. Als er nach einer endlos langen Zeit wie ein Stück Fleisch zu mir geworfen wurde, war er nicht nur seelisch gestorben sondern auch körperlich kaum noch am leben. Mit viel Mühe holte ich ihn zurück, seinen Körper meine ich. Doch seine Seele?"

Wieder trat eine Pause ein, in der Carlos leicht zitterte.

"Und dann hatte ich wieder ein Kind. Doch diesmal war es ein Säugling, der mir eine noch größere Verantwortung aufbürdete, als du es damals getan hast. Ich habe diese Verantwortung angenommen. Es ist die Aufgabe, die uns das Leben selbst schreibt. Ja, ich bin für sein Leben verantwortlich, ob ich will oder nicht!"

Wie ein ängstlicher Aufschrei verhallten die Worte meines Vaters im Dunkel seiner Hütte, wo wir beisammen saßen. Der Fisch war draußen, wo er immer saß, doch wir konnten seine Anwesenheit, seinen Geist über unseren Köpfen spüren, wie er uns beinahe zu erdrücken drohte.

"Weißt du, Maria? Ich habe ihm sogar meine Brust gegeben. Er hat daran gesaugt."

Mein Vater begann zu weinen. Ich war entsetzt. Noch nie hatte ich bei meinem Vater eine solche Reaktion gesehen. Ich war verunsichert, wusste nicht, wie ich reagieren sollte. War es an der Zeit, meinen Vater in den Arm zu nehmen? Brauchte er Trost? Würde ihn eine Umarmung abstoßen? Doch ich konnte nicht anders, ich nahm ihn in meine

Arme, wiegte nun Carlos, wie eine Mutter ihr verletztes Kind in den Armen wiegt. Und Carlos weinte. Zitterte. Hielt mich fest, als wolle er mich niemals wieder loslassen. Dann sah er mich an.

"Ich hoffe, dass wir ihn retten können!"

Seine Stimme klang leise und gebrochen.

"Aber es ist an dir, ihn zu retten, denn ich bin zu alt und zu unerfahren, um mich dauerhaft auf ein Baby einzulassen. Ich weiß nicht, was sie mit ihm angestellt haben, außer dem, was man sowieso sieht. Aber er braucht eine Frau, die ihm hilft, das habe ich gefühlt. Lass dich auf ihn ein! Versuche deinen Gefühlen zu gehorchen! Hilf ihm! Bitte!"

Mein Vater löste sich aus der Umarmung, lächelte mich verstohlen an, gab mir einen unmerklichen aber liebevollen Kuss auf meine Stirn und verließ die Hütte.

Erwachen

Carlos ließ mich von diesem Augenblick an alleine mit dem Fisch. Er kümmerte sich scheinbar nicht mehr um sein neues Kind, wie er ihn genannt hatte. Dafür war der Fisch für mich zu einer neuen Aufgabe geworden. Wie selbstverständlich begann ich, mich auf dieses zerstörte Wesen einzulassen, und wie selbstverständlich nahm der Rest des Camps meine neue Aufgabe als gegeben hin. Die Frauen unterstützten mich sogar wo sie nur konnten, aber niemand außer mir und Carlos näherte sich dem Fisch.

So vergingen die Tage. Carlos kümmerte sich wieder um den Kampf und bewies seine Fähigkeiten als Anführer einer schlagkräftigen Guerilla. An den Kämpfen dieser Tage, die Tote und Verwundete auf beiden Seiten kosteten, nahm ich nicht teil. Der Fisch ließ mir dazu keine Zeit, und Carlos wollte mich auch nicht dabei haben, so als hätte er Angst, mich und damit auch den Fisch zu verlieren.

Da, nach vielen Wochen, geschah das Unglaubliche: Der Fisch ging über den Platz. Es war für mich ein so aufregender Anblick, dass ich ihm unwillkürlich folgte. Er ging zur Küche, suchte sich, ohne einen Laut von sich zu geben, einige Speisen zusammen und setzte sich an den Tisch. Manuel, unser Koch, sah mich überrascht an, doch ich zuckte nur mit den Schultern. Etwas fehlte. Unschlüssig saß er da. Plötzlich stand er auf, ging zum Besteckkasten und blickte hinein. Warten. Schließlich griff er unendlich langsam nach einem Küchenmesser. Als er es in seinen Händen hielt, völlig unbeholfen, als habe er das erste Mal ein Messer in Händen, begann er zu zittern. Manuel lief zu ihm, um ihm das Messer zu entreißen, bevor er sich verletzen konnte. Doch der Fisch ließ es vorher fallen, kam auf mich zu gerannt, die ich im Eingang stand, blieb kurz stehen, sah mich an, schüttelte seinen Kopf zu einem "Nein" und rannte davon.

Zwei Tage war er verschwunden. Ich begann, mir Vorwürfe zu machen. Zum Glück war Carlos gerade nicht im Lager, was hätte ich ihm bloß gesagt? Schließlich tauchte er wieder auf. Seine Hose war nicht vom Urin eingenässt. Das war das erste was ich bemerkte. Seltsam war das schon, denn es hätte mir genauso sein zielstrebiger Blick als erstes ins Auge fallen können, aber es waren unsinniger Weise seine trockenen Hosen. Wieder ging er zur Küche. Diesmal blieb ich draußen vor dem Frauenhaus. Nach gut zwei Stunden kam er wieder heraus, in den Händen ein Tablett mit Schüsseln und einem Teller. Mein Gott, er kam auf mich zu!

Ich wusste, dass mich alle im Lager beobachteten. Und gerade in diesem Moment traf zu allem Unglück auch noch Carlos mit seiner Gruppe ein, die ein neues Camp errichtet hatten. Ich versank im Erdboden! Carlos blieb am Rande des Platzes stehen, sagte kein Wort. Es herrschte allgemeine Stille im Camp, man hätte ein Blatt vom Baum fallen hören können. Und ich stand im Zentrum des Interesses, nicht der Fisch, der für all das verantwortlich war, nein, ich!

Schließlich stand er vor mir. Carlos lächelte verschmitzt in sich hinein. Der Fisch blickte mich direkt an. Die Wunden in seinem Gesicht waren fast verheilt, nur noch kleine rote Stellen, sein Mund versteckte sich hinter dem dicken Gewirr seines Bartes, den er sich hatte stehen lassen, seine Haare waren schnell gewachsen, hatten bereits eine beachtliche Länge erreicht. Ich wusste nicht, wie ich mich verhalten sollte. Was hatte er vor? Er lächelte mich an, das verrieten mir seine Augen, die plötzlich so aufmerksam und hell schauten. Unwillkürlich musste ich zurück lächeln. Er reichte mir das Tablett, auf dem ich ein üppiges und wohlriechendes Mahl erkannte. Er kniete sich vor mich und forderte mich durch ein zustimmendes Kopfnicken auf zu essen. Ich wagte nicht, mich umzublicken. Es war mir alles fürchterlich peinlich, vielleicht war ich sogar rot angelaufen. Auf jeden Fall hatte ich plötzlich ein paar von diesen verfluchten Tränen in meinen Augen. Hoffentlich blieben sie dort und würden nicht meine Wangen hinunterrollen. Flennende Göre! Dieser Fisch - mein Gott, was hatte er bloß mit mir angestellt?! Ich kniete mich zu ihm und er reichte mir das Besteck. Als ich aufblickte, sah ich in die Augenpaare hunderter Genossen. Und meines Vaters. Alle lächelten. Ein Lächeln, als wäre gerade ein Kind zur Welt gekommen. Und so war es ja auch, der Fisch hatte zu leben begonnen!

Als ich seine Kochkünste, die wirklich nicht schlecht waren, bis zur letzten Neige ausgekostet hatte, trat er zu mir und gab mir einen verstohlenen Kuss auf meine Wange. Und da wurde ich mit Sicherheit rot, das fühlte ich, denn diese Hitze, die in mir aufstieg, war eindeutig und unmissverständlich! Wie um den Bann, die eingetretene Spannung zu brechen, begann ein wildes Klatschen. Am lautesten klatschte mein Vater, der den Fisch in seine Arme nahm und im Weggehen augenzwinkernd über seine Schulter schaute, zu mir, die ich, unfähig auch nur einen Schritt zu machen, wie versteinert vor dem Tablett saß und nun endgültig zu weinen begann.

Verliebtheit

Danach war der Bann ein wenig gebrochen. Der Fisch war jetzt lebendiger, und ich glaube, ich hätte jetzt nicht mehr alles mit ihm machen können. Alle im Lager waren froh darüber, dass er endlich nicht mehr in seiner Ecke saß. Er wurde zu leichten Arbeiten eingeteilt, die er zur allgemeinen Zufriedenheit erledigte. Carlos verbrachte viel Zeit mit ihm, redete leise mit ihm, behandelte ihn wie einen Sohn. Oft nahm er den Fisch in seine Arme, hielt seine Hand oder strich ihm zärtlich über den Kopf. Auch wenn diese Gesten im ersten Augenblick seltsam anmuteten, hatten sie nichts Homosexuelles an sich, und keiner im Camp verlor auch nur ein Wort darüber. Es schien, als würden alle im Lager die besondere Beziehung zwischen den Beiden spüren, auch wenn Carlos kein Wort über den Fisch und sein Verhältnis zu ihm verlor.

Mir kam inzwischen die Aufgabe zu, den Fisch zu unterrichten. Ich tat es mit Fürsorge, Umsicht und Geduld. Der junge Mann war nicht ungeschickt, nur hatte er keine Ahnung von den Dingen des Überlebenskampfes. Er kam offensichtlich aus einer städtischen Familie, war sicherlich eher ein verwöhntes Einzelkind gewesen.

Noch immer sprach er kein Wort. So wusste ich nichts über seine Familie, seine Vergangenheit. Auch mein Vater wollte nichts mehr hierzu sagen. Aber der Fisch schien sowieso nur im Jetzt leben zu wollen. Er konzentrierte sich mit einer Akribie auf jede Tätigkeit, als hinge sein Leben davon ab. Und so war es vielleicht auch. Mein Unterricht war eher praktischer Natur. Da er nicht sprach, wurde auch ich etwas einsilbiger, was nicht bedeutete, dass ich gar nicht mit ihm redete. Aber ich beobachtete mich dabei, dass ich meine Ungestümheit, die Angewohnheit, einfach wild draufloszureden, gegen ein Abwägen der Worte tauschte, dass ich mir meine Reden viel genauer überlegte, bevor ich sie in die Runde warf. Und die praktischen Dinge machten mir zunehmend Spaß. Es war eine Freude, ihm dabei zuzusehen, wie er ein Auto reparierte, wie er sein Marschgepäck ordnete, erste Hilfe leistete, sich in der Landschaft tarnte oder einfach nur die Dinge des täglichen Lebens verrichtete. Alles machte er mit einer eigenen Logik, einer Art, die uns erstaunte und gleichzeitig bewies, wie kreativ er war. Er entwickelte Fähigkeiten, die ihn ganz offensichtlich selbst in Erstaunen versetzte, denn so manches Mal blickten mich seine Augen überrascht an.

Doch er war in einem Guerillacamp. Das bedeutete, er musste auch zu kämpfen lernen. Es dauerte lange, bis ich ihn soweit hatte, sich aktiv zu verteidigen. Dann stellte er sich jedoch gar nicht dumm an, und schon bald war er einer der Besten im Lager. Waffen dagegen waren für ihn zu viel. Sie schienen ihm eine Urangst einzuflößen, so dass ich es schließlich unterließ, ihn weiter an Kampfmesser,

Pistolen und Gewehre heranzuführen. Mir war unklar, warum er solche Angst vor Waffen hatte, auch Carlos wusste hierzu nichts zu sagen.

Und dann gab es noch ein weiteres Problem: Wir bemerkten seine Angst vor Ratten. Natürlich gab es im Lager allenthalben Ratten. Sie huschten des Nachts durch die Küche und unsere Schlafhütten. Auch ich mochte diese Nager nicht besonders, aber ich hätte nicht sagen können, dass ich Angst vor ihnen gehabt hätte. Er jedoch geriet regelrecht in Panik wenn er eine Ratte auch nur von Weitem zu Gesicht bekam. Sein Körper verkrampfte sich, geriet in ein spastisches Zittern und sein Blick schweifte in eine unerbittliche Dunkelheit, aus der er nur schwer wieder herauszuholen war. Diese Anfälle hatten erst nach dem Erwachen aus seiner Apathie begonnen, so, als hätte ihn sein früherer Zustand vor irgendeiner Erinnerung geschützt. Doch jetzt brach es immer und immer wieder über ihn herein, und jedes Mal vergingen Minuten und Stunden bis er sich beruhigte. Doch wir konnten nichts gegen die Ratten machen. Sie gehörten zum Camp wie wir selbst, auch wenn wir sie nun zunehmend bekämpften.

Ich erzählte ihm über mich und Carlos. Er hörte aufmerksam zu. Es schien ihn zu interessieren. Wir verbrachten lange Stunden miteinander. Mit der Zeit bemerkte ich, wie sich mein Verhältnis zu ihm zu ändern begann. War ich bisher eher eine Art Mutter oder große Schwester für ihn gewesen, so begann ich mich zunehmend für ihn als Mann zu interessieren. Die Nähe, die mütterlichen Zärtlichkeiten, bekamen für mich eine neue Bedeutung. Wenn ich ihn am Kopf berührte, ihn nach einer Panikattacke beruhigend streichelte, begannen sich an meinen Armen die Härchen zu sträuben. Mein Herz flatterte zunehmend in wirren Tänzen, und meine Augen konnten sich immer seltener von den seinen trennen. Nur küssen konnte ich ihn nicht. Auch kam es zu keinen Intimitäten. Ich merkte instinktiv, dass er dazu nicht bereit war, ich ihn damit abgestoßen hätte, vielleicht sogar noch schlimmeres.

Eines Abends kam Carlos zu mir, und wir gingen im nahen Wald spazieren.

"Maria, hast du dich verliebt?"

Diese Frage kam wie aus dem Nichts, doch sie überraschte mich nicht. Carlos war mein Vater. Er hatte sich Sensoren geschaffen, die mein Innenleben sehr leicht ausloten konnten. Aber ich war mir auch nicht sicher, ob nicht sowieso alle im Camp meinen Gefühlswandel bemerkt hatten.

"Ja."

Diese Antwort kam so klar über meine Lippen, dass ich mich wunderte. Hatte ich mich wirklich verliebt? War ich mir dieses Gefühls wirklich so sicher? Und konnte ich einem Mann gegenüber solche Gefühle überhaupt zeigen, der so anders war als ich?

"Ja. ... Ich weiß nicht. Er verwirrt mich. Er ist so anders. Ich kann ihn nicht packen."

Meine Worte kamen wie aus der Pistole. Sie zeigten meine Unsicherheit. Schließlich war ich noch nie wirklich verliebt gewesen! Es handelte sich ja nicht um ein sexuelles Abenteuer, einen One-Night-Stand oder das Geplänkel der Studentenzeit. Die Lage in der wir uns befanden, insbesondere seine Lage, war viel zu Ernst, als dass ich ihn solcher kurzfristigen Gefühle aussetzen wollte. Sicherlich, im Camp gab es viele kleine Affären, die leise aufloderten und ebenso leise verglühten oder aber mit lautem Knall wie ein Feuerwerk über uns hereinbrachen. Doch vielleicht schärften die besonderen Gefahren unsere Sinne im Hinblick darauf, dass eine Bindung unter solchen Bedingungen etwas Tieferes, Dauerhafteres haben sollte. Der Fisch ließ mir da aber sowieso keine Wahl. Es wäre unmöglich gewesen, einfach mit ihm ins Bett zu gehen, eine Nacht mit ihm zu verbringen und dann zu hoffen, dass alles irgendwie gut verlaufen würde. Er war ein gezeichneter Mann, hatte Dinge erlebt, von denen ich nichts wusste, die ich vielleicht nicht einmal erahnen konnte. Mein Vater wusste von diesen Dingen. Vielleicht nicht in allen Einzelheiten, nicht, was den Fisch betraf, da war ich mir sicher, aber er wusste von den Foltermethoden der Junta, aus eigener Erfahrung oder aus der Theorie, das war mir nicht klar. Doch Carlos würde wissen, genauer als ich, ob ich mich dem Fisch anvertrauen könnte oder nicht.

"Meinst du, er könnte eine Frau lieben?"

"Du willst sagen, ob er dich lieben könnte?"

"Ja."

Wie kam es, dass ich mit Carlos, meinem Vater, über die erste Liebe meines Lebens so sprechen konnte, als wenn er meine beste Freundin wäre? Lag es an der Lage, in der wir uns befanden, an der besonderen Beziehung zwischen ihm und mir oder etwa an der Person des Fisches?

"Ich glaube, Maria, er kann lieben. Ob er dich lieben wird, das liegt auch an dir. Du musst ihm Zeit lassen! Ich glaube, er hat zu viel erlebt, was ihn insbesondere vor Sexualität zurückschrecken lässt. Du musst dir klar machen, dass er vergewaltigt wurde. Als er in unsere Zelle zurückgebracht wurde, war nicht nur sein Gesicht so sehr gezeichnet, wie du es gesehen hast. Sein Penis und seine Hoden waren durchstochen worden, sein Anus zentimetertief aufgerissen. Ich hätte nicht gedacht, dass er dies überleben könnte, dass irgendein Mensch dies überleben könnte! Dieser Mann, Maria, hat mehr Kraft, als du bisher erahnen konntest. Er hat diese Kraft aus sich heraus. Er hat nur überlebt, weil er sich in mir einen neuen Vater, eine Mutter oder was weiß ich, gesucht hatte und weil er sich in eine andere Welt zurückgezogen hatte. Das ist eine Kraft, die man nicht lernen kann, die ist angeboren. Ob ich diese Kraft gehabt hätte, weiß ich nicht. Doch ich habe erkannt, dass er mir und dir Dinge zeigen kann, die wir uns noch nicht klar gemacht haben. Ich glaube, er ist zur Liebe fähig. Denn nur deshalb hat er überleben können. Aber er ist noch immer verletzt. Ganz tief in seinem Innern. Vergiss das nicht! Du musst ihm die Zeit lassen, ganz aus seinem Albtraum zu erwachen. Und vergiss nicht: in ihm schlummert auch grenzenloser Hass. Ich glaube auch, dass dies der Grund für seine Abneigung gegen Waffen ist. Er hat Angst davor, eine Waffe einzusetzen, hat Angst vorm Töten, vielleicht, weil er den Tod zu sehr gesehen hat."

Mein Vater machte eine Pause. Er hielt mich an meinen Armen fest, sah mich eindringlich an.

"Wenn er dich liebt, wird er es dir zeigen, glaube mir. Und wenn du ihn liebst, dann nähere dich ihm behutsam, denn er hat zu viel Leid erfahren, als dass er sich so einfach in eine Affäre stürzen könnte."

"Aber wie soll ich erkennen, ob er mich liebt? Und wie kann ich ihm meine Liebe zeigen, ohne ihn zu verschrecken? Vater, kannst du mir helfen? Ich komme mir so unsicher vor."

Ja, es war wahrhaftig ein Hilferuf, den ich an meinen Vater richtete. An meinen Vater! Wer hatte schon davon gehört, dass eine Tochter sich in einer solchen Situation ihrem Vater anvertraute? Das war absurd! Und doch war nur er es, der mir helfen konnte, denn nur er kannte den Fisch genug, um zu wissen, was zu tun wäre.

"Höre auf deine Gefühle! Schau in dich! Lass die Melancholie des Fisches in dir wirken, damit du dich ihr annähern kannst. Er ist melancholisch, denn er sehnt sich nach Geborgenheit, nach Ausgleich, nach Liebe, und du musst dich in diese Traurigkeit begeben, damit du ihn erreichst. Denke daran, was du erwarten würdest, wenn du vergewaltigt worden wärest. Was würdest du dir von deinem Partner wünschen? Wie sollte er sich verhalten? Du musst ihn zum Lachen bringen, seine Trauer verstehen und ihm aus dieser Traurigkeit heraushelfen. Du musst begreifen, dass seine Seele ebenso verstümmelt ist, wie es sein Körper war und zum Teil noch ist. Und du musst dir darüber klar werden, dass du dich in einen Menschen verliebt hast, dem du aus einem Trauma helfen musst. Dieses Trauma wird euch belasten solange ihr lebt, es sei denn, er könnte sich von ihm gänzlich befreien. Doch ich habe keine Idee, Maria, wie dies geschehen könnte, und ob du ihm auch dabei helfen kannst."

Wieder machte Carlos eine Pause. Er dachte nach, atmete tief durch. Etwas lag ihm auf der Brust, bedrückte ihn.

"Was hast du Vater? Kann ich dir helfen?“

Wieder dachte er nach. Schließlich holte er tief Luft und begann seine Frage zu formulieren.

"Maria,"

er sprach ganz langsam, so, als müsste er sich jedes Wort nochmals überlegen, bevor er es aussprach,

"habe ich einen Fehler gemacht, als ich ihn dir überantwortete?“

Ich dachte nach. Was sollte ich auf diese Frage antworten? Er hatte mich dem Fisch ausgesetzt, und jetzt hatte ich mich dummerweise in diesen Fisch verliebt. War mein Vater deshalb jetzt verunsichert oder fühlte er sich jetzt deshalb schuldig, weil er eine Gefühlslage in mir heraufbeschworen hatte, mit der er nie gerechnet hatte? Ja, ich glaubte es war ein Fehler gewesen, mich dem Fisch auszusetzen, denn es überforderte mich bei Weitem. Doch meine Verliebtheit hatte damit nichts zu tun. Und was würde ich Carlos sagen? Konnte ich ihm die Wahrheit sagen, dass er einen Fehler begangen hatte? Ich brachte es nicht über mich, nicht jetzt, wo er mir so sehr zu helfen versuchte.

"Nein, Vater, kein Fehler. Aber ich weiß noch nicht, ob es eine gute Entscheidung gewesen war. Wahrscheinlich musstest du machen, was du glaubtest tun zu müssen. Doch meine Verliebtheit ist etwas anderes. Damit muss ich fertig werden. Aber deine Worte und dass du mir zugehört hast, dieses Gespräch hier, das hat mir sehr geholfen. Danke, Vater."

Ich gab ihm einen Kuss auf den Mund. Vielleicht, weil ich nicht wollte, dass er versuchte, sich für etwas zu rechtfertigen, was bereits geschehen war und von dem er selbst vielleicht nicht gewusst hatte, was er damit bezwecken wollte. Noch bevor Carlos einen Satz sagen konnte lief ich ins Camp zurück und vergrub mich in meiner Koje. Ich weinte lautlos in mich hinein, verliebt, verunsichert, aber irgendwie auch ... glücklich.

Annäherung

Nach dem Gespräch mit meinem Vater versuchte ich mich dem Fisch behutsamer zu nähern, sofern dies überhaupt ging. Ich wurde mir über meine Gefühle nicht klar, merkte aber immer stärker, dass ich mich unaufhaltsam zu ihm hingezogen fühlte. Warum das so war blieb mir ein Rätsel, denn er entsprach so gar nicht meinen Idealen von einem Mann.

Obwohl Carlos mich vielleicht anders erzogen hatte als dies im Allgemeinen der Fall war, hatte ich mich trotzdem zu einer eindeutigen Latina entwickelt. Die ungestüme Heißblütigkeit, das Verharren in Emotionalität, die übergroße Selbstverliebtheit sowie die fast grenzenlose Lust an körperlichen Erfahrungen gepaart mit einer nahezu kindlichen Romantik waren mir ebenso eigen, wie die selbstverständliche Überzeugung, dass ich die schönste und begehrenswerteste Frau der Welt sei. Und ich hatte die schon beinahe peinlich tiefe Religiosität lateinamerikanischer Ausprägung von irgendwoher geerbt, denn eines war sicher: Carlos war Atheist bis in die tiefste Tiefe seines Seins, wie er zu sagen pflegte. Wie passte da ein Mann wie der Fisch zu mir?

Alles was ich bisher von ihm kennen gelernt hatte war das genaue Gegenteil dessen, was zu einer Latina zu passen schien. Höchstens das Romantische an dieser verqueren Situation könnte meine Gefühle vielleicht erklären. Ich hatte jedoch das unbestimmbare Gefühl, mehr für ihn zu empfinden, als diese Guerillaromantik oder gar die falsch verstandene Liebe aus der Sucht heraus, einem Menschen helfen zu müssen. Mir waren diese mütterlichen Instinkte einfach nicht in die Wiege gelegt worden. Natürlich versorgte ich ihn wie eine Mutter oder Schwester dies getan hätte, aber auch ein guter Freund hätte nicht anders gehandelt, und dass ich ihn zum Trost an meine Brust gelegt hätte, so wie dies Carlos mir gestanden hatte, wäre mir nie in den Sinn gekommen. Nein, es war mehr!

Wenn ich genauer meine Beziehung zum Fisch betrachtete, so konnte ich sehr schnell erkennen, dass ich mich bereits nach wenigen Tagen - oder waren es nur Augenblicke gewesen? - körperlich zu ihm hingezogen gefühlt hatte. Anfangs hatte er mich abgestoßen, am meisten seine Schwäche, aber auch seine körperlichen Gebrechen. Es hatte mich angeekelt, ihm beim Wasserlassen den Penis halten zu müssen, damit er sich nicht voll urinierte. Doch dieser immer schrumpelige, kleine, leicht deformierte Penis hatte gleichzeitig mein Interesse geweckt. Vielleicht verletzte es mich auch in meiner Ehre als Latina, dass sein Geschlecht in meinem Beisein einfach nicht steif werden wollte. Ich war verrückt! Der Fisch, dieses körperliche Wrack der ersten Wochen, hätte zu jener Zeit niemals eine Erektion haben können, selbst wenn ich wie eine Göttin über ihn gekommen wäre. Aber ich hatte das unbestimmbare Gefühl, dass er selbst heute noch diese größte aller Wertschätzungen mir als Frau nicht gewähren würde. Vielleicht spornte dies meine wirre Gefühlswelt noch mehr zu unsinnigen Gedanken an, ich wusste es nicht.

Eines war jedoch sicher: Seine Aura, sein Duft, zogen mich in einen animalischen Bann. Er roch so sehr nach männlicher Kraft, dass sich meine Vagina schon bei der reinen Annäherung bereitwillig zu öffnen schien und er duftete so sehr nach einfühlsamer Sensibilität, dass ich am liebsten sofort in seinen Armen zerflossen wäre! Ja, das musste es sein! Es konnte keine andere Wahrheit geben als die, dass ich von seinen aphrodisischen Pheromonen gefesselt wurde, sie sich sozusagen betäubend über meine Nase gestülpt hatten und mich so jeder Vernunft beraubten.

Einerlei, was die Ursache für meine aberwitzige Gefühlslage war, ich fühlte mich zu ihm hingezogen, wie noch zu keinem Mann zuvor. Ich suchte seine Nähe so oft ich konnte, was mir leicht fiel, da Carlos mich ja ganz offiziell für ihn abgestellt hatte. Auch war ich neben Carlos die einzige Person im Camp, der er Vertrauen zu schenken schien. Er war zu allen höflich, zuvorkommend und nett, aber er blieb in ihrer Nähe unbeholfen. Nur bei Carlos und mir konnte er seine Emotionen zeigen, bei Carlos mehr als bei mir, die noch sein Herz erobern musste. Da er nicht sprach, wurden alle Gespräche mittels einer Art Zeichensprache durchgeführt, die einen rudimentären Charakter hatte. Wir hatten sie gewissermaßen gemeinsam mit dem Fisch erarbeitet, wobei die kulturellen Unterschiede mit eingearbeitet werden mussten. Gefühle waren damit aber nur bedingt auszudrücken. So kam es, dass der Fisch, suchte er Nähe, Trost oder Geborgenheit, immer sehr direkt in seinen Gefühlsäußerungen war. Körperlicher Kontakt gehörte also zur Alltäglichkeit unseres Zusammenlebens, wodurch es mir zunehmend schwer fiel, diese Nähe von meinen körperlichen Begierden zu trennen.

Ich begann, die Gelegenheiten, die sich mir boten, auszunutzen und ihm die Hände länger zu halten, als dies notwendig gewesen wäre, ihm tiefer in die Augen zu schauen, als dies die Situation erforderte, seinen Kopf und Nacken zärtlicher zu streicheln, als dies der Trost verlangte. Meine Stimme begann, sich unwillkürlich in eine Art Gurren zu verwandeln, leise, sehr leise, so dass ich mich seinem Gesicht in einer schon fast ungebührlichen Weise annähern musste. Doch er lächelte immer, die übermäßige Nähe schien ihn nicht zu stören.

Sein Lächeln war etwas Außergewöhnliches. Er wollte seinen Mund nicht zeigen, nicht die zahnlose Höhle in seinem Gesicht. Daher dieser wunderbar wilde Bart, der ihm so unverschämt gut stand. Aus diesem Grund lächelte er nicht mit dem Mund, wie andere Menschen dies tun, sondern er lächelte mit einer unvergleichlichen Art der Augen, die leichte Grübchen auf seine Wangen zauberten, wenn er sie lachen ließ. Die Augenlieder waren dann in einer Weise geöffnet, welche die Pupillen in voller Größe erkennen ließen. Außerdem hatten seine Augen eine außergewöhnlich erotische Ausstrahlung, die durch seine überlangen Wimpern hervorgerufen wurden. Seine Augen waren einfach perfekt! Ich liebte diese Augen und konnte nicht von ihnen lassen!

Im Laufe der Zeit schien ich mich immer mehr gehen zu lassen und nicht mehr darauf zu achten, was ich zu ihm sagte. Die Worte "ich mag dich", "du fehlst mir" oder "ich möchte bei dir bleiben" waren ständig in meinem Sinn, doch ich konnte nicht sagen, ob ich sie nicht auch schon ihm gegenüber ausgesprochen hatte. Ich schien wie betäubt und ohne Sinn wenn ich mich in seiner Nähe befand. Auch war es so, dass ich im Beisein von anderen, insbesondere in der Intimität des Frauenhauses, immer öfter schwärmerisch vom Fisch berichtete, so dass schon bald alle nur noch lachten, wenn ich zu reden ansetze, ich erstaunt in die Runde blickte und dabei Dutzenden von wissenden Augenpaaren begegnete. Ich lief dann rot an, konnte spüren, wie mir diese verdammte Hitze vom Hals in den Kopf stieg, hinauf bis zur letzten Haarwurzel, ich verschämt die Augen senkte und wie eine, in ihrer ersten großen Liebe ertappte Zwölfjährige zu stottern begann. Die Frauen machten dann aber liebevolle Witze oder knufften mich freundschaftlich in die Seite. Die Situation wurde jedoch von Tag zu Tag unerträglicher für mich, denn es war offenbar, dass alle im Camp inzwischen von meinem lodernden Herzen wussten. Nur dieser verdammte Fisch schien nichts zu merken!

So glaubte ich zumindest. In Wahrheit jedoch blickte er von seiner Arbeit aus hinter mir her, lächelte mich so unverschämt an, dass ich hätte rot werden müssen, doch ich war blind vor Liebe, so dass ich nichts erkannte. Schließlich war er es, der mir nach Monaten meines scheinbar so vergeblichen Werbens, plötzlich wie aus dem Nichts, mit dem Rücken seiner Hand ganz sachte über meine Wange fuhr, von der Schläfe langsam hinab zum Mund, mit der Fingerspitze des Mittelfingers über meine Lippen strich, die sich dabei leicht bebend für einen unendlich langen Augenblick unmerklich öffneten, zärtlich über Nase und Stirn zum gegenüberliegenden Auge. Diese Augen waren wie von einem Zauber geschlossen worden, sie wollten sich nicht öffnen, nicht in eine Realität schauen, die ihnen Angst zu machen schienen, sondern sie warteten, sehnsüchtig, bebend vor Gier. Und dann küsste er erst das eine Auge, dann das andere, ganz sachte, ganz weich, mit diesen Lippen, die unter seinem Bart versteckt waren, die so wunderbar zärtlich waren, so einfühlsam und begehrlich, dass ich glaubte, in Ohnmacht fallen zu müssen. Das tat ich natürlich nicht, aber die Röte, die mir ins Gesicht schoss, ließ mein Inneres explodieren, und mit flammendem Herzen rannte ich davon, hinein in den kühlenden Wald.

Mein Herz raste. Meine Haut brannte, wo er mich berührt hatte. Mir war schwindelig, und mein Magen stand kopfüber, mein Kopf war leer, unfähig, auch nur einen klaren Gedanken fassen zu können. Über mir explodierten Millionen von Sternen, unter mir senkte sich der Boden, und ich stürzte in die lodernden Flammen einer nie erahnten Liebe. Mein Körper spielte verrückt, mit mir, einer durch und durch rational denkenden Frau, soweit man das bei einer Latina behaupten konnte, ich musste mich setzen, denn alle Kraft wich aus meinen Beinen, hin zu meinem wie irr pochenden Herzen, hin zu meinem Geschlecht, das vor unterdrückter Begierde auszulaufen schien. Als ich mich nach Minuten oder Stunden, ich wusste es nicht, endlich wieder erheben konnte, klebte mein Slip an meiner brennenden Scheide und der Schritt meiner Uniformhose war durchnässt. Mir jedoch wurde diese Peinlichkeit nicht bewusst: Ich stand in Flammen, denn er hatte mich erwählt, würde mich endlich, endlich lieben!

Liebe

Ich wollte zu ihm stürzen, mich in seinen Armen versenken wie ein Leck geschlagenes Schiff. Er schien mich wie ein Magnet anzuziehen, ich kam mir vor wie eine Marionette, die von unbekannter Hand geführt wurde, nicht mehr sie selbst, macht- und kraftlos dahintreibend auf einer Woge unbekannter Gefühle. So, wie ich körperlich brannte, loderte auch mein Inneres. Die Schmetterlinge in meinem Bauch trugen mich durch einen Traum, meine butterweichen Beine schwebten auf Tauwolken durch den Wald, hin zu ihm, dem Mann, den ich begehrte.

Als ich schließlich aus dem Dunkel des Waldes in unser Camp gestürzt kam, trafen mich die Blicke der Freunde mit solcher Wucht, dass ich in einer Staubwolke zum Stehen kam. Ja, das war wahrhaftig theatralisch! Ich kam mir so lächerlich, so verloren, so angreifbar vor, dass ich am liebsten sofort wieder in den Wald geflohen wäre. Ich wollte in einer Ecke verschwinden, mich in ein Mauseloch verkriechen, unsichtbar vor dieser Welt fliehen. Aber ich konnte nicht, war bereits ertappt. Also lief ich mal wieder wie ein junger Backfisch rot an. Es herrschte schweigen, niemand sagte auch nur ein Wort. Und dann trat auch noch Carlos aus seiner Hütte, als hätte er meine Peinlichkeit gespürt und wollte nun sehen, wie diese spannende Episode weiter gehen würde. Schließlich begann von irgendwoher eine Stimme aus sich heraus zu prusten, erst leise, dann immer lauter, das Prusten ging in ein erleichterndes Lachen über, in das die anderen Genossen mit einfielen. Auch Carlos, mein Vater, meine Stütze, begann zu lachen, ein liebevolles Lachen jedoch. Ja, niemand schien sich über mich lustig machen zu wollen, vielmehr freuten sich alle mit mir. Doch ich wechselte das Farbenspiel meines Gesichts offenbar von Rot zu Purpur, und ich hatte das Gefühl, als ständen meine Haare zu Berge. Hilfe! Was sollte ich bloß machen? In mir drehten sich Myriaden von Sternen. Es musste etwas geschehen, wollte ich nicht betäubt zu Boden stürzen!

Da trat er auf mich zu. Woher er gekommen war, wusste ich nicht, ich hatte ihn nicht gesehen. Er war einfach da, plötzlich und unerwartet. Er blickte mich mit diesen verdammten, wunderbaren Augen an, lächelte diese Grübchen in einer Weise, die ein Halleluja in mir hervorriefen und ergriff endlich, doch viel zu langsam, meine bebenden Hände. Ich brannte. Ich verbrannte! Ich kochte. Ich ...! Mein Gott, ich war so aufgeregt, dass ich mit Schrecken die Aufgabe jeglichen Widerstandes in mir aufsteigen fühlte. Ja, ich vergrub mich in diesem Augenblick völliger Hingabe und bedingungsloser Verliebtheit in seinen Armen, legte mein Gesicht an seine warme Schulter, versteckte mich an ihm vor den Blicken der Anderen und meines Vaters in der Hoffnung, dass niemand meine Freudentränen sehen konnte. Er umfasste zärtlich meine Schultern und führte mich langsam und zielstrebig über den Platz, hin zur Hütte für die Paare, in der es immer einen freien Raum gab.

Als wir alleine waren, endlich alleine waren, konnte ich ihn nicht ansehen. Ich hielt meinen Kopf verschämt gesenkt, so wie ein ertapptes Kind. Er griff vorsichtig mein Kinn, hob meinen Kopf ein Stück an, und da trafen sich unsere Blicke, Blicke der Verliebtheit, der Freude und der Begierde. Ja, auch er begehrte mich, das konnte ich erkennen, doch ich erkannte auch eine unbestimmte Angst in seinen Augen, eine Angst, die tief aus seiner Seele kam, eine Angst, die mir klar machte, dass ich jetzt keinen Fehler machen durfte.

Ich hatte ihn erobert. Hatte ihn nicht bedrängt, hatte ihm Zeit gelassen, war dem Rat meines Vaters gefolgt, denn seit jenem Gespräch waren lange Wochen vergangen, sogar Monate des Bangens ins Land gezogen. Und jetzt hatte er mich erwählt, hatte sich mir vor aller Augen offenbart, konnte selbst nicht mehr zurück. Doch diese Angst, die so tief in seinem Inneren wurzelte, machte mir klar, dass ich noch nicht alles von ihm verlangen konnte, dass er noch nicht zu allem, was ich mir wünschte, bereit war. Doch was wollte ich denn überhaupt? Geliebt werden, ja. Ihn lieben, ja. Zärtlichkeiten und ihm nahe sein, so nahe wie nur möglich! Mit ihm schlafen? Ja. Doch da merkte ich, dass es genau das war, was noch nicht geschehen durfte. Er konnte mich noch nicht körperlich lieben, nein, dazu wäre er noch nicht in der Lage! Aber er wollte mich, ja, auch das konnte ich ganz genau fühlen. Was sollte ich bloß machen? Ich konnte ihm nicht die gesamte Initiative überlassen, dazu wäre er nicht fähig. Ich war es, die den nächsten Schritt unternehmen musste! Doch dieser Schritt musste der Richtige sein.

Ich begann nachzudenken, doch dann hörte ich die Worte meines Vaters in meinem Ohr, der sagte, ich solle auf meine Gefühle hören. Also horchte ich in mich hinein und fand eine einfache Antwort: Wir würden nicht miteinander schlafen, aber bei einander, wir würden uns in diesem kleinen, spartanisch eingerichteten Raum erkunden, unsere Körper erforschen, uns jedoch nicht unserer Kleidung entledigen, wir würden uns berühren, jedoch nur mit den Augen. Ich würde ihn nicht drängen, er sollte alle Zeit dieser Welt von mir bekommen, alle Zeit, die er benötigte, seinen Schmerz zu überwinden. Wie hatte mein Vater gesagt? "Er ist vergewaltigt worden. Was würdest du dir von deinem Partner in solche einer Situation wünschen?" Und das war die einfache und klare Antwort: Zeit!

Wir verbrachten die Nacht nebeneinander auf dieser schmalen Koje, umgeben vom Zirpen der Zikaden. Eine Kerze flackerte und verlieh unseren Gesichtern, unseren Körpern in jeder Sekunde neue, unbeschreibliche Konturen. Ich erkannte in ihm Tausende Gesichter, solche die liebten und solche die zärtlich waren. Doch dann erkannte ich auch Züge des Hasses, die mir Angst einflößten. Und immer wieder waren da diese erschrockenen Blicke einer Vergangenheit, die nicht vergessen konnte. In diesem Augenblick erkannte ich, dass meine Liebe zum Fisch eine Liebe in diese Vielschichtigkeit war, eine Liebe, die diesen Menschen in all seinen Facetten begreifen wollte und doch wusste, dass sie dazu niemals im Stande sein würde. Er hatte Dinge erlebt und gesehen, die ich vielleicht lieber nie erfahren sollte, war durch sie gestorben und begann nun wieder zu leben. Instinktiv merkte ich, dass in ihm ein anderes Wesen existierte, ein Mensch, der noch nicht geboren war, ein Embryo, dessen Herz durch meine Liebe zu schlagen begann.

In der Nacht wurde auf dem Platz ein Fest gefeiert. Die Genossen lachten und tanzten, sangen wunderschöne Liebeslieder, voller Melancholie und Freude. Um uns herum vergaßen sie alle für diese Nacht den Schmerz des Putsches, die verlorenen Freunde, unsere verlorene Freiheit. Sie alle hatten sich von unserer backfischhaften Liebe anstecken lassen, waren so unbeschwert, so befreit. Und wir ließen uns auf dieser Welle treiben, hinüber in eine Welt des Traumes.

Als wir am nächsten Morgen Arm in Arm erwachten, küsste mich der Fisch zum ersten Male auf den Mund. Es war ein kurzer, fast erschrockener Kuss, nicht romantisch und vor allem nicht erotisch. Er stand auf und lächelte mich an. Dann streckte er seine Hände nach mir aus, und auch ich erhob mich in seine Arme. Als ich ihn anblickte, konnte ich nicht anders, auch ich gab ihm einen zaghaften Kuss, und die alles sagenden Worte kamen über meine Lippen. Er senkte seine Augenlider und nickte ein unsagbares "ja, ich weiß" mit seinem Kopf. Dann blickte er mich direkt an, sah mir lange und tief in die Augen und der Kuss, den er mir dann gab, war voller Leidenschaft und Gier, voller Zärtlichkeit und Liebe, doch seine Lippen, die öffneten sich zu diesem Kuss noch nicht.

Als verliebte Backfische waren wir vor den anderen in die Hütte geflohen, als verliebtes Paar kamen wir aus unserer Kammer und traten in die gleißende Morgensonne, die uns ebenso freudig begrüßte wie die Genossen. Für uns begann ein Tag wie jeder andere, denn wir waren in einem Guerillacamp. Ein Guerilla zu sein bedeutete nicht, dass wir nicht Freude haben konnten, nicht feiern durften, nicht lieben durften, aber es bedeutete, sich auf den Kampf vorzubereiten, und dies hieß wiederum, dass eine Disziplin eingehalten werden musste, eine Disziplin, die unser Überleben sichern sollte. Liebe war nicht verboten, vielleicht sogar erwünscht, aber sie musste sich unterordnen. Und so erging es nun auch uns und unserer Liebe. Niemals wäre mir in den Sinn gekommen, mich so zu verlieben, so bedingungslos, so hingebungsvoll. Doch genauso wäre mir niemals in den Sinn gekommen, die Ordnung des Camps zu untergraben. So war ich froh, sehen zu können, dass auch der Fisch, meine neue Liebe, sich dieser Disziplin unterordnete, selbst wenn es ihm schwerer fallen sollte als mir. Dafür liebte ich ihn umso mehr.

Wir verloren uns an diesem Tage aus den Augen, denn wir hatten sehr unterschiedliche Aufgaben zu verrichten. Doch ich dachte in jeder Sekunde an ihn und machte alles sehr fahrig. Zum Glück halfen mir meine Freunde und verziehen mir an diesem und den folgenden Tagen so manchen Fehler, so wie sie es auch beim Fisch taten, der ebenfalls heillos aus dem Ruder lief.

Doch die Abende und Nächte gehörten uns. Wir verbrachten viel Zeit nur mit uns, hatten diese kleine Kammer in der Hütte für Paare ganz in Beschlag genommen. Wir ertasteten uns langsam und behutsam, kamen uns immer näher. Er redete kein Wort und ich drängte ihn auch nicht dazu. Wir mussten andere Wege finden, uns zu verständigen - und wir fanden andere Wege, Wege des Verstehens aus dem Gefühl heraus. Es gab viel Zärtlichkeit aber auch Trauer in ihm. Ich musste lernen, diese Trauer zu verstehen, ihn nicht seiner Melancholie zu berauben, sondern sie als Bestandteil seines Wesens zu begreifen.

In den folgenden Wochen kamen wir uns immer näher. Wir schliefen nicht miteinander, doch wir verbrachten jetzt jede Nacht beieinander. Noch immer zogen wir uns nicht voreinander aus, noch immer waren unsere liebevollen Berührungen zaghaft und unbeholfen. Ich konnte meine Gier vor ihm selbstverständlich nicht verstecken. Nur zu oft stöhnte ich bei seinen leichten Berührungen auf, war nahe einem Orgasmus, wenn seine zarten Finger so weich über meine Wange glitten, wenn seine wunderbaren Lippen die meinen küssten. Auch er bebte, ließ sich treiben, verschränkte heiß und gierig seine Finger mit den meinen. Doch seine Erregung blieb begrenzt, während ich lichterloh brannte und vom Feuer der Begierde verschlungen wurde. Ich trieb einem Höhepunkt körperlicher Lust entgegen, von dem ich wusste, dass er mit nichts auf dieser Welt zu vergleichen sein würde. Aber vielleicht war dies auch nur so, weil ich meiner Lust keinen freien Lauf lassen konnte, die Gier sozusagen immer weiter aufgestaut wurde.

Ich begann Angst davor zu bekommen, wir könnten in eine Art Sackgasse geraten, denn so nahe wir uns emotional auch gekommen waren, sosehr wir uns auch berührten und so sehr wir uns bemühten, auch intellektuell zueinander zu finden, sosehr waren wir von der einen, der körperlichen Erfüllung entfernt. Wir schmachteten. Was für ein Wort! Die Banalität, das Kitschige dieses Wortes, erschreckte mich. Wie konnte ich, eine rational denkende, emanzipierte Frau, eine Frau, die schon vieles erlebt hatte, eine Frau, die nicht ohne Erfahrung war, mich als "schmachtend" bezeichnen? Das hieß doch, sich einem Gefühl gänzlich und vollkommen zu ergeben, wartend auf Erlösung, abhängig von dem, der mich liebte. Und so war es, ja, ich konnte nicht umhin, mir einzugestehen, dass ich auf ihn wartete, auf den Augenblick, in dem er mich zum Orgasmus führen würde. Ich fühlte mich ihm so nahe, so zu ihm hingezogen, dass ich wirklich und wahrhaftig immer stärker darauf hoffte, dass er mich endlich nehmen würde. Ja, ich hoffte inständig darauf, dass ich seine Männlichkeit irgendwie erwecken könnte, seine Angst, seinen Schmerz, seine Melancholie endlich niederringen konnte. Doch ich wusste nicht wie, fand einfach kein Mittel.

Wir steckten fest, noch keine Krise, nein, aber auch kein Fortkommen. Die Zeit verrann, diese Zeit, die ich ihm zu geben bereit war, die ich ihm von ganzem Herzen wünschte, an der ich Teil haben wollte, doch gleichzeitig wuchs meine Ungeduld. Ich fühlte mich von innerer Zerrissenheit gespalten, hatte das Gefühl, zwischen intellektuellem Verständnis und körperlicher Gier, zwischen Opferbereitschaft und Egoismus zerrieben zu werden. Und ich konnte mit niemandem darüber reden. Selbst nicht mit meinem alles verstehenden Vater. Diesmal nicht. Es war einfach zu intim, zu viel von mir selbst. Ich war nicht fähig, über dieses, zunehmend schmerzhafte Lodern in mir zu reden. Und es war unmöglich, offensiv meine körperlichen Begierden vom Fisch einzuverlangen. Das hätte alles zerstört.

So trieben wir über Wochen und Monate auf einer Woge der nicht vollständig erfüllten Liebe dahin. Ich konnte nur ahnen wie es ihm ging. Doch ich hatte das Gefühl, dass auch er sich zunehmend nach Körperlichkeit sehnte. Noch immer lag er oft zitternd in meinen Armen, Trost suchend, wie ein Kind, ein Baby. Sicherlich, er urinierte nicht mehr in seine Hosen, das schon lange nicht mehr, man musste ihm nicht mehr helfen, die täglichen Dinge zu erledigen, doch sein innerer Gemütszustand, seine Angst, die Trauer, der Schmerz, waren nicht verflogen, schlummerten nur in einem vagen Schlaf, verborgen hinter der Fassade der Verliebtheit. Mit der Zeit bemerkte ich jedoch, dass diese Anfälle seltener wurden, dass er sich meinen Armen, meinem Trost zunehmend anvertraute, um körperliche Nähe zu finden. Er ließ eine Art Schnurren hören, wenn ich seinen Kopf kraulte, ließ sich zunehmend auch körperlich fallen.

Und dann geschah es. Wir saßen an einem nahe gelegenen Flussufer, die Sterne funkelten romantisch über unseren Köpfen, der Wind säuselte warm vor sich hin, und die ganze Welt schien für uns im Kitsch versinken zu wollen. Seine Finger berührten unmerklich meine Brust. Durch den Stoff der Leinenbluse. Ich brannte sofort wie eine Kerze, meine Brustwarzen wuchsen in Sekundenschnelle über sich hinaus, seinen Fingern entgegen, die mit ihnen zärtlich zu spielen begannen. Ich hatte schon vorher unmerklich zu stöhnen begonnen, als er mich geküsst hatte. Meine Finger gruben sich spontan und hart in seinen Rücken, mein Oberkörper warf sich ihm regelrecht entgegen, ich konnte einfach nicht mehr an mich halten, stöhnte laut auf. Er öffnete sachte meine Bluse und strich erneut über meine

Brüste, diesmal jedoch Haut auf Haut, brennend, ungestüm. Ich wollte ihn streicheln, doch ich konnte nicht, war wie gefesselt von meiner Gier, unfähig auch nur einen Finger zu rühren. Vielmehr war mein Körper wie ein vom Wind getriebenes Blatt, ich wand mich unter seinen Fingern, haltlos, völlig ergeben. Und seine Hände glitten wahrhaftig immer weiter in die Tiefe, streichelten über meine Taille, kitzelten sie leicht, und ich bäumte mich auf. Ich fühlte, wie mein Baumwollslip sich zu einem nassen Sumpf verflüssigte, wie der Schritt meiner Kampfhose einen immer größer werdenden Fleck aufwies. Als er ihn berührte bekam ich eine höllische Angst vor seiner Reaktion, doch er zögerte nicht, griff fest und zielstrebig zu. Seine Hand packte meine Mitte mit solcher Macht, zwang meine Beine kraftvoll auseinander und massierte zielstrebig mein vor Glück weinendes Geschlecht. Oh ja, das war es, worauf ich solange gewartet hatte! Ich ließ mich auf den Rücken zurücksinken, sein Oberkörper folgte mir, seine Lippen benetzten meine geschlossenen Augen, streiften meine Nasenspitze, liebkosten meinen Mund. Seine Zunge kam zum ersten Mal für einen vorsichtig zaghaften Moment hervorgeschnellt, ein Stück nur, nur ein kleines Stück, strich mir sachte über meine geöffneten Lippen und verschwand dann wieder in seinem bärtigen Gesicht. Als mich diese, bis dahin unbekannte Zungenspitze berührte, merkte ich, dass in meinem Geschlecht eine Art Pumpe in Gang gesetzt wurde, die im wechselnden Wirbel mit meinem rasenden Herzen, Flüsse, Seen, ja, Ozeane erzeugte, die in einem nie enden wollenden Strom aus meiner Mitte hinausflossen. Ich wusste, dass meine Schamhaare einem glitschigen Dschungel glichen, meine Vagina wie eine geöffnete Auster aussah, darin die erigierte Klitoris, einer Perle gleich, die nur darauf hoffte, endlich von ihm, dem Fisch, gefunden und geborgen zu werden. Dann öffnete er meine Hose, seine Finger glitten über die nasse Baumwolle, walkte durch den groben Stoff hindurch mein Moosgeflecht und kitzelte mein Zentrum. Schließlich war seine Hand endlich auch unter diesen Stoff, dieses letzte Hindernis gekrochen und begann langsam, zart und unmerklich, meine Perle zu entdecken. Ich schrie auf! Meine Augen waren wie verklebt, meine Nasenflügel vibrierten, die Lippen waren zu einem weiten "O" geöffnet, meine Hände klammerten sich an seinem Rücken fest, wollten ihn niemals wieder gehen lassen, meine Brüste rieben sich an seinem Körper, meine Lenden wogten auf und nieder, die Beine wie zu einem Spagat gespreizt, und er gab mir diese alles verschlingende Zärtlichkeit, diese Wärme, diese Hitze, die aus der Tiefe des Bauches aufstieg, hinauf in mein Geschlecht, um dann, in sich wellenförmig steigenden Fluten, zu explodieren.

Mein Orgasmus riss mich hinfort. Mein Orgasmus zerfetzte den Rest meines Verstandes. Mein Orgasmus klammerte mich für den Rest meines Lebens an diesen Menschen, den Fisch, oder den, der noch geboren werden würde. Ich liebte ihn. Doch selbst das begriff ich in diesem Moment der völligen Hingabe nicht mehr. Wie lange ich mich so zwischen Himmel und Erde wand, konnte ich nicht sagen, es erschien mir eine Ewigkeit und noch viel länger, ein Leben hinauf und hinunter, vom Anbeginn der Zeit bis zum Tod und von dort zurück zur Wiedergeburt.

Als ich aus einer Art ohnmächtigen Hingabe in seinen Armen erwachte, meine Augen von Tränen des Glücks benetzt, drückte ich ihn ungestüm an mich, drückte und drückte, bis ihm die Luft ausging und drückte noch weiter, bis er mit den zappelnden Händen um Hilfe winselte. Als ich ihn endlich losließ, sank er kraftlos mit einem verzückten Lächeln auf den Rücken. Seine Arme waren ausgebreitet, seine Beine lagen ausgestreckt, er rang nach Luft. Ich lächelte ihn an.

"Ich liebe dich."

Meine Stimme schien nur ein leises Säuseln zu sein, kaum hörbar, nur für ihn bestimmt.

Meine Hand glitt an seinem Brustkorb hinunter, hinab zu seinem erigierten Penis. Ja, endlich war seine Männlichkeit erwacht! Sein Geschlecht beulte unmissverständlich seine Hose aus, und als meine Finger diese Stelle berührte, hörte ich zum ersten Mal so etwas wie ein Geräusch aus seinem Munde, eine Art Wort, unverständlich, leise, unbestimmbar. Ich massierte ihn. Er ließ es genießend zu. Ich öffnete vorsichtig seine Hose, glitt mit den Fingern hinein, streifte seine Shorts zur Seite und hielt endlich seine volle Pracht in Händen.

Doch in diesem Moment der nächsten Nähe krampfte er sich plötzlich zusammen, ich bemerkte die Veränderung seines Gemütszustandes, ließ seinen bereits erschlaffenden Penis los, versuchte ihn zu halten, doch er sprang auf, zitternd, mit wirrem Blick, knöpfte sich die Hose zu, so ruhig, gar nicht zu seinem Beben passend, er versuchte mir mit Gesten etwas zu verstehen zu geben, was ich nicht verstand, es schien so, als ob er sich nicht auf die Zeichen, die er mir bedeuten wollte, besinnen konnte, er drehte sich von mir weg, lief ein paar Meter, drehte sich unschlüssig zu mir um, die wie besinnungslos dasaß, ihn flehend ansehend, er schien nachdenken zu wollen, sich auf irgendetwas konzentrieren zu wollen, machte einen Schritt auf mich zu, wedelte dann mit den Händen, schüttelte den Kopf und rannte mit einem Aufschrei in die Nacht davon, der mich an einen Urmenschen denken ließ.

Ich war wie zerstört. Wollte ihm nachlaufen. Konnte nicht. War vor den Kopf geschlagen. Enttäuscht. Beleidigt. In meiner Ehre verletzt, in meinem Selbstverständnis als Frau. Wie konnte er mir das antun? Wie war es nur möglich, dass er fortlief, nach all dem, was ich ihm zuvor in meinem grenzenlosen Orgasmus offenbart hatte? War er verrückt? Hatte ich mich in ihm so sehr getäuscht? Hatte ich mich vielleicht wirklich in einen Irren verliebt? Ich war bereit, ihn zu hassen! Und aus meinen Augen flossen Tränen, Tränen der Wut und der Trauer. Ich schluchzte in mich hinein, hemmungslos. Als die Sonne aufging weinte ich immer noch. Langsam und niedergeschlagen erhob ich mich und schlurfte zum Camp zurück, müde, ausgelaugt, tot.

Er war nicht da. Der Fisch kam auch in den nächsten Tagen nicht zurück. Ich musste mich meinem Vater offenbaren, doch das Gespräch ergab nicht viel. Carlos versuchte mir zu verstehen zu geben, dass es dem Fisch aus irgendwelchen Gründen noch nicht möglich war, Sexualität an sich heran zu lassen.

"Er hat dir ein Geschenk gemacht. Vergiss das nicht. Dass er dir Erfüllung geben konnte, hat ihn vielleicht schon Überwindung gekostet. Versteh mich richtig. Maria, er liebt dich. Du musst ihm Zeit lassen, er muss Dinge überwinden, die für ihn so schrecklich waren, dass er noch nicht er selbst geworden ist. Lass ihm Zeit! Und verschanz dich jetzt bitte nicht hinter verletztem weiblichem Stolz! Er wird zu dir kommen, glaube mir! Er wird dich lieben und dich glücklich machen. Er will dich und nur dich!"

Doch so eindringlich die Worte meines Vaters auch waren, ich konnte mich nur schwer dazu überreden, ihm zu verzeihen. Aber mit jedem Tag, den er dem Camp fern blieb, wuchs meine Sorge um ihn, wuchs mein Wunsch, ihn wieder bei mir zu haben. Ach, Maria, was sollte dieser dumme Stolz, diese verletzte Selbstverliebtheit einer jungen Latina? Ich musste über meinen Schatten springen!

Da der Fisch keine Anstalten machte, zum Camp zurückzukehren, machte ich mich schließlich mit Carlos auf die Suche, denn wir alle begannen, uns langsam Sorgen um den Fisch zu machen. Wir suchten nach Spuren und fanden ihn schließlich nach einem Tag des Suchens in einer Höhle liegend. Er war abgemagert, sein Rückfall schlimmer als ich vermutet hatte. Als wir ihn uns genauer ansahen, stellten wir fest, dass er seit Tagen nichts gegessen hatte und wohl kurz vorm verhungern war. Carlos redete leise auf ihn ein, und nach einiger Zeit reagierte der Fisch mit erkennenden Blicken. Als er mich sah, die ich mich im Hintergrund gehalten hatte, ängstlich, als könnte mein Anblick in töten, begann er langsam Zeichen in die Luft zu gestikulieren. Er entschuldigte sich bei mir, und schließlich formten seine Lippen ein unhörbares "ich liebe dich". Dann begann er zu weinen, und auch mir traten Tränen der Verwirrung, des Glücks und der Liebe in die Augen.

Begierde

Zum Glück erholte sich der Fisch schnell von dem offensichtlichen Schock, der ihm beinahe das Leben gekostet hätte. Nach einer Weile des Abstands, in der er mit Carlos zusammen in dessen Hütte lebte, kam er eines Abends zu mir. Er stand an der Tür der Frauenhütte und eine meiner Freundinnen rief mich zu ihm. Er griff ohne Umschweife meine Hände und zog mich davon, hinüber zur Hütte der Paare, hinein in unsere kleine Kammer.

Als wir alleine waren nahm er mich in seine Arme. Er küsste mich, zaghaft, sanft, so sanft, dass ich bereits nach wenigen Augenblicken dahin schmolz. Ich hatte auf ihn gewartet, hatte gehofft, mit jeder Faser meines Körpers, dass er kommen würde, doch nun, da er mich im Arm hielt, erkannte ich, dass ich mir sein Kommen anders vorgestellt hatte, nicht so direkt körperlich, eher intellektuell. Doch mir war es einerlei, Hauptsache, er war bei mir! Ich musste mir eingestehen, dass er mir immer noch fremd war, ich seinen Gefühlsschwankungen, seinen unverhofften Aktionen, blind und machtlos gegenüberstand.

Er hielt mich in seinen Armen, kraftvoll, mir den Atem raubend. Aber ich wollte genau dies, diese Stärke, diese Männlichkeit! Seine frühere Schwäche schien wie ein schrecklicher Spuk verflogen zu sein, seine Augen leuchteten einen lebendigen Glanz, der mir gänzlich unbekannt an ihm war, ein Feuer der Lust, der Freude, der Gier. Sein Körper rieb sich so machtvoll an mir, die sich ihm plötzlich willig hingeben, einfach nur Frau sein wollte. Meine Hände glitten an seinem Rücken hinauf zu seinen langen, vollen Haaren, durchwühlten diese Mähne, die ich so liebte, strichen dann erneut hinab, hin zu seinem Po, der so stramm unter dem Stoff seiner Jeans versteckt war. Da packte ich zu, wollte auch aktiv werden, ihm zeigen, wie sehr ich ihn begehrte. Ich vergaß, darüber nachzudenken, ob er diese handfeste Annäherung ertragen konnte, ob wieder ein Rückfall zu befürchten wäre, doch im selben Augenblick vertrieb ich diese Gedanken wieder, ließ mich endlich auf der alles verschlingenden Woge unserer Begierde mitreißen. Und auch er schien wie besinnungslos über mich herfallen zu wollen, so voller aufgestauter Energie. Seine Trauer, seine Angst - alles war verschwunden, so als hätte er die Vergangenheit endlich überwunden.

Wir lagen uns nun schon seit langen Minuten in den Armen, kämpften einen wonnigen Kampf miteinander, den wir nur beide gewinnen konnten, der uns endgültig einigen würde. Die Kraft, mit der unsere Begierde über uns hereinbrach, zerfetzte unsere Kleidungsstücke, würde uns blaue Flecke bereiten und Kratzwunden hinterlassen. Doch unsere Küsse waren wie aus Seide so zart, unsere Lippen voll und geöffnet, von feuchter Röte. Und dann glitt seine Zunge in meinen Mund, wand sich um die meine, streichelte meine Zähne, kitzelte meinen Gaumen so, dass mein Zahnfleisch zu lachen begann, mir ein heißer Stich vom Kopf ins Herz fuhr, nur um von dort mit noch stärkerer Wucht über mein Geschlecht herzufallen. Ich hatte das Gefühl, in einem Orgasmus zu versinken, der von meiner Mundhöhle auszugehen schien, so als wäre meine Klitoris in jedem meiner Zähne, im Gaumen, in meiner Zunge gefangen, durch deren Fasern er mit seiner, ach so zärtlichen Zunge, mein tiefstes Innere liebevoll zu martern schien. Es war eine Folter der besonderen Art, eine Folter der Lust, der Freude und der Liebe.

Und dann wagte ich mich, ohne auch nur einen Gedanken zu verlieren, in seinen verletzten Mund, in jenes Schlachtfeld, vor dem ich bisher immer Angst verspürt hatte, in jenen Rest seiner alles vernichtenden Vergangenheit, die Erinnerung an all jene Qualen, denen er ausgesetzt gewesen war. Und wieder bekam ich es mit der Angst zu tun. Ja, ich verspürte eine unglaubliche Furcht vor seinem zahnlosen Fleisch, jenen Narben, die so schmerzhaft über seinen Knochen lagen, die es ihm über Monate nicht erlaubt hatten, anderes als flüssige Nahrung zu sich zu nehmen, die selbst bei Suppe noch Tränen des Schmerzes in seine Augen getrieben hatte. Langsam, ganz langsam, begann ich meine Zungenspitze in seinem Mund zu bewegen. Dabei hielt ich mich wie an einem rettenden Strohhalm zuerst ganz nah an seiner Zunge, streifte dann über seinen Gaumen, doch schließlich konnte ich nicht daran vorbei, auch sein Zahnfleisch, die Furchen der Zahnlücken zu berühren. Ich versuchte, dies so zärtlich, so sanft wie nur eben möglich zu machen. Ich hatte so fürchterliche Angst, ihn zu verletzten, dass mein Herz für bange Augenblicke wie Stille in mir verharrte. Er stieß mich nicht zurück, ließ es vielmehr mit sich geschehen. Das machte mir Mut, und ich wurde etwas ungestümer. Als er dann meine wilderen Zungenwirbel noch rasender erwiderte, war es endgültig um mich geschehen!

Ich wand mich atemlos wie ein zappelnder Fisch im Netz seiner Arme, nackt bis auf den völlig durchnässten Slip, aus dem ein animalischer Geruch der Begierde in meine Nase drang. Noch nie hatte ich mich gerochen, und ich war erstaunt, meinen Duft als erregend zu empfinden. Doch noch etwas anderes drang unwiderstehlich in mein Bewusstsein: Sein heißer, steifer, hart um sich schlagender Penis pochte wild an mein Geschlecht, nur durch den Stoff daran gehindert, in mich einzudringen. Ich wollte ihn anfassen, ihn sehen, ihn fühlen, ihn riechen und schmecken, wollte ihn bis zur Neige auskosten, wollte alles von ihm, jede Faser seines verletzten Körpers zu neuem Leben erwecken, ihn befreien in grenzenloser Gier. Wir küssten uns noch immer mit einer Leidenschaft, die uns zu verbrennen, zu ersticken drohte. Dies gab mir den Mut, erneut in seine Shorts zu greifen, seinen Penis nochmals zu packen. Diesmal ließ er mich gewähren. Diesmal streifte ich wie selbstverständlich, doch vorsichtig, die Vorhaut über seine Eichel. Diesmal fühlte ich die Glut seines Blutes in seinen geschwollenen Adern.

Ich wagte noch mehr, denn ich hatte das Gefühl, ihn diesmal nicht verlieren zu können. Als sich mein Gesicht seinem riesigen Geschlecht näherte, ich diesen tierhaften Geruch in tiefen Zügen in mich sog, da griff er meinen Kopf, sanft und doch zielstrebig, zärtlich und doch keinen Widerstand zulassend. Er wühlte mit seinen Fingern in meinen kurzen Haaren während ich ihn zu leckten begann. Dann sah ich trotz der langen Schamhaare, von denen er aber nicht so viele besaß wie ich und die viel heller waren als meine, zarter, verletzlicher, die Narben seiner Folter, sah die Male seiner Qualen, fühlte einen Schmerz in mir, einen Stich, der mich durchzuckte, eine abgrundtiefe Angst. Ich wollte zurückschrecken, doch wie ein mahnender Leuchtturm erhob sich sein Geschlecht vor mir, erinnerte mich an unsere Begierde, unsere Liebe, und ich wusste instinktiv, dass ich bleiben musste, nah, ganz nah an diesen Wunden. Und ich blieb. Liebkoste ihn weiter. Doch ich küsste die Narben nicht, erinnerte ihn nicht unnötig an Dinge, die er vergessen wollte, sondern bereitete ihm Lust, so gut ich konnte. Dann schmeckte ich die salzige Feuchte seiner Eichel, nahm ihn genussvoll in meinen Mund, tief, so tief es nur ging.

Als ich mich erhob, stand er zitternd vor mir und nun war er es, der sich vor mich kniete, die hingebungsvoll ihren Kopf in den Nacken warf, die Augen erwartungsvoll geschlossen. Er leckte meine Schenkel hinauf, hin zu meiner Grotte. Dann vergrub er sich im Dickicht meines Dschungels, ich hörte, wie er jedes Atom meines Duftes in sich sog. Schließlich berührte seine alles verschlingende Zunge meine Schamlippen, zogen sie noch weiter auseinander, trank mich leer und spülte mich fort, erforschte mich von innen und von außen, traf meine Mitte und spielte mit mir ein Spiel, wie ein Virtuose auf seinem Instrument, einem willigen Instrument.

Ein Orgasmus überkam mich in einer Tiefe, die mich hinfort spülte, einem Wirbel gleich drehten sich farbige Regenbögen vor meinen Augen, eine siedend heiße Welle nach der nächsten toste durch meine Magengrube, ich schien zu fliegen, getragen von diesen unsagbaren Wirbeln der Lust, ich schrie auf, glaubte, sterben zu müssen, doch ich wusste, dass ich gerade neu geboren wurde. Meine Finger krallten sich mit weißen Knöcheln in seine Haarpracht, wollten ihn von meiner Mitte reißen, wollten mich vor seiner gierigen

Zunge retten, doch statt dessen pressten sie ihn mit solcher Macht an mein Geschlecht, dass sein Atem laut zu rasseln begann. Mein Becken wand sich in wilder Lust, wollte entkommen und konnte doch nicht, wollte genommen werden, sich endlich hingeben.

Als ich mit rasendem Herzschlag und völlig ohne Atem aus einer wollüstigen Ohnmacht erwachte, fühlte ich seine glänzende Eichel an meiner Scheide, merkte, wie er sich unglaublich langsam und sanft in mir vergrub. Obwohl ich offen war wie nie zuvor in meinem Leben, obwohl mein ganzer Körper nach seinen Stößen schrie, drang er nur wenige Millimeter in mich ein, so als sei ich eine noch unberührte Jungfrau, die er nicht verletzen wollte. Unwillkürlich verharrte mein Körper in einer Art willigen Starre, kein Muskel rührte sich, jede Faser in mir wartete gespannt auf ihn, dessen Augen mich klar und angespannt fixierten. Als er seinen riesigen Schaft dann endgültig bis zu seinen Hoden in mir versenkte, so langsam, als müsste er an meinen bebenden Leib eine Feinjustierung meiner Nerven vornehmen, da konnte ich nicht mehr an mich halten, stieß wie eine Furie zu, nahm in gierig in mich auf, schrie wie von Sinnen, winselte, bettelte, jauchzte und heulte, er solle tiefer in mich stoßen, härter, ja, noch härter, er solle mich nehmen, nehmen, nehmen, mich, die ich ihm ganz und gar gehörte!

Und er nahm mich! Er spießte mich mit einer Kraft auf, die ich nie für möglich gehalten hätte. Sein Becken klatschte auf mein Geschlecht wie ein Hammer auf einen Amboss, Schweiß floss in Strömen, sein Penis fixierte mich auf der Koje, jeder Stoß trieb meinen Hintern um so tiefer in das viel zu dünne Laken, er ritt mich mit wuchtigen Schlägen in ungeahnte Sphären der Liebe, die ich nicht mehr im Stande war zu erwidern, denn seine gewaltige Macht beraubte mich all meiner Kraft, ich ließ mich wie eine willenlose Puppe von ihm nehmen, der er mir mit jedem seiner pumpenden Stöße schreiende, lautlose, liebevolle, gewaltige

"ja, ja, jaa, oh ja, ja, jaa!"

entlockte, so wie in diesen hirnlosen Pornos, die ich so hasste, doch ich konnte mich dafür nicht hassen, nicht für meine "Ja" und "Oh", nicht dafür, dass ich mich einem Mann so hingeben konnte. Mein Kopf war in diesen Momenten so leer wie noch nie in meinem Leben, mein Körper so sehr auf meine willige Vagina, meine fleischgewordene Lust reduziert, dass mich nur noch eines zu interessieren schien, nämlich, wie er wohl in mich spritzen würde, mit welcher Macht, mit welcher Ungestümheit, mit welcher Hitze.

Sein Orgasmus war dann voller Hingabe und Zärtlichkeit, so als wolle sich sein Samen für die vorherige Gewalt bei mir entschuldigen. Nach einer Reihe wilder, nicht enden wollender harter, erbarmungsloser Stöße, hielt er plötzlich in seinen Bewegungen inne, verharrte für einen ewig kurzen Moment in einer spannungsvollen Starre, tief, ganz tief in meinem Inneren, bevor sich sein Becken, unmerklich erst, dann jedoch in einem sehr harmonischen Rhythmus zu bewegen begann, kreisend, rollend, tanzend, so dass ich diesen Tango der Liebe leicht erwidern konnte. Gemeinsam begannen wir mit diesem langsamen Liebestanz, der unsere Hüften sich umeinander schlingen ließ. Nach langen Minuten wechselten wir dann in eine sinnliche Rumba über, die unsere Hingabe zärtlich besiegelte. Wir blickten uns in diesem feinfühligsten aller Rhythmen versunken in die Augen, und ich konnte in dem Spiel seiner Augengrübchen das Aufsteigen seines Samens sehen, konnte seinen inneren Kampf der bedingungslosen Hingabe erblicken, sah aber vor allem dieses wunderbarste aller Gefühle, dieses Glück, diese Liebe, diese Freude in seinen Augen, und ich lächelte sein Lächeln, ich erblickte mich mit seinen Augen, fühlte mich mit seinem Körper. Als er schließlich machtvoll und animalisch, doch zugleich zärtlich und zurückhalten in mich spritzte, wollte er aufschreien, öffnete für wenige Augenblicke seinen Mund zu einem lautlosen Schrei der Verzückung, der mir einen Blick in seine letzte Wunde freigab, mich erschauern ließ, vor dem was ich sah.

Diese Wunde, dieser zahnlose Mund, diese Höhle aus Pein und Qualen, aus Schmerz und Furcht, dieser Aufschrei der Angst machte mich fassungslos. Nicht in diesem Moment der Ekstase natürlich, denn während er seinen so lange ersehnten Höhepunkt genoss, freute ich mich mit ihm, verschwendete ich keinen Gedanken an irgendetwas anderes als dieses Gefühl der Hingabe. Doch danach, ja, schon wenige Augenblicke später, wurde mir dieser besondere, dieser einzigartige Anblick bewusst, und ich erkannte, dass ich ihm auf besondere Weise helfen musste, wieder zu sich selbst zu finden, mit sich Eins zu werden. Das war ich seiner Liebe schuldig, seiner Hingabe, seiner Selbstüberwindung, von der ich angesichts dieser Folterhöhle nur ahnen konnte, wie schwer sie ihm gefallen sein mochte.

Ich war glücklich und zutiefst bestürzt, war verliebt und voller Traurigkeit für ihn. In seinen plötzlich so männlichen und selbstbewussten Armen schlief ich ein, eine starke, von sich selbst überzeugte Guerilla, die endlich zur Frau geworden war. In dieser Nacht dann, in unserer ersten gemeinsamen Nacht als Liebespaar, reifte schließlich ein Plan heran, den ich erst lange Zeit später verwirklichen konnte, von dem ich damals jedoch hoffte, dass er aus dem Fisch wieder einen Menschen machen könnte.

Warum der Fisch?

Der Fisch hatte mich genommen. Für ihn war es so etwas wie eine Befreiung, für mich sicherlich eine Art Selbstbestätigung. Meine Liebe zu ihm vertiefte sich von Tag zu Tag, von Minute zu Minute. Doch er wurde bereits am nächsten Tag von Selbstzweifeln, von Qualen der Erinnerung gepeinigt. Er zog sich erneut zurück, nicht so vehement wie zuvor, doch weit genug, um mir zu zeigen, ich solle etwas Abstand halten. Mir war klar, dass er sich bei diesem Liebesakt in einer Weise geöffnet hatte, die ihm nunmehr alles noch schlimmer erscheinen ließ. Die Dinge, an die er sich erinnerte, die Vorkommnisse, die ihn so sehr quälten, entzogen sich meinem Vorstellungsvermögen, doch ich fühlte, dass ich mich ihm nun vorerst nicht mehr körperlich aufdrängen durfte. Er hatte sich mit seinem Erguss wieder erkannt, hatte offenbar etwas in sich entdeckt, das er seit seinen traumatischen Erlebnissen verdrängt oder vergessen hatte, an das er sich nun erst langsam wieder herantasten musste. So überrascht ich von seiner überfallartigen Begierde gewesen war, so schockiert schien er von seinem befreiten Wesen zu sein.

Nur langsam, und nach Tagen näherte er sich mir und den anderen im Camp wieder an. Er hatte das Lager zwar nicht verlassen, sich aber nach unserer hingebungsvollen Nacht jeglicher Arbeit entzogen, sich in seine alte Ecke zurückgezogen, wo er abwesend und in Gedanken versunken vor sich hinstarrte. Die Freunde sahen mich mit verstohlenen Blicken an, denn nachdem wir die Hütte für Paare verlassen hatten, gewissermaßen in die Sonne einer neuen Zeit getreten waren, änderte sich sein Gemütszustand so rasend schnell, dass er damit nicht nur mich, sondern alle im Camp zutiefst verwirrte. Schließlich trat Carlos zu mir und fragte, was vorgefallen sei.

"Wir haben miteinander geschlafen. Das erste Mal."

Ich stockte in meiner Antwort.

"Es war so schön gewesen..."

Meine Stimme klang verlegen, so als müsse ich mich entschuldigen. Doch für was? Ich wusste es nicht.

"Er war so befreit, so voller Hingabe und Kraft! Vater, er war ein anderer Mensch!"

Ich sah Carlos mit flehendem Blick in die Augen, diese wachen, aufmerksamen, fast weisen Augen.

Er nickte, so als erklärten meine Worte alles.

"Warte, Maria. Ich sagte dir, er sei vergewaltigt worden. Stelle dir einmal vor, dir wäre körperliche Gewalt angetan worden, du wärest erniedrigt, in der Tiefe deiner Seele verletzt und gedemütigt worden, stelle dir vor, du wärest so machtlos gewesen, dass dich nur noch deine innere Ohnmacht, deine völlige Passivität vor dem Tod hätte retten können. Wenn du dich in diese Lage versetzen kannst, dann wirst du fühlen, wie du dich jetzt zu verhalten hast."

Er sah mir tief in meine Augen.

"Aber ich glaube, du bist ihm bereits so nahe, so sehr in ihn verliebt, dass ich dir nicht mehr raten muss, wie du ihm am besten helfen kannst. Du hast auf jeden Fall genug Erfahrung, um ihn jetzt nicht unnötig zu drängen. Gedulde dich einfach, auch wenn es dir jetzt so schwer fällt. Er wird zu dir kommen, glaube mir. Er liebt dich, Mädchen, sonst hätte er diese Nacht nicht mit dir verbracht."

Mit diesen Worten, die mir nichts erklärten außer, dass Carlos mir vertraute und an mich glaubte, kehrte er mir den Rücken zu, trat zu den Anderen, die sich fragend um ihn scharrten und erklärte ihnen, sie sollten sich nicht beunruhigen, der Fisch würde schon bald wieder einer von uns sein. Es war erstaunlich, dass alle im Camp so sehr Anteil am Fisch, an seinem Schicksal nahmen, obwohl niemand außer Carlos und mir wirklich mit ihm zu tun gehabt hatte. Es schien, als merkten alle instinktiv, dass Carlos uns allen mit dem Fisch eine besondere Aufgabe zu Teil werden ließ, eine Aufgabe, die wir zu bewältigen hatten, wollten wir den Kampf gegen die Junta gewinnen. Dass meine Gefühle dabei eine Rolle spielen könnten, war Carlos sicherlich nicht bewusst gewesen, und er hatte meine Liebe auf keinen Fall eingeplant gehabt, doch als störend empfand er meine emotionalen Eskapaden trotzdem nicht. Vielleicht mochten sie ihm bei seinem Plan sogar behilflich sein.

Nach einigen Tagen näherte sich der Fisch uns allen wieder an. Er kam zu mir, nahm mich verzeihend in den Arm, ließ sich trösten und schlief in meinem Schoß für lange Stunden tief und fest. Er hatte sich verändert, war aufmerksamer als je zuvor, hörte genau zu, merkte sich jede Einzelheit, ging auf die Anderen im Camp zu, versuchte zu helfen, wo er konnte, für alle da zu sein, so als wolle er sich für irgend etwas bedanken. Carlos und er saßen wieder viel zusammen, der Fisch hörte zu, und mein Vater erklärte ihm den Kampf um Freiheit, die Ursachen für die Ungerechtigkeiten in dieser Welt, lehrte ihn die Grundzüge der Politik, so wie sie sich in ihrem wahren Dreck zeigte, als schmutziges, tödliches Geschäft.

"Es geht um die Neuordnung der Welt, mein Junge."

Die Stimme meines Vaters, der den Fisch als seinen Jungen bezeichnete, so wie er mich sein Mädchen nannte, wir also Gefahr liefen, zumindest verbal in einen mentalen Inzest zu geraten, klang eindringlich. Er dozierte wieder eine seiner unglaublich agitierenden Vorlesungen, denen ich mich Zeit meines Lebens nicht zu entziehen vermocht hatte. Und jetzt waren es der Fisch, meine Liebe, sein Junge und ich, seine Tochter, die er durch ihre Liebe zu diesem, seinem Sohn, für immer zu verlieren drohte, die ihm gespannt lauschten, denn wir hofften beide, zu erfahren, warum es unser Land, diesen scheinbar so unwichtige Zipfel Südamerikas, schon wieder mit solcher Macht und Pein getroffen hatte.

"Die anglikanische Achse will eine neue Ordnung, eine Ordnung, die ihr die Vormachtstellung auf dem Erdball für lange Zeit sichern soll. Es geht um die Vorbereitung auf eine große Auseinandersetzung, Kulturen prallen mit unglaublicher Wucht aufeinander, Religionen, Arm und Reich, Wenige stehen Vielen gegenüber. Die Amerikaner wissen, dass sie die künftigen Auseinandersetzungen nur gewinnen können, wenn sie sich zuvor gut positioniert haben. Ich spreche jetzt nicht von der amerikanischen Bevölkerung, die weiß fast nichts von dem, was um sie herum geschieht, die weiß noch nicht einmal, dass sie im größten jemals existierenden Polizeistaat der Menschheitsgeschichte lebt, in dem mächtige, allmächtige Oligarchen von einem nie geahnten Polizeiapparat gestützt werden, während die Massen durch den Ausdruck einer scheinbaren Freiheit in einer

Armut gehalten werden, die in anderen Ländern schon längst zu einer handfesten Revolution geführt hätte. Im reichsten Land der Erde verhungern Menschen! Im freiesten aller Länder gibt es nicht nur mehr professionelle Spitzel als in jedem bisher da gewesenen Unrechtsstaat, sondern auch eine noch nie da gewesene Perfektion der technischen Überwachung! Das Schlimmste jedoch ist, dass es die Mächtigen dieses Landes fertig bringen, diese Antagonisten der Menschheit so zu verkaufen, dass viele von uns sogar glauben, dass ein Film wie "Der Staatsfeind Nr. 1" eine Art Science Fiktion sei, dabei rückt er lediglich die Wahrheit ins Rampenlicht, jedoch von Hollywood so vermarktet, dass es den meisten Zuschauern wie ein übertriebener Agententhriller vorkommt. Das ist wahre Propaganda! Zeige den Menschen die Wirklichkeit so klar und eindeutig, dass sie glauben, es sei ein Märchen, und sie werden glauben, die Märchen, die ihnen erzählt werden, seien die Wirklichkeit. Doch damit das System des amerikanischen Traums funktioniert, müssen die Oligarchen die Macht über alle besitzen. Das Schlimme an diesem System, ein System im Übrigen, das aus einer typisch machiavellischen Sichtweise der Politik heraus geboren wurde, der Ansicht nämlich, dass zur Erreichung ihrer Ziele jede Form der politischen Einflussnahme erlaubt ist, soll sagen, dass Geheimpolitik genauso legitim ist, wie die Ausbildung von Terroristen und Mördern, die finanzielle Unterstützung solcher Gruppen, der Sturz von Regierungen, die Unterdrückung von Gegnern durch wirtschaftliche Übermacht sowie der simple Mord an politischen Gegnern im eigenen Lande, das Schlimme an diesem System ist die Tatsache, dass es ein Regime des permanenten Bürgerkriegs darstellt, eines Kampfes, der nicht nur um das Überleben der Eliten geführt wird, sondern um das bloße Leben eines jeden Bürgers dieser scheinbar vorbildlichen Nation - und dies seit seiner Gründung. Die Geschichte der USA ist eine Geschichte des erbarmungslosen Krieges, eines Krieges der Vernichtung und Unterdrückung, der Macht, ihrer Sicherung und Ausdehnung. Man führte Krieg gegen die Briten, um die Unabhängigkeit zu erlangen; gegen die Mexikaner, um Texas zu gewinnen und die südlichen Grenzen zu sichern, gleichwohl aber auch, um die Vormachtstellung in Mittelamerika zu erlangen; man führte Krieg gegen sich selbst, um den Eliten der Industrialisierung den feudalistischen Süden zu erschließen, und nicht etwa, um die Schwarzen zu befreien, eine der größten Lügen der amerikanischen Geschichte; man führte einen Vernichtungsfeldzug gegen die Indianer, scheinbar, um Land zu gewinnen, doch in Wirklichkeit ging es darum, sich des Spiegels der moralischen Schuld zu entledigen, der durch die illegale Okkupation und die gnadenlose Zurückdrängung der Indianer Nordamerikas begründet war und nur durch die Vernichtung der Indianer oder zumindest das Tilgen aus dem kollektiven Bewusstsein der Siedler zu erreichen war; man begründete in Panama die Kanalzone, intervenierte auf Haiti und Kuba sowie in China, setzte in ganz Mittel- und später auch in Südamerika Marionettenregierungen ein, nahm gewaltsam Einfluss, wo immer man konnte. Alle diese Ereignisse sprechen die eindeutige Sprache eines gewaltigen Expansionismus, einer Gleichschaltung der Peripherien zur Sicherung und Ausdehnung der nationalen Macht, der Interessen der nationalen Oligarchien und ihrer Konzerne. Selbst der jeweilige Eintritt in den Ersten und Zweiten Weltkrieg wurde ausschließlich zur Wahrung der Machtinteressen dieser Führungscliquen vorgenommen, und nicht etwa, um die leidenden Europäer von der Geißel der deutschen Expansionspolitik zu befreien, denn eines wird gerade bei diesen Ereignissen von globaler Bedeutung offenbar, dass nämlich die Amerikaner erst dann eingriffen, als ihre offenen oder geheimen Interessen in Europa und andernorts gestört wurden. Sicherlich, der Angriff der Japaner auf Pearl Harbour war der Auslöser für den Kriegseintritt der USA im Zweiten Weltkrieg, jedoch war zu diesem Zeitpunkt bereits abzusehen, dass die Amerikaner schon bald zuschlagen würden, da sich die Einflussnahme auf ihre Interessensphären immer stärker gegen sie auswirkte. Außerdem war für die Mächtigen in den USA sowohl im Ersten als auch im Zweiten Weltkrieg absehbar, dass nach dem zerfleischenden Niedergang der europäischen Mächte nur eine Macht als Sieger aus den Auseinandersetzungen hervorgehen konnte, dass der letztendlich verbleibende Herrscher über den Globus eben nur die Vereinigten Staaten sein konnten. Jeder vermeintliche Fehlschlag in diesen Berechnungen resultiert lediglich aus den eingeschränkten Einflussmöglichkeit der jeweiligen Zeit, soll sagen, wäre es den Amerikanern möglich gewesen, die Machtübernahme durch die Bolschewiken in Russland oder eines Mao Tse-tung in China, die Befreiung Kubas durch Fidel Castro oder die langsame Emanzipation der Europäischen Union vom Übervater Oncle Sam zu verhindern, dies auch umgehend geschehen wäre. Aber auch im Innern werdet ihr, wenn ihr die jüngere Geschichte der USA betrachtet, nicht umhin können zu bemerken, dass es im Kampf um die Bürgerrechte mit Mord und Totschlag zuging, dass die amerikanischen Oligarchen unliebsame Gegner wie die Black Panther, Malcolm X, Martin Luther King oder sogar zu früh gekommene Präsidenten wie Kennedy einfach liquidieren ließen. Ihr seht mich so fragend an? Ja, glaubt ihr denn, der Präsident der Vereinigten Staaten wäre der alleinige Herrscher über dieses riesige Land? Nein! Es sind die Geheimdienste, die Führer der Polizeien, die Lenker in den Zentralen der multinationalen Konzerne, die mit unglaublichen Geldmitteln in das Leben der Menschheit eingreifen! Sie sind es, die sich die Contras in Mittelamerika kaufen, sie sind es, die einen Saddam aufbauen, um ihn und sein Regime dann mit einem martialischen Krieg hinwegzufegen, nur weil sie ihn nicht mehr benötigen! Denn eines ist sicher, hätten sie Saddam noch benötigt, so wie nach dem ersten Golfkrieg, der für die Oligarchen gerade dadurch gewonnen wurde, dass Saddam an der Macht blieb, so hätte es den nächsten Golfkrieg nicht gegeben. Saddam war ein Spielball in einer strategisch wichtigen Weltregion. Wäre er ein Mobutu gewesen, oder ein Idi Amin, so könnte er noch heute über sein Land herrschen, mit Folter und allem was dazu gehört. Glaubt doch bloß nicht an die hochgesteckten Ziele von Menschlichkeit, Humanismus, der Rettung der Menschheit vor dem Terrorismus, vor der Achse des Bösen! Das ich nicht lache! Diese Thesen sind so augenscheinlich lächerlich, dass ein Aufschrei der Entrüstung durch die Welt hätte gehen müssen. Statt dessen sind der paranoiden Regierung der USA viele Nationen gefolgt, in eben solcher Paranoia, geführt von ihren eigenen Oligarchen, die nur zu bereit waren, den amerikanischen Herrschern zu folgen, die ja teilweise sogar identisch mit den wirtschaftlichen, den wahren Herrschern der anderen Länder sind, diesen Herrschern im stillen Hintergrund also gedankenlos zu folgen, und mithin der amerikanischen Regierung, einer Regierung, die so schwach ist, dass mir Angst und Bange wird, wenn ich an unsere Zukunft denke, an eure Zukunft, meine Kinder, an die eurer Kinder, wenn ich an diese Zukunft denken muss, die uns bei einer Regierung bevorsteht, welche die Macht über die größten Waffenarsenale der Menschheitsgeschichte besitzt, über den größten Polizeiapparat verfügt, über die unerschöpflichsten Geldmittel, über alles, was unsere Zukunft zu bestimmen vermag, wenn ich daran denke, dass genau diese Regierung von Männern geleitet wird, die nicht einmal wissen, dass sie Marionetten ihrer eigenen Geheimdienste, ihrer eigenen Berater, ihrer eigenen Oligarchen sind, die alles, was diese Präsidenten und ihre Politikvereine als Politik verkaufen, in Wirklichkeit bereits zuvor gekauft haben, wenn ich daran denken, ja, dann wird mir wahrlich Angst und Bange, dann habe ich Furcht vor dieser Zukunft, die uns allen bevorsteht. Denn Kriege, wie die im Irak, sind nicht dazu da, die Menschheit vor irgend etwas zu erretten oder gar die dortige Bevölkerung von einem unmenschlichen System zu befreien, sondern sie sind dazu da, eine den Amerikanern, den Weltoligarchen genehme Ordnung in einer Region zu schaffen, die in absehbarer Zukunft für die Vereinigten Staaten in ihrem imperialistischen Machtspiel von Bedeutung sein wird. Mit Erschrecken mussten deshalb die Oligarchen - und mit ihnen selbstverständlich die Regierung der USA - reagieren, als diese Verrückten von Bin Laden und der ISIS, die ja zuvor von genau diesen Oligarchen mittels ihrer Geheimdienste erst zu dem aufgepäppelt worden waren, was sie heute sind, als diese durchgeknallten Terroristen also genau die Zentren angriffen, die Ausdruck der Macht der Oligarchien waren. Warum glaubt ihr, hat Bin Laden gerade diese blöden Twin Towers angegriffen? Wenn er den USA hätte wirklich den Krieg erklären wollen, so hätte es andere, kriegsentscheidendere Ziele gegeben, als diese verdammten Türme! Aber diese Türme stehen, ebenso wie das Pentagon - und nicht etwa das Weiße Haus - für die Zentren der Macht, sie sind die Knotenpunkte, in denen über unser aller Schicksal entschieden wird. Ja, Bin Laden mag ein Amok laufender Irrer gewesen sein, doch in seiner Analyse der wahren Machtstrukturen hat er bewiesen, dass er die Mechanismen der Macht durchschaut hat. Die Anschläge vom 11. September unterscheiden sich daher ganz grundlegend von späteren in Madrid und anderswo oder gar dem Irrsinn der tschetschenischen Terroristen, die unschuldige Menschen in einem Theater oder in ihren Wohnhäusern dahinmetzeln. Sie tragen damit natürlich lediglich den selbst erlebten Irrsinn des archaischen Imperialismus sowjetischer Prägung, die menschenverachtende Zerstörung der Lebensgrundlagen im Kaukasus, zurück in die Metropolen dieses überkommenen, unmodernen Imperialismus, halten den Menschen und Mächtigen des neuen Russland lediglich den fratzenhaften Zerrspiegel ihrer eigenen Kaukasuspolitik vor. Ground Zero hingegen war und ist Ausdruck einer politischen Aktion, welche die Machtzentren direkt angreift. Es erklärt den Oligarchen direkt den Krieg, geht keine Umwege, versucht nicht Personen im Einzelnen, sondern Systeme und ihre Symbole zu treffen. Das Symbolische spielte für Bin Laden dabei mit Sicherheit eine sehr große Bedeutung, immerhin ist er Moslem, und für Moslems haben Symbole immer eine viel größere Bedeutung gehabt als für den Westen. Doch Bin Laden hat dabei eben auch einen Fehler, den entscheidenden Fehler begangen, indem er sich so sehr auf die Symbole konzentrierte. Genauso wie die Indianer, die bei Little Big Horn Custer vernichtend schlugen und dann nach Hause gingen, weil sie glaubten, sie hätten mit der Vernichtung dieses Symbols auch den Krieg gewonnen, genauso hat Bin Laden seine Leute für etwas geopfert, das eben letztendlich nur Symbolwert hat. Er hat nicht verstanden, dass er diese Anschläge mit gezielten Schlägen gegen die amerikanische Infrastruktur hätte unterstützen müssen, dass er nicht Nadelstiche, sondern einen Flächenbrand hätte auslösen müssen. Am 11. September hatte er die Macht, die USA und mit ihr die Oligarchen dieser Erde in Grund und Boden zu stampfen, er hätte parallel mit seinen Angriffen gegen die Twin Towers und das Pentagon das Internet gezielt lahm legen können, hätte mit einfachen Mitteln die gesamte marode Energieversorgung der USA zum Stillstand bringen können, hätte der mächtigsten Nation dieser Erde einen gewaltigen Genickschlag verpassen können, der die Märkte dieser Welt, der die Systeme auf längere Zeit außer Kraft gesetzt hätte. Dadurch hätte er zwar nicht den Krieg gewonnen, doch er hätte zumindest bewiesen, dass er wirklich in einen Krieg zu ziehen bereit ist. Stattdessen diese Symbole! Bin Laden ist da offensichtlich nicht klar gewesen, dass er mit den USA ein Land angegriffen hat, das auf der Höhe seiner imperialistischen Macht steht, das zumindest im Augenblick keinen wirklichen Gegner außer sich selbst zu fürchten hat. Nach dem kurzen Schock für die Mächtigen im Hintergrund wurde dann auch schnell klar, dass Bin Laden den Oligarchen sogar einen Gefallen getan hatte. Er hatte keinen der Ihren persönlich getroffen, bewies dadurch, dass er zumindest zu diesem Zeitpunkt nicht in der Lage war, die Mächtigen direkt und in Persona anzugreifen, statt dessen hatte er ihnen Propagandamunition geliefert, wie sie sich diese nicht hätten besser wünschen können! Die Angst des so genannten Kleinen Mannes auf der Straße wurde bis zur Hysterie getrieben, ähnlich wie im Herbst 1977 in Deutschland, wo die RAF mit klar umrissenen politischen Zielen und klar eingegrenzten Personenkreisen noch nicht einmal mental in der Lage war, sich vorstellen zu können, diesen Kleinen Mann angreifen zu wollen, der sich dann trotzdem als persönliches Ziel der RAF empfand. Um wie viel einfacherer hatten es da diesmal die Oligarchen Amerikas und der Welt! Dreitausend unschuldige Opfer! Unschuldig insbesondere deshalb, weil sie nicht einmal dazu fähig gewesen wären, zu erkennen, welche Rolle sie im Machtspiel spielten, selbst wenn sie es gewollt hätten. Wie einfach war die Hysterie zu schüren angesichts eines solchen Anschlags am helllichten Tage, in Friedenszeiten, an einem sonnigen Morgen, zu einer Zeit, in der sich die Jugend der Ersten Welt auf den Weg zu machen schien in eine Zukunft voller multikulturellen Spaßes. Da konnten die Mächtigen den

Kleinen Mann sehr leicht von einem harten Schlag gegen das Reich des Bösen überzeugen, das war wirklich einfach und lenkte zudem von allen innenpolitischen Problemen ab! Und Bin Laden hockte da irgendwo in seinen afghanischen Bergen, umgeben von einem wahrhaftig archaischen System, und glaubte wirklich, er könne mit der Verbindung von Kameltreiber-Romantik, dem Zorn des Heiligen Krieges und ein bisschen Hightech ein Regime zu Fall bringen, das sich seit über zweihundert Jahren in einem permanenten Kriegszustand gegen sich selbst befindet. Die USA und ihre Bevölkerung sind so gefährlich, weil sie das gewalttätigste Volk der Erde sind, das jedoch, weil es sich als frei empfindet, keine Grenzen zu erkennen im Stande ist. Es ist ohne jegliche Moral, außer der eines ungezügelten Darwinismus, und es ist Willens, diese Mentalität des Stärkeren wie ein Krebsgeschwür an den Rest der Welt weiterzugeben. Bin Laden jedoch, genauso wie die Tschetschenen, stammen aus einer Zeit des Kampfes gegen die Sowjetunion und Russlands, einem Kampf also, der aus Nadelstichen bestand, denn das östliche System war niemals dazu in der Lage, Fremde so allgegenwärtig, so machtvoll, so militärisch überlegen zu bekämpfen, wie dies die Amerikaner im Stande sind. Der russischen Führung käme es niemals in den Sinn, Flächenbombardements durchzuführen, Bomben einzusetzen, die es noch nicht einmal ermöglichen, im Nachhinein feststellen zu können, ob in Afghanistan nun tausend, zehntausend oder hunderttausend Taliban getötet wurden. Das interessiert letztendlich aber auch niemanden, denn wenn auch der niemals erklärte Krieg der USA gegen Vietnam in der Propaganda ein Kampf gegen kommunistische Terroristen war, so hatte er doch Opfer gezeigt, Menschen deren Leiden uns alle berührte, Menschen, deren gepeinigte Gesichter uns verletzten, im Ehrgefühl trafen. Doch im Afghanistan-Feldzug gab es keine Gesichter, gab es keine Opfer, waren die Kollateralschäden noch bedeutungsloser als auf dem Balkan, wo die Amerikaner nicht nur die Russen vom Sockel der potenziellen Weltmacht stürzten, sonder ganz nebenbei auch die Chinesen in ihre Schranken wiesen, ganz zu schweigen von den zerstrittenen Europäern, die wie Hühner durch den Stall flatterten, ohne auch nur eine Idee davon zu haben, wie der damalige Konflikt zu lösen sei. Und selbst die Verbündeten der Weltmacht wurden ohne großes Federlesen zurechtgewiesen, die NATO faktisch entmachtet, zum Befehlsempfänger der Oligarchen degradiert, dem der eine oder andere kritische General aus Frankreich oder Norwegen dann halt zum Opfer fiel. Das Fähnlein der UNO, dieses Feigenblatt aus dem Zweiten Weltkrieg, wurde dann schließlich mit dem Krieg gegen Saddam endgültig auch in die Bedeutungslosigkeit degradiert, denn Bagdad war die logische und notwendige Fortsetzung der Neuordnung im Nahen Osten, einer Region, in der es um den Machterhalt, die taktische Positionierung der Supermacht für die Zukunft geht. Bin Laden und der 11. September haben dies alles nur forciert, haben die Kämpfe der Peripherien nur in die Zentren zurückgebracht, ohne dabei zu bedenken, dass sie dem Zentrum der Macht so nicht wirklich gefährlich werden können, es vielmehr auf lange Sicht sogar stärken. Gleiches gilt für den Irrsinn der ISIS, die sich anmaßte, einen Staat des Terrors auszurufen, der sich gegen die ganze Welt zu wenden scheint, indem er die Kinder der Ersten Welt aus der sinnentleerten medialen Überversorgung einer nichts sagenden Konsumwelt zu stehlen, sie einem verqueren Islam überantwortet, diese im wahrsten Sinne Ungläubigen missbraucht, sie dazu nutzt, dem Westen einen asymmetrischen Krieg aufzuzwingen, die diesen entsetzen und zu Maßnahmen treibt, welche die Freiheiten der eigenen Bürger immer mehr einschränken. Aber was haben diese Terroristen damit wirklich erreicht? Ist es nicht so, dass sie unwissentlich den herrschenden Oligarchen-Cliquen damit in die Hände gespielt haben? Ist es nicht so, dass die Bevölkerungen der Ersten Welt zusehends bereit sind, zu akzeptieren, in jeder Minute ihres Lebens überwacht zu werden, zuerst scheinbar für die Sicherheit ihrer Länder, doch später eben auch zur Sicherung der Interessen der Mächtigen dieser Welt. Denn eines ist sicher, dass nämlich die Machtstrukturen gestärkt aus der bisherigen Auseinandersetzung hervorgegangen sind, selbst wenn dafür der eine oder andere Präsident seinen Hut nehmen muss, denn diese Präsidenten sind ja doch nur Spielbälle der Oligarchen. Für mich bleibt in diesem imperialistischen Gerangel, dass sich wie eine weit reichende Fortsetzung eines Thukydides[19] liest, nur ein aktueller Hoffnungsschimmer am Horizont: das sind die Franzosen. Ich liebe diesen Starrsinn, diese selbstverliebte Überzeugung in ihre Freiheit, Gleichheit, Brüderlichkeit, in ihre Rolle in der Geschichte der Neuzeit, in ihre moralische Integrität. Es sind die Franzosen, und mit ihnen einige Mitläufer, die aber nicht aus derselben Überzeugung, sondern aus taktischen Erwägungen am selben Strang ziehen, es sind diese Franzosen, nicht nur ihre Regierung, sondern die Franzosen als Volk, die sich aus einer Art instinktiven Abwehr gegen die aufziehende Unfreiheit, die finanzielle, militärische, politische und insbesondere kulturelle Dominanz widersetzen, die den Oligarchen der Weltmacht die demokratisch legitime diplomatische Stirn bieten. Die anderen Völker dieser Erde sind angesichts der Auseinandersetzung der Supermacht gegen den Rest der Welt zu immer kleineren Mosaiksteinchen degradiert. Es scheint den Franzosen, diesem mutigen Völkchen aufrechter Asterixe, zuzukommen, die moralische Freiheitsstatue von den Amerikanern, von den Beherrschern dieser Welt, einzuverlangen."

Als Carlos in diesem, wie immer etwas wirren Monolog innehielt, um Atem zu holen, um nachzudenken, um vielleicht seine Worte wirken zu lassen, nutzte ich die Chance, zu fragen, was das alles, so wichtig und richtig es vielleicht auch sei, denn um Gottes Willen mit uns, mit unserem Land, mit dieser Junta aus dem Nichts zu tun hatte, einer Junta, die zu einer Zeit an die Macht gelangte, in der Militärregime nicht gerade populär waren. Carlos dachte nicht lange nach, das war bei politischen Exkursen einfach nicht seine Art. Ja, ich hatte es schon erlebt, dass er über Stunden immer wildere Thesen in den Raum stellte, die er dann kurz darauf ebenso zerriss wie seine Gegner. Seine Gedanken schienen wirr, doch man musste genau zuhören und manchmal sogar zwischen den Zeilen lesen, um die Tragweite seiner Behauptungen zu verstehen. Oft sprach er

---

[19] Thukydides (ca. 460-404 v. Chr.):
„Der Peloponnesische Krieg"

in Andeutungen und Verweisen, was seine Gedanken nicht einfacher machte.

"Ach ja, Maria, unser Land. Warum ausgerechnet schon wieder wir? Sind wir etwa prädestiniert für Militärregime, ist es vielleicht eine Art innerer Wunsch in unserer Seele, von einer starken Hand geführt zu werden? Eine Nation, die von einem autoritären Regime geführt wird, muss sich immer nach ihrer eigenen Befindlichkeit fragen lassen. Der Kleine Mann, diese ominöse Marionette der Politik, sucht sich gewissermaßen in seiner Regierung das Spiegelbild seiner Selbst. Ein kleiner Nazimitläufer konnte deshalb auch niemals entnazifiziert werden, das war ein völlig aberwitziges Unterfangen, eher hätte man Hitler selbst entnazifiziert, hätte man ihm nur eine entsprechende Rolle im Konzert der Mächtigen zugebilligt. Er musste schließlich Nazi sein, um überhaupt an die Macht kommen zu können, denn der Kleine Mann der Weimarer Republik verlangte nach einem System, in dem er sich, seine politische Seele, wieder finden konnte, er verlangte nach einem Hitler, in all seiner unmenschlichen Schrecklichkeit. Ich will damit nicht sagen, dass Hitler eine Art Opfer der deutschen Seele sei, der sozusagen völlig unfreiwillig und unbewusst in seine Rolle als Völkerschlächter gerutscht ist, nein! Er war aber eine Art Kulmination der verletzten, gedemütigten Befindlichkeit der Deutschen nach dem verlorenen Ersten Weltkrieg. Sie hatten einen Krieg verloren, der ihnen unsagbare Opfer abverlangte, ebenso wie den anderen Völkern, doch die hatten diesen Krieg gewonnen, ohne dass auch nur einer ihrer Soldaten auf deutschem Boden gestanden hätte, sie hatten verloren gegen sich selbst, daher auch die Dolchstoßlegende, die am besten beschreibt, wie sich die deutsche Seele gefühlt hatte, betrogen, von hinterrücks erschlagen, nicht besiegt, sondern verraten. Im Gesamtbild der damaligen Auseinandersetzung zwischen den schwachen Demokraten, den Kommunisten, den Nationalisten, Anarchisten und Zionisten, dieser unsäglichen Anhäufung von gewaltbereiten "-isten", war klar, dass irgendwer, nämlich der Brutalste von allen, ein Hitler eben, obsiegen musste. Er und sein Gefühl für die Seelenlage des deutschen Volkes war Garant für den Erfolg der Nazis. Sie konnten nur siegreich sein, weil sie mit Hitler einen Führer hatten, der die verquere Gemütslage in sich in übersteigerter Form vereinte und sogar konzentrierte, wie ein Parabolspiegel der Deutschen, die sich von ihrer Schmach befreien wollten. Dafür benötigte er Gegner, die einfach auszuschalten waren, die in sich zerstrittenen Linken der Weimarer Republik und die Juden, die Angst vor ihrer eigenen Stärke hatten. Erst danach, nach der Ausschaltung der scheinbaren Gegner im eigenen Volk konnte er in Kriege ziehen, die zuerst eines sollten: die faschistische Seele der Deutschen befreien. Es war nicht das Ziel des kleinen Mannes, ganze Völker auszurotten, doch sie nahmen es zur ihrer eigenen Heilsrettung willig und mit Inbrunst hin, wurden selbst zum Vollstrecker ihrer eigenen Paranoia. Hitler war dabei lediglich eine Person gewordene Ikone des Systems, der man sich nur zu gerne unterordnete, um sich dadurch mental jeglicher Verantwortung zu entziehen.

Und wir? Unser Volk will Freiheit, aber eine Freiheit, die in geordneten Bahnen verläuft, die uns an christliche Normen fesselt, denen das Leiden in der Person Jesu tagtäglich vor Augen gehalten wird. Alle Systeme sind Ausdruck der politischen Reife ihrer Kleinen Männer, und wirkliche Demokratie, wirkliche Freiheit kommt nur denen zu, die diese auch verdient haben, indem sie sich in sich selbst von tradierten sittlichen Normen emanzipieren konnten. Die Souveränität der Französischen Revolution lag gerade darin, sich von überlieferten Strukturen zu befreien, neue Normen aufzustellen, die eine Art Universalität heraufbeschworen. Nicht umsonst ist die Idee der Neuzeit, der Moderne, untrennbar mit diesem Ereignis gekoppelt, ein Ereignis voller Blut und Gewalt, eine Periode unglaublichen Schreckens für die Mächtigen der damaligen Welt, denn in den Wirren der Französischen Revolution wurde der Geist einer neuen Welt geboren. Solche Erdbeben der Geschichte fühlen die Menschen instinktiv, es geht gewissermaßen eine Art Blutrausch von ihnen aus. So fühlten die Menschen der Aufklärung eine Ära der Freiheit auf sich zukommen, eine Freiheit freilich, die in der Folge zu einer

Perversion der Gedanken geführt hatte. Ich meine damit nicht die massenhaften Hinrichtungen der Revolution, sondern vielmehr die immer raffinierten Methoden, deren sich die Führer scheinbar freier Gesellschaften bedienten um die Massen zu immer schrecklicheren Taten zu manipulieren. Die Kulmination im Holocaust des Dritten Reiches ist ohne die Französische Revolution, ohne die Freiheit des Geistes der Aufklärung nicht zu denken, sie ist für einen Menschen des Mittelalters, der selbst den hysterischen Massenmord der Inquisition erlebt hatte, nicht vorstellbar, nicht, weil so unglaublich viele Menschen in so unglaublich brutaler Weise hingemetzelt wurden, sondern weil dieser Massenmord aus einer emotionalen Rationalität heraus geboren wurde, aus der raffinierten Manipulation des aufgeklärten Geistes, aus dem Wollen einer wissenden Mitläufermasse, die zu eben diesem Holocaust bereit war. Ihr müsst verstehen, dass ein Regime, welches heute in nicht demokratischer Weise bestehen will, sich auf eine amorphe Masse von unterschwellig wissenden, zu allem bereiten Underdogs verlassen muss, will es überleben. Verfüge ich, zumindest theoretisch, über eine solche Masse, so kann ich einen Putsch wagen. In unserem Land sind es die Vergessenen der Armenviertel, die diese Masse darstellen. Unterstützt werden sie von einer großen Gruppe Menschen, die mit den Neuerungen der Demokratie nicht klar kommen, den Unzufriedenen, den Verlierern, denen, die nicht mehr soviel Macht oder einfach nur Gewinn besitzen wie zuvor. Da zudem unsere alte Militärregierung noch nicht solange verschwunden war, da sie außerdem nur durch die Schmach eines militärischen Scharmützels unterging, und da Wunden, die man nicht am eigenen Körper erlebt hat, im Alltag schneller aus dem Bewusstsein getilgt werden, war es der neuen Junta ein Leichtes, sich mit noch größerer Macht durchzusetzen.

Zu Recht werdet ihr aber fragen, warum es im Zeitalter der universellen Neuordnung der Erde, wie ich sie zuvor beschrieben habe, ausgerechnet einer Militärjunta Erfolg beschieden sein konnte. Das ist eine berechtigte Frage. Ich habe längere Zeit darüber nachdenken müssen, habe mich mit anderen Guerillaführern darüber unterhalten. Wir haben die Informationen, die uns zugänglich wurden, analysiert. Es war nicht leicht zu erkennen, wieso die Mächtigen dieser Welt, die Amerikaner, aber auch die Europäer, diesen Putsch nicht nur zuließen, sondern auch noch das neue Regime durch scheinbare Gleichgültigkeit, die Aufrechterhaltung der wirtschaftspolitischen Normalität oder gar die offene Anerkennung der Junta stützten. Letztendlich geht es den Oligarchen darum, Märkte zu sichern, ihre Einflusssphäre auszuweiten und in den bereits beherrschten Regionen für eine, ihnen genehme Stabilität zu sorgen. Jeder, der diesen Interessen, den Interessen der Globalisierung, im Wege steht, muss daher ausgeschaltet werden. Globalisierung, dieses so treffende Wort, bedeutet dabei nichts anderes, als der Versuch, die Kulturen, die Unterschiede in der Mentalität der Menschen und ihrer Gesellschaften, im Sinne einer allzeitigen wirtschaftlichen Verfügbarkeit zu egalisieren, bedeutet, dass den Global Player, dies ist der moderne Ausdruck für die Oligarchen der neuen Ordnung, die Möglichkeit eröffnet werden soll, ihre Investitionen und Absatzmärkte unter dem allgegenwärtigen Schutz durch von ihnen gelenkten multinationalen Organisationen zu stellen, beziehungsweise durch die staatliche Garantien eines weltweit herrschenden Nationalstaates, der eindeutig imperialistische Züge haben muss, zu sichern. Handelt es sich bei dem Gegner, wie im Irak, um ein Regime, das nicht bereit ist, die Spielregeln der Neuordnung einzuhalten und ist man nicht in der Lage, das Regime auf andere Weise zu stürzen, so führt man einen Krieg um eine genehme Regierung zu installieren. Ist bei einem Krieg aber mit zu vielen eigenen Opfern oder mit unschönen Bildern zu rechnen, so wird der Gegner eben in die Steinzeit gebombt, so wie in Afghanistan oder Vietnam, das als damaliger Etappensieger noch heute unter den Spätfolgen des Krieges zu leiden hat. Geht auch das nicht, so wird das Land und seine Bevölkerung rigoros isoliert und ausgehungert, in der Hoffnung, die Bevölkerung würde ihre Regierung selbst stürzen. Das dies bis heute auf Kuba nicht im Sinne der Amerikaner eingetreten ist, grenzt an ein Wunder und ist nur aus der erstaunlichen Vitalität der Kubaner und ihrer fast religiösen Verehrung für Fidel Castro zu erklären - und vielleicht durch die Tatsache, dass sich die Kubaner von der Fessel der amerikanischen Oligarchie befreien konnten, eine Freiheit erhielten, die sie selbst für die Verlockungen einer unglaublichen Konsumwelt nicht bereit sind aufzugeben. Handelt es sich aber um eine Demokratie die im Wege steht, die zu viele unsichere Faktoren aufweist, so müssen andere Wege beschritten werden, Wege der Indoktrination oder auch des offenen Putsches, bis hin zur Intervention. Wie gesagt, das Verhalten der Amerikaner erinnert in vielen Zügen an das imperialistische Verhalten der Athener, wie sie Thukydides so trefflich beschrieben hat. Insoweit zeigt die Globalisierung starke Züge eines imperialistischen Machtkampfes im Endstadium, ähnlich des imperialen Athens gegen Sparta und dessen Bundesgenossen, eines Kampfes, der nicht rücksichtsloser geführt werden könnte, da er um die Existenz seiner eigenen Führungsmacht kämpft, sich seiner Agonie, seines Untergangs bereits bewusst ist. Die Globalisierung der Oligarchen benutzt die militärisch-politische Macht der einzigen verbliebenen Supermacht um letztendlich die Zerschlagung aller Nationen und Kulturen zugunsten eines supranationalen, von den Interessen der Oligarchen geführten Weltstaates zu erreichen, oder aber im Idealfalle, gleich in eine Weltordnung der Konzerne überzugehen. Ein imperialistisches Weltreich und mit ihm seine Oligarchen, kann dabei keine unsicheren Kandidaten an seinen Peripherien dulden. Unser Land wurde in dieser Beziehung immer unsicherer. Es war nur eine Frage der Zeit, bis etwas geschehen würde. Die wirtschaftliche Destabilisierung des gesamten südamerikanischen Kontinents schien im Raume zu stehen, die Weltbank konnte als offener Manipulator der Weltmächtigen nicht mehr ausreichend gestalterisch eingreifen, die demokratischen Kräfte in unserem Lande waren zu schwach und nicht Willens genug, sich uneingeschränkt den Interessen der Globalisierung unterzuordnen. Ein Militärregime ist da naturgemäß viel kompromissbereiter, denn es benötigt zum Überleben rasche Erfolge, sowohl in politischer als auch in wirtschaftlicher Hinsicht. Eine Junta ist immer ein willkommener Partner für die Zentren der Macht, denn es sind die willigen Generäle, die sich den Mächtigen anbiedern um in ihrem Land an der Macht bleiben zu können. So gewinnen alle Beteiligten außer dem Volk, denn das Volk muss bluten, muss die Zeche der Gier der Oligarchen-Clique bezahlen, mit Armut, mit Verlust der Freiheit, mit seinem Leben!"

Carlos hatte sich in eine Art Rausch geredet, die uns zu fesseln begann. Ob er in seiner Analyse wirklich richtig lag, erschien fast als zweitrangig. Viel wichtiger war es, seine Gedankenflut, das scheinbar wirre Aneinanderreihen von Thesen, das Springen zwischen den verschiedenen historischen und politischen Epochen, sinnvoll zu verknüpfen, es in eine logische Linie der politischen Wirklichkeit zu bringen, zu verstehen, was sich hinter den blumigen Worten meines Vaters verbarg. Es war für mich wie damals, als ich noch ein kleines Mädchen war, das als Tochter eines Widerstandskämpfers groß wurde. Immer und immer wieder lauschte ich dieser eindringlichen Stimme, diesen provokanten Thesen und versuchte, hinter eine Wahrheit zu gelangen, die mir offenbar verschlossen war. Und immer war es so, dass ich nach langem Hin und Her meiner Gedanken, die Thesen meines Vaters zu einem Weltbild geordnet bekam, welches sich noch verwirrender zeigte, noch brutaler, noch unmenschlicher, als es seine Worte darzustellen im Stande waren. Ebenso schien es jetzt auch dem Fisch zu ergehen, denn er saß offensichtlich verwirrt neben mir, schüttelte ungläubig seinen Kopf. Seine Gesten fragten Carlos schließlich:

Aber warum ich?

Ja, warum er? Warum dieser nichts ahnende Gringo, der unser Land nur für wenige Stunden besucht hatte? Warum dieser unpolitische Ausländer, der mit den Wirren in unserem Land nichts zu tun hatte? Auch ich sah unseren Vater gespannt an. Carlos senkte seinen Blick für lange Augenblicke, bevor er zu einer leisen, fast unhörbaren Antwort ansetzte.

"Du, mein Junge, bist ein Irrtum, ein Zufall, ein Witz am Rande. Du warst von niemandem eingeplant, warst einfach zur falschen Zeit am falschen Ort. So etwas geschieht. Es geschieht immer wieder in der Geschichte, denn immer wieder sind Menschen wie du tragische Opfer einer noch tragischeren Geschichte, und niemand wäre im Stande, zu erklären, warum gerade ihr mit solcher Wucht getroffen werdet. Ihr seid sozusagen die unsichtbaren Figuren auf einem Schachbrett der Macht, weniger Wert als der geringste Bauer, ihr taucht aus dem Nichts auf und verschwindet in eben diesem Nichts, seid manchmal noch nicht einmal eine Zahl, sondern eine willkommene Seifenblase, derer sich die Underdogs des Putsches bedienen, um sich straflos in ihren perversen Spielen zu üben. Ich habe euch viel über die Französische Revolution erzählt. Sie spielt auch für dich eine wichtige Rolle, mein Sohn. Sicherlich hast du den Namen des Marquis de Sade schon einmal gehört."

Bei diesen Worten, bei der Erwähnung dieses Namens zuckte der Fisch zusammen, begann ein leichtes Zittern von ihm Besitz zu ergreifen. Ich ergriff unwillkürlich seine Hand und drückte sie in der Hoffnung, ihm Sicherheit und Schutz zu geben. Carlos blickte ihn eindringlich an. Dann fragte er den Fisch mit der sanftesten Stimme, die ich je bei meinem Vater gehört hatte, so voller Liebe und doch wissend, dass sie gleich grenzenlosen Schmerz bereiten würde.

"Soll ich fortfahren, mein Junge? Es wird wehtun, denn es wird dich der Wahrheit ein Stück näher bringen, dich und Maria, dich und uns alle hier im Camp."

Der Fisch nickte, blickte Carlos direkt ins Gesicht. Er zitterte nicht mehr, war vielmehr gespannt auf das, was kommen mochte.

"Der größte Geist der Französischen Revolution war sicherlich der noch heute verkannte Marquis de Sade gewesen. Wusstest du, dass die Erstürmung der Bastille, jenes Signal des Beginns der Revolution, durch diesen dort inhaftierten Marquis ausgelöst wurde, der mit einem Pisspott als

Megaphon bewaffnet, lautstark die Bürger aus seiner Zelle aufrief, die zu diesem Zeitpunkt bereits weitgehend geräumte Bastille zu erstürmen, um ihn zu befreien, der dort gefoltert würde? Wusstest du, dass er in einem anderen Gefängnisverlies für lange Zeit im wahrsten Sinne des Wortes vergessen wurde, dass er sich vehement als Adliger aktiv an der Revolutionsregierung beteiligte, bevor der Wundfraß der Revolution auch ihn erneut in ein Gefängnis spülte und später dann in eine Irrenanstalt, wo er bis zu seinem Tode gegen die Agonie des Vergessens ankämpfte? Dieser Marquis de Sade war es, der auf einer meterlangen Rolle in kleinster Schrift eines der wichtigsten Werke der Psychologie, die Universalis der Psychopathologie, die „Hundertzwanzig Tage von Sodom", in seiner Zelle der Bastille verfasste. Ein unvollendetes Werk übrigens, das erst Anfang des 20. Jahrhunderts wieder entdeckt wurde. Dieser große Geist war es, der mit seinen Werken der Aufklärung den notwendigen Spiegel vorhielt, den Spiegel dessen, was die Freiheit des Geistes auch zu vollbringen im Stande ist, nämlich die grenzenlose Macht, die Macht ohne Moral, die tödliche Kraft der Ratio, die eben auch den Holocaust möglich macht. Der Versuch der Verfilmung dieses Werkes durch einen Altmeister des europäischen Kinos verlegt die Handlung dann auch folgerichtig in die Zeit des Faschismus, denn es ist nichts anders, was de Sade in seinen Werken beschreibt, als der Faschismus, die absolute Unmenschlichkeit des Geistes im Fleisch, die Ultima Ratio der Macht. Und die Kritiker sahen wieder nur das, was sie auch bei den Werken de Sades sahen: Pornographie. Die pornographische Seite seiner Werke diente allen Mächtigen dieser Erde bis heute, die Gedanken de Sades zu zensieren und zu unterdrücken. Denn eines erkannten die Mächtigen sehr schnell, nämlich, dass ihr Handeln, ihre Lust zur Macht, ihre Triebfeder von de Sade entlarvt wurde, dass man, lässt man das Pornographische weg, die Mächtigen wie durch ein Röntgenauge entblößt sieht. De Sade betrieb Aufklärung im wahrsten Sinne, denn er dachte über das Gute der Aufklärung, über das moralische Postulat eines Kant hinweg, hin zu einer möglichen Welt, deren Gewalt alles übertreffen sollte, was selbst de Sade sich ausdenken konnte. Er hatte die Ursache der Macht erkannt, ebenso die möglichen Handlungsweisen, doch selbst er war nicht dazu in der Lage, die tödliche Vermassung des Holocaust oder eines Gulag vorauszuahnen. Sein freiwilliges Ausscheiden aus den Wohlfahrtsausschüssen der Revolution scheint jedoch bereits die frühe Erkenntnis des Marquis aufzuzeigen, dass die Freiheit des Geistes sich gegen jeden richten kann, ohne Unterscheidung, ohne Skrupel, ohne Rücksicht. Sie erscheint ihm willkürlich, denn sie kann jeden treffen, so wie sie in seinen Romanen die Opfer willkürlich trifft. Die Diskurse der Folter sind daher bei de Sade auch immer Diskurse für die Macht der Mächtigen und gegen die Ohnmacht der Opfer. Wer diese Opfer sind, ist dagegen eher unwichtig, sie stellen vielleicht Symbole dar, Symbole für die Gegenaufklärung in Form kirchlicher Würdenträger, Symbole für eine vergangene Zeit in Form der Unschuld einer Justine. Eines ist jedoch allen gemeinsam: sie sind entweder grenzenloses Opfer oder aufgeklärte Foltermonster. Doch auch die Folterer selbst sind vor der Tortur dieser Aufklärung, dieses freien Geistes, nicht sicher und können selbst zum Opfer werden. Diese scheinbare Willkür in der Wahl der Opfer ist es, die der Macht immanent zu sein scheint, aus der sie ihre Kraft bezieht. Und Willkür bedeutet eben auch, dass der Folterer nicht wirklich danach fragt, wen er da foltert, oder warum. Er foltert um zu unterdrücken, er foltert um zu beherrschen, er foltert um sich in seiner grenzenlosen Macht zu bestätigen. Je machtloser der Folterer dabei innerhalb des Systems der Macht selbst ist, desto gewalttätiger und unmenschlicher wird seine Folter ausfallen, desto grenzenloser wird sein Hass auf das Opfer sein, denn es ist letztendlich lediglich das ohnmächtige Zerrbild seiner eigenen Machtlosigkeit, die wie ein zerstörerischer Selbsthass auf das Opfer niedergeht, es zerfleischt, bevor es den machtlos Mächtigen des Augenblicks sich selbst erkennen lässt, in der klaren Konsequenz des Erkennens der Widersinnigkeit, der Unmenschlichkeit, der Unmoral seines Handelns. Die Oligarchen dagegen sind vor diesen körperlichen Todeszüchtigungen, diesen in der Folter verdrängten Selbstzweifeln, diesem Erkennen ihrer Selbst, wie es de Sade im Vorwort zu den "Hundertzwanzig

Tagen" beschreibt, geschützt, denn sie haben wirkliche Macht, sie besitzen die Macht, die Systeme zu steuern, brauchen daher auch nicht selbst Hand anzulegen, sondern lassen diese eben von gerade denen anlegen, die sich selbst in ihren Handlungen als machtlos Mächtige erkennen und so grenzenlos ihrem Selbsthass gegenübersehen, dass sie nicht umhin kommen, ihren Opfern einen noch tödlicheren Hass entgegen zu schmettern. Und du, mein Junge, bist ein solch willkürliches Opfer, so wie es Tausende andere bei diesem Putsch waren! Sie sind alle ohne Namen gestorben, viele sogar ohne eine Nummer, dieses letzte Zeichen des Systemimmanenten. Das Fehlen der Registrierung eines Toten, eines Gefolterten, eines Opfers, ist letztendlich die Tilgung der Schuld des Schlächters vor sich selbst. Es macht ihn moralisch integer in einem System der Unterdrückung. Es schützt ihn vor Selbstzweifeln und lässt ihn durch den Schutz des Systems zu weiteren, vielleicht noch unmenschlicheren Taten aufbrechen. Du hast durch Zufall überlebt, so wie du durch Zufall in diese Machtmaschinerie geraten bist. Dadurch bist du zumindest wieder zu einer Person aufgestiegen, denn du bist ein Zeuge, du bist der lebende Beweis für die Machtmechanismen dieser Junta. Und derjenige, der dich so gequält, so gedemütigt, so getötet hat, der hasst sich jetzt umso mehr für dein Entkommen, denn du bist sein Gewissen, das ihm unversöhnlich gegenübersteht. Daher, mein Sohn, ist es wichtig, dass du bei uns bist! Daher ist es wichtig, dass du lebst! Daher ist es wichtig, dass du um dich zu kämpfen beginnst! Um dich wieder zu finden. Oder neu geboren zu werden. Um durch deine Stimme den tödlichen Selbsthass des Faschismus von dieser Erde zu tilgen. Um uns die moralische Kraft zu geben, uns zu befreien! Ja, du bist nicht Angehöriger dieses Landes, du bist nicht Teil dieses Militärputsches, aber du bist Teil unseres Kampfes um unsere Freiheit. Das ist der Grund warum du bei uns bist, das ist der Grund warum wir alle an deiner Geschichte teilhaben, das ist der Grund warum wir dich lieben!"

Ein Kämpfer

Carlos hatte mich mit seinen wirren Theorien zum Nachdenken über unsere Situation gebracht, über die Zusammenhänge, die zu diesem Putsch geführt hatten. Wie schon so oft in den langen Jahren meiner Jugend hatte er mich mit seinen Reden nicht sofort überzeugen können, hatte mir jedoch Gedanken in den Kopf gepflanzt, die zu immer komplexeren Gebilden heranwuchsen und schließlich in einen umfassenden Blick, eine grundlegende Analyse einer politischen Situation mündeten. So auch diesmal. Ich begann zu verstehen, warum es überhaupt zu einem Militärputsch kommen konnte und warum er von der internationalen Staatengemeinschaft weitestgehend gestützt wurde. Realistisch betrachtet bedeutete die Analyse auf der Basis der Thesen meines Vaters, dass wir Freiheitskämpfer nicht nur in diesem Land sondern überall auf der Welt auf lange Sicht auf verlorenem Posten standen. Es schien nur eine Frage der Zeit, bis die Perfektion der Machtassimilation durch die Eliten allumfassenden Erfolg zeitigen würde. Ob danach noch ein Widerstand erfolgreich sein würde war zu bezweifeln. Aber Carlos hatte unsere Lage in einem großen historischen Kontext beschrieben, der mir klar werden ließ, dass wir an einer Zeitenwende standen, wir uns im Aufbruch in eine neue Epoche befanden. Diese neue Ära war noch nicht klar umrissen, ihre Konturen nur verschwommen zu erkennen. Es mochte eine Welt des Konsumterrors sein, der allzeitigen Kontrolle, der unterschwelligen und immer währenden Manipulation, der Gewalt gegen Andersdenkende, eine Welt der Gleichschaltung der Menschen und Kulturen, eine Welt der Verarmung der Massen, eines ungeahnten Pauperismus, und eines nie da gewesenen Reichtums weniger Oligarchen. Aber es schien vor allem eine Welt des Untergangs der Nationalstaaten zugunsten eines noch nicht näher zu erkennenden supranationalen Gebildes zu sein, dessen sich eventuell überlebende Relikte der alten Zeit unterzuordnen hatten, auch wenn das Streben der Völker nach immer kleineren unabhängigen Staaten vordergründig das Gegenteil zu behaupten schien – doch die Unfähigkeit solcher Mikrostaaten, dauerhaft lebensfähig zu sein, machte es den Mächtigen dieser Welt eben noch leichter, die Menschen gerade in diesen Staaten zu lenken und zu manipulieren. Es war in diesem Zusammenhang also insgesamt fragwürdig, ob unsere Form des Widerstandes überhaupt sinnvoll war, denn Zeitenwenden rissen alles mit sich fort, was sich ihnen in den Weg stellte. Dies war keine Feststellung meines Vaters, sondern eine historische Gegebenheit, denn schon viele Gesellschaften und Epochen waren untergegangen, und mit ihnen alles, was an sie erinnerte. Erst viel später tauchten die archäologischen Überreste wieder auf, Erinnerungen an vergangene Zeiten, an überkommene Lebensformen, an aus dem Bewusstsein getilgte Religionen, Ideologien und Kulturen. War uns dasselbe Schicksal bestimmt? Waren wir Teil einer untergehenden Kultur, der Kultur souveräner Nationalstaaten, der Freiheit, Gleichheit, Brüderlichkeit, mithin der Ideale der Aufklärung? War das, was Carlos uns offenbart hatte nicht die Beschreibung des Untergangs der Rationalität zugunsten einer grenzenlosen Manipulation, einer Scheinwelt, wie sie Sloterdijk[20] so cynisch[21] beschrieben hatte? Ich war verwirrt, denn die Überlegungen führten mich immer näher an die Einsicht, dass unser Kampf, mein Wunsch nach Freiheit, ohne jede Aussicht auf Erfolg geführt wurde, er sinnlos war, vergeudete Zeit.

Ich versuchte mit dem Fisch darüber zu sprechen. Er schien viel weniger von den Thesen meines Vaters angetan gewesen zu sein als ich. Dies mochte jedoch daran liegen, dass er diese Form der Indoktrination durch Carlos noch nicht so gut kannte wie ich. Oder vielleicht waren die Thesen ja auch falsch, und ich war durch das jahrelange Training nicht mehr dazu in der Lage, die Wirklichkeit als solche zu erkennen. Wenn mein Vater mich auch mit Si-

---

[20] Peter Sloterdijk:
„Kritik der zynischen Vernunft“, Frankfurt/M., 1983

[21] Gemeint ist der philosophische Begriff des Cynismus so wie ihn Sloterdijk benutzt im Gegensatz zum heute allgemein gebräuchlichen Begriff des Zynismus.

cherheit in eine ganz bestimmte politische Richtung hin erzogen hatte, so hatte er jedoch eines niemals zugelassen, nämlich das gedankenlose Nachplappern. Ihm war es immer wichtig gewesen, dass sich bei mir und allen anderen Zuhörern ein ausgeprägter Selbstzweifel entwickelte. Es mochte nur eine Welt geben, jedoch niemals nur eine Wahrheit! So, wie jede Kultur, jede Gesellschaft unsere Sichtweise des Lebens prägte, so war sie auch entscheidend für unseren Blick auf die verschiedenen Wahrheiten. Was für die Einen ein Sieg darstellte, war für die Anderen eine Niederlage, was für den Einen schön und gut sein mochte, erschien dem Anderen hässlich und schlecht, selbst naturwissenschaftliche Erkenntnisse waren reine Interpretationsangelegenheiten, wollte man sie in eine Gesellschaft integrieren. Die Fakten an sich waren ohne jeden Wahrheitsgehalt, erst die Kultur, in der sie zu Tage treten würden, ließe sie wahr oder falsch erscheinen. So war es nun auch mit dem Fisch und mir. Wir kamen aus verschiedenen Gesellschaften, waren unterschiedlich sozialisiert, hatten keine gemeinsamen Erfahrungen. Aus diesem Grunde schienen seine Interpretationen der Worte meines Vaters gänzlich anders zu sein. Das Gespräch darüber entwickelte sich zu einer Tortur, denn der Fisch konnte und wollte nicht sprechen, alle seine Äußerungen mussten in dieser verdammten, unvollständigen Zeichensprache ausgedrückt werden. Es fehlten so viele Gesten! Mir erschien es unmöglich, den Gedanken des Fisches zu folgen, und er ließ es schon bald sein, seine Sichtweise der Dinge zu erklären. Klar war aber, dass er nicht derselben Ansicht war, wie Carlos, dass er die Welt anders zu erklären versuchte, sich ein anderes Menschenbild gab.

Nur in einem schien der Fisch Carlos zustimmen zu wollen, nämlich in dessen Ansicht der Folter. Hier trafen offensichtlich Erfahrungen aufeinander, die unabhängig von den jeweiligen Kulturen oder Gesellschaften ähnlich erlebt wurden. Oder lag es einfach nur daran, dass beide in ihrem Leben schon einmal gefoltert worden waren? Oder war es etwa dieser ominöse Marquis de Sade, den ich nie gelesen hatte, der die Interpretation der Folter auf gleiche Weise zuließ? Ich wusste es nicht, merkte aber die Übereinstimmung der Beiden in ihrer Interpretation der Macht, deren Triebfeder, deren innerer Natur.

Während ich mich auf diese Weise immer mehr in Selbstzweifeln verlor, die Unerschrockenheit der Guerilla zunehmend aufgab, begann der Fisch, sich in unseren Befreiungskampf einzulassen. Mochte sein, dass er glaubte, er könne sich, seine verletzte Seele, dadurch befreien, mochte sein, dass er durch die Kämpfe nur vergessen wollte - mir wurde nicht klar, was seinen Wandel letztendlich ausmachte. Eigentlich sollte ich doch froh gewesen sein über einen Wandel des Fisches, hin zum allzeit bereiten Guerilla. Stattdessen hatte ich das ungute Gefühl, er sei auf eine falsche Fährte geraten, kämpfte einen Kampf, der nicht der Seine war. Als ich mit Carlos darüber sprach, meinte dieser nur, der Fisch sei auf der Suche nach seiner eigenen Identität, er würde nicht ewig mit uns kämpfen, aber wir dürften ihn auch nicht daran zu hindern suchen. Als ich meinen Vater jedoch auf meine Zweifel ansprach, sagte er:

"Maria, mein Kind, du solltest verstehen, dass Zweifel an deinen Überzeugungen immer gut sind. Es ist wichtig, sich immer und immer wieder zu fragen, ob die Gedanken, unsere Ziele und Wünsche, unsere Begierden und Träume, wirklich die Richtigen sind. Eine Revision unseres geistig-emotionalen Zustandes ist für ein bewusstes Dasein entscheidend, wollen wir nicht zu willenlosen Marionetten verkommen! Ich freue mich darüber, dass du, mein Kind, dich nicht gedankenlos in meine Obhut begibst, sondern versuchst herauszufinden, wohin dein Weg dich führen soll und mit wem du ihn beschreiten willst. Deine Zweifel werden dich zu neuen Zielen führen. Diese Ziele müssen wahrlich nicht die Meinen sein! Ich bin nicht allwissend und irre mich oft. Vielleicht werde ich eines Tages wunderbare Dinge von dir lernen können, Dinge von denen ich bisher noch nicht einmal träumen konnte. Wer weiß das schon? Doch Maria, bitte zerfleische dich nicht mit diesen Selbstzweifeln! Lass sie zu, ja! Aber verliere dadurch nicht auf Dauer deine Kraft. Der Zweifel an deinen Überzeugungen darf nicht zu einem unendlich langen Opfergang werden, sondern er muss dir neue Ziele aufzeigen oder die Alten bestätigen. Und dann kannst du mit neuer Kraft voranschreiten, eine weitere Etappe auf deinem persönlichen Weg gehen!"

So war Carlos! Wann immer ich mir eine klare Antwort von ihm erhoffte, enttäuschte er mich mit seinem antiautoritären Gefasel, dieser ach so lieb gemeinten Freiheit, wo ich mir als Kind so oft eine klare Linie, eine starke Hand, ein unmissverständliches Wort gewünscht hatte. Heute konnte ich damit umgehen, erkannte auch das Gute daran, erkannte, dass er mir doch nur die Freiheit meiner eigenen Person, meiner eigenen Entwicklung lassen wollte. Carlos war wie ein Ideengeber, eine Art Initiator, vielleicht aus Angst, ein wirklicher Vater zu sein, die Verantwortung der Eltern zu übernehmen. Vielleicht war Elternliebe weitaus mehr als nur die Liebe zu einem Kind, der Wunsch, diesem Kind die bestmögliche Zukunft zu eröffnen, vielleicht war Elternliebe doch auch die innere Verantwortung für das Bestehen des Kindes, des jungen Teils der Eltern, vor einer Welt, die sich jeden Tag zu ändern schien. Vielleicht war Elternliebe sogar die Liebe zu sich selbst, der Eltern in die Eltern, des Vaters in den Vater, der Mutter in die Mutter, ein reiner Egozentrismus, den man nur dann aufgeben konnte, wenn man entweder sich selbst gar nicht liebte, sich bereits verloren gab oder aber nicht wirklich der Vater oder die Mutter des Kindes war. Für Carlos traf Letzteres zu, und vielleicht hatte er mich deshalb zwar geliebt, jedoch nie als wirklicher Vater, vielmehr als grenzenloser Freund, als Lehrer, als Mentor. Und so überließ er mich wieder einmal, wie so oft, mir selbst.

Ich verdrängte. Das hatte ich schon oft getan. Wenn ich nicht mehr weiter wusste stürzte ich mich in erschlagende Arbeit, ließ mir einfach keine Zeit, nachzudenken. Das war eine gute Methode, Dinge die ich nicht lösen konnte, auf später zu verschieben. Diesmal ging es jedoch um den Kampf. Ich musste mich früher oder später entscheiden, ob diese Form des Kampfes, das Leben als Guerilla, wirklich auch mein Leben war. Ich musste dies vor allem zu einem Zeitpunkt entscheiden, an dem ich noch die Wahl hatte, denn es mochte der Tag, die Stunde, die Minute kommen, wo es keine Freiheit zur Entscheidung mehr gab, wo mir der Gegner erbarmungslos gegenüberstehen würde, und es nur noch die Frage nach dem Du oder ich gab. Es war seltsam, dass ich mir diese Fragen aufs Neue stellen musste, wo ich doch spätestens bei der Befreiung meines Vaters diese Entscheidung bereits getroffen hatte. Oder war es vielleicht doch notwendig, bei jedem Kampf, vor jeder möglichen Auseinandersetzung diese lebenswichtige Frage erneut zu stellen, immer und immer wieder, wie ein nie enden wollender Zweifel, der uns aufzufressen droht, uns unserer Kraft beraubt, der Unschuld des Kämpfers vor sich selbst, der Selbstüberzeugung über die moralische Richtigkeit unseres Handelns? Unterschwellig, auch wenn ich es mir gegenüber nicht zugeben mochte, hing diese Entscheidung tagtäglich über mir, nagte an meiner Entschlusskraft, machte mich schwächer und schwächer.

Der Fisch hatte diese Probleme nicht. Er ging ganz in seiner neuen Rolle als überall im Camp beliebter Guerilla auf. Zwar fasste er immer noch kein Gewehr an, doch in seiner Art des Nahkampfes war er ein unschlagbarer Bestandteil unserer Truppe geworden. Manchmal erschien es mir sogar, als ob er diese Nähe zu seinem Gegner benötigte, sie gewissermaßen suchte, vielleicht um seinen Körper, die direkte Auseinandersetzung seines Intellekts, seiner Kraft, gegen die des Gegenüber zu stellen. Und aus jedem Kampf ging er gestärkt, mutiger, kraftvoller hervor. Es war unglaublich, wie sich der Fisch geändert hatte. Manchmal hatte ich sogar Angst, in seinem Verhalten manische Züge zu erkennen. Ich fürchtete mich davor, mir eingestehen zu müssen, dass der Fisch zur Kompensation seiner seelischen Unzulänglichkeiten die Haltung eines Mörders annehmen könnte.

Auch Carlos entging dieser neue Eifer des Fisches nicht und er stellte ihn zur Rede. Carlos wollte unbedingt, dass auch ich bei diesem wichtigen Gespräch - oder sollte ich doch vielleicht lieber Monolog sagen? - dabei war, so als wolle er auch mich nochmals vor den inneren Gefahren des Kampfes, den psychischen Abgründen und Fallstricken warnen.

"Mein Sohn",

wieder diese übliche Anrede meines Vaters dem Fisch gegenüber, den er nie mit dessen Namen ansprach obwohl er ihn zu wissen schien, den er auch niemals in dessen Beisein als Fisch bezeichnete, vielleicht, weil dieser Name von mir vergeben worden war, ich wusste es nicht, war jedoch jedes mal verwirrt darüber, mit dem Fisch eine Art Bruder bekommen zu haben, einen Bruder jedoch, der nur für Carlos, unseren mentalen Vater, unser beider Retter Bestand hatte.

"Mein Sohn, uns allen ist dein besonderer Eifer, deine überwallende Energie im Kampf aufgefallen. Zuerst waren wir darüber erfreut, denn wir können in unserem Widerstand gegen die Junta jeden Kämpfer dringend gebrauchen. Doch mir und einigen anderen erfahrenen Genossen ist ein Zug in deinem Elan aufgefallen, der uns zunehmend beängstigt. Du musst wissen, dass kein Kampf einem Selbstzweck dient, er hat immer ein größeres Ziel vor Augen, sei es das bloße Überleben, sei es die Niederschlagung eines anderen Regimes, sei es der Kampf um die Freiheit. Letztendlich geht es immer darum, den Gegner zu besiegen, ihn kampfunfähig zu machen oder, wenn es wirklich nicht anders geht, ihn zu töten. Uns sollte nie die Lust am Kampf oder gar die Lust am Töten leiten, denn sobald wir dieser Lust nachgeben, verlieren wir das eigentliche Ziel aus den Augen, bewegen wir uns unweigerlich in die Barbarei oder werden, simpel ausgedrückt, zum Mörder. Der Soldat, der Guerilla, der Freiheitskämpfer, der Mensch, der um sein nacktes Überleben kämpft, der für sein Land, seine Überzeugung, die Befreiung Unterdrückter oder eben nur um seiner Selbst tötet, unterscheidet sich von einem Mörder eben dadurch, dass er sich nicht dieser Lust am Töten hingibt. Sicherlich, der Mörder kann auch dadurch zum

Mörder geworden sein, dass er ein Verbrechen verdecken will, sich sozusagen aus einer Art Sachzwang zum Mord entscheidet. Was dabei ein Verbrechen darstellt, hängt im Wesentlichen von der Kultur ab, in der sich die Tat abspielt. Während eines Krieges kann sich diese Kultur jedoch durch den Sieger ändern, so dass ein Soldat, der im guten Glauben sich niemals als Mörder empfunden hat, durch den Sieger genau dazu gemacht wird. Dies hängt auch von der Epoche und ihrer spezifischen Religion, der Sichtweise von Welt, Gesellschaft und Menschlichkeit ab, in der sich dieser Krieg abspielt. Für die Menschen der Antike war die Ausrottung eines Volkes im Kriege kein Verbrechen, egal wer der Sieger war, uns hingegen erscheint alleine der Versuch des Völkermordes als Verbrechen an der Menschlichkeit. Doch diese Sichtweise ist noch gar nicht so alt, und wie gesagt, auch stark von den kulturellen Umständen abhängig. Noch bei der Errichtung des türkischen Nationalstaates war es keine Frage eines Verbrechens, die nicht türkischen Völker ausrotten zu wollen. Dies war am Anfang des zwanzigsten Jahrhunderts. Nur wenige Jahre vorher versuchten sich diverse europäische Nationen in ihren afrikanischen Kolonien am Völkermord und die Indianerkriege der Amerikaner sind nichts weiter als die Ausrottung vieler indianischer Völker. Den Spaniern gelang dies in noch größerem Umfang nach der Entdeckung der Karibik, Mittel- und Südamerikas. Aber auch Afrikaner, Asiaten und Indianer waren vom Völkermord nie besonders weit entfernt oder praktizierten ihn ohne ein Gefühl der Reue. Die Ansicht, Völkermord sei etwas Verbrecherisches, besteht erst seit dem Ende des Zweiten Weltkrieges und selbst heute noch wird bei Völkermorden je nach politischer Opportunität gerne einmal etwas länger weggeschaut, als dies zur Rettung der Ermordeten nötig gewesen wäre. Die Untaten in Ruanda und die internationale Reaktion darauf sprechen dafür eine wirklich gute Sprache. Völkermord als Tatbestand des internationalen Rechts ist eine Erfindung des zwanzigsten Jahrhunderts, maßgeblich geleitet durch die schrecklichen Erfahrungen mit dem versuchten Völkermord an den Juden, Sinti und Roma sowie den osteuropäischen Völkern. Aber schon hier gehen die Ansichten der

Interpretatoren auseinander: Völkermord an den Juden und Osteuropäern ja, aber die Sinti und Roma? Völkermord definiert sich über den Begriff des Volkes. Menschengruppen, die sich selbst als Volk bezeichnen, als eine kulturelle Einheit also, werden aber gerne aus dieser Definition ausgespart, insbesondere dann, wenn sie Teil einer Nation sind. Vielleicht ist das auch der Grund für die Nazis gewesen, bei ihrem Vernichtungswerk keinerlei Skrupel zu zeigen. Man sollte aber auch nicht vergessen, dass die Ideologie eines Hitlers noch im neunzehnten Jahrhundert verankert war und nicht etwa, wie viele glauben, ausschließlich durch die Ereignisse des Ersten Weltkrieges und der Weimarer Republik geprägt wurde. Den Nazis fiel es relativ leicht, Mörder an einem Teil ihres Volkes, den Juden, zu finden, denn die Opfer wurden eben nicht als Fremde, sondern als traumatischer Teil des nationalen Selbst empfunden, sie waren Teil eines bürgerkriegsähnlichen Selbstzerfleischungsaktes, ähnlich den Ereignissen des Bürgerkrieges in Ex-Jugoslawien. Doch was macht die Besonderheit solcher Völkermörder aus? Was sind die Beweggründe, die Ziele und Motive dieser Mörder? Was unterscheidet sie so offensichtlich von Freiheitskämpfern, Guerillas oder regulären Soldaten? All jenen sind bestimmte, rational erkennbare Ziele zu Eigen, Ziele, die über das eigentliche Töten, über die reine Macht über Leben und Tod hinausgehen. Ein Nazi mag selbstverständlich noch heute behaupten, die angestrebte Judenvernichtung sollte die Welt vor einer Clique machtbesessener Eliten, vor einem parasitären Volk oder weiß der Teufel, was für einem Unsinn befreien, sollte dem deutschen Volk seine innere Einheit wieder geben, die Ermordung der Sinti und Roma sei schlichtweg die Vernichtung unwerten Lebens gewesen, und der Völkermord an den Slawen sollte Raum für die Arier im Osten schaffen. Das ist natürlich alles Unsinn, und es ist es nicht wert, darüber überhaupt weiter zu reden! Der wahre Grund ist der Wunsch der Eliten, ihre Macht auszuweiten und zu konsolidieren. In der angestrebten Vernichtung eines Teils ihrer eigenen Bevölkerung machten sie die Täter, die willigen Mörder, die schlachtenden Mitläufer der Regierenden zu Komplizen an der Lust zu töten. Die Eliminierung der

Zionisten und Kommunisten war das mörderische Ziel der regierenden Nationalsozialisten auf ihrem Weg zur Macht und der Erhaltung dieser Macht im Inneren. Den Schlächtern in den KZ oder den simplen Politmördern auf den Straßen des Dritten Reichs ging es dagegen um das Spiel der Macht eines Machtlosen über einen Ohnmächtigen, ging es um die perverse Lust am Töten, einem Töten aus Selbstzweck. Wenn man einmal die Aufnahmen aus jener Zeit gesehen hat, Aufnahmen, die entlarvender nicht sein könnten, wer einmal gesehen hat, wie bereits zu Beginn der Schreckensherrschaft der Nazis willige Proleten in Anzügen immer und immer wieder auf weinende, blutende, um ihr nacktes Leben bettelnde Menschen einschlugen, mit Knüppeln, Fäusten, Tritten, wer gesehen hat, welche sadistische Freude in den Augen derer stand, die noch einen letzten Schlag zum Tode eines bereits ausblutenden Menschen versetzen konnten, der erkennt instinktiv, dass er es hier mit Mördern, mit Wesen im Blutrausch, mit lustvollen Schlächtern zu tun hat. Genau dies unterscheidet Bürgerkriege von regulären Kriegen zwischen Nationen, unterscheidet die KZ der Nazis von allem, was es bisher auf Erden gegeben hat! Wenn sich Menschen, egal aus welchem Milieu sie stammen, welche Schulbildung sie genossen haben, welcher Ideologie sie angehören, zu eben solchen blutgierigen Monstern entwickeln, dann kann man eigentlich immer sicher sein, dass man es mit Bürgerkriegszuständen zu tun hat, wie immer man die eigentliche, offizielle Auseinandersetzung nun nennen möchte. Ja, die scheinbaren Entgleisungen der amerikanischen Soldaten im Vietnamkrieg sind eben gerade aus diesem Blickwinkel zu sehen, nämlich dass es sich im Vietnamkonflikt in Wirklichkeit um einen Bürgerkrieg gehandelt hatte, in den sich die Amerikaner eingemischt hatten. Die Unmenschlichkeiten in Ruanda, auf dem Balkan, oder im Nachkriegsirak sind eben genau diese Bürgerkriegszustände, in denen Underdogs ungebremst von Sitte und Moral, losgelöst von jeglicher Kultur, geblendet von ideologischen, religiösen oder gar Völker hassenden Zielen, auf ihre nächsten Nachbarn einschlagen, sie hinmetzeln mit einem Lächeln auf den Lippen, mit dieser Lust am Tod des Gegenüber, mit dieser

Gier am Mord. Davor müssen wir uns hüten, mein Sohn! Doch auch Opfer können schuldig werden, können zu eben solchen Mördern werden, können sich selbst in ihrem Hass oder der Verdrängung ihrer Mitschuld an ihren Qualen aus der Menschlichkeit entlassen."

"Du willst doch nicht etwa sagen, dass die Juden der Konzentrationslager an ihrer Ermordung auch noch selber schuld waren?!"

Ich war aufgesprungen, wütend und entsetzt von den Worten meines Vaters. Dieser letzte Satz, diese These von der Mitschuld der Opfer entsprach so gar nicht seinen übrigen Ansichten, es passte einfach nicht in das Bild meines Vaters. Diese These erinnerte mich an eine Diskussion an der Universität nachdem eine Studentin vergewaltigt worden war. Es gab immer wieder diese Ansicht, die zu meinem Entsetzen insbesondere von anderen Frauen gerne vorgebracht wurde, dass die junge Frau, die sich gerne mit kurzen Röcken und tiefen Dekolletés kleidete, doch selbst an der Vergewaltigung schuld gewesen sei, sie habe ja immerhin die Täter geradezu aufgestachelt. Ja, gerade bei Vergewaltigungen konnte man in der Tat immer und immer wieder diese perverse Umkehrung der Opfer-Täter-Beziehung erkennen. Ich führte dies auf die traditionellen Rollenverteilungen in unserer Gesellschaft zurück, in der Frauen verfügbar zu sein hatten und Männer das Recht zu besitzen schienen, mit genau uns Frauen machen zu dürfen, was sie wollten, insbesondere dann, wenn sich eine Frau mit ihrem Verhalten, ihren Ansichten, ihrer Kleidung an den Rand der sittlichen Übereinkünfte dieser Gesellschaft stellte. Da ging mir immer die Galle über! Ich kochte jedes Mal vor Wut, hätte diese anderen Frauen als Verräterinnen steinigen mögen, hätte die Männer als Mitvergewaltiger am liebsten kastriert!

Und jetzt kam mein Carlos mit solch einer These daher! Was sollte das?

"Bist du verrückt geworden?"

Ich schrie fast, mein Gesicht war rot angelaufen, mit geweiteten Augen blickte ich Carlos kampfeslustig an.

"Das kannst du nicht ernst meinen, Vater! Wie kannst du bloß die Opfer solch unsagbarer Leiden zu Komplizen der Täter werden lassen, sie so verhöhnen?"

"Ich verhöhne sie nicht, Maria."

Seine Stimme war so ruhig wie immer. Er blickte mir tief in die Augen, griff nach meinen vor Wut bebenden Händen, die sich ihm nicht zu entziehen im Stande waren.

"Nein, für wahr nicht! Die Ermordeten und die Überlebenden der Konzentrationslager sind durch die höllischste aller bisher da gewesenen Höllen gegangen! Sie haben Qualen erlitten, die jenseits unserer normalen Vorstellung liegen. Sie haben sich niemals objektiv schuldig gemacht, haben niemals aktiv zu ihren Folterqualen beigetragen. Doch in ihrer subjektiven Schmach, in dem Wissen um ihren zu späten oder nie erfolgten Widerstand, in ihrer demütigen Hoffnung an die nachbarschaftliche Menschlichkeit und dem dann so demütigenden Erkennen der Bestialität eben genau dieser Nachbarn wurden sie zu Komplizen der Schlächter vor sich selbst. Es ist nicht leicht zu verstehen, was ich sagen möchte, mein Kind, aber ich will trotzdem versuchen, dir zu erklären, was ich meine:

Ein Mensch, der vor einem Bürgerkrieg mit seinem Nachbarn ein gutes Verhältnis pflegt, nicht gerade freundschaftlich vielleicht, aber im Rahmen des Üblichen gut und ausreichend, der wird sich beim Beginn des Selbstzerfleischungsaktes entscheiden müssen, welchen Weg er beschreiten wird. Er kann völlig die Realität verdrängen und einfach so weiter machen, als sei nichts geschehen; er kann sich im vollen Wissen, dessen was geschieht, in seinem privaten Schneckenhaus verschanzen, sozusagen die Augen vor der Wirklichkeit um ihn herum verschließen, so lange, bis ein Widerstand, eine Flucht oder sonst eine angemessene Reaktion unmöglich geworden ist; er kann den Versuch wagen zu fliehen, einfach nur weg vor dem, was kommen mag; oder er zieht in einen ungewissen, sicherlich aber tödlichen Kampf gegen seinen guten Nachbarn, von dem er weiß, dass er im Bürgerkrieg eine ebensolche Bestie sein wird, wie er selbst. In jedem Fall macht er sich schuldig, das eine Mal objektiv, das andere Mal subjektiv vor sich selbst. Zieht er in den Bürgerkrieg, so wird er Teil des mörderischen Geschehens, ganz objektiv, von jedem erkennbar, die Schuld steht außer Frage, selbst wenn seine Partei als Sieger aus der Auseinandersetzung hervor gehen sollte. Historisch wird seine Schuld dann als Sieger zu einer rein persönlichen Schuld heruntergespielt, zu einer inneren Auseinandersetzung mit seinen Tötungsdelikten, die ihn faktisch zum Mörder machten, politisch jedoch zum Sieger, und damit objektiv unschuldig. Flüchtet er ins Exil, so macht er sich für alle gut erkennbar an den zu hause Gebliebenen schuldig, dadurch, dass er sie alleine ließ in ihrem Kampf ums Überleben. Aus dieser Krux wird er noch nicht einmal durch einen Sieg der Seinen gerettet, denn die werden ihm sein Exil bis in alle Ewigkeit vorwerfen, werden ihn als Verräter denunzieren, so dass seine Schuld sowohl nach Außen als auch nach Innen wirkt. Kämpft er aus dem Exil heraus, so wird es ihm genauso ergehen, wie dem, der direkt vor Ort am Bürgerkrieg beteiligt war. Hat er sich jedoch in seinem Schneckenhaus verschanzt bis jede Reaktion unmöglich geworden ist, so hat er sich objektiv erst einmal nicht schuldig gemacht, obwohl er durch sein Weggucken die Untaten des Bürgerkrieges vielleicht erst ermöglichte, aber subjektiv wird die Schuld vor sich selbst, dieser nagende Selbsthass um so größer sein, denn er hatte ja die Möglichkeit, die heraufziehende Wahrheit frühzeitig zu erkennen, doch statt darauf angemessen zu reagieren, hat er sich und die Seinen, seine Familie, seine Kinder, in das Leiden schlittern lassen, hat wider besseren Wissens nichts dagegen unternommen. Wie sehr muss er sich dafür hassen! Und wie sehr muss er später andere dafür Leiden lassen! Denn diese Menschen sind es, die durch ihre innere Schuld zerrissen, einen Frieden im heutigen Palästinakonflikt nicht zulassen, die nicht nur den einstigen Tätern - zu Recht! - nicht vergeben können, sondern aus dem Holocaust, diesem unsagbaren Leid, die Rechtfertigung für die Leiden ihrer heutigen Gegner herführen, sie sozusagen für ihr Versagen in ihrem inneren Konflikt von gestern bestrafen, so wie sie am liebsten ihre damaligen Gegner und sich selbst bestraft hätten. In der Zeit ihres eigenen Leidens sind sie vor der Welt nicht schuldig geworden, doch durch ihren Hass auf ihr Versagen vor sich selbst werden sie zu Tätern vor der Welt im Leiden ihrer heutigen Nachbarn! Und die letzte Gruppe? Die, welche einfach weitermachten, als hätte um sie herum noch gar kein Kampf stattgefunden? Sie haben sich als Einzige nichts vor sich selbst vorzuwerfen, denn sie haben bis zuletzt nicht verstanden, was mit ihnen geschah. Historisch gesehen sind jedoch auch sie schuldig geworden, obwohl sie diejenigen sind, die am leichtesten vergeben können, die ihren Mördern gegenüber partout nicht böse sein wollen, denn sie erst sind es, die einen Bürgerkrieg zulassen, sie sind es, um deren willen die Auseinandersetzung geführt wird, sie sind es, die in ihrer Normalität die notwendig Masse der vergebenden Opfer abgeben, die nach dem Kriege den Siegern erst deren Sieg ermöglichen, deren unwissende, naive und gut gemeinte Unparteilichkeit den Schlächtern erst die notwendige Munition für ihre Taten liefern. Sie sind die wahren Schuldigen, die in ihrer Vermassung alles zulassen, nicht aufbegehren, sich vor sich selbst verstecken, keine Selbstzweifel empfinden, neutral gegenüber jeder Bestie auftreten und insgeheim doch nur das Eine wollen: auf der Seite der Sieger zu stehen, durch das Leiden anderer in sich selbst zu wachsen ohne dieses Leiden selbst wahrnehmen zu wollen, selbst, wenn es unmittelbar vor ihren Augen geschieht!

Sie alle sind schuld, Maria! Wir alle sind schuld!"

Ich schwieg. Mein Herz raste, doch ich konnte nicht atmen. Die Worte meines Vaters musste ich erst noch verdauen.

"Aber ..." Ich stockte. "... das hieße, dass wir alle uns schuldig machen würden, egal, für welchen Weg wir uns entscheiden.“

"Ja, genau! Im Bürgerkrieg gibt es keinen Unschuldigen. Höchstens die Kinder, die noch nichts von den Unmenschlichkeiten der Welt wissen. Im Krieg zwischen Nationen geht es meist um mehr oder minder rationale Ziele. Nicht so im Bürgerkrieg, wo Emotionen deinen ehemaligen Freund töten können. Der größte Unterschied liegt jedoch darin, so glaube ich, dass bei einem offenen Krieg kein Vertrauen zerstört wird. Unterschiedliche Staaten und Völker, verschiedene Religionen und Kulturen, können keine wirkliche Vertrauensbasis aufbauen. Sie können sich lediglich durch Verträge oder Absprachen daran hindern, sich gegenseitig in einen Krieg zu verstricken. Der Bürgerkrieg hebt jedoch das Prinzip des Vertrauens aus den Angeln, jene Beziehung zwischen den Menschen, die eben nicht auf Verträgen oder Absprachen sondern lediglich auf einer Art sittlicher Übereinstimmung basiert. Zerstöre ich dieses Urvertrauen, das ich in meinen Nachbarn habe, das zum Gelingen eines Gemeinwohles unabdingbar ist, so zerstöre ich damit auch die Grundlage der Menschlichkeit, die Basis meines humanen Handelns, begebe mich in eine Art Barbarei, ohne Sitte, ohne Moral, ohne Grenzen. Dann ist alles möglich: ein Abschlachten hunderter Menschen in einer ruandischen Kirche, das Verbrennen bereits getöteter Soldaten im Irak, die Hinrichtungen vor laufender Kamera oder das Auffüllen von Straßenlöchern mittels Leichen im Vietnamkrieg, die Massenvergewaltigungen moslemischer Frauen durch Serben im Balkankonflikt, das Erschießen von Kindern oder das Verbrennen von Polizisten während der südafrikanischen Apartheid, die arabisch-palästinensischen Selbstmordattentäter, das Zerstören jeglicher Lebensgrundlage eben dieser Palästinenser durch die Israelis, die Eliminierung der eigenen Intelligenz in den stalinistischen Gulags oder eben auch die Schrecken des Holocaust. Die Art, wie ein Bürgerkrieg geführt wird, entzieht sich eben jeglicher rationalen Grenze, sie ist überwiegend von psychischen Gegebenheiten abhängig, von Schuld- und Hassgefühlen, von schuldigen Komplizenmassen, die alles geschehen lassen, und in deren Namen alles geschieht, von Kämpfern, die zu Mördern, zu blutgierigen Monstern werden. Im Bürgerkrieg sind wir alle schuldig. Wir können höchstens versuchen, uns für eine Seite zu entscheiden, von der wir hoffen müssen, es sei die Humanere, nicht etwa die Richtige oder gar die Wahre. Und Humanität bedeutet in diesem Zusammenhang lediglich der Versuch, die Errungenschaften der Menschenliebe am Leben zu erhalten, vor einer zunehmend brutaleren, entmenschlichteren Welt zu retten. Denn Eines ist gewiss, meine Kinder,"

und bei diesen schon fast missionarischen Worten blickte uns Carlos so eindringlich in die Augen, wie ich es noch nie erlebt hatte,

"mit dem gleichmacherischen Versuch der Globalisierung, mit der Eliminierung der kulturellen Unterschiede und der Ausschaltung der Nationalstaaten, begeben wir uns auf den Weg zu einer Welt des Bürgerkrieges, zu einer Welt, in der Moral und Vertrauen immer kleinere Werte darstellen werden, in denen daher auch die Auseinandersetzungen immer bestialischer werden dürften. Doch wir dürfen nicht Teil dieser mörderischen Maschinerie werden, wir müssen, auch wenn wir Kämpfer sind, und dies gilt besonders für dich, mein Junge, wir müssen immer und überall den Zweifel an unseren Handlungen hoch halten, uns immer wieder kritisch hinterfragen, ob die Art, die Einstellung, der Wille, mit dem wir in die Auseinandersetzung ziehen, ob das Alles dem Ziel einer menschlicheren Welt entspringt, oder nicht doch nur der Lust am Kampf. Und wenn du dies beherzigst, mein Sohn, dann wirst du selbst im tödlichsten Kampf deine Menschlichkeit nicht verlieren, wirst ein Kämpfer sein, aber kein Mörder!“

Der Fisch versuchte sich mit seinen rudimentären Gesten zu Wort zu melden und meinte, er hätte sich nie als Mörder empfunden, immer nur als ein Opfer, das noch nicht einmal wusste, warum es in diesen Konflikt gezogen worden war. Er hätte doch nur für unsere Freiheit, für die Niederschlagung der unmenschlichen Junta gekämpft, wäre doch nur mit uns in den Kampf gezogen, um uns zu zeigen, wie dankbar er für seine Rettung sei.

"Deine Rettung, mein Junge, hat überhaupt nichts mit deiner Bereitschaft zum Kampf zu tun!"

Carlos erschien mir das erste Mal wütend oder zumindest ungehalten zu sein. Seine Augen funkelten den Fisch in einer unversöhnlichen Intensität an.

"Wenn du deine Rettung als Grund für dein Hier sein angibst, dann frage ich mich, ob du wirklich verstanden hast, was ich dir seit unserer Zeit in der Zelle beizubringen versucht habe. Deine Rettung ist ein Akt humanitären Handelns, sie hat nichts mit deiner Person, mit den Befreiern, mit deiner Freundschaft zu mir oder den Anderen in diesem Camp, sondern einzig und allein mit deiner Situation als Gefangener eines Unrechtsregimes zu tun. Maria hatte unter dem Gesichtspunkt der militärischen Situation sogar Recht, als sie dich nach der Befreiung nicht mit in unser Camp nehmen wollte. Militärisch gesehen warst du ein großes Risiko, ein Wagnis, das nur unter einem einzigen Gesichtspunkt einzugehen war, nämlich dem der Menschlichkeit!"

Carlos hielt inne, schien sich etwas beruhigen zu wollen, bevor er fortfuhr.

"Und auch die Freiheit unseres Volkes hat mir dir nichts zu tun. Es ist immer eine grundsätzliche Frage, ob ein Fremder ein Bestandteil einer Bürgerkriegspartei sein darf. Der Fremde, der Söldner, der Kriegsfreiwillige aus einem anderen Land, ist ein Mörder aus Leidenschaft, einer, dessen Mordinstinkte sich zu einer ungewöhnlichen Professionalität entwickelt haben, dessen außerordentliche Gefährlichkeit und Unmenschlichkeit darin liegt, dass er keine Grenzen, keine Moral, keine Freundschaft mehr kennt. Er ist an nichts gebunden, der Nachbar ist ihm fremd, er würde sogar seine Kinder ohne zu zögern hinschlachten, wenn es ihm sein Geldgeber oder seine irregeleitete Ideologie, sein Glauben, seine tödliche Passion gebieten. Er ist der Universal Soldier[22] den ein Protestsong des Vietnamkrieges so treffend besingt, er ist der, den wir hier bei uns niemals haben wollen!"

Carlos griff jetzt nach den Händen des Fischs, der in sich gekehrt, mit fahlem Gesicht vor uns saß. Er drückte sie, schien den Fisch dadurch aufwecken zu wollen.

"Aber du, mein Kleiner, du bist nichts von alle dem! Du bist wirklich ein unschuldiges Opfer dieses Konfliktes und dein Hier sein ist ein Zufall, wie er größer nicht sein könnte. Doch du hast dich bis jetzt nicht entschieden, von uns zu gehen. Noch immer scheinst du auf der Suche nach dir selbst, nach einem alten oder einem völlig neuen Menschen zu sein. Noch immer bist du dir nicht klar, was dein Überleben bedeutet. Du hast das Gefühl, dankbar sein zu müssen, bist in dem Glauben, unsere Freiheit würde zwangsläufig auch deine Befreiung bedeuten. Aber das ist nicht so! Nein, mein Junge, deine Freiheit, dein Sieg über deine traumatischen Erlebnisse, deine Wiedergeburt sind einzig und alleine von dir abhängig! Du musst im rechten Augenblick erkennen, was dich zu befreien vermag, du musst selbst mit wachen Augen sehen, wie du deine Freiheit wieder erlangst, musst deine erneute Geburt auf dieser Erde ganz alleine inszenieren! Dabei kann dir keiner helfen, Maria nicht und auch ich nicht, und erst recht nicht der Kampf in einer Guerillagruppe. Wenn du gehen willst, geh! Wenn du bleiben willst, bleib! Doch fühle dich niemals dazu verpflichtet, kämpferischer als ein Guerilla, tödlicher als deine Waffe oder gar moralischer als wir alle zu sein! Wir kämpfen nur um unsere Freiheit. Das ist viel und doch so wenig. Aber egal was uns zustößt, egal, in welch aussichtsloser Lage wir uns befinden, egal wie machtvoll wir unserem Gegner gegenüberstehen, niemals, nie und nimmer, dürfen wir den Boden dessen verlassen, was Menschlichkeit und Nächstenliebe ausmachen, niemals dürfen wir uns zu Gott, zum alleinigen Entscheider über Leben und

---

[22] Gemeint ist das Protestlied „The Universal Soldier" von St. Marie, bekannt gemacht durch den US-Sänger Donovan (LP „Catch the wind", 1965).

Tod machen, sondern wir müssen immer wieder darüber Rechenschaft vor uns ablegen, ob unsere Handlungen vor den kritischen Augen der von uns Getöteten Bestand haben werden. Denn der, den wir Töten, ist es, der auf uns herabschaut, dessen Tod einen Sinn haben muss, einen Sinn für den Fortbestand der Menschheit oder dieser Welt. Ähnlich wie die Indianer müssen wir lernen, unsere Opfer als Teil von uns selbst zu sehen, als Teil eines göttlichen Universums, in dem sinnentleerte Handlungen wie Folter und Mord keinen Platz haben. Wenn deine Tat also einem höheren Ziel dient, dann kannst du zwar nicht unbedingt Verständnis erwarten, zumindest aber Vergebung von deinen Opfern. Sind jedoch deine Beweggründe oder die scheinbar höheren Ziele in Wirklichkeit doch nur solch einer niederen Natur, wie ich sie euch vorhin geschildert habe, so kannst du noch nicht einmal auf Vergebung hoffen. Darum, mein Junge, bitte ich dich, dich nochmals selbst zu befragen, warum du hier bei uns bist, und warum du mit uns in den Kampf ziehst. Wenn du zu keinem Ergebnis kommst, dann warte ab! Du brauchst uns nicht zu verlassen. Wir können dich in vielen verschiedenen Tätigkeiten dringend gebrauchen. Du musst kein Kämpfer sein, um bei uns bleiben zu können! Als Koch, Mädchen für alles oder gar als Latrinenreiniger bist du uns um ein Vielfaches Willkommener, als wenn du ein Mörder wärest! Finde zu dir, und stehe zu dir! Versuche bitte kein schlechtes Abziehbild eines Freiheitskämpfers abzugeben, der du nun wirklich nicht bist! Denn es ist nicht dein Kampf, den wir hier kämpfen, es ist unser Kampf um unsere Freiheit! Dein Kampf, mein Junge, ist ein innerer Kampf, ist die Suche nach der Wiedergutmachung deiner Leiden, ist die Suche nach dem Grund für das, was dir widerfahren ist, ist letztendlich die Suche nach dir selbst."

Ich blickte den Fisch erwartungsvoll an. Auch Carlos ging es nicht anders. Noch immer hatte er diese Hände in einem liebevollen Griff. Mit einem zaghaften aber wohlwollenden Lächeln wartete mein Vater auf die Reaktion des Fisches. Schließlich blickte dieser fragend zu mir, als wolle er sagen:

"Und du, Maria?“

Erst war ich unsicher. Was wollte der Fisch von mir hören? Sollte ich ihm von meiner Liebe zu ihm erzählen? Sollte ich die Worte unseres Vaters bekräf-tigen? Oder sollte ich gar noch weitere Thesen vor ihm ausbreiten, ihn womöglich noch mehr verunsichern? Und wieder dachte ich an die Worte meines Vaters, ich solle auf meine innere Stimme, auf mein Herz hören.

"Ich liebe dich. Das weißt du. Anfangs habe ich mich darüber gefreut, als ich sah, dass du dich auch an den Kämpfen beteiligen wolltest. Aber heute sehe ich es ähnlich wie Carlos. Es ist nicht wirklich dein Kampf, all das hier. Trotzdem bist du ein Teil unserer Gruppe geworden. Du bist wichtig für uns alle, und ganz besonders für mich. Ich kann mir kaum noch vorstellen, ohne dich zu leben. Aber ich will dich nicht verlieren! Verstehst du? Ich will dich nicht an einen seelenlosen Mörder verlieren, der aus dir werden könnte! Ich glaube, mir wäre es lieber, du würdest uns hier im Camp unterstützen, und nicht da draußen, wo die Auseinandersetzungen dich zu sehr verändern, zu sehr einen Anderen aus dir machen. Ich liebe dich so wie du bist! Du brauchst mir nichts zu beweisen, wirklich nicht!"

Und mit diesen Worten gab ich ihm einen liebevollen Kuss auf seine Wange.

Er schaute mich danach aus nachdenklichen Augen an, blickte dann zu Carlos, wieder zu mir, worauf er den Blick für Minuten senkte. Als er aufblickte lächelte er uns ein wenig schelmisch an, mit Augen, die wie von einer großen Last erlöst blickten. Seine Gesten, diese Sprache, die bisher so voller innerer Spannung gewesen war, wirkte plötzlich befreit, rund und harmonisch.

"Ich glaube, ich würde einen guten Koch abgeben."

Nachdem ich seine Gesten verstanden hatte, blieb mir eine kurze Sekunde, bevor es aus mir herausprustete, laut und ungestüm. Ich warf mich um den Hals des Fischs und auch Carlos stimmte in das frohe Gelächter ein, als er uns beide in die Arme nahm. Erst viel später ging mir durch den Kopf, dass auch der Fisch in diesem Augenblick gelacht hatte, lautlos zwar, aber befreit von allen Spannungen der letzten Monate. Ja, er hatte das erste Mal gelacht, wirklich gelacht!

Wiedergeburt

Tod des Fisches

Zeugung

Nach diesem für den Fisch so befreienden Gespräch vergingen Monate des Glücks und der Harmonie zwischen ihm und mir. Die Leidenschaft entfachte immer neue Feuer in unseren Herzen, die Hingabe ließ uns zunehmend zu einer Einheit verschmelzen. Und er gab wirkliche einen guten Koch ab!

Auch ich hatte mich seit längerem von Kämpfen ferngehalten. Noch zu sehr dachte ich über die Worte meines Vaters nach, der sich kraftvoll in die kleineren oder größeren Scharmützel mit den Soldaten der Junta stürzte, immer in der Hoffnung, dadurch das Regime zu schwächen.

Es gab sehr verlustreiche Tage für uns, Tage an denen wir Dutzende unsere Freunde verloren, hingemetzelt für ihren Glauben an die Freiheit. Diese Tage waren geprägt von Trauer, von inneren Zweifeln, von einer lähmenden Zerrissenheit. Niemand schien auch nur einen Schritt aus dem Camp wagen zu wollen, niemand schien auch nur im Entferntesten an unseren Sieg zu glauben. Doch Carlos, dieser unermüdliche Verfechter der Freiheit, hatte das Talent, uns immer wieder aus dem Tief der trüben Stimmungen zu holen und uns neue Kraft zu geben. Seine Gabe, Menschen zu führen und zu überzeugen war weitaus mehr wert, als jede seiner Kampffähigkeiten. Carlos war der Zusammenhalt unserer Gruppe, war das Elixier, aus dem wir unseren Willen schöpften.

Und dann gab es wieder Tage, an denen wir große Erfolge verbuchten, wir dem Regime großen Schaden zufügen konnten. Die Guerilla kontrollierte faktisch große Teile des Landes, vor allem ländliche Gebiete in gebirgigen Regionen, doch auch in den großen Städten konnten immer wieder kleine Zellen der Junta den einen oder anderen Schlag versetzen, nicht wirklich tödlich für das Regime, aber doch lästig, so wie Moskitostiche. Und selbst in der Hauptstadt, jener Kapitale der Macht, waren unsere Kämpfer präsent, auch wenn sie nur wenige Aktionen durchführten. Ihre Aufgabe bestand stärker darin, Informationen zu sammeln, die für unseren Kampf wichtig sein konnten.

Über unsere Informanten erfuhr ich schließlich, dass auch der Fisch steckbrieflich gesucht wurde, verfemt als Mörder zweier Soldaten, die er aus einem tückischen Hinterhalt heraus erschossen haben sollte. Das für mich Unverständlichste daran war jedoch, dass die Botschaft seines Landes nichts gegen diese Lüge unternahm. Ich ließ durch unsere Kontaktleute Informationen einholen, streckte meine Fühler sogar bis nach Europa aus, nur um in Erfahrung zu bringen, warum das Heimatland des Fisches so augenscheinlich kein Interesse an seiner Rettung, an der Wahrheit, hatte. Selbst seine Eltern hatten interveniert, als sie von den unhaltbaren Vorwürfen gegen ihren Sohn erfahren hatten. Doch die Behörden hatten sie mit Augenwischereien abgewimmelt, hatten behauptet, alles Menschenmögliche zur Rettung ihres Sohnes unternehmen zu wollen, doch in Wirklichkeit unternahm man nichts zu seiner Rettung, man versuchte noch nicht einmal, ihn zu finden, ließ auf eine durch Mittelsmänner überbrachte Nachfrage verlauten, man würde sich grundsätzlich nicht in die inneren Angelegenheiten eines befreundeten Landes einmischen, konkrete Schritte würde man erst einleiten, wenn er aufgegriffen worden sei oder er sich den Behörden stelle. Es schien, als würde er eine empfindliche Störung im diplomatischen Gleichgewicht der Kräfte darstellen, als wäre er eine Pestbeule auf der weißen Weste einer europäischen Botschaft, ähnlich wie 1977 die Käsemann das freundschaftliche Verhältnis zwischen den Machthabern empfindlich zu stören drohte. Man ließ sie wissentlich vor dem Angesicht der Welt verrecken und kümmerte sich erst Jahrzehnte später um die Angelegenheit, so als wolle man sich verspätet das Feigenblatt der tugendhaften Rechtschaffenheit mit

Mitteln vorhalten, von denen man wusste, dass sie nicht nur viel zu spät kamen, sondern die zudem auch kaum Aussicht auf Erfolg haben konnten.[23]

Aber immerhin kannte ich jetzt den Namen des Fisches. Ich teilte ihm mein Wissen jedoch niemals mit, nahm auch nie Kontakt zu seiner Familie auf, denn ein Freiheitskämpfer musste sich vor jedem Kontakt zu seiner Familie hüten, wollte er überleben. Und dass ich von seiner Identität wusste, wollte ich ihm verheimlichen, weil ich Angst davor hatte, ihn dadurch zu verlieren. Warum, wusste ich nicht. Es war halt einfach so ein Gefühl. Ich glaubte, er könne wieder in eine seiner schweren Krisen stürzen, würde er mit seinem alten Leben konfrontiert werden. Und das wollte ich auf jeden Fall verhindern. Er war so befreit seit jenem Gespräch, so nah bei mir, so verliebt, so wunderbar, dass ich ihn einfach nicht verlieren wollte.

Doch dann, nach vielen Monaten des Lebens im Camp, nach wunderbaren Monaten der Liebe und Erfüllung, brachte mich ein Zufall meinem alt gehegten Traum näher, ihn den letzten Schritt zu seiner Wiedergeburt näher zubringen.

In einem kleinen Ort, einige Tagesmärsche von unserem Camp entfernt, praktizierte ein Zahnarzt, den Carlos vor einigen Wochen wegen eines verfaulten Zahnes aufgesucht hatte. Als ich die Vertrauenswürdigkeit des Mannes von Carlos bestätigt bekommen hatte, entschloss ich mich, ihn aufzusuchen, alleine, ohne den Fisch.

---

[23] Gemeint ist der Fall Elisabeth Käsemann, die 1977 von der damaligen argentinischen Junta zu Tode gefoltert wurde, ohne das eine Intervention durch die Botschaft erfolgte. Focus-Artikel "Der Tod und das Mädchen", Nr. 6, 2.2.2004, S. 104 – 109; s. dazu auch die TV-Dokumentation „Todesursache Schweigen“, gesendet auf 3sat am 21.1.2005 um 20:15 Uhr, die den Fall eines deutschstämmigen Studenten thematisiert, der im August 1976 getötet und dessen Tod laut Amnestie International sogar durch den damaligen bundesdeutschen Außenminister wissentlich vor dem Bundestag verschwiegen wurde. Weiterhin wird in der Dokumentation durch den damaligen Botschafter der Bundesrepublik klargestellt, dass die ausländischen Vertretungen bereits eine Woche vor dem Putsch über die bevorstehenden Aktionen in Kenntnis gesetzt worden waren.

Der Mann, etwa fünfundsechzig Jahre alt, mit einem gemütlichen Bauch, viel zu großen Händen, an denen unschöne Wurstfinger nichts von seiner Kunst verrieten, empfing mich mit einem freundlichen Lächeln. Er bedeutet mir, mich auf den Behandlungsstuhl zu setzen.

"Nein, Señor, ich komme nicht, um mich behandeln zu lassen. Bei mir ist alles in Ordnung."

Ich stand im Raum und weigerte mich, auch nur einen Schritt auf den Behandlungsstuhl zu machen, denn ich musste vor mir selbst eingestehen, dass ich im Angesicht von Bohrern und Spritzen ein großer Feigling war. Abwehrend hob ich also meine Hände in der Hoffnung, ihn in seinem Behandlungswillen erst einmal zu stoppen.

"Aber, aber, meine Liebe ...",

seine Stimme klang jovial, versuchte mich mit diesem gutmütigen Lächeln zu beruhigen, so als spürte er meine unterschwellige Angst,

"sie sind doch eine starke Frau! Und man weiß doch nie, ob nicht doch der eine oder andere Zahn einer Behandlung bedarf. Außerdem sind sie hier, was darauf schließen lässt, dass sie zumindest ein inneres Bedürfnis hergetrieben hat. Da ich es zu meinem Bedauern nicht sein kann, den sie hier wegen seiner überschäumenden Männlichkeit aufsuchen, müsste es sich also folgerichtig um etwas handeln, was mit ihren Zähnen zu tun haben dürfte, oder?"

Die letzte Bemerkung ließ mich stocken: Wieder so ein Chauvinistenschwein!, dachte ich bei mir. Warum mussten so viele Männer immer wieder diese sexuellen Anspielungen beim Anblick einer vielleicht hübschen, aber zumindest jungen Frau fallen lassen? Versuchten sie, dadurch ihre Unsicherheiten den Frauen gegenüber zu verschleiern, oder war es vielleicht so, dass sie ihr sexuelles Unvermögen durch solche Worte zu kompensieren versuchten? Letztendlich war mir der Grund für diese dummen Entgleisungen egal, wichtig war nur, dass ich diesen Unsinn nicht hören wollte. Aber wenn ich weiter wollte, wenn mein Plan Erfolg haben sollte, dann musste ich hier bleiben, dann musste ich mich diesem Mann anvertrauen, ihn für meinen Plan gewinnen.

"Carlos war bei ihnen gewesen."

Alleine dieser Satz änderte alles.

"Bitte entschuldigen sie, Señora! Wissen sie, ich muss mich genauso verstecken wie sie, nur dass ich dies mit anderen Mitteln mache. Ich spiele den kleinen, unscheinbaren, etwas schleimigen, aber auf jeden Fall vollkommen unpolitischen Zahnarzt am Rande der Welt, damit ich überlebe - und damit ich euch helfen kann. Sie kennen also Carlos?"

"Es gibt viele Carlose!"

Ich blickte ihn herausfordernd an.

"Ja, aber es gibt nur einen, den man als eine Art Erklärung erwähnen würde! - Also...?"

Nun war er es, dessen Augen mich herausforderten.

"Ja, ich bin Maria, seine Ziehtochter - er sagte mir, er habe ihnen von mir erzählt."

"Oh ja, das hat er, und es ist mir eine große Ehre, sie bei mir zu begrüßen. Aber, warum gehen sie das Wagnis eines Besuches ein, eines Besuches bei einem wirklich unwichtigen Mann in ihrem Kampf, wenn sie nicht ihre Zähne behandeln lassen wollen?"

Diesmal schaute er mich nicht mehr herausfordernd sondern fragend, fast unverständig an.

"Es geht um einen Gringo, einen Mann, der in unserem Camp lebt. Er wird steckbrieflich gesucht, ein Ausländer, der zwei Soldaten ermordet haben soll."

"Ja und? Warum erzählen sie mir das? Ist das, was sie von mir wollen, so gefährlich? Ist er so gefährlich?"

"Es ist gefährlich, ja. Wie alles, was mit uns zu tun hat. Aber ich möchte sie nicht gänzlich über die Person, um die es geht, im Unklaren lassen, denn sie müssen die Geschichte, die Hintergründe für mein Anliegen verstehen, damit sie mir helfen können."

"Nun, dann schlage ich vor, wir setzen uns erst einmal in Ruhe hin, und sie erzählen mir, worum es geht. Möchten sie etwa trinken?"

Er nahm zwei Gläser von einer Vitrine, griff nach einer Flasche und schenkte den Rum pur bis zum fettigen Rand ein. Dann reichte er mir das Glas, prostete mir mit einem Lächeln zu und trank aus vollem Zug. Das gefiel mir nicht besonders. Ich stellte mein Glas ostentativ auf den kleinen Tisch zwischen uns, wodurch er seinen offensichtlichen Fehler bemerkte.

"Entschuldigen sie! Ich bin so schrecklich nervös, müssen sie wissen. Es kommt nicht so oft vor, dass welche von euch zu mir kommen, und wenn, dann sind es meistens nur kleine Mitkämpfer oder solche, die mit ihrem Kämpfertum prahlen wollen. Doch innerhalb von nur wenigen Wochen gleich zwei hochrangige Freiheitskämpfer bei sich zu haben, das bringt mich leicht aus der Fassung. Ich hoffe, sie verstehen meine Angst. Ich bin doch nur ein kleiner Zahnarzt, der noch nicht einmal wagen würde, eine Waffe anzufassen. Aber ich erkenne das Unrecht, will, dass unser Land wieder frei wird, wir wieder frei atmen können, wir wieder sagen dürfen, was wir denken und fühlen! Dafür kämpfe ich, auf meine bescheidene Weise. Bitte verzeihen sie mir also den Rum!"

Bittend sah er mir in die Augen.

"Ich kann sie gut verstehen. Entschuldigen sie also meinen Überfall."

Ich ergriff mein Glas und prostete ihm zu. Ein befreites Lächeln flog über sein sympathisches Gesicht, und auch er prostete mir zu, diesmal jedoch vorsichtiger, zurückhaltender. Ich räusperte mich.

"Dieser Mann also, wir nennen ihn den Fisch, er hat einiges durchmachen müssen. Er wurde gefoltert und spricht seit diesem Erlebnis nicht mehr. Kein Wort. Wir verständigen uns mittels einer simplen Zeichensprache. Das ist nicht gerade einfach. Auf jeden Fall zu wenig, um ihm helfen zu können. Wir...",

ich stockte, merkte, dass ich nicht wirklich sagte, was ich sagen wollte,

"ich..., ich möchte, dass er wieder spricht, dass er laut und aus vollem Herzen lachen kann, dass er wieder zu leben beginnt!“

"Aha, aber wie kann ich dabei helfen? Ich bin kein Psychiater, der sein Trauma heilen könnte."

Wieder blickte er mich verständnislos an.

"Was soll ich tun?"

"Ach so, verzeihen sie! Ich vergaß das Wichtigste. Er hat keine Zähne mehr! Sie wurden ihm bei der Folter ausgeschlagen, und ich glaube, dass dies der Grund dafür ist, dass er nicht mehr spricht."

"Eine kühne These. Glauben sie nicht auch?"

"Vielleicht. Aber es ist ein Versuch wert! Wir können dabei nichts verlieren!"

"Da haben sie auch wieder recht. Weiß der Gute denn schon von ihren Plänen?"

Erwartungsvoll blickte er mich an, so als wüsste er, dass er den Schwachpunkt in meinem Plan gefunden hatte. Ja, ich wollte den Fisch überraschen, wollte ihm die neuen Zähne wie ein wunderbares Geschenk zelebrieren. Dabei hatte ich mir dann vielleicht alles viel zu einfach vorgestellt, denn mir war nie in den Sinn gekommen, dass er damit möglicherweise nicht einverstanden sein könnte. Ich zögerte also mit meiner Antwort.

"Aus ihrem Zögern schließe ich, dass sie ihn noch nicht in ihre Pläne eingeweiht haben. Sie wollten ihn wohl überraschen?“

Verblüfft sah ich ihn an.

"Ja. Sie sind ein guter Menschenkenner!"

"Das wird man zwangsläufig, wenn man tagtäglich die geöffneten Münder wehrloser und ängstlicher Leute vor sich auf dem Behandlungsstuhl sitzen hat. Sie müssen wissen, dass der Griff an die Zähne ein Griff an die Seele und die Würde eines Menschen ist. Es gibt nur wenige Situationen, in denen sich ein Mensch freiwillig in eine so machtlose Lage begibt. Manchmal, oder sollte ich lieber sagen: fast immer werden die Leute aber von den Schmerzen getrieben, die sie nicht mehr aushalten. Ich sehe hier jeden Tag eitrige, dick geschwollene Kiefer, Männer, Frauen und Kinder, denen der Schmerz die Tränen in die Augen treibt, und die sich lieber dieser Machtlosigkeit aussetzen, als weiterhin unter den unerträglichen Schmerzen zu leiden. Anders wird dies aber bei einem Menschen sein, der seine Zähne durch Gewalt verloren hat. Er wird nicht Angst vor den Schmerzen haben, die ich ihm zufügen könnte, sondern seine Angst liegt tiefer, verborgen in seiner Seele, die durch den Akt des Ausschlagens der Zähne bleibenden Schaden genommen hat. Seine Pein wird aus der Erinnerung kommen. Sind sie sich wirklich sicher, dass sie ihm mit neuen Zähnen helfen können? Denn es ist durchaus vorstellbar, dass er in ein noch tieferes Trauma stürzen könnte!“

Wieder sah er mich fast schon erwartungsvoll an. Ich war überrascht über den Tiefsinn seiner Worte, dieser Worte, die auch mich nachdenklich stimmten. Ach, was war ich mir doch so sicher gewesen, dass niemand meinen wunderbaren Plan auch nur in Zweifel ziehen könnte! Und jetzt war schon zu Beginn der Ausführung alles von Unsicherheit, von möglichen Rückschlägen und Seelentiefen bestimmt, an die ich bisher noch nicht einmal gedacht hatte. Aber der Zahnarzt hatte recht! Ich konnte nicht so einfach über den Fisch hinweg so eine wichtige Entscheidung treffen. Ich musste ihn unbedingt mit einbeziehen.

"Was schlagen sie mir also vor?"

Jetzt war ich es, die ihn voller Erwartungen ansah.

"Das Ausmessen und Anpassen künstlicher Zähne werde ich schon hinbekommen, das ist nur ein technisches Problem - und ein logistisches. Sie müssen wissen, es ist zurzeit recht schwierig, an die Materialien für eine Prothese heranzukommen. Ich müsste sie in der Stadt bestellen. Vielleicht habe ich aber auch noch genügend Materialien hier, mal sehen. Auch mache ich dritte Zähne hier auf dem Lande recht selten und möchte nicht unbedingt behaupten, ich sei ein Meister darin. Es könnte also durchaus sein, dass das fertige Gebiss nicht unbedingt schön aussieht..."

"Das ist nicht das Wichtigste! Wichtig ist einzig und allein, dass er wieder ein Gebiss erhält! Ich wünsche mir so sehr, dass er wieder spricht! Verstehen sie?"

Ich hätte heulen können, kam mir so verloren, so allein gelassen, so machtlos vor. Dieser verdammte Zahnklempner sollte mir gefälligst bei meinem genialen Plan helfen, und mir nicht laufend Steine in den Weg legen!

"Ja, ich verstehe. Sie müssen ihn sehr lieben.“

Seine Stimme hatte einen vertraulichen Unterton angenommen, sehr intim, weich und ebenso verletzlich, wie ich mich im Augenblick fühlte.

"Ja, ich liebe ihn! Bitte helfen sie mir! Es erscheint mir die letzte Chance, die mir bleibt, ihn sprechen zu hören, alles von ihm zu erfahren, alles aus seinem Mund, mit seiner Stimme zu hören!"

Ich begann zu weinen, schluchzte hemmungslos vor einem wildfremden Mann und hätte mich dafür prügeln können!

Er stand auf, trat neben mich und nahm mich wie ein Vater tröstend in seine Arme.

"Ja, ich verstehe. Ich verstehe nur zu gut. Ich werde alles tun, was in meiner Macht liegt, ihnen zu helfen. Glauben sie mir!"

Als ich mich endlich beruhigt hatte, erklärte er mir, dass ich den Fisch zuerst einmal in meine Pläne einweihen müsste. Sollte er dann mit allem einverstanden sein, solle ich mit ihm zusammen wiederkommen, damit die notwendigen technischen Schritte eingeleitet werden könnten. Wir müssten dann mehrmals wiederkommen bis alles soweit vorbereitet sei, dass die neuen Zähne wirklich eingesetzt werden könnten.

"Sie müssen mit einigen Wochen rechnen bis ich die Materialien zusammen habe. Dann nochmals etwa vier Wochen für die Anfertigung der Prothese. Wir können etwas ganz einfaches machen, das Gebiss wird dann direkt auf das Zahnfleisch gesetzt, eventuell kleben wir es an.“

Ich blickte ihn wohl etwas erstaunt an.

„Sie müssen wissen, wir brauchen da nicht unbedingt einen Stiftzahn oder gar ein Implantat, das könnte ich sowieso nicht, ich habe noch nie ein Implantat gesetzt, so, wie das die modernen Ärzte in der Stadt machen. Wir leben hier doch etwas isoliert, da muss man sich mit einfachen Mitteln zufrieden geben. Aber wie gesagt, die Prothese wird entweder so halten oder wir kleben sie an."

Ich war erleichtert, dass dem Fisch das Bohren im Mund erspart bleiben würde, davor hatte ich bei meiner Idee die größte Angst gehabt. Mein Blick schien sich sehr entspannt zu haben, denn die nächsten Worte waren so gewählt, als wolle er mich in die Realität zurückholen.

„Es gibt aber doch noch ein kleines Problem: Es wäre von Vorteil, wenn ich ein oder zwei echte Zähne zur Verfügung hätte, solche natürlich, die nicht total verfault oder kaputt sind. Die würde ich dann sozusagen als Gerüst nutzen, damit die Konstruktion stabiler wird."

Er blickte mich herausfordernd an.

„Sie meinen also am besten noch intakte Zähne?"

„Das wäre eine Möglichkeit. Wissen Sie, früher wurden Prothesen sogar ganz aus Holz gefertigt - aber das ist nun wirklich schon sehr lange her. Ich mache das dann doch etwas moderner und verwende Kunststoff. Damit der aber einen besseren Halt bekommt, wären echte Zähne als Gerüst nunmal besser. Sehen Sie da eine Möglichkeit?"

Ich mußte nicht lange überlegen, meine Worte quollen so schnell aus meinem Mund, dass ich gar nicht zu verstehen schien, was ich da sagte:

„Das ist kein Problem. Zur Not nehmen wir meine Zähne."

Er sah mich prüfend an:

„Sie sind wirklich sehr in ihn verliebt, dass sie bereit sind, ein solches Opfer für ihn zu bringen. Dieser Mann kann sich glücklich schätzen, dass er eine Frau wie sie getroffen hat."

Ich senkte verstohlen meinen Blick, schien erst jetzt zu realisieren, was ich gerade gesagt hatte. Aber es schien mir keine Frage zu sein, über die ich länger nachdenken mußte: Ja, ich war bereit ihm alles zu geben, alles, was ich geben konnte, um sein Leben, seine Stimme wieder auf diese Welt zurückzuholen.

„Also sagen wir, alles in allem etwa acht Wochen. Ist das in Ordnung für sie?“

Ich war etwas enttäuscht. Warum musste das alles so lange dauern? Aber ich musste auch zugeben, dass ich davon, wie ein neues Gebiss gemacht wurde, keine Ahnung hatte. Trotzdem verstand ich eine Angelegenheit nicht so ganz:

„Ja, ja, sicherlich.“

Meine Worte kamen etwas hektisch über meine Lippen:

„Ich verstehe aber noch nicht so recht, wieso es so lange dauert, bis sie alle Materialien beisammen haben?"

"Tja, wie ich schon sagte, es kommt nicht so oft vor, dass hier bei uns ganze Gebisse angefertigt werden. Deshalb weiß ich auch nicht, ob ich vielleicht alle Materialien hier habe. Wenn ich das alles aber auf einmal bestellen würde, könnte das einen misstrauischen Menschen argwöhnisch machen, sie verstehen?!"

Ich verstand nur zu gut und war ihm dankbar für die Warnung, für diesen Hinweis auf Zusammenhänge, an die ich nicht gedacht hatte.

Nachdenklich kehrte ich zum Camp zurück. Wie sollte ich den Fisch fragen? Sollte ich vielleicht sogar Carlos vorher einweihen? Ich entschied mich für ein vorsichtiges Gespräch mit Carlos, um erst einmal seine Meinung zu hören.

"Eine gute Idee, mein Kind!"

Carlos lächelte mich so wohlwollend an, dass ich schon glaubte, er wolle sich über mich lustig machen.

"Nein, wirklich, eine gute Idee! Ich hatte auch schon an so etwas gedacht, aber ich hatte Angst vor seiner Reaktion. Ich halte es für eine gute Idee, weil es ihm helfen könnte, sich wieder wie ein ganzer Mensch zu fühlen, die Angst vor der sprachlichen Kommunikation zu verlieren. Andererseits sehe ich die Gefahr eines erheblichen Rückschlags in seiner Genesung, die ja bereits weit vorangeschritten ist. Eigentlich wollte ich warten, bis er uns von sich aus den Vorschlag machen würde, aber nun... Ja, du solltest mit ihm reden, selbst auf die Gefahr hin, dass er sich wieder zurückziehen wird. Meine Unterstützung hast du auf jeden Fall!"

Ich war erleichtert. Dass Carlos mich in meinem Plan unterstützen wollte, bedeutete für mich eine ungeheure Aufwertung meiner Idee, auch wenn dadurch die ursprünglich geplante Spontaneität verloren ging.

"Der Zahnarzt hat aber noch eine weitere Gefahr angedeutet. Er meinte, es könne sein, dass irgendwer Wind von der Sache bekommt und zu schnüffeln beginnt. Deshalb und weil die ganze Prozedur wohl einige Zeit in Anspruch nimmt, müssten wir mit mindestens zwei Monaten rechnen. Was hältst du davon? Können wir ihm wirklich vertrauen?“

Fragend blickte ich meinen Vater an, von dem ich wusste, dass er ein Gespür für gefährliche Situationen hatte.

"Wir können ihm vertrauen, da kann ich dich wirklich beruhigen, Maria. Ich kenne ihn schon seit über vierzig Jahren. Er hat mir schon in den schweren Zeiten der letzten Junta geholfen. Weißt du, er ist ein einfacher Mann mit einem ausgeprägten Sinn für Gerechtigkeit. Deshalb unterstützt er uns mit seinen bescheidenen Mitteln. Aber er hat auch Angst und würde einer Befragung durch die Militärs keine Stunde standhalten. Aber aktiver Verrat ist ihm fremd und seinem Wesen vollkommen entgegengesetzt. Wenn er aber eine Gefahr sieht, so müssen wir sie ernst nehmen! Ich schlage deshalb vor, euch mit ein paar Freunden zu begleiten. Nur zur Sicherheit, o.k.?"

Einige Tage später ergab sich eine ausreichend intime Situation, um mit dem Fisch das heikle Thema zu besprechen. Wir lagen nackt auf unserer Koje, hatten gerade leidenschaftlich miteinander geschlafen. Mein Kopf lag auf seiner Schulter, meine Hände streichelten seine noch erregten Brustwarzen.

"Ich liebe dich."

Meine Stimme war so sanft wie nur möglich, ich sprach ganz leise, meine Augen blickten nach oben, hin zu seinem Gesicht, von dem jedoch nur wenig zu erkennen war.

"Ich würde so gerne richtig mit dir sprechen können."

Ich fühlte, wie er sich sofort verkrampfte. Schon oft hatte ich dieses Thema angeschnitten, doch er war mir immer sofort davon gelaufen oder hatte sich in sein undurchdringliches Schneckenhaus zurückgezogen, so dass ich den Versuch aufgab. Doch diesmal gab es kein Zurück! Ich hatte einen Plan zu seiner Rettung, und ich wollte, dass er mir diesmal Rede und Antwort stand!

"Nein, geh nicht! Bleib, und hör mir zu!"

Ich hatte mich leicht aufgerichtet, hielt ihn an seinen Unterarmen fest, blickte ihm direkt in seine Augen.

"Du kannst nicht sprechen. Seit ich dich kenne, kannst du nicht sprechen. Aber ich weiß von Carlos, dass du eine Stimme hast, eine Stimme, die ich kennen lernen will, die ich hören will, in die ich mich verlieben möchte, so wie ich mich in dich verliebt habe!"

Er fing an, sich zu beruhigen, das merkte ich. Offensichtlich hatte ich die richtigen Worte im richtigen Moment gefunden. Ich war froh, dass ich so weit gekommen war.

"Mir ist klar, du hast viel durchgemacht, und es muss einen Grund dafür geben, dass du nicht mehr sprechen willst. Denn ich glaube, dass du immer noch sprechen kannst! Du willst nur nicht, habe ich recht?"

Ich sah ihn erwartungsvoll an. Er musste jetzt endlich reagieren. Er musste! Und dann nickte er, ganz leicht nur, unscheinbar, als versteckte er sich vor sich selbst.

"Aber warum?"

Diese Frage, die ich beinahe in den Raum schrie, war so dumm, dass ich mir dafür schmerzhaft auf meine Lippen biss.

"Entschuldige!"

Ich versuchte, ihn zu beschwichtigen, nahm seine Hände, streichelte sie zart. Mein Blick lag verliebt in seinen Augen.

"Ich will dir helfen. Wirklich, ich will dir aus ganzem Herzen helfen! Doch ich muss dafür wissen, warum du nicht mehr sprichst. Ist es, weil du so schreckliche Dinge erfahren hast, so schreckliche Bilder gesehen hast, dass du sprachlos geworden bist, so sprachlos, dass du noch nicht einmal mehr schreien kannst? Oder hat es etwas mit deinem Mund zu tun, mit deinen Stimmbändern oder sonst einer Verletzung? Bitte hilf mir, damit ich dir helfen kann! Bitte!"

Mein Blick war flehentlich auf ihn geheftet, meine Hände hielten ihn jetzt fest, damit er nicht weglaufen konnte.

"Was ist es? Bitte, erkläre es mir!"

Er drückte meine Hände, sacht, aber bestimmend, und ich ließ ihn los. Langsam, unendlich langsam, begann er mit seiner Gestensprache Zeichen in die Luft zu schreiben.

"Es ist so viel geschehen. Ich habe so viel gesehen. Ich ... ich weiß nicht, ob ich je wieder sprechen kann. Ich wünschte es mir so sehr. Ja, auch ich würde so gerne wieder meine Stimme hören! Ich frage mich, ob sie noch dieselbe ist wie damals, als das Unglück geschah. Ob sie sich verändert hat? Ich habe mich aus den Augen verloren und frage mich, ob ich durch meine Stimme mich selber wieder finden könnte. Aber ich weiß nicht, ob es an den vielen Traumata liegt, die in mir nagen, die mich zerfressen. Oder...?"

Er griff sich gedankenverloren an seinen Mund, öffnete ihn leicht und strich fast zärtlich über seine Kieferknochen, über die noch immer schmerzenden Folternarben.

"Du meinst, es könnten auch deine Zähne sein?"

Meine Frage klang so unnötig, so dumm, so störend, doch sie trug einen Hoffnungsschimmer in sich. Und er nickte.

„Dann...",

ich küsste meinen Zeigefinger und drückte ihn sanft auf seine Lippen,

"lass mich dir bitte neue Zähne schenken!"

Jetzt war es ausgesprochen! Es gab kein Zurück mehr! Erwartungsvoll sah ich ihn an, beobachtete jede Falte in seinem Gesicht, jede Zuckung, jede Regung seiner Augen. Wie würde er reagieren? Würde ich Erfolg haben, oder sollte ich doch scheitern? Er blickte mir direkt in meine Augen, seine Hände hoben sich zu meinem Gesicht, nahmen meinen Kopf fest in ihren Griff. Er ließ einige Minuten verstreichen, in denen ich wusste, dass ich nichts mehr sagen durfte, abwarten musste, auf das, was seine Entscheidung sein würde. In diesen endlosen Minuten erhöhte er ständig den Druck auf meinen Kopf, so dass ich langsam Angst bekam, er könne meine Schläfen zerquetschen. Gleichzeitig merkte ich jedoch, dass mit jeder Veränderung, mit jeder Nuance des Drucks auf meinen Kopf, ein neues Kapitel in seinem inneren Kampf aufgeschlagen wurde, dass Ablehnung und Annahme des Plans wie Höllengeister miteinander fochten, verschlungen in einem Kampf um Leben und Tod des Fisches. Ja, es ging hier wahrhaftig um die Frage, ob der Fisch sich durch das Heraustreten aus der Sprachlosigkeit selbst richten würde, gleichzeitig dadurch aber auch Platz für die Geburt eines anderen Wesens machen würde, von dem noch niemand wusste, wer oder was es war. Dann, nach bangen Minuten, ließ der Druck auf meinen Kopf endlich nach, der Blick des Fischs klärte sich auf, ein zaghaftes Lächeln begann sich auf seinem bärtigen Gesicht auszubreiten, und er nickte, nickte, nickte! Befreit schreiend sprang ich ihm um den Hals, lachte aus vollem Hals, presste ihn mit Macht an mich, als wolle ich ihn niemals, niemals wieder loslassen.

In den folgenden Wochen entwickelte sich ein reger Pendelverkehr zwischen dem kleinen Ort am Rande des Gebirges und unserem Camp. Der Fisch und ich wurden jedes Mal von Carlos und einigen Kameraden begleitet.

Es stellte sich heraus, dass es tatsächlich keine Zähne im Dorf gab, die genutzt werden konnten. Es hatte sich im Camp aber herumgesprochen, was mein Plan war und der eine oder andere Kämpfer kam zu mir, und bot sich an, einen Zahn für die Prothese zu opfern. Ich war gerührt, den Tränen nahe von dieser großen Kameradschaft, von welcher der Fisch aber nichts wissen durfte. Alle Kameraden bestanden darauf, ihr Angebot müsse absolut anonym bleiben.

Ich haderte mit mir selbst, fragte mich, welches Angebot ich annehmen sollte. Es kam zu skurrilen, gelegentlich sogar unfreiwillig lustigen Situationen, wenn mir die Kameraden ihre Gebisse zeigten, so als wollten sie einen Gaul verkaufen. Und je mehr dieser Zähne ich sah, desto klarer wurde für mich die Entscheidung, die ich zu fällen hatte.

Beim zweiten Termin bereits sprach ich alleine mit dem Arzt und weihte ihn in meine Pläne hinsichtlich der Zähne ein, die benötigt wurden.

„Ich hatte mir das schon gedacht, wissen sie."

Er blickte mir vielsagend tief in meine Augen.

„Es war mir sozusagen sofort klar, dass sie ihre Zähne für ihre Liebe opfern würden. Sind sie sich ganz sicher, dass sie diesen Schritt gehen wollen?"

Ich versuchte nicht, seinem Blick auszuweichen, war vielmehr bemüht in seinen Augen ein Zeichen der Unterstützung für meinen Plan zu erkennen. Schließlich nickte ich vorsichtig.

„Ja."

Zaghaft.

„Ja."

Fest.

„Ja."

Sicher.

„Nun gut",

er nickte zustimmend,

„wann wollen wir die Operation durchführen?"

Ich überlegte nicht lange, wollte nichtmehr über meinen Entschluss nachdenken, wollte mich und die Welt vor vollendete Tatsachen stellen:

„Jetzt, gleich hier. Fangen sie an und bringen wir es schnell hinter uns. Aber verraten sie dem Fisch nicht, dass es meine Zähne sind, die er erhält. Sagen sie ihm einfach, dass ich ein paar schlechte Zähne hätte, die gezogen werden müssten. Und wenn er doch irgendwann nach den echten Zähnen in der Prothese fragen sollte, dann, ja dann ... können sie es ihm verraten, wenn sie unbedingt wollen."

Nach einigen weiteren Terminen, an denen nunmehr auch mein Gebiss behandelt werden mußte, kam der große Tag, der Tag, an dem die fertige Prothese endgültig eingesetzt werden würde, immer näher. In dieser Zeit sprachen wir seltsamerweise im Camp nie über das bevorstehende Ereignis, und auch der Fisch vermied es, mit den anderen zu kommunizieren. Er zog sich erneut zurück, nicht ganz so vehement, wie zuvor, doch genügend, dass wir ihm alle seine notwendige Ruhe ließen. Keiner hatte zudem das Gefühl, als könne er erneut einen Rückfall erleiden. Dies war besonders erfreulich, denn das war ja unsere größte Sorge gewesen.

Schließlich hatte die Prothese ihre endgültige Form angenommen, und der große Tag stand kurz bevor. Das Warten hatte ein Ende!
Carlos, einige Freunde, der Fisch und ich brachen schließlich im Morgengrauen auf. Was im Fisch vor sich ging konnte man nicht erkennen. Sein Gesicht, sein Blick, war versteinert, voller Anspannung und tiefer Zerrissenheit. Aber auch mir ging es ähnlich. Auch ich fragte mich, ob wir die richtige Entscheidung getroffen hatten. Würde der Fisch wieder sprechen können? Und, - diese Frage schien mir sogar wichtiger zu sein, und ich schalt mich dafür eine herzlose Egoistin - würde mir seine unbekannte Stimme auch gefallen? Würde sie zu ihm passen, zu dem Bild, das ich mir von ihm gemacht hatte? Würde ich mich in diese

Stimme genauso verlieben können, wie ich mich in ihn verliebt hatte?

Es folgten einige Tage in dem kleinen Ort, die Gruppe auf mehrere, möglichst nahe beieinander liegende Häuser und Hütten verteilt, an unterschiedlichen Tagen eingetroffen, sich scheinbar nicht kennend. Dies alles zur Tarnung. Diese Tage, in denen ich versuchte, dem Fisch meine grenzenlose Liebe zu zeigen und in denen Carlos ihm seine Vaterliebe eingestand, waren für unsere Guerillatruppe mit Sicherheit die gefährlichsten und gleichzeitig erfülltesten Stunden. Jeder im Camp wusste, warum wir in den Ort gezogen waren, und alle fieberten mit uns. Doch in diesem kleinen Ort, in dieser Anhäufung ambivalenter Gebäude, von denen man nicht wusste, ob sie Freunde oder Feinde beherbergten, waren alle bis aufs Letzte gespannt, sei es aus Furcht, Kampfbereitschaft, Vorfreude oder Liebe.

Nachdem der Zahnarzt noch kleine Anpassungen an der Prothese vorgenommen hatte kam der große Augenblick: Gemeinsam gingen der Fisch und ich in die Praxis, beide ängstlich, fast zitternd, aus jeweils unergründlichen Ursachen, Träumen, Hoffnungen und Ängsten. Wer aber nun mehr zitterte, der Zahnarzt, der Fisch oder ich, das war nur schwer zu erkennen, denn über uns allen hing eine Aura der spannungsvollen Erwartung.

Das Gebiss war kein Kunstwerk. Doch es würde seinen Zweck erfüllen. Der Fisch konnte damit beißen und kauen, er konnte damit lachen und eben seine Zähne zeigen. Was wollte er mehr? Sprechen. Das wollte insbesondere ich! Dass er sprach.

An diesem Tag würde nur der letzte Schritt in diesem Schauspiel erfolgen, eigentlich nichts Besonderes, doch für uns alle von außerordentlicher Bedeutung. Die neuen Zähne waren recht filigran geraten, was daran lag, dass der Arzt die künstlichen Zähne meinen weiblichen Zähnen anzupassen versuchte. Der Kunststoff war leicht gelblich und eine Spur zu unregelmäßig geraten, meine geopferten Zähne stachen leicht aus dieser künstlichen Masse hervor, waren sie doch etwas heller und ebenmäßiger. Das Konstrukt verlieh dem Fisch den Anblick eines Mannes, der mit schlechten Zähnen geboren worden war und sich zudem nicht sonderlich um eine intensive Zahnpflege gekümmert hatte. Trotzdem erschienen sie mir nicht unschön, verunstalteten sein Gesicht nicht, sondern gaben ihm eine individuelle Note.

Doch wie würde er, der Fisch reagieren, wenn er diesen neuen Teil seines Wesens das erste Mal zu Gesicht bekommen würde, denn bisher hatte er sich standhaft geweigert, bei den vorangegangenen Anproben in einen Spiegel zu sehen? So, wie ich bis in die letzte Faser meines Körpers gespannt war, ich mir immer und immer wieder die Frage stellte, ob mein Plan Erfolg haben würde, so war auch der Zahnarzt von einer inneren Unruhe gepackt worden, denn diese Zähne gingen weit über das Können eines Zahnarztes hinaus, sie konnten die Geburt eines neuen Menschen heraufbeschwören - oder das Scheitern vieler unausgesprochener Träume.

Als der Fisch schließlich zum Spiegel trat, merkten der Zahnarzt und ich nicht, dass wir uns unwillkürlich an den Händen gefasst hatten, die vor Aufregung feucht und klebrig waren. Der Fisch aber stand vor dem Spiegel, die Augen geschlossen. Er griff an seine Backen, fühlte von außen, was sich in seinem Inneren verändert hatte, betastete den Glück verheißenden Widerstand in seiner Mundhöhle. Seltsam, diesen Griff, dieses Tasten, dieses Fragen hatte ich zuvor nicht bei ihm bemerkt, obwohl er die Prothese schon mehrmals ausprobiert hatte – ich fragte mich, ob er wirklich gewartet hatte, bis dieser Augenblick gekommen war, ob er wirklich nichts von dem Vorübergehenden wissen wollte, es sozusagen nicht wahrnehmen wollte, bis zu diesem Augenblick, bis zu dieser schicksalhaften Sekunde, die ihm in aller Endgültigkeit ein neues Leben offenbaren sollte. Dann nahm er tief Luft, sog den Atem lautstark durch seine geweiteten Nasenlöcher ein und öffnete die Augen. Noch sah er nichts außer seinem bärtigen Gesicht, die geschlossenen Augen erschienen plötzlich wie ein überzogen theatralisches Gehabe, so dass wir alle drei unwillkürlich lächeln mussten. Wie auf ein Zeichen fiel dadurch diese unerträgliche Anspannung von uns ab. Ich drückte verheißungsvoll die Hand des Zahnarztes, schien nun fest an unseren Erfolg zu glauben. Und in diesem Augenblick öffnete der Fisch seine Lippen, zaghaft erst, doch dann bestimmt und ohne Verzögerung. Noch einmal hielt ich den Atem an. Der Fisch betrachtete sich eingehend, sein Blick schwankte zwischen Frage und Erstaunen. Dann strich er mit seinem Zeigefinger vorsichtig, ja fast liebevoll über die neuen Zähne, griff dann zu, rüttelte leicht an ihnen um schließlich zuzubeißen. Erschrocken, doch ohne einen Laut, zuckte sein Finger aus dem Mund, und er wedelte mit seiner Hand in der Luft, als wolle er damit den Schmerz des Bisses vertreiben. Doch dann lächelte er, und sein neues Gebiss, dieser noch ungewohnte Teil seiner selbst, blitzte im Spiegel auf.

Freudestrahlend sprang ich dem Zahnarzt um den Hals. Wie Kinder drehten wir uns im Kreis, hüpften auf und nieder. Dann trat der Fisch auf uns zu, ergriff die Hände des Mannes und küsste ihn auf beide Wangen. Danach, mit einem dankbaren und zugleich so vollkommen befreiten Gesichtsausdruck, nahm er mich in seine Arme, hielt mich gefangen, drückte mich mit solcher Wucht, als wolle er mich zerquetschen. Mir traten Freudentränen in die Augen, ich schluchzte hemmungslos vor mich hin, immer wieder von einem kurzen, backfischhaften Glucksen unterbrochen, während der Fisch mich einfach nur festhielt, so als könne er sein Glück noch gar nicht fassen.

Als wir dann nach Minuten des unfassbaren Glücks Händchen haltend in den Warteraum traten, taxierte uns Carlos, der die ganzen bangen Minuten ohne unser Wissen hier gewartet hatte, mit fragender, angespannter Mine. Ich brachte keinen Ton heraus, meine Zunge war noch immer wie gelähmt, hatte seit unserem Eintreten in die Praxis kein Wort mehr geformt, beinahe hätte man meinen können, ich sei der Fisch. Doch der, der lachte Carlos an, lautlos wie immer, aber befreit von einer tonnenschweren Last, glücklich und voller Selbstbewusstsein. Und da lachte auch Carlos, unser beider Vater, der, dem wir unser Leben erst zu verdanken hatten, lachte aus tiefster Seele, lachte alle Unbill dieser Welt hinweg, lachte bis ihm die Tränen über die Wangen liefen.

"Willkommen in der Welt, mein Junge, willkommen daheim!“

Und dann, nachdem er uns beide so väterlich, so liebevoll, so zärtlich, so voller Kraft und Zuversicht für unsere gemeinsame Zukunft in die Arme genommen hatte, führte er uns zur Tür, hinaus in die hoffnungsfrohe Sonne, hinüber zum einzigen Restaurant des Ortes:

"So, dann wollen wir mal versuchen, ein wunderbares Steak zu essen, nicht wahr, mein Junge?!“

Befreiung aus der Hülle

"Aber Carlos!"

Meine Stimme klang vorwurfsvoll.

"Er kann doch jetzt noch kein Steak essen!“

Warum ich diesen dummen Vorwurf machte wurde mir nicht klar, denn der Zahnarzt hatte uns genau erklärt, dass der Fisch nun bereit sei, alles zu essen, worauf er Lust hätte. Mir war in diesem Augenblick aus irgendeinem Grunde noch nicht einmal bewusst geworden, dass der Fisch doch schon seit Wochen feste Nahrung mit der Prothese zu sich genommen hatte – warum sollte er ausgerechnet jetzt kein Steak essen können? Doch ich glaube, ich hatte in diesem Moment so eine Gluckenrolle übernommen, fühlte mich für das Wohlergehen des Fischs verantwortlich wie eine fürsorglich um ihr leidendes Kind bemühte Mutter.

"Ach ja, daran hatte ich gar nicht gedacht."

Er schlug sich mit der Hand an die Stirn. Wollte Carlos mich auf den Arm nehmen? Seine Geste war so theatralisch, dass sie einfach nicht ernst gemeint sein konnte.

"Hast du Schmerzen, mein Junge?"

Auch diese Frage schien eher belustigt gestellt worden zu sein und der Fisch schüttelte mit einem schelmischen Lächeln den Kopf. Er hatte meinen Arm gegriffen, so als wolle er mich vor etwas zurückhalten. Dann bedeutete er uns in seiner Zeichensprache, wir sollten doch bitte gemeinsam ins Restaurant gehen. Er würde sich so sehr auf dieses Steak freuen.

"Dann kommt, und lasst uns ein Stück von dem Besten verköstigen, was unsere Heimat je hervorgebracht hat!"

Carlos war so fröhlich, so voller Zuversicht, wie ich ihn noch nie gesehen hatte. Er schien sich mehr über die Veränderung im Leben des Fischs zu freuen als dieser selbst oder gar ich. Mochte sein, dass er sich nun von einer inneren Last befreit sah, dass er hoffte, der Fisch könne sich schon bald zu einem eigenständigen Menschen entwickeln, zu einem, den er nicht immer wie ein kleines Kind umsorgen musste. Doch dann hielt ich Carlos an der Schwelle zum Restaurant fest.

"Und der Besitzer?"

Diese Frage galt der Loyalität der Leute, denen wir nun begegnen würden. Bisher waren wir nämlich noch nie das Risiko eingegangen, am helllichten Tage den Ort aufzusuchen.

"Keine Angst, Maria, sie gehören zu uns. Es ist schon alles vorbereitet. Wir werden in einem separaten Raum essen, wo uns niemand stört."

Als wir dann am Tisch saßen, kippte die Stimmung plötzlich um. Alle Freude schien wie verflogen. Stattdessen hörten wir das unentwegte Knirschen der Zähne des Fischs, der seinen Kiefer prüfend immerzu hin und her bewegte, ähnlich einer wiederkäuenden Kuh. Da war er wieder, dieser stumme, in sich gekehrte Fisch, dieser Mann voller Selbstzweifel, dieses Wesen mit dem seltsam gepeinigten Blick.

Und ich? Es schien mir, als habe ich unverhofft Angst davor bekommen, was auf mich zukommen mochte. Vielleicht liebte ich gerade diesen wort- und zahnlosen jungen Mann, diese Schmerzen, die aus seinen Augen blickten, diese Zweifel an der Welt und sich selbst, vielleicht war gerade diese Verletztheit das, was ich zu lieben glaubte. So ergriff mich eine ungeheure Furcht vor seiner Stimme, die meine Liebe zu töten im Stande sein könnte. Ich schalt mich für diese Gedanken, sagte mir, es könne doch nicht sein, dass man einen Menschen nicht mehr liebte, nur weil seine Stimme nicht die war, die man sich insgeheim vorgestellt hatte. Aber dann kam mir in den Sinn, dass ich mir bisher noch kein einziges Mal vorgestellt hatte, wie seine Stimme denn klingen mochte. Ja, war sie vielleicht rau und männlich, oder etwa hoch, dünn und fast piepsig? Was erwartete ich denn eigentlich? Und da musste ich mir eingestehen, dass all meine Angst, all meine Zweifel an meiner Liebe vollkommen unbegründet waren, denn ich wusste plötzlich mit Gewissheit, dass ich den Fisch auch weiter lieben würde, egal wie seine Stimme nun ausfallen würde, egal welche Geräusche seinem Mund entweichen würden, denn ich erkannte, dass ich überhaupt keine Erwartung, keine Vorstellung von einer nie gehörten Stimme hatte, einer Stimme, die zu ihm passen würde, die mit Sicherheit immer genau so sein würde, wie sie zu sein hatte.

Schließlich erschienen die drei saftigen Steaks, garniert mit etwas Salat und sonstigen Beilagen. Es dampfte gewaltig von den Tellern, das Gesicht des Fischs verschwand für Augenblicke hinter diesen wohlriechenden Schwaden, wir hoben unsere Gläser und prosteten uns verhalten und erwartungsvoll zu. Schließlich lächelte der Fisch, drückte noch einmal zuversichtlich meine Hand, dann griff er zu seinem Besteck. Carlos und ich warteten gespannt.

Langsam, vorsichtig und forschend stach der Fisch seine Gabel in das Fleisch, setzte das Messer an, schnitt in feinster Manier durch das saftig sich teilende Rot, hob das Stück Fleisch zu seinem Mund, nickte uns zu, wobei kleine, winzige Grübchen um seine Augen spielten, während wir ihn atemlos beobachteten, öffnete seine Lippen, dass die Zähne strahlten, schob das Stück hinein und begann mit solchem Genuss zu kauen, wobei er die Augen schloss, dass das gesamte Wirtshaus sich in einem tiefen Seufzer aus seiner inneren Anspannung zu lösen schien. Die Kaubewegungen waren langsam und zielstrebig, Verklärung machte sich auf seinem Gesicht breit, genießerisch öffnete er seine Augen, blickte mich verliebt an, seine Augen schienen mich genauso schmecken zu wollen, wie seine Zunge dieses Stück Steak kostete. Er lächelte, kaute, lächelte, kaute, blickte erst mich, dann Carlos an, er kaute und kaute, seine Zunge strich voller Inbrunst über seine Lippen und dann, als wolle er Prüfen, ob die Wirklichkeit ihm nicht einen bösen Streich spielte, tastete sie jeden seiner neuen Zähne Stück für Stück, Millimeter um Millimeter ab.

"Mmh... Das schmeckt gut!“

Ich merkte nicht, dass er gesprochen hatte. Seine Stimme war einfach da gewesen, so als wäre es das Natürlichste auf der ganzen, verdammten Welt. Einfach so! Und ich hatte es noch nicht einmal bemerkt! Das konnte nicht wahr sein! Unmöglich! Er hatte gesprochen, gesprochen, gesprochen! Im Nachhinein weiß ich noch nicht einmal, wie ich damals reagierte, ob ich zum Beispiel meine Gabel vor Schreck fallen ließ, oder meinen Mund nicht mehr zu bekam. Es war, als hätte mich eine mittlere Amnesie überkommen, als wäre es einfach unmöglich, sich an den ersten Ton aus seinem Mund zu erinnern, an diese Stimme, die zart, weich aber trotzdem männlich war, nicht etwa rau und unsagbar tief. Sie hatte ein besonderes Timbre, ein leichtes Schwingen in den höheren Tönen, während die Tiefen durch ein feines Brummen unterlegt wurden, er klang wie ein wunderbar gestimmtes Cello, auf dem er, der Virtuose, eine unglaublich schöne und liebevolle Melodie anstimmte. Ich mochte diese Stimme von Anfang an. Es war nicht notwendig, darüber nachzudenken, was er zuerst hätte sagen sollen, wie er die Worte in seinem Mund formte, oder ob seine Stimme einen Wohlklang in meinen Ohren erzeugte. Nein, es war so epochal, so einmalig, einen Menschen, den man seit mehr als zwei Jahren kannte, mit dem man viel durchgemacht hatte, den man liebte, wenn man diesen Menschen zum ersten mal sprechen hören konnte, seine Gedanken nicht nur durch ein paar Gesten in den Wind gemalt aufnahm, sondern ganz und gar die unmittelbare Nähe des Gedanken, die Spontaneität der Gefühle spürte, sie in sich aufsog, als wäre jede Schallwelle ein Quantum der Persönlichkeit dieses Menschen. Erst langsam wurde mir bewusst, dass mit diesem Ausruf des Genusses, mit diesem zum Wort gewordenen Sinnerlebnis, der Fisch gestorben war. Ein neues Wesen betrat die Bühne der Welt, ein Wesen, das zu lieben ich bereit war, ganz und gar, hier und jetzt, für immer und alle Zeit!

Am Abend dieses Tages der Geburt wollte ich einen neuen Schritt auch für mich wagen. Ich hatte mir im Laufe des Tages in der Stadt einen neuen, langen Rock gekauft, weit wallend, romantisch und verführerisch zugleich. Dazu eine weiße Bluse, welche die Erwartung zärtlicher Gefühle unterstrich. Außerdem hatte ich mich in meinem Übermut zu etwas hinreißen lassen, was ich jetzt, im Angesicht seiner Zimmertür insgeheim bereute: Unter meinem ach so femininen Rock trug ich den Gipfel weiblicher Hingabe und Verfügbarkeit, die Ausgeburt all meiner Ablehnung als emanzipierte, intellektuell denkende Frau, ich trug halterlose Strümpfe, deren Spitzenbesatz von einem weißen

Strumpfgürtel gehalten wurde. Den dazu passenden Slip aber, und das war der Höhepunkt meines abgrundtiefen Falls in die Rolle einer männerfressenden Puta, hatte ich gar nicht erst angezogen, sodass ich nun bar jeden moralischen Schutzes, bereit für seinen Penis, hier vor seiner Tür stand, vollkommen verunsichert über alles, was da noch kommen mochte. War ich verrückt geworden? Hatte ich all meinen Verstand an meine Liebe verloren? War ich bis zur Besinnungslosigkeit von der Gier nach seinem Körper besessen? Ich glaube, ja! Ja, ja und noch mal ja! Ich wollte ihn, wollte nicht nur seinen Intellekt, sondern auch und gerade seinen Körper, der durch seine Stimme eine neue Qualität erhalten zu haben schien. Seine Stimme, dieser kurze Satz im Restaurant, denn mehr hatte er noch nicht von sich gegeben, offenbarte mir einen Mann, der das unnahbare Geheimnis verloren hatte, den ich erkunden konnte, der mir von sich, von seiner Sicht der Welt, von seinen Gefühlen, seinen Vorlieben und Ängsten endlich berichten konnte, den zu erfahren es verdammt noch mal galt, dem ich mich vollständig hingeben wollte um Eins mit ihm zu werden.

Ich klopfte, zaghaft, dann bestimmt an und trat, ohne seine Antwort abzuwarten, ein. Er lag auf dem einsamen Bett. Sein Blick war erstaunt, und ich biss mir unwillkürlich auf die Lippen. Doch dann löste sich sein Blick und er sah mich mit begehrlichen Augen an. Über diesen Blick, diese gierige Sicht eines Mannes, war ich zu meinem Erstaunen erfreut. Nachdem ich ihm in all der langen Zeit immer die starke Kämpferin gezeigt hatte, musste in ihm ein Bild von mir entstanden sein, das so konträr zu dem war, was er jetzt sah, dass seine Fantasie einfach mit ihm durchgehen musste. Mich in Rock und Bluse, jenen Attributen der Weiblichkeit, zu sehen, musste für ihn ebenso verwirrend sein, wie für mich. Unter normalen Umständen hätte ich solche Kleidung niemals tragen wollen: Hosen für Frauen waren seit dem Putsch verpönt, fast verboten, und der Rock war zum Zeichen der Unterdrückung, der sexuellen Verfügbarkeit verkommen. Doch jetzt wollte ich begehrt werden, wollte ihn reizen, mich zu verführen, wollte meine ach so geschätzte Männlichkeit abstreifen und einfach nur als Frau, als ein körperliches Wesen, als Maria, die hemmungslos geliebt werden wollte, auf ihn wirken!

Er kam auf mich zu, nur in Jeans, die haarlose Brust braun gebrannt, berührte mich mit seinen zarten Fingern an den Armen und gab mir einen langen Kuss. Es war ein unbeschreiblicher Kuss! Es war nicht das erste Mal, dass ich seine Zunge in meinem Mund fühlen konnte, aber dieser Kuss war anders als die vorangegangenen, er war mutiger, zielstrebiger, hingebungsvoller und voller Machtgier. Seine Zunge strich verspielt an meinem Gaumen herum, wirbelte in einem wilden Veitstanz um meine Zunge und streichelte zärtlich über meine Zähne. Dann saugte er an meiner Zunge. Fest und unnachgiebig sog er sie in seinen Mund, umklammerte sie mit seinen Lippen, hielt mich in sich gefangen und forderte mich zu einem Samba der Leidenschaft heraus. Ich kitzelte seine Mundhöhle, lutschte an seiner Zunge und schließlich dann, zaghaft und vorsichtig, befühlte ich seine Zähne, jenen neuen Teil seines Wesens, den meine Zunge zwar bereits aus den letzten Monaten kannte, die sie jedoch noch nie zu erkunden bereit gewesen war. Sie kamen mir riesig vor. Sicherlich war es so, dass meine Zunge ihre Dimensionen um ein vielfaches potenzierten, aber in meinem Verlangen, dieses Neue an ihm kennen zu lernen, es sinnlich zu erfahren und mit ihm, den ich kannte, in Verbindung zu bringen, überhöhte ich ihre Größe ins Übernatürliche, gleich einem ungeahnten Wunder.

Während wir uns so leidenschaftlich küssten, streichelte er zart an meinen Armen aufwärts, umarmte mich, kitzelte mit seinen Nägeln meinen Nacken, während ich mit den Fingerspitzen seinen Rücken hinab glitt. Meine Erregung sprang ins Unermessliche, mir wurde klar, dass meine Brustwarzen zu einer unglaublichen Größe herangewachsen waren, dass meine Schenkel von meiner Erregung benetzt wurden, die ja von keinem Stoff in ihrem Versteck gehalten wurde, sondern hinab lief, um unaufhaltsam in die Spitze meiner Strümpfe einzudringen. Ich wollte etwas sagen, dadurch gewissermaßen mich meiner mir peinlichen Spannung berauben, doch er küsste mich wieder und wieder, knöpfte langsam meine Bluse auf, malte Ringe mit seinen Fingern um meine steifen Brustwarzen, glitt nach hinten, befreite die Bluse aus dem einengenden Rockbund, wonach schließlich seine Hände auf den Rundungen meines Hinterns liegen blieben. Mit äußerstem Genuss begann er zärtlich meinen Po zu kneten. Oh Gott, er musste doch merken, dass ich keinen Slip trug, er musste doch die Strapse fühlen, welche die Rundungen meines Hinterns betonten! Doch er ließ sich nichts anmerken. Diese erregende Ungewissheit, diese Frage, wann er meine Inszenierung entdecken würde, entfachte in mir neue, ungeahnte Feuer der Leidenschaft, und ich entdeckte sinnliche Tiefen in meiner Seele, die mir bis zu diesem Zeitpunkt vollkommen unbekannt gewesen waren. Er drückte mich an sich, dass ich seinen erigierten Penis in seiner unnachgiebigen Härte fühlen konnte, dann streiften seine Finger nach unten, hoben langsam den Saum des Rockes, woraufhin mein Herz laut zu pochen begann, denn gleich würde er die Strümpfe entdecken, ich konnte es nicht verhindern, war dieser Entdeckung machtlos ausgeliefert, gierte gleichzeitig dieser Machtlosigkeit entgegen, merkte wie die Erregung gerade dadurch unsagbar gesteigert wurde, wollte, dass er endlich, endlich, endlich mein Geheimnis, dieses mir selbst unbekannte Wesen in mir entblättern würde, damit er mich genauso neu erleben konnte, wie ich hoffte, in ihm ein neues Wesen zu finden!

Als seine Finger das feine Nylon berührte, es so herrlich unerwartet auf meinen Schenkeln kitzelte, hörte ich ein leises "Mmh" von ihm, gebrummt in diesem sinnlichen Bariton, der meinen Bauch unmerklich mitschwingen ließ. Er stockte nicht, erst als er auf den peinlich durchnässten Spitzenbesatz der Strümpfe traf, da wo mein brennendes Fleisch sich nach seinen Berührungen sehnte, erst da hielt er für einen kurzen Augenblick inne. Unvermittelt kniete er nieder, hob den Rock und versteckte sich nach einem lauten und gierigen "Ja!" darunter. Ich war völlig angespannt, griff benommen nach seinem Kopf, der unter diesem hingebungsvollen Rock versteckt war, sich dort bewegte, als wolle er mich auffressen, begehrlich und unaufhaltsam. Seine Zunge leckte meinen Saft von den Schenkeln, ich gewahrte sein Schnuppern, wie er meinen Geruch in sich sog, seine Nase glitt immer höher, sein heißer Atem kitzelte so wunderbar jedes Härchen, bis schließlich sein Gesicht unmittelbar vor meinem Geschlecht auftauchte, das bar jeder Verkleidung offen vor ihm lag, so voller süßer Tränen, so angeschwollen von meiner Gier nach ihm, so voller unbekannter Erwartung, so abgrundtief verletzlich in seiner sexuellen Offenbarung meiner innersten Wünsche, dass es mir die Schamröte ins Gesicht trieb, und ich froh war, dass er diese farbenfrohe Aufwallung nicht sehen konnte. Meine Hände hielten ihn gefangen, ließen ihn nicht näher an mein Geschlecht heran, noch konnten nur seine Augen meine Offenheit erblicken, noch konnte nur seine Nase den ungefilterten Geruch meines Geschlechts riechen, doch meine Schamhaare kitzelten noch nicht seine Nasenspitze, meine angeschwollenen Schamlippen versteckten sich noch erfolgreich vor seiner alles verbrennenden Zunge. Was sollte ich tun? Als mein Kopf in der aufkeimenden Glut der Begierde zu explodieren drohte, waren meine Augen zu unnatürlicher Größe geweitet gewesen, blickten sie erstaunt über mich selbst, meine Begierde, meine Hemmungslosigkeit in eine unsagbare Ferne, sahen ein Licht, das zu sehen niemand außer mir vermochte, doch jetzt schloss ich meine Lider, versank ganz und gar in mir selbst, wollte mich einem Genuss hingeben, von dem ich ahnte, ja wusste, dass ich ihn noch nie zuvor gekostet hatte. Als mich dann schließlich seine Zungenspitze so unverschämt überrumpelte, sie wie bei einer Schlange hervorschoss, das letzte, ach so schwache Hindernis meiner langen, gelockten, tiefschwarzen Schamhaare durchdrang, die jetzt durch den unaufhörlichen Fluss meiner Begierde zu einem wilden Moos verklebt waren, als diese spitzbübische Zungenspitze also meinen vor Gier weit hervorragenden Kitzler betrillerte, da war es endgültig um mich, um meinen Anstand, um Sitte und Moral, um Erziehung, um Intellekt und Emanzipation, um Geschlechterkampf und philosophische Betrachtungen, um alles noch so Theoretische geschehen, da brannte ich lichterloh, verging im Feuer eines mir unbekannten Wesens, krallte meine Hände um seinen Kopf und drückte ihn fest, und fest, und fest in mein Geschlecht, wollte dass er mich austrank, mich bis zur Neige leerte, mich bis zur letzten Faser in sich aufsog!

Und er leckte mich! Und wie er mich leckte! An all seinen Bewegungen, an der Ungestümheit, die ihm plötzlich zu eigen geworden war, merkte ich die Befreiung seiner Seele, merkte ich das neue Wesen in ihm, fühlte ich die Männlichkeit in jeder seiner Berührungen. Ja, das war er, ein neuer Mann, geboren aus dem Fisch, der seine Hüllen endgültig abgestreift hatte. Es gab keine Trauer darüber sondern nur Glück, unsagbares Glück! Und ich wollte, ja musste! in diesem Glück aufgehen, musste in meiner bedingungslosen Hingabe, dieser Unterwerfung unter sein männliches Monopol, eben diese Männlichkeit zur vollen Blühte bringen, ihn in seiner Suche nach seinem Selbst bestärken, einem Selbst, dass sich von der seelischen Impotenz zu befreien suchte, in die sie durch die höllischsten aller Qualen getrieben worden war, durch Leiden, die mir noch gänzlich unbekannt waren, von denen ich zwar wissen wollte, die mir aber zugleich Angst machten, denn ich meinte zu wissen, dass die Konfrontation mit diesen tiefsten Tiefen der menschlichen Seele, mit diesen Abgründen der menschlichen Psyche mich selbst verändern konnten, mir unter Umständen einen Weg weisen würden, vor dem ich bis zu diesem Zeitpunkt zurückschrecken würde, wenn ich ihn gekannt hätte. Ja, seine Befreiung musste eine körperliche Befreiung sein, keine intellektuelle, geistig verklärte, philosophisch zu begründende, nein, seine Befreiung konnte nur über die Hemmungslosigkeit seines Körpers erfolgen, denn der Schaden an seiner Seele war durch die Leiden seines Körpers sichtbar geworden, und sie schienen nur getilgt werden zu können, in dem diese Leiden endgültig vom Erdboden verschwanden. Erst dann, so fühlte ich, war es möglich, dass auch seine Seele die ihr zustehende Freiheit erlangen konnte, erst dann wäre er wirklich neu geboren worden!

Ich gab mich ihm also hin, musste Teil dieses Aktes sein, musste Teil seines Glücks werden, musste ihm beweisen, dass er in der Lage war, eine Frau, mich!, in die ungeahnten Höhen des Orgasmus, der vollkommenen Aufgabe des Intellekts, des Primats des Körpers zu überantworten, damit er sich in seiner Männlichkeit bestätigt sehen konnte. Die Rolle der hingebungsvollen, verfügbaren Puta, die ich ohne viel nachzudenken angenommen hatte, erschien mir plötzlich als die einzig richtige, war sozusagen das untrennbare Pendant zu seiner noch nicht voll entwickelten Männlichkeit, der dann, wenn er als Mann endlich auf dieser Welt sein würde, die wirkliche Frau gegenüberstehen konnte, die Frau, die ihn ergänzen würde, die Teil von ihm wäre, dabei aber als eigenständige Persönlichkeit von ihm nicht mehr nur verehrt, sondern akzeptiert würde, denn die zurückhaltende Verehrung der Madonnenfrau musste aus den Seelenqualen geboren worden sein, denen er ausgesetzt gewesen war, einem Schuldgefühl, das sein Verhältnis zu sich selbst und zu uns Frauen in ein falsches Licht gerückt hatte. Wir waren also wie ein Musiker mit seinem Instrument, die sich ergänzten, die ohne den Gegenüber zu Nichts wurden, die jedoch in ihrem Zusammenspiel die himmlischsten Melodien auf Erden spielen konnten: Harmonie, Liebe und Hingabe.

Wir trieben uns also voran. Den Orgasmus, den ich erlebte, zu beschreiben wäre ein hoffnungsloses Unterfangen. Nachdem mein Körper sich in leidenschaftlichen Wellen seiner Zunge hingegeben hatte, meine Beine eingeknickt waren, der Orgasmus mir Tränen des Glücks in meine geschlossenen Augen getrieben hatte, ich laut und hemmungslos aufgestöhnt hatte, stand er auf, griff mit seinen Armen zwischen meinen Beinen hindurch, hob mich auf und trug mich zum Bett, auf das er mich fallen ließ, die Bluse offen, der Rock bis zu den freien Schenkeln hinauf gerutscht, die Beine angewinkelt und offen, bereit zum Stoß, wie eine wahre Hure. Doch ich fühlte mich in dieser Pose, als er sich die Jeans und seinen Slip vom Körper streifte und sein steifer, harter, unerbittlicher Penis mir entgegen sprang, in keiner Weise als Hure; ich war vielmehr seine Geliebte, die ihm geholfen hatte, sich zu befreien und die sich, das verblüffte mich in diesem Moment am meisten, in dieser Pose der offen daliegenden Puta wohl, ja ebenso befreit fühlte!

Als er den Rock hochwarf, hoch über meinen Kopf hinaus, mein Gesicht bedeckte, ich nicht sehen konnte, was da kommen mochte, er dann unvermittelt, fast schon brutal in mich drang, mich zerteilte, mich aufriss, mich zu einem willenlosen Stück Fleisch zu degradieren drohte, da schrie ich auf, doch nicht aus Scham oder Ekel, nein, aus Gier auf seinen Schwanz, aus Lust auf seinen Samen, aus Freude daran, hemmungslos von ihm gestoßen zu werden! Als er dann in mir wühlte, die sich dieser wohligen Hitze so vollkommen hingab, da zog er langsam den Rock von meinem glühenden Gesicht, zerwühlte hingebungsvoll meine Haare, leckte zärtlich meine Augenlider, streichelte mit seinen Fingern sanft meine Brüste bevor er meinen Kopf endgültig in seine Hände schloss, um dann tief und fest, erbarmungslos und kraftvoll in mich zu stoßen, die sich unter ihm wand, die sich ihm entgegen warf, die seinen Rücken mit ihren Fingernägeln zerkratzte, die vor Begierde und Lust schrie, dass man Angst haben musste, noch in der Hauptstadt könnten die Generäle die Befreiung ihres Opfers hören.

Mein Orgasmus, den ich schon vorüber wähnte, trieb erneut an meine Oberfläche, zerteilte mein Hirn endgültig in zwei Hälften, die des Herzens und der Liebe, die des Geschlechts und der Hingabe, zwei Hälften, die mir zuvor so nie bewusst gewesen waren, die sich mit diesem neuen Orgasmus meines Kitzlers und meiner Vagina vereinten zu einem Gefühl der endlosen Hingabe und Liebe. Er selbst explodierte in einer unglaublichen Starre, die sich in mir ergoss, tief und fest, ungestüm und voller Kraft. Sein Samen schoss in solcher Wucht aus seinem Schaft, dass er aus mir herausströmte, seine Hoden, meinen Hintern und das Bett mit einem Fluss klebriger Soße überschwemmte. Die Konvulsionen seines Schwanzes begleitete er mit lauten Rufen, die wie die Freiheit selbst aus ihm herausbrachen, und er lachte, lachte jenes helle, fröhliche, lebensbejahende Lachen, das ich seither nicht mehr missen möchte!

La Libertad

Der Mensch

Erwachen

Ich schlief in den Armen Marias ein, jener Frau, die mir ein neues Leben geschenkt hatte. So wie ich nicht mehr der Fisch war, jenes sprachlose, zur Unkenntlichkeit verdammte Wesen, das sich in dieser quälenden Welt vor Schmerzen wand wie ein Aal, so war auch Maria plötzlich zu einer anderen Frau geworden. Ihre Metamorphose war allerdings nicht so spektakulär wie die meine, nicht so augenscheinlich, sondern verhaltener, subtiler, versteckter. Diese Frau, die sie mir gezeigt hatte, würde noch reifen müssen, konnte sich noch nicht den kritischen Blicken unserer Freunde oder gar denen unseres Vaters stellen. Ja, ich nannte Carlos meinen Vater, so wie sie es tat, obwohl er weder ihr, noch mein Vater war. Aber er hatte unser beider Leben gerettet, hatte mich zumindest aus der Agonie eines unausweichlichen Todes gezogen, mich gepflegt und umhegt wie eine Mutter. Seine Liebe uns beiden gegenüber war unsere Rettung gewesen, war der Garant für unsere Entwicklung, der Marias zu einer reifen, unabhängigen und selbstbewussten Frau, der meinen zu einem Menschen, der zumindest die Chance hatte, sich selbst zu finden.

In dieser Nacht, in der Nacht meines Wandels vom seelenlosen Fisch zum Manne, in dieser Nacht träumte ich seit meiner Folter zum ersten Mal in wirklichen Bildern, in einer Geschichte, in einem Leben. Ich hatte schon geglaubt, mich würden Zeit meines Dahinvegetierens nur noch Fleischfetzen, rote Kreise, schwarze Schlieren, aufgerissen Münder und der Anblick blutig geschlagener Zähne verfolgen. Jeder meiner Albträume endete mit abgrundtiefen Spiralen, die erst langsam, dann immer schneller um sich wirbelten, mich mit sich rissen, immer tiefer hinein in einen Schlund voller Angst und Qual, voller Schmerzensschreie und blutiger Tränen. Am Ende versank ich dann regelmäßig in einem endlosen Meer aus einer glibberigen Knochensoße, es roch nach Kot und Urin, nach Angstschweiß und Erbrochenem, der Schleim umfing mich, zog mich herab, und ich ertrank in diesem Todesmeer, in dem überlebensgroße Ratten an meinen Eingeweiden nagten und die stachelbewehrten Knüppel seelenloser Totenkopfsoldaten auf mich einschlugen, bis meine Schädeldecke endgültig zerplatzte und sich meine Hirnwindungen, Würmern gleich, in diesem Magma des Todes verloren. Tag für Tag starb ich diesen Tod, Tag für Tag kämpfte ich vergeblich gegen diese Fortführung der Folter, gegen diese Vernichtung meiner Seele durch diejenigen, die dabei gelacht hatten.

Doch diesmal hatte ich endlich einen richtigen Traum! Auch dies zeigte mir, dass Maria mich gerettet hatte, mir einen Ausweg aufgezeigt hatte, den ich alleine niemals hätte finden können. Erneut sah ich Maria vor mir, ihre straffen Brüste entblößt, eingerahmt von der weit geöffneten Bluse, die mich wie eine weit geöffnete Flügeltür einlud, die steifen, roten Brustwarzen zu liebkosen. Der wallende Rock lag lose drapiert über ihren gespreizten Schenkeln, das linke Bein angewinkelt, einen wunderbaren Blick auf ihr Dreieck bietend, als wolle es sagen, ich solle doch kommen und nicht so lange zögern. Im Traum warf ich mich über sie, bestieg sie wie ein wild gewordener Hengst, brutal und ohne jede Rücksicht. Ich fickte sie in einem Wald aus urzeitlichen Riesenbäumen, deren Duft mich in eine unbekannte Endlosigkeit hinein tauchen ließ. Die riesigen Stämme ragten in einen unendlich weiten Himmel empor, umrankt von Lianen, die sich um mich schlangen, Frauenbeinen gleich. Während sich mein Geschlecht durch ihre Mitte wand, steckte ich eine zweite Eichel, die wie aus dem Nichts in ihren Mund ragte, tief in ihren Rachen. Sie beleckte diesen zweiten Penis, diese Verdopplung meiner Manneskraft, schleckte an meiner glänzenden, riesigen Eichel, als wäre sie das Lieblichste, was sie je in ihrem Mund gespürt hatte. Ich erblickte einen kleinen Urwaldbach, dessen dunkelrote, von Mineralien getränkten Fluten ein Felsengewirr umspülten. Dort standen einige Indianer, bar jeden Lendenschurzes, bewaffnet mit filigranen Speeren, deren Spitzen sie an den feuchten Steinen schärften. Als ich näher trat, verflüchtigte sich ihr Bild, sie verschwanden einfach im Nebel, doch auf den Felsen hinterließen sie vulvische Male, tiefe Furchen, an deren Spitze sich die Perlen weiblicher Lust abzeichneten. Ich warf mich wie von Sinnen auf diese Frauensteine, auf diese menschengroßen Geschlechter, leckte die Perlen der Urfrauen, trank den erdigen Frauenfluss und stieß mit meinem mächtigen Menhir in die Muttervulven, auf dass ich die Ersten, die neuen Generationen zeugen konnte. Während dessen tanzte Maria, die Brüste bar, bemalt mit mystischen Zeichen, die Lenden von einem knappen Rock bedeckt, in ekstatischen Konvulsionen mit weit gespreizten Beinen, ihren Schoß wendend und stoßend, dass ihr Rock flog und dabei ihren kleinen, spitzen Hintern blitzen ließ, um die phallischen Menhire von Saint-Just[24], wo das Wogen ihrer Brüste die Sterne bewegte, während ich, der Himmelsreiter, im Steinwagen saß, mein Penis erhoben zu übernatürlicher Größe. Ich hielt mich daran wie an einem Steuerknüppel fest, während mein Steinwagen auf den Sonnenrädern seine Bahn suchte, wobei mit jedem Zug meiner Vorhaut das sinnliche Zucken des feurigen Tanzes Marias wilder wurde. Dann umtanzte sie meinen Menhir, griff danach, zog, bis die geschwollenen Adern wie Lianen aus den Urwaldriesen brachen, machte sich rasend über dieses lebendig gewordene Symbol der männlichen Sonnenkraft her, ihre Augen geweitet, Feuer darin, Begierde, Verlangen, magische Formeln raunend von Zeit und Ewig sein, von Kraft und Liebe und Leidenschaft. Ich sah viele junge Frauen Räder schlagen, beobachtete wie die kurzen, faltigen Röckchen über ihre Taillen flogen und ihre Höschen sich wollüstig über ihren kleinen Hintern spannten. Und Maria mittendrin, sich drehend und wendend, kreisend um das mythische Zentrum des Lebens - meinen zum Himmel, zum Universum erhobenen Schaft beschwörend. Mein Penis war zum Bersten gefüllt. Maria wuchs plötzlich zu einer riesigen Urfrau heran, ließ die

[24] Gemeint ist das Megalithenfeld von Saint-Just in der Bretagne.

tanzenden Frauen weit unten hinter sich, stellte sich breitbeinig über meine machtvolle Mitte und ließ sich dann auf mir nieder, senkte langsam aber zielstrebig ihr riesiges Mondgeschlecht über meinen feurigen Speer. Schließlich stieß sie mich in sich hinein, wogte wie ein Meer auf mir, keuchte, die Augen geweitet, Lippen und Haare durchnässt, pumpte mich unermesslich groß in ihrer Begierde und stieß zu wie ein Jaguar zum tödlichen Biss. Ich fühlte, wie ein Strom des Lebens durch mich floss, alle meine Sinne sich auf diesen Fluss zu konzentrieren schienen, es in meinen Adern rauschte, die Kraft meiner Lenden sich mit der Macht der Sterne verband, es aus mir herausspritzte, eine endlose, himmelwärts schießende Fontäne, eine Quelle des Lebens, die den Mond Marias mit meiner Sonne vereinte, deren Samen eine Generation der Freiheit heraufbeschwor.

Es war ein mächtiger Traum, ein Traum, in dem ich meinen Wunsch zur Erneuerung, meine Sehnsucht nach Freiheit erkannte. Ich war nicht verwundert darüber, dass mein erster Traum von solcher sexueller Macht bestimmt war, denn nach der befreienden Erotik der letzten Stunden erschien mir dies kein Wunder. Anders dagegen diese starke männliche Symbolik, dieser Anflug von Gewalt und besonders das Mythische in den Bildern, fast schon wie eine Offenbarung. Wollte mir dieser Traum etwas Besonderes sagen? Konnte ich darin meinen Zeugungsakt erkennen? Oder war es mehr? Ich wollte ergründen, was hinter diesem Traum stand, war noch nicht ganz wach und tauchte erneut in die Bilderflut ein.

Maria lag über mir, ich steckte noch immer in ihr. Die Frauen hatten ihren Tanz mit einer beschwörenden Verbeugung beendet. Über uns flimmerte ein Sternenmeer. Irgendwo floss der Urwaldstrom. Nebel umfing uns. Die Indianer tauchten schemenhaft auf, winkten uns zu, und Maria lächelte sie an, bevor sie wieder verschwanden. Irgendwo war eine Art Raunen zu vernehmen, ein Schreien und Weinen, das sich uns wie eine Woge des Unglücks zu nähern schien. Tiere liefen hastig an uns vorbei, Angstschweiß hinterlassend. Die Frauen wurden unruhig, blickten suchend um sich, drängten sich schließlich immer näher an uns. Ein alter Mann tauchte auf, dessen Züge an Carlos erinnerten. Er scharrte die Frauen um sich, hielt schützend seine Arme um ihre Schultern. Dann erschienen am Rande des Nebels riesige, blutige Hände, bewehrt mit rostigen Messern, die blindlings um sich stachen. Die Hände gehörten zu Gesichtern, zu körperlosen Fratzen des Todes. Nur aus der imaginären Mitte der nicht vorhandenen Körper ragten kleine, gewalttätige Penisse hervor, deren Spitzen voller Gier eitrig tropften und seiberten. Sie näherten sich unaufhaltsam den Frauen und dem alten Mann, dabei bösartige Lieder singend. Als sie die uns umringende Gruppe der Frauen erreicht hatten, entrissen sie diese dem alten Mann, schlugen ihn nieder, stachen auf ihn ein, traten ihn, bis sein schwacher Widerstand gebrochen war. Danach zerrten sie mit roher Gewalt die Kleidung von den Körpern der schreienden Frauen, stachen dämonisch lachend auf sie ein oder vergewaltigten sie in tödlicher Bestialität. Schreiend, mit erschrockenem, entsetzten Gesicht, sprang Maria von mir herab und begann einen gewaltigen Kampf mit diesen Fratzen und Händen. Doch es waren zu viele, und es schien, als würden einem erschlagenen Totengräber zwei neue folgen. Für lange Zeit blieb ich wie gelähmt liegen, nicht fassend oder auch nicht erkennend, was um mich herum geschah. Es schien mir nicht möglich, auf den Angriff dieser Monster zu reagieren, obwohl ich doch offensichtlich um so vieles machtvoller war. Schließlich erhob ich mich, nachdem Maria mich gerufen hatte. Meine Beine standen wie Säulen zwischen den Fratzengesichtern. Ich schüttelte mich als ich die vielen geschändeten Frauenleiber erkannte, aus deren Geschlechtern blutige Rinnsale tropften. Es ekelte mich an, ich wollte schon der Szene den Rücken kehren, und die Mordgesellen lachten höhnisch über meine offensichtliche Ohnmacht, als Maria aufschrie, mich entsetzt anblickte und aufforderte, den Tod der Unschuldigen zu rächen. Also wand ich mich um, kraftvoll, mit einem mächtig erhobenen Penis, welcher wie ein grauenvolles Schwert um sich schlug. Mit einem Hieb meines fürchterlichen Geschlechts enthauptete ich die Hydra dieser blutrünstigen Gesellen, rächte auf grauenvollste Weise den

Tod der mädchenhaften Priesterinnen einer mystischen Zeit, und mit jedem rollenden Totenkopf erhob sich eine der Geschändeten zu neuem Leben. Als alle Mörder hingemetzelt auf dem Schlachtfeld lagen, erhob sich schließlich auch der alte Mann. Es begann ein neuer Tanz des Lebens, so als wäre der Schrecken dieser Monster nie gewesen, Maria trat zu mir, küsste mich mit einem leidenschaftlichen Kuss und legte sich mit gespreizten Beinen auf die abgeschlagenen Totenköpfe. Ich drang ungestüm und ohne zu zögern in sie ein, mein Menhir zerteilte ihre Dolmengrotte und gemeinsam zerstampften und zermahlten wir mit ihrem Gesäß die Reste der Bestien, bis sie zu Staub geworden waren.

Schweißgebadet wachte ich neben Maria auf. Ich war erregt und verlegen, mein Penis bis zum Bersten gespannt. Maria sah mich mit einem spitzbübischen Gesicht an, küsste mich leidenschaftlich, während ich ihre Finger an meinen Hoden fühlte, wie sie mich unendlich sanft kitzelten. Ich zuckte leicht zusammen und meine Lenden hoben sich ihr entgegen.

"Wie wild du in deinem Erwachen bist! Ich liebe dich in deiner Gier, denn deine Gier wird dich befreien und mir einen neuen Weg weisen, das fühle ich!"

Sie machte eine bedeutungsvolle Pause.

"Ich will dich!"

Diese Direktheit verblüffte mich. Mehr noch als mein Traum. Mehr noch als meine Zähne, an die ich mich noch nicht gewöhnt hatte. Maria hatte sich verändert, und ich merkte, dass diese Veränderung durch mich hervorgerufen worden war. Sie setzte sich auf meine flammende Mitte, trieb meinen Penis in ihr nasses Geschlecht.

"Ich liebe dich! Ich liebe dich in dieser Spontaneität deines Erwachens!"

Leise stöhnte sie auf.

"Schlaf nie wieder ein, bitte!"

Und sie ritt auf mir, so wie zuvor im Traum, heiß, begehrlich, unerbittlich, während ich wieder zu jenem Menhir wurde, dessen kochende Lava sich zu einer ursprünglichen Eruption Bahn brach, zu der Genesis eines neuen Menschen. Welch ekstatische Freiheit, so sagte ich mir, doch als ich wie ein unbändiges Tier in Maria spritzte, sie liebte aus der Tiefe meines Herzens, da verspürte ich ganz weit hinten, verwurzelt in meinem Unterbewusstsein, für einen kurzen Augenblick einen abgrundtiefen Hass...

Schuld

Es waren erneut einige Stunden vergangen, in denen wir uns einem erschöpften und für mich traumlosen Schlaf hingaben. Als ich erwachte, lag Maria neben mir und blickte mich aus ihren wunderschönen Augen an. Wir begannen zu sprechen, leise, ganz leise, so als könnte ein lautes Wort meine wiedergeborene Stimme verschrecken. Anfangs hatte ich große Probleme, mich an diese, mir nicht mehr vertraute Stimme zu gewöhnen. Sie kam mir so fremd vor, und ich musste mir eingestehen, dass ich selbst mir fremd geworden war. Ja, es war unausweichlich: Ich war ein anderer Mensch geworden, hatte mich so sehr verändert, dass mir meine alte Identität, mein früheres Leben in einem Land der Sicherheit so absurd vorkam, dass ich mich innerlich weigerte, meinen alten Namen, das Synonym meines vergangenen Daseins, anzunehmen.

Aus den anfänglichen Liebesschwüren, aus der Freude über die Freiheit, die wir beide neu erlangt zu haben schienen, schälte sich im Laufe der Minuten das drängende Bedürfnis in den Vordergrund, mich zu offenbaren, die Erklärung dafür abzugeben, warum ich stumm geworden war, wie es zu der Existenz des Fisches gekommen war. Ich begann zu erzählen, stockend, in meinen Gefühlen schwankend, verunsichert von dem, was ich in Worte zu fassen suchte. Maria hörte mir gebannt zu, lauschte erstickt jedem meiner Worte, fassungslos einem wachsenden Entsetzen gegenüberstehend, dem Bild von Bestien, welches sie nicht einzuordnen vermochte. Meine Stimme wurde immer leiser, fast unhörbar, so als wolle sich der Fisch wieder in den Vordergrund drängen, kaum ein Hauchen war zu hören, immer wieder unterbrochen von heraufziehenden Tränenwellen, die meinen Körper schüttelten und aus dem Dunkel meiner Seele ausbrachen. Schließlich entstand erneut eine lange Pause, in der mich Maria mit Tränen in den Augen anblickte und mir dabei die Hände hielt. Ich wusste nicht, wo ich in diesem Schweigen mein blankes Entsetzen lassen sollte, glaubte mich einer entsetzlichen Ohnmacht nahe. Doch dann atmete ich tief durch, fasste all meinen Mut zusammen, um dieses tödliche Schweigen zu brechen.

"Verzeih mir, verzeih mir, verzeih mir...!"

Die Worte jagten kraftlos aus meiner Kehle.

"Maria, diese Worte wiederholte ich immer und immer wieder, nachdem diese Frau mit meiner Hilfe gemartert und getötet worden war. Ich war zum Mittäter geworden, obwohl ich es nicht wollte und ich mit all dem ja gar nichts zu tun hatte! Diese Worte der Vergebung sagte ich auch noch, als sie mich auf einen Stuhl banden. Dann versuchten sie, mich endgültig zu entmannen, nicht jedoch durch eine simple Kastration, nein, sie wollten ja ihre Freude daran haben.“

Mein Kopf sank wie von einem mächtigen Schlag getroffen nach vorn, und hemmungslose Tränen rannen an meinem Gesicht herunter.

"Du selbst kennst noch die Wunden, die sie mir beigebracht hatten, wirst dich erinnern, wie sehr du dich davor geekelt hast. Ich überlebte auch dies, wie, das weiß ich nicht. Carlos hat mir meine Manneskraft gerettet, auch dies wie durch ein Wunder. Aber selbst zu diesem Zeitpunkt konnte ich noch schreien. Doch dann...",

ich geriet ins stocken,

"rissen ... sie mir den Mund ... auseinander..."

Ein erstickter Atemzug rang sich aus meinem Inneren.

"Und dann haben sie ...?" Maria brachte den Satz vor Entsetzen nicht zu Ende.

Ich nickte langsam und niedergeschlagen. Nach einer ewigen Pause begann ich wieder zu sprechen:

"Danach habe ich nie wieder einen wirklichen Traum von mir geträumt, eine Geschichte oder das, was ich am Tage erlebt hatte, immer nur Albdrücke, farbige und schwarze Blitze, Kreise und Untiefen. Bis heute. Bis zu dieser Nacht mit dir, Maria!"

Mit einem lautlosen Weinanfall fiel ich ihr um den Hals, und sie hielt mich so fest, so innig, so voller Trauer in ihren Armen, sprachlos geworden durch die Bilder des Grauens, die ich ihr hatte zeigen müssen, damit sie mich verstehen konnte.

Ich selbst fühlte mich zu meinem Erstaunen befreiter, so als hätten meine Worte, dieses Herauslassen dessen, was mich gequält hatte, diese Verbalisierung meiner Leiden, einen Damm gebrochen, der meine innere Hölle endlich in die Außenwelt entließ. Doch dann, vielleicht durch das lange Schweigen Marias, vielleicht auch durch ihre unaufhörlichen Tränen, fragte ich mich, ob ich überhaupt das Recht gehabt hatte, ihr meine Geschichte zu erzählen, ob ich unserer Liebe nicht zu viel abverlangte, wenn ich sie mit dem Wissen vom Teufel auf Erden konfrontierte.

Schließlich brach sie das Schweigen:

"Ich weiß nicht ... Ich bin erschlagen ... Bitte verzeih mir meine Sprachlosigkeit, aber du hast mir gerade Dinge gesagt, die ich noch gar nicht begreifen kann. Ich meine, ... gibt es das wirklich? Können Menschen zu solchen Taten fähig sein? Bin ich bisher wirklich so naiv gewesen, zu glauben, dass Menschlichkeit ein allgemeiner Wert sei? Sicherlich, ich wusste von Folter und Mord, hatte sogar den einen oder anderen Bericht darüber gelesen, doch noch nie ist mir ein Mensch begegnet, der mir seine Geschichte, die Geschichte der Folter, so schonungslos offenbaren konnte. Bitte hilf mir, damit ich das verdauen kann, bitte!"

Sie hielt mich fest, fordernd, ja bettelnd.

"Maria, ich weiß nicht, wie ich dir helfen kann. Es ist für mich sicherlich genauso schwer, das zu verstehen, was ich dir gerade geschildert habe. Niemand weiß davon, nur du! Selbst Carlos habe ich nichts davon erzählen können. Er ahnt aber vieles, hat mich ja gesund gepflegt, die Wunden gesehen. Ich glaube, ihm muss nicht erst erklärt werden, wozu Menschen fähig sind, denn er selbst hat in den Gefängnissen der Folterer gesessen, hat die Schreie der Häftlinge gehört, hat meine Verletzungen gesehen. Und er hat offensichtlich de Sade gelesen, denn seine Erklärungen beweisen mir, dass er vieles von diesem großen Philosophen gelesen hat, nicht nur über ihn, sonder aus dessen eigentlichen Werken. Weißt du, Maria, in meiner ursprünglichen Heimat, die mir heute so fremd, so fern erscheint, habe ich fast alles von de Sade gelesen, mehrere tausend Seiten! Es war damals eine schaurige Qual für mich gewesen, nicht weil die Szenen gar zu pornographisch gewesen wären, das ist nämlich gar nicht der Fall. Pornografie hat ja viel mehr mit der immer wieder kehrenden Darstellung sexueller Handlungen in ihren unterschiedlichsten Spielarten zu tun, bei Sade dagegen sind sie Bestandteil einer tiefenpsychologischen Betrachtung der menschlichen Hölle, sind Teil einer manischen Struktur der Macht, sind in ihrer immer wiederkehrenden Grenzenlosigkeit Erklärungsbestandteil der Sadeschen Philosophie der Aufklärung der Aufklärung, die wie Carlos so treffen ausführte, den moralisierenden

Philosophen seiner Zeit den Spiegel der Zukunft vorhielt, das Bild des entmenschlichten Menschen, dessen Handlungen durch alles zu rechtfertigen ist, da Moral in der Moderne keinen Platz mehr findet. Carlos hat nur eines übersehen, das Sade bereits erkannte: Die Menschen werden durch die Aufklärung verdinglicht. Diese Verdinglichung drückt er vermittels der scheinbar pornographischen Szenen aus, in denen die Menschen zu reinen Puppen degradiert werden, die Handlungen zu überleben im Stande sind, die ...",

ich hielt in meinem philosophischen Redefluss inne, einem Redefluss, der aus der langen Zeit des Schweigens und dem Wunsch, Maria durch eine Theorie dessen, was mir widerfahren war, zu helfen, geboren worden war, hielt inne, da mir plötzlich aufging, dass die Protagonisten der Sadeschen Folter ebenso unglaubliche Qualen überlebt hatten wie ich, Verletzungen, die zu überleben eigentlich unmöglich erscheint. Aber ich hatte überlebt!

"Du willst dich herausreden!"

Wild entschlossen blickte sie mich an, wollte mich nicht so einfach aus meinen Qualen fliehen lassen, als ob sie wüsste, dass noch nicht alles gesagt war.

"Ich kann das verstehen, aber weißt du, de Sade interessiert mich nicht wirklich. Du interessierst mich! Was geht in dir vor? Wie hast du überleben können? Und wie sieht deine Zukunft aus? Das interessiert mich! Ja, deine Zukunft, unsere Zukunft, davon will ich wissen! Sag mir, was in dir vorgeht, damit wir voranschreiten können. Denn eines ist gewiss: Ich will, dass wir diese Hölle, deine Hölle!, verlassen!"

Mit diesen Worten riss sie mich endgültig aus meinen Gedanken. Plötzlich wurde mir klar, dass ich ihr nicht wirklich helfen musste, denn sie war eine starke Frau, die auch solche Schrecknisse überwinden konnte. Nein, ich musste mir helfen, mich selbst aus diesem Sumpf herausholen!

"Du hast recht, Maria! Ich bin schon wieder auf der Flucht. Immer bin ich geflüchtet. Aus meiner Heimat wegen dieser Frauengeschichte, aus Französisch-Guayana vor meiner erschreckenden Unerfahrenheit, aus Brasilien wegen meines sexuellen Unvermögens. Und dann bin ich nach der Folter vor mir selbst geflüchtet, vor meiner Verantwortung dieser Frau gegenüber, vor meiner Mitschuld an ihrem Tod! Weißt du, ich fühle mich noch heute in meinem damaligen Versagen, der Unmöglichkeit der Kontrolle meiner Sexualität, meines Machtinstinktes, meiner Komplizenschaft mit den Folterknechten, schuldig, möchte diese Schuld von der Welt tilgen und weiß nicht wie!"

Ich machte eine Pause, versuchte nachzudenken, eine Antwort auf diese Frage zu finden, die Frage meiner Mitschuld, die Frage nach der Schuld überhaupt.

"Du wirst es nicht für möglich halten, aber wenn ich es recht betrachte, so glaube ich, dass mich Carlos durch seine Ausführungen über de Sade auf eine wichtige Fährte gebracht hat, die mir aus meinem Dilemma des unschuldig Schuldigen weiter helfen könnte. Es ist scheinbar so theoretischer Natur, was Sade in seinen Werken schreibt, aber du solltest wissen, dass auch er in Gefängnissen saß, jedoch zu Zeiten, als Folter, oder wie man damals sagte: peinliche Befragungen, an der Tagesordnung waren, als die Macht der Mächtigen, zu denen er eine zeitlang gehörte, schier grenzenlos war, straflos Foltern und Morden konnte, wer nur die rechten Beziehungen oder genügend Geld hatte. Im Sumpf dieser allseits marternder Gesellschaft, denn die Revolution machte vor diesen Praktiken nicht halt, brachte als Neuerung lediglich den menschenwürdigen, kurzen Tod mittels der Guillotine hervor, wurde Sade zum Folterer und zum Gefolterten, schilderte letztendlich aus den realen Erfahrungen der damaligen Zeit über die menschliche Psyche. Und da finde ich eine Art Trost für mich, denn indem Sade uns alle zu in ihrer Machtgier grenzenlosen Folterern werden lässt, indem er unsere unterschwelligen Mordtriebe so schonungslos offen legt, uns den Teufel in uns selbst offenbart, lässt er meine Schuld in einem Licht der Allgegenwärtigkeit erscheinen, lässt er mich mit meiner Schuld nicht alleine auf dieser verdammten Welt, sondern ordnet mich in ein Menschsein ein, das nicht nur Güte, Moral und Liebe kennt, sondern eben auch Hass, Grenzenlosigkeit und Mordgier. Ich finde keinen Trost in diesen Worten, für wahr nicht! Aber glaube mir, Maria, alleine die Tatsache, dass ich vielleicht nicht der Einzige bin, dem solches in der Geschichte der Menschheit widerfahren ist, rückt mich wieder in die menschliche Gesellschaft, lässt das Monströse an mir in einem anderen Licht erscheinen."

Sie sah mich mit versteinertem Blick an. Ich sah, wie es in ihr arbeitete, wie sie nach Worten suchte, die das Gehörte in Bahnen lenken sollte, mit denen sie mich noch lieben konnte.

"Du willst also sagen, dass deine Sprachlosigkeit aus dem Versuch heraus geboren wurde, dich vor deiner Schuld zu schützen, und nicht etwa, weil du an Leib und Seele verletzt warst. Ist es das?"

"Fast. Wie soll ich es dir beschreiben? Meine Seele ist verletzt worden, so tief, dass ich nicht weiß, ob ich jemals daran gesunden werde. Aber ich habe das Gefühl, mein Schweigen, meine Zeit als Fisch, war aus der Furcht vor mir selbst entsprungen, dieser unglaublichen Angst davor, mich vor mir selbst zur Verantwortung ziehen zu müssen. Ich glaube, meine Folterknechte trieben das Sadesche Spiel auf seinen Höhepunkt, indem sie mich zum Komplizen machten. Carlos hatte recht als er von der Mitschuld der Opfer sprach, doch ich gehöre durch die besondere Form der Tortur zu jener bestialischsten aller Opfertypen, zu den Opfern, die sich, wenn auch widerwillig, aktiv an der Ermordung, an dem Hinmetzeln anderer beteiligt hat. Mit dieser Schuld muss ich leben, sie ist höllischer und menschenverachtender als jede körperliche Qual, denn sie kann nicht von diesem Erdboden getilgt werden, da sie eine Folter im Geiste ist, eine dauerhafte Folter meiner Psyche, hin bis zu meinem Tod und vielleicht sogar darüber hinaus, denn sollte ich jemals Kinder haben, so werden auch sie mit dieser Schuld konfrontiert werden, durch meine Traumata eine Prägung erfahren, die sie zu Mitschuldigen in der Zukunft werden lässt."

"Und du meinst wirklich, diese Sadeschen Theorien, die ich nicht kenne, könnten dir aus dieser Misere helfen?"

"Vielleicht. Du musst verstehen, solange ich mich als einzige Bestie unter Menschen gesehen habe, solange musste ich schweigen. Carlos eröffnete mit seinen Thesen von der Mitschuld der Opfer, mit seinen Gedanken über Sade, eine Pforte für mich, durch die ich möglicherweise schlüpfen könnte. Die körperliche Befreiung durch die Zähne, durch unsere Liebe, ermöglichte mir, wieder zu sprechen. Doch Sprache alleine ist eine leere Hülle, solange sie nicht mit Sinn gefüllt wird. Ich kann ein lustvolles "Ah" und "Oh" herausbrüllen, kann Plattitüden zu diesem und jenem von mir geben, aber erst, wenn ich bereit bin, mich meiner Realität zu stellen, meiner Schuld, meiner Verantwortung, erst dann beginne ich wirklich zu sprechen, zu kommunizieren!"

"Ich habe dich durch meine Hingabe also körperlich befreit, doch in deiner Seele bist du noch gefangen, gefangen von dem, was du erlebt und gesehen hast, von einer Schuld, an die du fest glaubst, selbst, wenn du nicht schuldig sein solltest? Ist es das, was du sagen willst?"

Sie sah mich fragend und zugleich bestürzt an.

"Ja. Ich bin noch nicht frei. Auch wenn ich mir das erhofft habe. Es bedarf noch eines Schrittes, den ich nicht kenne, von dem ich nicht weiß, wie er zu bewerkstelligen ist und wohin er mich führen wird. Ja, das ist es, so könnte man es ausdrücken."

"Und könnte ich dir dabei helfen, bei diesem Schritt?"

Ich überlegte lange, bevor ich ihr mit gesenktem Blick antwortete.

"Nein, Maria, ich glaube nicht! Ich fühle, dass ich diesen Schritt alleine gehen muss! Aber ich glaube, dass mir Sade, der keine Gnade kennt, kein Erbarmen zulässt, Freiheit nur als individuelle Befreiung zulässt, das diese radikale Sichtweise Sades, wenn ich es recht bedenke aber auch die ebenso radikale und unversöhnliche Sichtweise der Bibel eine mögliche Antwort auf die Frage des Wie geben können: Auge um Auge, Zahn um Zahn."

Maria sah mich erstaunt, fast verwirrt, an.

"Du meinst: Rache?"

"Das könnte das Mindeste sein! Vielleicht sogar Hass. Ich weiß es nicht, Maria, ... ich weiß es nicht!"

Für einen kurzen Moment hielt ich inne. Ein tödliches Schweigen breitete sich zwischen uns aus, Kälte stieg eisig unsere überhitzten Glieder hinauf.

"Eines ist jedoch sicher:",

meine Stimme klang ungewöhnlich hart, fast schneidend, auf jeden Fall keinen Widerspruch zulassend,

"Die Ursache für meine Schuld muss von dieser Welt getilgt werden - wie auch immer!"

Begegnung

Als unser Trupp, allen voran Carlos, das kleine Städtchen nach Tagen bangen Wartens darauf, ob mein Gebiss wirklich hielt was es versprach, verließ, blieben Maria und ich ein wenig zurück, suchten die Nähe zueinander und entfernten uns dabei immer mehr von unseren Freunden, die schon bald aus unserem Blickwinkel verschwanden. Sicherlich, unser Verhalten entsprach nicht gerade dem Handbuch für Guerillas, aber wir waren einfach zu sehr in unsere Gedanken versunken, als dass wir darauf geachtet hätten. So folgten wir dem schmalen Pfad in die Berge, ohne viel zu reden und ohne großartig auf die Umgebung zu achten. Als die Sonne schließlich am höchsten stand und mit ihrer erbarmungslosen Glut auf uns herniederbrannte, Kakteen und Sträucher sich unter den Myriaden von Steinen scheinbar zu verstecken suchten, wir nunmehr bereit waren, eine Rast einzulegen, da kamen uns über den kleinen Hügel voraus, der die ansteigende Bergkette zu unterstreichen versuchte und dabei das kleine Tal mit dem noch kleineren, kaltklar fließenden Bach, dessen Wasser sich so erfrischend zwischen den Geröllbrocken durchmogelte, verdeckte, zwei laufende Gestalten entgegen gehastet, in die Monturen der verhassten Soldaten gekleidet. Offensichtlich hatten uns die beiden noch nicht entdeckt, denn sie liefen geradewegs auf uns zu. Maria zerrte mich instinktiv zur Seite, griff mechanisch zu ihrer Waffe. Die Deckung, die uns zur Verfügung stand, war denkbar schlecht: Ein paar große Kakteen, Verkehrspolizisten gleich die Arme zu unbekannten Gesten stachelig gestreckt, gaben eher ihren Schatten Deckung als uns und schienen dabei noch hämisch von oben herab auf uns und unsere sonnenheißen Schweißperlen zu grinsen. Während die beiden immer näher kamen, sah ich aus den Augenwinkeln, wie Maria sich auf ihre Lippen biss. Sie musste wohl erkannt haben, wie unvorsichtig wir gewesen waren, wir im Augenblick noch nicht einmal wussten wo unsere Kameraden geblieben waren, was mit ihnen geschehen war. Hatte es einen Kampf gegeben? Warum hatten wir keine Schüsse gehört? Oder waren wir so sehr in unsere Gedanken, in unsere Vorfreude auf das nahende Bad in dem kleinen Bach vertieft gewesen, dass wir einfach nichts gehört hatten? Auch ich schalt mich wegen diesem unangemessenen Leichtsinn. In Gedanken ging ich den Inhalt unserer Rucksäcke durch: Wasserflaschen, ein Brot, Speck, eine Bluse, ein Rock, Seidenstrümpfe und Strapse. Da war noch anderes drin, sicherlich, aber nur diese Dinge kamen mir ins Gedächtnis, keine Munition, keine Waffen, nichts, was in dieser Situation von Wert gewesen wäre, lediglich diese verräterischen Utensilien einer leidenschaftlichen

Nacht, an die ich mich scheinbar zu klammern versuchte. Schnell musste ich mir eingestehen, dass die Waffen, die Maria bei sich trug, aussichtslos waren, sollte es sich bei den beiden da vorne lediglich um eine Vorhut handeln.

All diese Gedanken gingen mir in einem winzigen Augenblick durch den Kopf, während wir uns wie von selbst auf den Boden fallen ließen. Die Soldaten waren inzwischen auf Schussweite herangekommen, so dass man Einzelheiten erkennen konnte. Sie erschienen etwas wirr, hatten es offensichtlich sehr eilig, achteten nicht so recht auf ihre Umgebung, sicherten insbesondere nicht ihr vorwärts Preschen, das eher den Charakter einer überhasteten Flucht zu haben schien. Ihre Uniformen waren verschmutzt und an einigen Stellen zerrissen, der eine humpelte sogar etwas, doch vor allem: Nur einer schien eine Waffe zu tragen. Als wir dies erkannten, wurde uns klar, dass dies keine Vorhut sein konnte, eher das Gegenteil, ein versprengter Haufen auf der Flucht. Maria überlegte augenscheinlich nur kurz, erhob sich halb aus der kaum vorhandenen Deckung und rief den Männern zu, sie sollen stehen bleiben und die Waffen wegwerfen. Der Bewaffnete zeigte jedoch eine schnelle und kampferprobte Reaktion, indem er sich ohne zu zögern hinwarf und noch in dieser abrupten Bewegung ungezielt zu schießen begann. Maria, die sich erneut auf die Unterlippe biss, diesmal so feste, dass sie zu bluten begann, hatte den Mann jedoch fest im Visier, zog den Hahn durch und traf mit tödlicher Präzision. Woran sie wohl denken mochte? An ihre tote Mutter vielleicht, die schreiend zu Boden stürzte, so wie Carlos dies erzählt hatte? Oder vielleicht an mich, meine Geschichte, meine Angst und Unsicherheit, meinen Hass?

Der zweite Soldat hatte seine Arme erhoben, machte keine Anstalten zu fliehen. Maria ging zu den Männern, die Umgebung sichernd, den Stehenden im Visier. Nur langsam folgte ich ihr. Als sie bei den Soldaten angekommen war, schien sie endgültig zu erkennen, dass sie einen guten Schuss abgegeben hatte, denn ihre Schultermuskeln entspannten sich sichtbar, die Haare legten sich wieder im Nacken. Zum ersten Mal besah sie sich den anderen Soldaten, und mein Blick folgte aus einiger Entfernung dem ihren.

Mein Atem stockte. Ich blieb stehen. Vor Maria stand ein eher dicker, von Schweiß durchnässter Mann mittleren Alters, dessen kurze Haare vor Schweiß an seinem runden Kopf klebten. Die großen Ohren waren gewissermaßen gespannt angelehnt, die buschigen, schwarzen Augenbrauen schienen den Blick in seine, in tiefen Höhlen verborgenen dunklen Augen verhindern zu wollen, die Nase war hakig und schmal, ein hitlerischer Oberlippenbart bedeckte seine schmalen, zusammengepressten Lippen. Ich kannte diesen Mann! Es war seltsam, dass ich dieses Erkennen mit solcher Klarheit und ohne jede Dramatik zur Kenntnis nahm. Ich betrachtete seine Offiziersuniform, die nicht nur verdreckt und zerrissen war, sondern an der auch unzählige Blutflecken hingen. Der Mann hatte Angst. Er war ein Feigling, wie er im Buche steht! Das hatte ich geahnt. Schon damals. Aber da war alles ganz anders gewesen. Ich trat immer näher an dieses Wesen heran, und der Blick dieses Offiziers erkannte auch mich, seine Augen kniffen sich zusammen, so als wolle er die Richtigkeit seiner Erkenntnis überprüfen, seine Lippen begannen zu beben, dann weiteten sich seine Augen in ungläubigen Entsetzen.

Ich wusste nicht, in welcher Weise ich ihn angeblickt hatte, doch seine Reaktion schien nichts Gutes zu verheißen und lenkten Marias Aufmerksamkeit auf mich.

"Was...?"

Sie konnte nicht weiter sprechen, war wie gelähmt von meinem Anblick, der Furcht einflößend sein musste.

In diesem Augenblick erschienen unsere Kameraden am oberen Ende des Hügels, rannten zu uns, Carlos an ihrer Spitze.

"Alles in Ordnung bei euch?"

Carlos blickte Maria an.

"Wieso seid ihr so weit hinter uns geblieben?"

Seine Stimme klang vorwurfsvoll, hatte noch nicht die Spannung, die zwischen diesem Offizier, Maria und mir herrschte registriert.

"Habt ihr das Gefecht nicht gehört? Ein ganzer Trupp Soldaten hat sich da drüben über zwei unschuldige Kinder hergemacht. Der Junge ist tot. Das Mädchen lebt noch, aber sie haben es mit Nadeln geblendet. Ich glaube nicht, dass sie durchkommen wird. Diese Schweine! Ich könnte sie alle ..."

Und mit diesen Worten holte Carlos unvermittelt mit seinem Gewehr aus, wollte mit äußerster Kraft zuschlagen, als er zum ersten Mal den ungläubigen Blick Marias erfasste. Er hielt in seiner Bewegung inne, so als wäre er versteinert, folgte ihrem Blick zu mir, der den Offizier mit etwas fixierte, das nicht von dieser Welt zu stammen schien, denn selbst Carlos, dieser welterfahrene alte Mann, schaute ungläubig, ja entsetzt zu mir, folgte dann meinen starr wirkenden Augen, die alles Geschehen wie aus einem Tunnel wahrzunehmen schienen, hin zu diesem Soldaten, hin zu diesem Monster, das auch er sofort wiedererkannte.

Er senkte sein Gewehr, nahm Maria am Arm und wollte sie wegführen, hin zu den Kameraden, die er durch ein Handzeichen über den Hügel befehligte.

"Aber wir töten doch keine Gefangenen! Wir doch nicht! Carlos?!"

Marias Stimme überschlug sich. Sie wollte zu mir zurück, wollte mich von dem abhalten, was gegen ihre Moral verstieß, gegen all das, was sie von Carlos gelernt hatte, gegen international verbindliche Regeln, gegen Menschlichkeit und Gnade.

Doch Carlos riss sie mit unglaublicher Härte an sich, wirbelte sie wie eine Marionette herum und sah ihr fest in die Augen.

"Komm!"

Dieses Wort ließ keinen Widerstand zu, es war mit solch unerbittlicher Wucht ausgesprochen worden, dass ich auf Marias Gesicht nicht nur unverständiges Erstaunen sondern sogar das Zucken einer instinktiven Angst erkennen konnte. Der Blick unseres Vaters ließ Maria keine Wahl, fixierte sie an ihn, zeigte ihr, dass dies hier eine Angelegenheit war, die sich ihrer Einflussnahme bis in alle Ewigkeit entziehen würde.

Er führte sie ohne ein weiteres Wort über den Hügel, weg von dem, was unausweichlich folgen würde, dem, was nur diese Bestie und mich etwas anging.

Anmerkung zu folgendem Kapitel

Die folgenden Szenen und ihre Interpretation in diesem Kapitel beziehen sich in ihrer Systematik u.a. auf Christian Spiel: „Menschen essen Menschen. Die Welt der Kannibalen", München, 1972.

Es handelt sich in der Interpretation insbesondere um folgende Aspekte:

- *im rituellen Kannibalismus wird die Rückkehr des Toten in die Welt verhindert;*
- *im Angst-Kannibalismus wird die Rückkehr des getöteten Feindes in die Welt der Lebenden verhindert;*
- *Im magischen Kannibalismus werden Eigenschaften des Getöteten übernommen.*

In diesem Kapitel werden diese drei Interpretationen zu einer Einheit verschmolzen, die eine Erklärung für die Handlungen des ehemaligen Fisches sein können. Insbesondere muss hier betont werden, dass die vorliegenden Schilderungen nicht als Kannibalismus des sexuellen Fetischismus missverstanden werden dürfen.

Höllenkampf

Wir waren alleine. Mit einer erschreckenden Klarheit erkannte ich, dass ich nicht so recht wusste, was mein nächster Schritt sein sollte. Wie sah Rache eigentlich aus? Was bedeutete das überhaupt? Ich merkte, dass mein Kopf plötzlich von einer solch abgrundtiefen Leere erfasst wurde, dass ich glaubte, bis in alle Ewigkeit fallen zu müssen. Der Mann versuchte, mich zu fixieren, mich gewissermaßen auf einer für ihn unkritischen Distanz zu halten. Mein Innehalten in einer für ihn tödlichen Aktion schien ihm noch einmal Auftrieb zu verleihen, meine scheinbare Unsicherheit sich für ihn in eine ebenso scheinbare Macht zu verwandeln. Noch einmal versuchte er, seine ihm alt bekannte und eintrainierte Überlegenheit auszuspielen:

"Geh zur Seite, Gringo!"

Seine Stimme versuchte eine Selbstsicherheit auszudrücken, die in seinem Gesicht nicht zu erkennen war.

"Treten sie zur Seite, oder ich werde andere Mittel anwenden, um sie zur Raison zu bringen! Ihre Freunde können ihnen nicht helfen. Sie sind allein, mein Freund! So wie damals. Erinnern sie sich?"

In seinem Blick blitzte für einen Augenblick die alte Dominanz auf, so als erinnerte er sich mit wachsender Freude an die vergangene Folter.

"Die Zeiten haben sich geändert. Ich habe mich geändert!“

Meine Stimme zerriss die Stille mit einer eisigen Kälte, in der die Sonnenstrahlen zu gefrieren drohten.

"Du wirst hier nicht mehr lebend wegkommen, glaube mir! Die da drüben sind gegangen, weil sie mir und meiner

Kraft vertrauen. Sie wissen, dass du für mich keine Gefahr mehr darstellst, dass du verloren bist. Und die, die dir helfen könnten, die sind nicht hier. Was machen deine Kumpane? Leben sie noch? Haben sie immer noch solch einen höllischen Spaß daran, andere leiden zu sehen?"

Ich erwartete keine Antwort auf diese rhetorischen Fragen, doch zu meinem Erstaunen begann dieses Wesen schon wieder zu sprechen, als wären wir in einer völlig anderen Lage.

"Ja, es macht ihnen immer noch Spaß! Und ich werde dir auch noch deinen Arsch aufreißen, wenn du nicht sofort den Weg frei machst, Gringo!"

Seine Stimme hatte einen leicht zitternden Befehlston angenommen. Er versuchte ganz offensichtlich, mich durch militärische Riten an meinem Vorhaben zu hindern, gewissermaßen meine Stärke auszutesten, um dann durch die Gewissheit der Macht seiner Befehle die Oberhand zu gewinnen.

Ich trat einen Schritt auf ihn zu. Alleine diese Bewegung, mit der er nicht gerechnet hatte, zerstörte seine ganze, mühselig aufgebaute Strategie. Sein Widerstand brach in sich zusammen, so als hätte ich an einem Kartenhaus gerüttelt.

"Bitte, lassen sie mich am leben! Ich werde alles in meiner Macht mögliche tun, damit sie in ihre Heimat zurückkehren können!“

Er war winselnd auf die Knie gefallen. Tränen standen in seinen Augen, die versuchten, meinem tödlich entschlossenen Blicken auszuweichen.

"Ich habe Beziehungen, müssen sie wissen! Die werden ihnen helfen. Und dieser Steckbrief... Ein Wort von mir, und er ist Makulatur! Glauben sie mir!"

Ein weiterer Schritt in seine Richtung änderte seine Strategie der Verzweiflung erneut.

"Was damals geschehen ist... ich konnte doch nichts dafür! ... Wir hatten unsere Befehle! Ich musste das doch machen, glauben sie mir, Señor, ich wollte das alles nicht! Ich hab doch Frau und Kinder, bin ein ganz normaler Mensch wie sie! Die da oben sind die Schweine, die Mörder! Sie verraten uns alle, zwingen uns zu solchen Sachen, machen uns zu Tieren!"

Seine Stimme war beinahe ins Falsett gestiegen, er bebte am ganzen Körper, meine Entschlossenheit, die unnachgiebige Haltung, der hassende Blick, die Härte meiner Fäuste, mussten ihm zeigen, wie es um ihn stand.

"Tiere?"

Meine Frage klang so erstaunt, so scheinbar nachdenklich, dass er Hoffnung zu schöpfen schien.

"Ja, ja! Sie machen uns zu Tieren. Wir sollen foltern und töten im Namen des Regimes, sollen unsere moralischen Bedenken über Bord werfen, zu geifernden Mördern werden. Doch das wollte ich nie! Mein Ziel war es doch nur, Offizier in einer anständigen Armee zu sein. Ich wollte doch Ehre und Ruhm erringen, die Schmach des verlorenen Krieges gegen die Engländer, diese feigen Diebe, tilgen, daran teilhaben, unser geliebtes Land zu Einen! Sie versprachen uns, ein neues Land aufzubauen, ein Land, in dem es sich wieder lohnen würde zu leben, ein Land, das groß und mächtig an der Seite der ersten Welt, Europas und Amerikas, stehen würde. Ja, das war es, was sie uns versprachen! Die alte Regierung, diese Marionetten der Bonzen und Juden, verstrickt in die Machenschaften Krimineller, musste doch verschwinden, dass müssen sie doch verstehen! Das war doch klar! Dafür habe ich gekämpft! Aber doch nicht für Folter und Mord! Nein, glauben sie mir, Señor, niemals!"

Ich hatte ihn nun erreicht, griff nach seinem Kinn und hob seinen Kopf, damit er mir in die Augen blicken konnte.

"Aber Tiere foltern nicht, mein Lieber! Tiere morden nicht. Nur Menschen tun das!"

Er zögerte, versuchte auf meine kurzen Sätze neue Argumente für sein Überleben zu finden.

"Ja, sicherlich ..., ja. Menschen tun das..."

Er klang unsicher. Seine Verteidigung brach langsam in sich zusammen, wirkte immer fragiler, obwohl er sich so anstrengte, sein Hirn so sehr arbeitete.

"Aber wir hatten doch Befehle! Verstehen sie doch, Señor! Befehle! Was sollte ich denn machen? Mich etwa erschießen lassen? Wie ein räudiger Hund?"

Plötzlich, als habe er erkannt, dass all seine Reden nicht das erreichen würde, was er sich vorgestellt hatte, bekam sein Ton einen unterschwelligen Trotz, fast schon einen irrsinnigen Stolz auf etwas, das zu verstehen außerhalb meiner Gedankenwelt zu stehen schien.

"Und unsere Mission ist doch auf dem besten Weg zum Erfolg. Die Menschen auf den Straßen jubeln uns zu. Die Generäle kämpfen doch gegen diese heimtückischen Terroristen, die unser Land zu unterwandern drohten und denen sie sich angeschlossen zu haben scheinen. Das sind doch die Mörder! Kehren sie um, mein Freund, kommen sie auf unsere Seite! Wir sind die Guten in diesem Kampf, nicht die Guerillas, die unser Land, ja die ganze Welt in Chaos und Verwüstung stürzen wollen! Sie kommen doch aus einem geordneten Land, wissen doch, was Zucht und Ordnung bedeuten! Ihr Hitler hat doch der Welt erst gezeigt, wie man mit diesem subversiven Pack, diesen Kommunisten, diesen Terroristen umzugehen hat! Und die Amerikaner zeigen es jetzt den Feinden des heiligen Christentums, diesen Araberschweinen, diesem moslemischen Mob! Da können wir doch nicht abseits stehen. Kommen sie auf unsere Seite, auf die Seite derer, die für den rechten Glauben kämpfen, für unsere heilige Mutter Gottes, gegen den Unglauben in der Welt. Wer hat denn das friedlichste Land der Welt angegriffen, das Land, dessen Freiheit für unsere Generäle ein Vorbild ist, wer hat denn dieses Land im Kampf für das Gute angegriffen, wer hat denn dieses Land angegriffen, das sich so vehement für die Befreiung unserer armen Jugend von den alles vernichtenden Drogen einsetzt? Wer, frage ich sie?! Nun? Die Moslems! Die Kommunisten und Anarchisten! Die kriminellen Drogenkartelle! Sie sind die Mörder! Sie sind die, die uns alle terrorisieren, sie und mich, glauben sie mir! Dagegen habe ich gekämpft, dagegen kämpfen unsere Generäle! Wir wollen unser Land sauber haben, eine Jugend, die unsere Regierung in ihr Herz schließt, Menschen, die Stolz darauf sind, diesem Land anzugehören!"

Er hatte sich in eine Art Rausch gesprochen, schien von seinen eigenen Argumenten wie gefesselt zu sein. Dieser Mann am Scheideweg seiner Existenz glaubte tatsächlich, den Menschen von seinen Ansichten überzeugen zu können, den er gerade wegen dieser Ansichten auf bestialischste Weise hatte töten wollen. Er sprach wie in Trance, so als müsse er vor seinem sicheren Tod all seine Handlungen in ein Sinn bringendes weltanschauliches Korsett zwängen, das es ihm erlauben würde, vor seinem Schöpfer auf Gnade hoffen zu können. Es war erstaunlich, wie ungebrochen dieses Monster um die Richtigkeit seiner Taten kämpfte.

"Dafür müssen Opfer gebracht werden, sicherlich! Nationale Opfer! Man kommt nicht umhin, die Feinde einer besseren Welt aus dem Verkehr zu ziehen. Sie werden doch verstehen, mein Freund, dass eine kranke Demokratie, in der Chaos und Willkür herrschen, in der Arm und Reich unversöhnlich gegenüberstehen, dass diese Demokratie abgelöst werden muss. Wir wollten die Demokratie retten, in dem wir die subversiven Kräfte ausschalteten. Doch diese Ratten kann man nur fangen, wenn man genügend Informationen über ihre Nester bekommt. Und die bekommt man nicht freiwillig, ... da muss man nachhelfen. Das verstehen sie doch?!"

Er machte eine Pause. Ich betrachtete ihn fast mitleidig, sagte kein Wort.

"Sie waren ein Fehler."

Seine Stimme hatte sich gesenkt, so als würde er sich endlich entschuldigen wollen.

"Von ihnen konnten wir keine Informationen erhalten. Unsere Informanten hatten sich bei ihnen wahrscheinlich geirrt. Sie können also noch immer die Seiten wechseln! Kommen sie zu uns! Ich werde ein Wort für sie einlegen. Es wird ihnen nichts geschehen! Vielleicht kann ich sogar noch etwas für ihre Freundin da drüben machen, wenn sie nur Willens ist..."

"Glaubst du wirklich diesen Dreck, den du da eben verzapft hast? Kannst du wirklich so naiv sein, zu glauben, dass ich dir, meinem Folterer, folgen würde? Wenn du noch Macht über mich hättest, ja, wenn ich noch in deinen Verließen sitzen würde, dann vielleicht ... aus Angst vielleicht. Aber hier? Wie dumm bist du eigentlich? Glaubst du wirklich, du könntest dich mit diesem Gewäsch aus der Verantwortung für meine Leiden, für den Tod der Frauen herauswinden? Glaubst du das wirklich?"

Meine Worte waren tödlich. Der Tritt, den ich ihm versetzte noch nicht.

Er lag nun winselnd im Dreck, zusammengerollt wie ein Embryo. Es war seltsam, dass diese Schutzhaltung so verletzlich, so scheinbar unangreifbar auf mich wirkte. Kann man einen Menschen töten, der diese Haltung eines noch Ungeborenen angenommen hat? Während ich mir diese Frage stellte, begann er mit erstickter Stimme erneut auf mich einzureden, oder sollte ich lieber sagen, auf sich selbst?

"Bitte töten sie mich nicht, Señor! Señor, Señor! Hören sie mich an, bitte! Ich war doch immer nur ein Nichts, komme aus einfachen Verhältnissen. Ich war nie im Ausland, habe keine Fremden gekannt. Mein Vater schickte mich auf diese Militärschule. Das war die einzige Möglichkeit für ihn, mir eine gute Ausbildung zu verschaffen. Aber dort hat man mich auch zu bedingungslosem Gehorsam erzogen. Dort hat man mir beigebracht, was es heißt, sein Vaterland und dessen Fahne zu lieben, zu verehren. Kennen sie das? ... Ich glaube nicht. Man hat uns gesagt, dass sie bei ihnen fast alle ein gespaltenes Verhältnis zu ihrem eigenen Land haben, dass sie ihre Fahne nicht lieben, den Text ihrer Nationalhymne noch nicht einmal kennen. Ist das wirklich wahr?"

Er hielt inne, so als erwartete er wahrhaftig eine Antwort auf diese Frage. Ich verstand nicht so recht, was in diesem winselnden Mann vor sich ging. Mir war bewusst, dass er mit allen Mitteln versuchte, seine Haut zu retten. Instinktiv spürte er, dass er mir in einer körperlichen Auseinandersetzung nunmehr unterlegen wäre, dass ich zu einem tödlichen Kämpfer geworden war. Also versuchte er mich mit seinem Gerede zu packen, mich auszutricksen, mich moralisch zu lähmen. Unter normalen Umständen hätte seine Strategie sogar zum Erfolg führen können, nicht aber hier, nicht bei mir, der ich mir unausweichlich sicher war, dass ich ihn töten würde. Er musste dies fühlen, doch seine Lebensgeister weigerten sich, diese Tatsache hinzunehmen, seinen bevorstehenden Tod zu akzeptieren. Er klammerte sich an diesen Strohhalm aus Argumenten, die er wild durcheinander zusammensuchte und zu einem undurchschaubaren Wust aus politischen Floskeln, Emotionen und Rechtfertigungen zusammenschusterte. Wäre die Lage für ihn und mich nicht so ernst, so tödlich in ihrer Auseinandersetzung, so hätte man angesichts seiner offensichtlichen Dummheit weinen mögen oder das Ganze mit einem lauten Lachen als ein absurdes Theater zu entlarven versucht. Aber dies war kein Scherz! Hier ging es um sein Leben, seine Daseinsberechtigung, meinen Hass, meine Vergeltung, meine Genugtuung, hier ging es um Leben und Tod, die

Tilgung von Schuld und Mitschuld und vielleicht sogar um ... Vergebung. Ich schwieg, stand über ihm, drohend wie die Spitze eines Schwertes. Wieder begann er zu sprechen:

"Sie antworten nicht. ... Also habe ich recht. Sie lieben ihr Vaterland nicht, würden nichts für sein Überleben unternehmen. Damit sind sie doch ein Verräter an sich selbst, sehen sie das nicht?! Ich dagegen habe gelernt, was es heißt, den Treueid auf die Fahne zu leisten, zu tun, was einem gesagt wird, an der Stelle zu stehen, die einem zugewiesen wird. Sicherlich, da geschehen auch mal Fehler. Die Generäle können nicht allwissend sein. Sie sind ja auch nur Menschen, so wie sie und ich. Und ich wurde nun mal in dieses Gefängnis beordert. Meine Aufgabe war es, aus den Gefangenen Informationen herauszuholen. Wie, das war egal. Mir wurde der Befehl gegeben. Nehmen sie den und den Gefangenen und verhören sie ihn mit allen Mitteln so lange, bis sie die Informationen erhalten haben, die wir für unseren Sieg über die zersetzende Subversion benötigen."

Eigentlich wollte ich mit diesem Monster nicht reden oder gar diskutieren, aber dieser handfeste Verweis auf Befehle zur Folter interessierte mich doch, auch wenn er nichts an meinem Entschluss ändern würde.

"Du meinst also, man hat dir den eindeutigen Befehl zu sadistischen Folterungen erteilt, dir einen Freibrief gereicht, der dir die tödliche Vergewaltigung von Frauen und Männern, von Kindern erlaubt, die Zerstörung menschlicher Integrität, lebenslange Leiden an Leib und Seele? Das willst du sagen?"

Bisher hatte er in seiner Embryohaltung gesprochen, nicht gewagt, aufzublicken. Doch jetzt, als ich zum ersten Mal reagierte, Interesse an seinen Äußerungen zeigte, schöpfte er wieder Hoffnung, glaubte, sich aus der Schlinge ziehen zu können.

"Ja, sicherlich, Señor. Man sagte uns, dass wir machen könnten, wozu wir Lust hätten. Es sei nur wichtig, dass wir die notwendigen Informationen erhielten. Man verwies ausdrücklich auf interne Papiere des Pentagon, die es den Amerikanern erlaubten, im Irak zu foltern, ohne dass dies nach Ansicht der Amerikaner gegen internationales Recht verstoßen würde. Man sagte uns, dass diese ganzen Prozesse gegen die ertappten Soldaten dort doch nur Scheinprozesse gewesen seien, um die Weltöffentlichkeit zu beruhigen, dass man ein eindeutiges O.K. von den Amerikanern habe, hinsichtlich der Folter, sofern sie gegen Kriminelle und Terroristen angewandt würde. Die Amerikaner hatten unseren Generälen versichert, dass es keine Nachforschungen, keine Tribunale oder Ähnliches geben würde, dass dies eindeutig innere Angelegenheiten unseres Landes seien, selbst wenn wir ausländische Terroristen foltern würden. Wir sollten halt nur nicht diesen dummen Fehler machen wie im Irak, und das Ganze auch noch filmen. Ich habe sogar Ausbilder kennen gelernt, die uns erklärten, wie wir Foltern könnten, ohne das irgendjemand dies jemals beweisen könnte. Psychofolter, sie verstehen? Bei rein körperlichen Foltern dagegen sei es wichtig, dass die Gefolterten eben danach nicht mehr darüber berichten könnten. Ich hatte meine Befehle, ja, und meine Ausbildung, die Folter mit einbezog. Es war meine Aufgabe, Folter auf Anweisung von oben durchzuführen. Wir haben nie ohne eine Order gefoltert, das müssen sie mir glauben!"

Ihm schien diese Feststellung außerordentlich wichtig zu sein, ohne dass er erkannte, wie absurd dieses Argument in meinen Ohren klingen musste. Ja, er war tatsächlich ein Gefangener seines eigenen Gedankensystems, nicht in der Lage, sich in das Martyrium seiner Opfer zu versetzen.

"Du meinst also, dass die Vergewaltigung von Frauen mittels Ratten ein legitimes Mittel ist, sofern dir der Befehl dazu gegeben wird? Dass die Kastration von Männern ganz normal sei? Ja? Und was ist mit den Kindern da drüben, von denen Carlos vorhin gesprochen hat? Ist das auch auf Befehl geschehen?"

Ich blickte ihn mit wutentbranntem Gesicht an, hielt ihn auf halber Höhe an seiner Uniform fest, dieses wimmernde Etwas, das wie ein Sack in meinen Händen hing.

"Natürlich. Auf Befehl. Alles auf Befehl! Die Kinder gehören zu diesem Dorf. Und dieses Dorf betreibt Verrat an unserer Heimat, arbeitet mit den Guerillas zusammen. Ihr Hier sein beweist dies. Und dieses Dorf wird schon morgen dem Erdboden gleichgemacht werden, wenn unser Trupp nicht bis Mitternacht in die Basis zurückgekehrt sein sollte. Übrigens...",

sein Blick änderte sich plötzlich zu einem sehr vertraulichen Grinsen,

"ihre Zähne, Señor, haben uns auf dieses Dorf gebracht! Ist das nicht lustig?"

Es schien, als habe er sich endgültig mit seinem Tod abgefunden und flüchtete sich nunmehr in eine gespenstige Art Galgenhumor.

"Sehr lustig. Wirklich, sehr lustig."

Meine Stimme war wie ein Reibeisen, hart und unerbittlich, meine Nase berührte fast die seine. Dann senkte ich meine Stimme um eine weitere Nuance:

"Und die Opfer? Die Unschuldigen? Hast du kein Mitleid? Findest du kein Wort der Reue? Empfindest du keine Schuld?"

Er sah mich entgeistert an, so als verstände er meine Worte nicht.

"Was meinen sie damit? Wofür sollte ich mich schuldig fühlen? Ich habe Befehle befolgt. Wenn also jemand Schuld empfinden könnte, dann derjenige, der die Befehle erteilt hat. Als Soldat habe ich Gehorsam zu leisten und nicht darüber nachzudenken, ob der erteilte Befehl gegen irgendetwas verstoßen könnte. Das muss mein Vorgesetzter vorher prüfen oder auf seine eigene Kappe nehmen! Ich fühle mich nicht schuldiger als irgendein Soldat im Feld! Sicherlich, meine Tätigkeit ist pikanter, nicht so einfach zu erklären, wirkt vielleicht brutal und unmenschlich. Aber wissen Sie, es geht hier um höhere Ziele, um unser Land, ja, vielleicht noch mehr, um die Rettung des Christentums vor den moslemischen Horden, den Sieg des Guten über die Mächte des Bösen, der Moral über die Sittenlosigkeit! Was hätte ich denn machen sollen? Ein paar harmlose Bildchen von nackten Männern, die so tun als ob sie sich einen runterholen? Das ich nicht lache! Diese Moslems mit ihrer doppelzüngigen Moral! Über solche Bildchen kann sich doch nur aufregen, wer noch nie einen Porno gesehen hat oder dessen Gesellschaft noch im tiefsten Mittelalter steckt! Gleichzeitig kommt niemand auf die Idee, sich mit gleicher Entschiedenheit über die Hinrichtungen, die Veröffentlichungen der Enthauptungen im Internet aufzuregen. Da schauen alle hin, geifern vor Gier, das Blut aus dem Hals spritzen zu sehen! Was meinen Sie denn? Wenn ich ihre Folterung und die der Frauen ins Internet gestellt hätte, so wie es die islamischen Terroristen mit ihren Hinrichtungen machen, was meinen sie, wäre geschehen? Ich verrate es ihnen: Das Internet wäre zusammengebrochen, weil alle Welt sich das hätte ansehen wollen! Ich habe ihnen doch noch ihre individuelle Unversehrtheit vor der Weltöffentlichkeit gelassen, ihre Ehre vor sich selbst! Ich foltere vielleicht, ja, und weil sie überlebt haben, werden sie sich wahrscheinlich an mir zu rächen versuchen. Nun, das ist ihr gutes Recht, solange sie mir überlegen sind. Aber ich fühle mich nicht schuldig, denn ich habe ihre Folter unter dem Notstand eines Befehls durchgeführt! Den einzigen Fehler, den ich mir eingestehen muss, ist der, dass ich sie überleben ließ. Aber dafür ist letztendlich unser ehemaliger Gefängnisdirektor verantwortlich, der Carlos und sie unbedingt in einem anderen Gefängnis hinrichten lassen wollte. Na ja, das hat seinen Kopf gekostet..."

Ich hatte genug gehört! Dieser Mann schien kein Gewissen zu haben. Trotzdem, so als wollte ich mir selbst eine Rechtfertigung für das geben, was nun folgen würde, trotzdem wollte ich ihm noch eine letzte Chance geben:

"Und du bereust wirklich nichts? Gar nichts?"

"Warum sollte ich Reue empfinden?"

"Vielleicht um deine Seele zu retten?"

"Ich war immer gläubiger Christ. So wie die Generäle von mir Gehorsam verlangt haben, so gebietet uns auch die Mutter Kirche Gehorsam. Es geht um einen Feldzug gegen das Böse! Was hat denn die Inquisition in ihrem Kampf gegen die Ungläubigen gemacht? Na, was? Und glauben sie etwa, die kirchlichen Inquisitoren wären nicht ins Paradies eingegangen? Natürlich sind sie! Sie haben schließlich für Gott gekämpft, für das Gute auf Erden! Und da ich genau das gemacht habe - warum sollte ich mich schuldig fühlen, warum Reue empfinden? Die Frauen, diese Kinder, dieses Dorf - und anscheinend auch du, mein Freund, ihr alle seid ganz offensichtlich Terroristen, die es auf die Existenz unserer geliebten Heimat abgesehen habt. Gegen euch zu kämpfen, mit allen Mitteln zu kämpfen, bedeutet, unser Land, mein Land, vor dem Untergang zu retten, bedeutet, das christliche Bollwerk gegen die moslemischen Terroristen zu stärken, gegen die Drogenkartelle, gegen die atheistischen Castros und die verweichlichten Weltverbesserer! Weshalb sollte ich mich also schuldig fühlen? Nun?"

Er blickte mich trotzig fragend an. Sein nahender Tod schien ihn nicht mehr zu interessieren, er war wie ein Rasender, dessen Fanatismus ihn seine eigene Existenz aus den Augen verlieren ließ.

Seine Frage jedoch, die musste ich ihm beantworten. Ich konnte sie nicht offen im Raume stehen lassen, war mir selbst gegenüber verpflichtet, ihm die Antwort mit auf seine endlose Reise zu geben, denn wenn er auch daran glaubte, in sein Paradies einzugehen, so wollte ich ihm doch zumindest jetzt noch die Chance geben, sich in einer anderen Ewigkeit aus den endlosen Qualen der sicherlich auf ihn wartenden Hölle lösen zu können.

"Vielleicht solltest du Reue empfinden, weil du uns, deine Opfer, zu seelenlosen Dingen degradiert hast, weil du unser Vertrauen in den Gegenüber zerstört hast, weil du Lebendes zerstört hast ohne dabei auch nur einen Anflug von Ehrfurcht zu empfinden, weil du deine Handlungen vor dir selbst versteckst, weil du Lust, grenzenlose Lust dabei verspürtest, als du uns zittern sahst, als du uns leiden sahst, als du uns krepieren sahst, weil du dich aus der Gesellschaft derer verabschiedet hast, für die Vertrauen, Nächstenliebe, Freundschaft, körperliche und seelische Unversehrtheit noch Werte sind. Vielleicht solltest du doch um Gnade bitte, Gnade vor deinem Gott, Gnade vor denen, die du mordetest, die du quältest, denn wenn du wirklich ein gläubiger Mensch sein willst, dann wirst du wissen, dass deine Opfer in Gott vor dir stehen, dass sie Teil deines jüngsten Gerichts sind! Und dabei, mein Lieber, ist es vollkommen egal, ob du Christ, Moslem, Jude oder sonst irgend was bist, denn der Gott von dem ich spreche ist in dir selbst, ist deine Seele, mit der du einig werden musst, ist dein Gewissen, das du von deinen Taten überzeugen musst. Du wirst dein eigener Richter sein, und die Opfer sind deine Ankläger! Du solltest Reue üben, solange du noch kannst, solltest jetzt um Gnade, um Vergebung bitten, denn nach dem Tod, den ich dir bereiten werde, wird selbst deine Seele, sofern du eine besitzt, nicht in der Lage sein, den Weg der Reue einzuschlagen! Du sagtest, du wärest Christ. Nun, dann sei darauf gefasst, dass ich wie der Erzengel über dich kommen werde, und deine Qualen in der Hölle unbeschreiblich und endlos sein werden, denn ich werde dich als Gabriel nicht in die harmlose Vorhölle schicken, sondern direkt in die Hölle des Nichts, dorthin wo Luzifer über sein Reich der Seelenlosen herrscht!"

Meine Augen mussten ein Funkeln angenommen haben, das nicht von dieser Welt zu kommen schien. In seinem

Gesicht zeichnete sich ein solch blankes Entsetzen ab, dass ich mich an Berichte von rituellen Opferungen in Afrika erinnerte, wo die Todgeweihten alleine durch den Anblick von maskierten Männern einen tödlichen Herzstillstand erlitten. Doch diesen Gefallen machte er mir nicht. Stattdessen starrte er mich an wie ein waidwund geschlagenes Tier, das seinen letzten Atemzug erwartete.

"Nun?"

Meine Frage war kaum zu hören. Sie verbreitete diese ultimative Aura, dieses absolute Wissen von Unausweichlichkeit.

"Sie sind verrückt!"

Seine Stimme hob sich aus einer lähmenden Tiefe, schnellte in die Hysterie eines Todesschreis.

"Hilfe! Nein! Ich will nicht sterben! Hilfe! So helft mir doch! Er ist wahnsinnig! Ein Irrsinniger! Hilfe! Hilfe!"

Ich packte seinen Kopf fest zwischen meinen Händen, vorn und hinten, dann drehte ich ihn mit einem Ruck aus seiner Verankerung. Es knackte fürchterlich, und seine Stimme erstarb endgültig. Ich hatte seinem diesseitigen Sein eine letzte Gnade erwiesen, denn sein Tod war kurz und fast schmerzlos. Nur seine Seele würde noch leiden müssen, so wie meine gelitten hatte. Der Unterschied bestand jedoch darin, dass ich noch lebte, ja. Aber vor allem, dass ich nicht beabsichtigte, seine Seele entfliehen zu lassen!

Ich sah sie aufsteigen, nicht besonders hoch, nein, nur wenige Meter über unseren Köpfen. Sie verweilte da, beobachtete uns wie ein Geier. Sein Körper war noch warm, es pulste noch Blut durch seine Adern, jene Bereiche seines Hirns, die diesen Astralkörper auf seine Reise vorbereiteten, arbeiteten noch. Ich hatte fast schon Glück, dass ich ihn hier draußen und nicht in einem geschlossenen Raum erwischt hatte, denn dort war diese Reise sowieso zum

Scheitern verurteilt. Dies war auch der Grund dafür, dass es all jenen Völkern, die an Seelenwanderungen glaubten, äußerst wichtig war, dass sie unter freiem Himmel starben, denn nur dort konnte ihre Seele zu Gott aufsteigen. Wollte ich die Seele aber genau daran hindern, so musste ich sie, so meine Überzeugung, in mir verinnerlichen, sie durch meine Seele neutralisieren, sie endgültig vom Angesicht des Universums tilgen.

Es war ein archaischer Glaube, der vor wenigen Minuten, während dieses aberwitzigen Disputs, über mich gekommen war, den man sicherlich als wahnsinnig bezeichnen konnte, zumindest aber als außerhalb unserer Werteordnung stehend. Ich erinnerte mich unvermittelt an jene Berichte, die von Seelenwanderungen erzählten, und an solche Aussagen, welche die Assimilation der Seelen durch Kannibalismus beschrieben. Seltsam, auch de Sade ließ seine Machttheorien in kannibalistischen Szenen ihren Höhepunkt finden, so als sollte durch das Verspeisen der Opfer deren innerstes Sein aufgenommen werden, entweder, wie in kannibalistischen Gesellschaften, um die Stärke des Gegners zu verinnerlichen, oder aber, um die Seele daran zu hindern, sich zu befreien, damit diese dann, in anderer Form oder als Albdruck, nicht später einmal über den Kannibalen herfallen konnte.

Mir ging es aber um etwas anderes: Ich wollte nicht etwa verhindern, dass die Seele dieses Monsters sich an mir Rächen könnte - davor hatte ich keine Angst! Auch wollte ich auf gar keinen Fall die bestialischen Eigenschaften dieses Mannes in mir aufnehmen, denn nach dieser Tat, die noch vor mir lag, würde ich mir selbst die Frage stellen müssen, was aus mir werden sollte, da würde mich die Assimilation seiner destruktiven Kräfte nur schwächen und möglicherweise zu einem ebensolchen Monster, einem Folterer, werden lassen. Nein! Mein Ziel war es, auch seine Seele zu besiegen, gewissermaßen in einem astralen Machtkampf, einer mythischen Auseinandersetzung transzendenter Kräfte, seine Seele ins absolute Nichts zu katapultieren, sie aufzulösen, ja, ihr die letzte Chance zu rauben, durch irgendein Schlupfloch doch noch an die Pforten der Vergebung klopfen zu können! Ich merkte, dass ich eine Rache für ihn wollte, die weit über das denkbare Maß hinausging, so wie seine Taten weit über das hinausgegangen waren, was Menschen einander antun können. Meine Rache schien aus einer anderen, fremden Epoche zu stammen, aus einer Zeit, als die Menschen noch jene ursprüngliche Verbindung zu ihrem Schöpfer hatten, sich als Teil eines großen Universums sahen und nicht, wie heute, als beinahe außerhalb der Schöpfung stehend, sich Kraft ihres Intellekts sozusagen auf die Ebene Gottes erhebend.

Ich hatte plötzlich das Gefühl, nicht mehr alleine zu sein. Noch war mir nicht bewusst, wer sich ihm und mir näherte. Es war kein Körper, kein Mensch aus dieser Welt.

Inzwischen hatte ich ihm seine Kleidung vom Leib gerissen. Es war seltsam, denn ich fühlte instinktiv, dass ich für meine Handlung, die ich vollbringen wollte, ebenso nackt wie er, mein Opfer, sein musste. Also entledigte ich mich wie in Trance auch meiner Kleidung, kniete schließlich vollkommen nackt neben der Leiche. Ich trug keine Waffen bei mir, nicht einmal ein Messer. Also mussten alle Handlungen in einer fast urzeitlichen Brutalität ausgeführt werden.

Es war dieser Kopf, der über meine Leiden gelacht hatte, der sich am Tode der Frauen aufgegeilt hatte, in diesem Kopf befand sich das Gehirn, das Zentrum seines Seins, seine Seele, die zu entfliehen versuchte. Ich hatte nicht viel Zeit, mein Werk zu vollbringen, denn ich merkte, wie sich seine astrale Aura zu verflüchtigen suchte. Also griff ich nach diesem Kopf, der mich aus leeren Augen anstierte, dessen Mund noch immer zu einem lautlosen Schrei des Entsetzens aufgerissen war, aus dessen Mundwinkeln seine Zunge leblos baumelte, packte ihn etwas oberhalb des Nackens und schlug ihn mit all meiner Kraft, mit der Wucht des übermenschlichen Hasses auf einen scharfkantigen Stein, eher ungezielt, doch stark genug, dass ein splitterndes Knacken den Erfolg meines Ansinnens hörbar machte.

Erneut schlug ich den Schädel auf diesen hilfsbereiten Stein, und wieder und wieder und immer wieder, bis sich die Schädeldecke langsam aufspaltete und im quellenden Blut das glänzende Hirn sichtbar wurde. Irgendwie schien die Szene zu dampfen. Ich wusste nicht, ob dies real war, aber ich fühlte in dem kalten Blick, der über uns hing, ein Entsetzen aufsteigen, die Erkenntnis, dass er schon bald ein Gefangener sein würde. Als meine Finger in die Masse griffen, dass Hirn zielstrebig, nicht hastig, aber doch mit einer gewissen Eile, aus dem Schädel zerrten, da schrie seine Seele über mir auf, dass es in meinem Kopf zu schmerzen begann. Meine Hände begannen ob der Last in meinem Hirn zu beben, schienen nicht begreifen zu wollen, was mein Wille zu ergreifen vor hatte, versuchten, diese Windungen seines Selbst wegzuwerfen. Ich war in eine Art Trance getaucht, als hätte ich eine Überdosis Drogen zu mir genommen. Mit übermenschlicher Kraft riss ich dieses Hirn zu meinem Mund und ...

biss zu.

Es hatte keinen Geschmack, und wenn, dann war er nicht zu definieren. Meine Zunge berührte dieses andere Sein, meine neuen Zähne verliehen mir die Macht, ihn packen zu können, ihn festzuhalten, in mich zu ziehen, sie zermalmten ihn, rissen Stücke aus dem Geflecht der Sinneswürmer, kauten, zerkauten ihn, und mit einer fiebrigen Überwindung schluckte ich den ersten Bissen seiner Seele in mich hinein. Es war, als riss ein Fetzen aus diesem Nebelblick über uns, ein Aufschrei hallte durch mein Inneres, doch zugleich wurden diese Fremden immer offenbarer, drängten sich immer näher an mich heran, fühlte ich die Anwesenheit des Unbekannten unmittelbar in meinem Kopf.

Mit den nächsten Bissen wurde dieses Neue zu einer beklemmenden und zugleich glücklichen Gewissheit: So wie ich die Seele dieser Bestie in mir gefangen nahm, so befreite ich die Seelen anderer aus ihrer Haft. Es kam einem Raunen unbekannter Stimmen gleich, jener Stimmen, die den Opfern seiner Mordlust gehörten, die mir nie begegnet waren. Da waren Junge und Alte, Frauen und Männer, doch da schälten sich auch die Umrisse jener heraus, die mir so unglaublich nahe waren, an deren Tod ich mich so lange mitschuldig geglaubt hatte. Ja, die beiden Frauen aus dem Verließ des Foltergefängnisses traten an meine Seite, ihre Seelen verneigten sich vor meinem Tun, raunten mir Mut zu, baten mich inständig, mit meiner alles vernichtenden Handlung fortzufahren, denn mit jedem Stück dieses Mannes, das ich in mich aufnahm, wurde nicht nur seine Seele daran gehindert, sich in den Vorhof der Hölle zu flüchten, sondern zugleich die Seelen dieser Frauen aus seinen Seelengefängnissen gerissen, auf dass sie die letzte ihrer Reisen endgültig antreten konnten. Noch einmal durchlebte ich jene Stunden der Folterqualen, noch einmal musste ich die schrecklichen Leiden erfühlen, doch diesmal nicht aus meiner Sicht, sondern aus der Sicht der getöteten und gemarterten Frauen, die nach ihrer Erlösung suchten und vor Freude seufzten. Und für einen unendlich kurzen Augenblick durchzuckte mich sogar der animalische Aufschrei der Ratte, die wie im Fieberwahn noch immer den rettenden Ausgang aus dem blutigen Tunnel suchte, sich in die Freiheit ihres kurzen Lebens zu nagen versuchte und dabei, wie zum Hohn für diese Bestie, ihr Opfer, die Frau, die unter höllischen Qualen litt, um Vergebung bat, Vergebung für eine irrwitzige Todeswut, die aus Instinkt ihren Lebenswillen gegen den der Frau setzte. Selbst diese Ratte, die den Tod der Frau unmittelbar hervorgerufen hatte, selbst diese Ratte zeigte sich in ihrer Reue als göttlicher Teil des Daseins, erhielt ihr Existenzrecht vor dieser Welt dadurch, dass sie eben keine sadistische Freude der Macht über das ohnmächtige Opfer empfand, sondern Ehrfurcht vor dem Wunderbaren der Schöpfung. Die Seelen der Gefangenen fuhren wie Zombies an meinem inneren Auge vorbei, verschwommen nur, einem vielfältigen Nebel gleich, nur diese beiden Frauen und die Ratte wurden Teil meiner Selbst, meiner Befreiung von der Schuld an ihrem Tode.

Ich kniete neben der offenen Schädeldecke, die von Blut und Gehirnflüssigkeit verunstaltet wurde. Eines der Augen hatte ich, ohne es zu merken, aus seiner Verankerung gerissen. Es lag nun neben dem Kopf im Dreck und glotzte mich beleidigt an. Das andere Auge schien dagegen zu weinen, so als bedauere es die Taten seines Herrn. Ich war kurz davor, mich zu übergeben. Was hatte ich bloß getan?! Die Frage tauchte vor meinem inneren Auge immer wieder auf, sie schrie in meinen Ohren, forderte eine Antwort. Doch ich war nicht im Stande, über diese Frage hinaus zu denken. So, wie die Frage sich in mein Innerstes hämmerte, so schlug sie jeden Erklärungsversuch in die Flucht, zerschlug meinen Geist in leblose Fragmente. Doch plötzlich bemerkte ich, dass es hier nicht um die Frage nach der moralisch-ethischen Berechtigung meines Handelns ging, nein, ich fühlte vielmehr wie die Seele dieses Monsters sich in mir reorganisierte, sich über mein Selbst herzumachen versuchte, mich sozusagen aus mir selbst herauszukatapultieren suchte.

Damit hatte ich nicht gerechnet! Es schien so, als habe ich mich auf einen Kampf eingelassen, der weit über meine Kräfte gehen konnte, den nur derjenige bestehen konnte, der entweder in seiner Bestialität nur sich selbst kannte, oder dessen Sein sich in einem Geflecht religiösen Glaubens befand, welches ihn zum Teil Gottes werden ließ. Mir blieb beides verwehrt. Während er sich der Genialität eines Zombies bediente, suchte ich fieberhaft nach einem Strohhalm innerer Stärke, der mich vor diesem wabernden Nebel in meinem Hirn retten konnte. Und wieder waren es die Frauen, die mir beistanden. Wie aus dem Nichts warfen sie sich in die Auseinandersetzung, durchteilten seine Seelenstränge, riefen mir Mut und Entschlossenheit zu, versicherten mir, dass ich vor Gott und meinem Gewissen die Vernichtung dieser Bestie nicht als Schuld auf mich laden würde, sondern ich mir vielmehr des Lobes über ihre Befreiung gewiss sein konnte.

Es schien mir, als befände ich mich mitten in einer tief religiösen Auseinandersetzung, in einem Disput aus dem dunklen Mittelalter der Inquisition, als der Teufel noch in körperlicher Form auf den Spielplan des Lebens trat, bis

Thomasius[25] diesem Spuk endgültig ein argumentatives Ende bereitete, in dem er für die damalige Welt bewies, dass ein rein geistiges Wesen wie der Teufel niemals in der Lage sein konnte, ein körperliches Wesen mit den ebenso körperhaften Hexen zusammen zu zeugen. Doch hier stellte sich mir unvermittelt die Frage, ob der geistige Teil unseres Daseins in der Lage sein konnte, Macht über die Seele eines anderen zu erlangen und damit schließlich auch über dessen körperliche Existenz. Hatte Thomasius dies damals auch berücksichtigt? Ich konnte mich nicht mehr an die entsprechenden Passagen seiner Texte erinnern, die ich im Studium fasziniert verschlungen hatte, aber ich glaubte zu erkennen, dass diese Gefahr tatsächlich bestand.

Waren sich die Kannibalen bei ihren Menschenopfern dieser Gefahr bewusst gewesen? Es schien mir so, als hätten wir uns in unserer aufgeklärten Abgebrühtheit ganz bewusst von diesen spirituellen Erfahrungen entfernt, möglicherweise aus einer tiefen Angst unserer Seelen, sich in den Wesenheiten der Todgeweihten zu verlieren oder von diesen sogar auf eine endlose Reise ins Nichts geschickt zu werden. War es vielleicht wirklich so, dass Kannibalismus nur deshalb als religiöse Handlung unterging, weil die Menschen nicht in der Lage waren, die Auseinandersetzungen im Inneren zu verkraften, sich sozusagen selbst verloren oder von bösen Geistern für immer besiegt wurden? So wie die Rationalität der Aufklärung den religiösen Fanatismus besiegte, so könnte auch die Abkehr von Menschenopfern ein reiner Selbstschutz vor dem Verlust der personellen Integrität gewesen sein. War dies der wahre Grund für den Untergang der alten amerikanischen Kulturen gewesen, und nicht etwa, wie die modernen Historiker glaubten, die diplomatisch-militärischen Schachzüge der spanischen Eroberer? War es vielleicht doch so, dass die Priester der untergegangenen Reiche schon früh erkannten, dass sie mit den getöteten Europäern mentale Bestien in ihre spiri-

[25] Christian Thomasius (1655-1728) war mit seinen Schriften nachweislich für die Abschaffung der Hexenverfolgung verantwortlich. Seine Argumentation war dabei im Gegensatz zu denen anderer Gegner der Hexenverfolgung seiner Zeit nicht humanistisch begründet sondern kirchenrechtlich geprägt.

tuellen Gesellschaften aufnehmen würden, die in ihren Monstrositäten um ein vielfaches gefährlicher für den Fortbestand des Lebens auf Erden sein würden, als dies der Untergang ihrer riesigen Reiche sein konnte? Bedeutete die Aufnahme eines jungfräulichen Menschenopfers oder die Assimilation eines unterlegenen Gegners, der in einem fairen Zweikampf gestorben war, nicht eine Bereicherung der spirituellen Einheit der Kannibalengesellschaften, während die Aufnahme machtbesessener Menschen die Destruktion und den inneren Niedergang der spirituellen Einheit mit dem Universum mit sich brachte? Waren kannibalistische Gesellschaften also nicht vielleicht viel enger mit den Geheimnissen der Schöpfung verbunden, verfügten sie nicht doch vielleicht über viel weiterreichende Kenntnisse über den Ursprung des Lebens, seine Zusammenhänge, seine Ziele und seine Gefahren, als die rationalen Gesellschaften, die sich durch ihre Rationalität eben genau von diesen Verbindungen zu lösen schienen? Die Tabuisierung des Menschenopfers, der Verinnerlichung der Seele des Verstorbenen in einen spirituellen Kontext, konnte also durchaus ein Schutzmechanismus sein, der es erst ermöglichte, die irdische Macht von der göttlichen zu trennen, die es erst ermöglichte, den Zynismus des Geistes zuzulassen.

Mich durchwirbelten Gedankenfetzen, die ich nicht mehr einzuordnen imstande war. Der Widerstreit in meinem Inneren, der so machtvoll zwischen der Seele des Folterers auf der einen Seite und uns Opfern auf der anderen Seite geführt wurde, dieser Kampf wogte hin und her, ließ sich mein Selbst in die hintersten Ecken meines Körpers flüchten, um dann aus einem anderen Winkel erneut über den beinahe obsiegenden Nebel des Gegners herzufallen.

Schließlich hatte ich das Gefühl, als hätte ich ihn endlich gebändigt. Seine Seele hing irgendwo in meinem Hirn, körperlich nicht lokalisierbar, doch zweifelsohne noch lebendig und angriffsbereit. Mein Werk war also noch nicht vollbracht, die Verinnerlichung seines Hirns noch nicht die endgültige Vernichtung seines bestialischen Seins.

Die Auseinandersetzung in meinem Inneren hatte äußerlich nur Sekundenbruchteile gewährt, doch in meinem Hirn waren endlose Zeiten, Ewigkeiten des Grauens vergangen. Was musste weiter geschehen? Wäre ich gezwungen, mein Werk dadurch zu vollenden, die körperliche Substanz dieses Mannes gänzlich in mich aufzunehmen? Das konnte nicht sein, denn es hätte bedeutet, dass auch die Kannibalen immer ihre Opfer in Gänze hätten vertilgen müssen, was aber bei den rituellen Menschenopfern nie der Fall war. Was also lag noch vor mir?

Mir war bewusst, dass seine Seele sich in jeder seiner Zellen aufhalten konnte, dass zumindest rudimentäre Spuren davon überall zu finden wären. Doch mir wurde auch klar, dass die alten Kannibalen Zentren der Seele gefunden zu haben schienen. Dies unterschied sie eben auch von den modernen Kannibalen, die aus krankhafter Besessenheit Menschen hinmetzelten, ihre Einzelteile in Plastiktüten verpackten, sie einfroren oder mit anderen Mitteln solange verzehrbar hielten, bis es ihnen gelang, den ganzen Körper zu verspeisen. Mir aber ging es nicht darum, mich an dem Fleisch dieses Folterers gütlich zu tun, mir ging es um die Vernichtung seiner Seele durch die Verinnerlichung der Zentren seiner Wesenheit!

Das Hirn, der Sitz des astralen Körpers wie es schien, war nicht mehr. Damit hatte ich seine Flucht bereits verhindert. Seine einzige Möglichkeit, mich innerlich zu besiegen, hatte ich mit Hilfe der Frauenseelen verhindert. Doch wo befand sich der Rest, jene Seelenfetzen, die zwar nicht zur Astralreise fähig waren, die jedoch in ihrer Machtfülle durchaus in der Lage zu sein schienen, ihn in mir am Leben zu halten, ihm Kraft gaben, immer noch einen nicht unerheblichen Widerstand zu leisten, die also wichtiger Teil seines Wesens auf Erden waren, sich sozusagen immer noch körperlich fortpflanzen konnten, aufgehen in eine andere Reinkarnation, ähnlich dem hinduistischen Glauben des Abstiegs der Seelen in immer tiefere tierische Wiederverkörperlichungen, die ich wie Sinnbilder der in ihrer Schuld immer wieder geborenen Seelen erkannte, die erst durch die absolute Schuldlosigkeit ins ewige Nirwana aufzusteigen imstande waren, wo also befanden sich diese körperlichen Attribute seines Seins?

Das Herz. In ihm pochte der Wille des Lebens, die Kraft des Göttlichen! Das Herz war der Sitz der Energien, die das Hirn zu seinen Leistungen befähigte, die schließlich auch dem transzendenten Teil seiner Seele den Aufstieg ins Jenseits erlaubte. Da auch bei rituellen Menschenopfern immer wieder das Herz eine wichtige Rolle zu spielen schien, war es für mich eine folgerichtige Entscheidung, dass ich auch sein Herz verinnerlichen musste. Doch wie sollte ich es aus seinem Körper entfernen? Ich hatte kein Messer, nichts, womit ich einen Schnitt hätte vornehmen können, keine Mittel, um dieses wichtige Organ zu entfernen.

Ich schloss die Augen, konzentrierte mich gänzlich auf die möglichen Antworten auf die Frage, was zu tun sei. Dann schoss mein Kopf mit Wucht auf seinen Brustkorb hernieder, mein Mund öffnete sich so weit er konnte und meine neuen Zähne, jene äußeren Sinnbilder meiner Befreiung, wühlten sich in sein Fleisch, rissen Stücke aus ihm heraus, zerrten in animalischer Gier an den Muskelsträngen, kauten jedoch nicht, sondern entfernten nur, überließen es meiner Zunge, die Fleischstücke in den Dreck zu spucken. Das noch warme und flüssige Blut schoss in immer größeren Mengen in mein Gesicht, so dass ich meine Nase immer wieder mit meinem Handrücken von seinem Lebensschleim befreien musste um nicht zu ersticken. Mir war übel, doch atemlos vollzog ich diese, schon fast demütigende archaische Operation.

Dann lag es vor mir, still, nicht mehr pochend, doch immer noch warm. Es sah majestätisch aus, dieses blutigste aller Körperorgane, dieses Zentrum des Lebens. Es erschien mir als ein Teil der Schöpfungsgeschichte, eine Offenbarung unseres Daseins auf Erden, der Allmacht göttlichen Seins. Ohne einen Moment des nachdenkenden Zögerns verneigte ich mich vor diesem zweiten Sitz der Seele, dem

Teil des Seins, der das Leben an sich versinnbildlichte. Es durchfuhr mich tiefste Ehrfurcht beim Anblick dieses Teils der Schöpfung, und die Erkenntnis breitete sich in mir aus, dass selbst dieses Monster, dieser Folterer, ein Bestandteil dieser Welt war, Teil meiner Geschichte, Teil meiner Selbst.

Sein Herz ergriff ich mit größerer Ruhe, mit tieferer Achtung vor meinem Opfer, als es bei seinem Hirn der Fall gewesen war. Vielleicht lag der Grund darin, dass ich zuerst eine mögliche Flucht verhindern musste, doch instinktiv fühlte ich, dass sich im Herzen ein größerer Anteil Gottes fand, als in unseren Hirnen, die zur Emanzipation von der göttlichen Idee fähig waren, die sich selbst zu Gott erheben konnten. Das Herz selbst aber war der Sitz des Schöpfers, Sinnbild seiner Allseele, die dem zerstörerischen Sein des Folterers jenen unschuldigen Teil des Lebens zuteil werden ließ, der auch diese Bestie zu einem Menschen werden ließ.

Obwohl ich mich nie als einen ausgeprägt religiösen Menschen empfunden hatte, musste ich mir doch eingestehen, dass ich mich mit dieser kannibalistischen Tat unweigerlich in eine zutiefst religiöse Handlung begab, die mich einen urzeitlichen Priesterdienst vollziehen ließ, zu dem ich eigentlich niemals befähigt war, von dem ich bis zu diesem Augenblick auch noch keine Vorstellung gehabt hatte. Und da wurde mir klar, dass ich mein Tun nur vollbringen konnte, da mir durch die erlittene Folter und die Verbindung mit den Seelen der gemarterten Frauen eine Tür zu einer tieferen Erkenntnis unseres Dasein geöffnet worden war, in der eben dieser Kannibalismus zum Teil der transzendenten Allwelt beitrug, zur Erhaltung der Vitalität des Daseins, zur Tilgung einer übermenschlichen Schuld von diesem Erdball, damit wir Menschen weiter existieren konnten. Plötzlich wurde mir bewusst, dass die immer klarer werdende Anhäufung von schrecklichen Bestialitäten in der Welt der Rationalität, die Massenmorde der Inquisition, die Ausrottungen der Indianer, die Unterdrückung und Versklavung der Afrikaner, das Hinmetzeln von Millionen Menschen in den Wirren der Aufklärung, den Weltkriegen und danach, die der Konzentrationslager, der Gulags, der

Knochenfelder Kambodscha, dass all diese Kumulierungen des moralisch Bösen auf Erden erst dadurch entstehen konnten, weil den Menschen jene spirituell-religiöse Verbindung der Priester zu der Allwelt Gottes verloren gegangen war. Die Priester all jener Kulturen aber hatten durch Drogen und eben solche Menschenopfer diese Verbindung aufrecht gehalten, waren dabei immer bemüht, die übergebührliche Anhäufung von Bestialität aus dem Allbewusstsein fernzuhalten, indem sie versuchten eben nur positive Kräfte sowie unschuldige Jungfräulichkeit in sich aufzunehmen. So zumindest glaubte ich in diesem Augenblick der Entscheidung.

Das Herz lag in meinen Händen, blutig, klar und von wunderbarer Schönheit. Ich aß es wie in Trance, so als hätte ich eine Unmenge eben dieser Drogen vertilgt, die mich aus dem Diesseits in eine andere Welt beförderten. Und ich stand wahrhaftig unter dem Einfluss einer Droge! Diese Substanz wurde in meinem Körper durch die erlittenen Qualen ausgestoßen, vermengte sich mit den übernatürlichen Kräften der Seelen der Frauen und gab mir die innere Stärke, diesen Kannibalismus ohne ein Gefühl der Schuld zu überstehen, ja, mich sogar im absoluten Einklang mit dem göttlichen Dasein zu empfinden. War ich bereits wahnsinnig geworden, oder bedeutete meine Handlung wirklich die Befreiung der Welt von einer Bestie, die Freiheit der Seelen seiner Opfer sowie der meinen, bedeutete sie wahrhaftig die Tilgung von erlittener Schuld bis in alle Ewigkeit?

Ich wusste es nicht, doch bemerkte ich augenblicklich eine tief greifende Veränderung in meinem Inneren. Während ich in den Minuten vor der Vertilgung des Herzens eine Art stilles Lauern in mir verspürte, einen abgrundtiefen Hass auf mich, so verging dieses Gefühl durch die Verschmelzung der göttlichen Herzseele mit der bestialischen Hirnseele. So wie ich seinen Astralkörper gefangen hatte, so fing die Wesenheit seines Herzens das Böse in seinem Hirn ein, katapultierte es in das Dunkel eines unbekannten Universums. Es war seltsam, aber ich hatte das Gefühl, als habe ich mich mit dieser Tat nicht nur selbst befreit, sondern sogar diesem Monster die Möglichkeit gegeben, sein Innerstes zu heilen, sich vor sich selbst um Vergebung zu bitten und diese Gnade auch zu erhalten.

Ich hielt für einen kurzen Moment inne, fragte mich, ob meine Tat nun vollbracht sei, und was ich denn jetzt mit dem Rest der Leiche machen sollte. Und wieder überkam mich das ungute Gefühl, als habe ich mein Werk noch nicht wirklich vollbracht. Ich begann, mein Hirn zu martern, befragte mich immer und immer wieder, was ich übersehen haben könnte, wo sich noch immer ein wesentlicher Teil der destruktiven Seele dieses Ungeheuers befinden konnte. Schließlich fiel es mir wie Schuppen von den Augen, doch der Gedanke war so ungeheuerlich, dass ich davor zurückschreckte!

Es war sein Geschlecht! Jener Sitz der Fortpflanzung, jene Heimat seiner Triebe, die selbstverständlich auch eines der Zentren seiner Seele sein musste, denn hier wollte sie sich vervielfältigen, sich in seinen Nachkommen verewigen, Teil der aktiven Menschenseele sein, nicht nur in der transzendenten Seelengemeinschaft verharren. Ja, mir wurde in diesem Moment des Wahnsinns bewusst, dass unser Dasein aus einer Ebene des Diesseitigen bestand, in dem unsere Seelen aktiv versuchten, den Gang der Welt zu beeinflussen, sowie einer Welt des Jenseitigen, der dazu da war, unsere Verbindung zur göttlichen Schöpfungsgeschichte aufrecht zu erhalten aber auch unsere diesseitige Seele, unser Gewissen, zur Rechtfertigung ihrer Handlungen aufforderte. Da wir uns in unserer Rationalität von der spirituellen Seite des Daseins abgewandt hatten, hatten wir auch die Verbindung zu diesem Jenseitigen verloren, den Kontakt unseres Gewissens zur göttlichen Allseele abgebrochen. So konnten in unserer Fortpflanzung immer mehr und immer stärker die vernichtenden Energien wuchern, einem Krebsgeschwür gleich, dass letztendlich nicht nur uns Menschen, sondern die gesamte Schöpfung zu vernichten suchte. Wenn man so wollte, lag das Teuflische in unseren Samen- und Eizellen verborgen, ähnlich dem Freudschen Es, welches im Hinterhalt lauerte, um den tödlichen Stoß gegen das moralische Überich, die Herzseele, zu führen. Das Ich, die bewusste Seele mit Sitz in unserem emanzipationsfähigen Hirn, wurde dabei davon bestimmt, welche der beiden anderen Seelenzentren, das Es oder das Überich, sich letztendlich durchsetzte. Bei Durchschnittsmenschen würde dieser Widerstreit niemals enden, ihre Seele sozusagen ambivalent bleiben und in diesem Hängestadium weder Gutes noch Böses zur Seelengemeinschaft, zum Dasein der Welt beitragen. Erst die Entscheidung, welches der prägenden Zentren sich durchzusetzen in der Lage war, nahm Einfluss auf die Hirnseele seines Trägers und damit beim Übergang in die Daseinsgemeinschaft auch direkt auf die weitere Entwicklung des Universums. Ja, nur so war zu verstehen, dass die Welt der Rationalität sich um so vieles brutaler, zynischer und vernichtender, insgesamt die Schöpfung verachtender entwickelte, als dies jede kannibalistische, jede Gesellschaft, die ihren Kontakt zur göttlichen Allheit noch nicht endgültig verloren hatte, in der Lage gewesen war!

Der Sitz der triebhaften Seele befand sich also folgerichtig in seinen Hoden, das Instrument seiner Vervielfältigung war sein Penis. Es war seltsam, aber erst in diesem Augenblick nahm ich seine Geschlechtsorgane zum ersten Mal bewusst war. Ich erschrak. Nicht nur, weil mich der Anblick seines Geschlechts unwillkürlich an meine Folter erinnerte, die ja durch sadistische Handlungen geprägt worden war, nein, ich erschrak vor allem vor seinem Penis, der wie zum Trotz hoch erhoben, mit machtvoller Steife seinen ungebrochenen Lebensgeist zu zeigen schien. Warum war er erigiert? Ich musste mir eingestehen, dass dieser im Tode versteifte Penis mein Vorhaben fast unausführbar machte. Wie konnte ich dieses Körperteil, gefolgt von den Hoden, verspeisen. Selbst als ich meine Augen schloss konnte ich den Anblick nicht verdrängen.

Ich kam auf den aberwitzigen Gedanken, dass ich selbst erregt sein müsste, um diese Kastration vornehmen zu können. Sicherlich, das fühlte ich instinktiv, hatte ich mit dieser Vermutung recht, denn jedwede Verstümmelung von Geschlechtsorganen hatte einen sexuellen Hintergrund, war Ausdruck der Sadeschen Machttheorie. Doch wenn ich mich auf dieses Niveau begeben würde, dann bestünde die ernsthafte Gefahr, dass die beinahe besiegte Seele der Bestie in mir zu neuer Macht kommen könnte, mich sozusagen von Hinterrücks besiegen würde. Ich musste also einen Ausweg finden, sein Geschlecht ohne jede geschlechtliche Lust zu vertilgen!

Mechanisch, in einem Augenblick, der jedes bewusste Handeln ausgeschaltet hatte, griff ich zu einem handgroßen Stein und schlug wie besessen auf die Genitalien meines Opfers ein, zermalmte sie mit Hieben, die mir einen Schrei des Wahnsinns entrissen, meinen Körper endgültig mit bestialischen Blutspritzern beschmutzten, die mich wie einen irr gewordenen Schlachter erscheinen ließen. Nach Minuten eines urzeitlich ungezielten Einschlagens auf die Mitte seines Körpers, sank ich völlig kraftlos auf seinen Bauch, auf der einen Seite der wie von einem Raubtier zerfetzte Brustkorb, auf der anderen Seite die zu kleinen Stücken zermahlten Reste seiner Genitalien, die als blutige Brocken im Dreck zwischen seinen Oberschenkeln lagen. Wie von Sinnen und ohne jede Energie griffen meine Finger nach diesen Brocken, führten sie unendlich langsam und voller Ekel zu meinem Mund, der sich widerwillig öffnete, doch schließlich mit bebenden Lippen die Reste seiner Seele kauend in sich aufnahm.

Ich wartete auf eine Veränderung in meinem Gemütszustand. Scheinbar geschah jedoch nichts. Doch dann, als ich schon dachte, mein Glauben, auch in seinem Geschlecht wäre ein Zentrum seiner Seele zu finden, sei ein Irrtum gewesen, in diesem Augenblick blitzte wie aus einer anderen, einer rudimentären Ebene des Universums die Seele der Ratte erneut in mir auf, dieses unschuldigste aller Opfer unserer Folterqualen, jenes Tieres, dessen Hirn niemals zu einer emanzipatorischen Handlung gegenüber der Schöpfung fähig war, und gab mir damit zu verstehen, dass ich nunmehr wirklich die ganze Seele dieses Monsters in mich aufgenommen hatte. Ich erkannte in einem Anflug von göttlichem Wahnsinn, dass dieser triebhafte Teil der Seele anscheinend ein passiver Teil der Seele eines Wesens darstellt, ein Teil, der nicht gestalterisch wirken konnte, sondern seinen Einfluss nur dort geltend machen konnte, wo der Widerstreit zwischen Herz- und Hirnseele noch nicht zu Ende gefochten war, wo die Entscheidung zwischen Gut und Böse noch nicht gefallen war. Von sich aus jedoch war das Es der Seele nicht in der Lage, Einfluss zu nehmen. So konnte auch keine direkte Reaktion mehr erfolgen, da der innere Kampf seiner Seele in meinem Körper bereits zuvor entschieden war. In diesem Augenblick durchzuckte mich dann auch die alles erklärende Erkenntnis, warum sadistisch-kriminelle Kannibalen, die zuerst die Geschlechtsorgane ihrer Opfer vertilgten, dadurch immer größere Energien zu eben solch menschenverachtenden Handlungen erhielten, während sie bei den rituellen Menschenopfern der Priesterkannibalen das genaue Gegenteil bewirkten, nämlich die allseitige Seelenzufriedenheit, die Einheit mit dem göttlichen Sein. War der Widerstreit nämlich noch nicht entschieden, was in aller Regel der Fall zu sein schien, so gab die Vertilgung der Triebseele den fruchtbaren Nährboden für den Sieg der Hirnseele über die Herzseele, mithin des moralisch Bösen über das moralisch Gute!

Ich atmete tief durch. Was war mit mir geschehen? Warum war ich bloß so ruhig, so ausgeglichen, so Eins mit mir und der Natur? Hatte ich wirklich eine göttliche Tat vollzogen, die Welt auf diese bestialische Weise von einem Monster befreit und diesem dabei sogar noch gegen meinen Willen die Aufnahme in die Allseele ermöglicht? Es schien so, auch wenn ich nicht begriff, was in den letzten Minuten oder vielleicht auch Stunden mit mir geschehen war. Nur eines schien sich immer klarer herauszuschälen: Mein Herz pochte wieder im Einklang mit mir, meine Seele war von einer unglaublichen Last befreit worden, meine Schuldgefühle wie vom Erdboden verschluckt!

Es mussten doch mehrere Stunden vergangen sein, denn als ich mich zum ersten Mal bewusst umsah, senkte sich die Sonne bereits hinter den Bergen im Westen. Die verstümmelte Leiche lag vor mir und bot einen Anblick des Grauens. Was sollte ich damit bloß anfangen? Ich wusste nicht weiter, empfand keinen Ekel vor dem zertrümmerten Körper, doch war mir klar, dass er hier so nicht liegen bleiben durfte. Doch da bemerkte ich, dass ich schon lange nicht mehr alleine war, dass bereits seit Stunden eine große Horde Geier um mich herum im Streit um die besten Fleischstücke tobten, dass sich Myriaden von Fliegen an dem Kadaver gütlich taten und ganze Armeen fleischfressender Ameisen Bröckchen für Bröckchen der körperlichen Überreste davon zerrten. Die Geschwindigkeit des Zerfalls der Leiche beeindruckte mich, der ich die ganze Zeit so ruhig dagesessen haben musste, dass ich all diese Aasfresser in keiner Weise gestört hatte. Ja, bei genauerer Betrachtung konnte ich davon ausgehen, dass schon morgen von meiner Tat nichts mehr zu sehen sein würde, höchstens ein paar verräterische Knochenreste, die jedoch von der erbarmungslosen Sonne auch schon bald zersetzt werden würden.

Geschwächt erhob ich mich, was die Geier kaum störte. Ohne mich anzukleiden, so als merkte ich unbewusst, dass ich mich noch reinigen musste, begann ich den Aufstieg über den kleinen Hügel. Was würde mich dort erwarten? Wer hatte auf mich gewartet? Der ganze Trupp oder doch nur Carlos und Maria? Oder war Maria vielleicht voller Entsetzen geflüchtet und würde mir nie wieder gegenübertreten wollen? Immerhin hatte ich ihren Glauben an mich erschüttert, da ich die Regeln des Guerillakampfes nicht zu achten schien. Und Carlos? Würde er meine Handlung verstehen können?

Als ich auf dem Hügel ankam, konnte ich zuerst das unschuldige Rauschen und Gurgeln des Baches hören, in dem Maria und ich unser Bad nehmen wollten, dann sah ich ihn sich durch ein kleines Geröllbett schlängeln. An einer Seite waren zwei kleine Gräber frisch ausgehoben worden. Provisorische Kreuze, umrankt von Blumengirlanden bezeugten die Unschuld der Opfer, die hier begraben lagen. Gegenüber, etwas versteckter zwischen den Geröllhalden waren etwa zwanzig Gräber ausgehoben worden, die jedoch keine Kreuze trugen. Dafür lagen dort die Helme von Soldaten. Unser Trupp war nicht zu sehen, kein menschlicher Laut zu hören.

Langsam ging ich den Hügel hinab, hin zu dem Bach, dessen kühlen Fluten ich mich anvertrauen wollte, um die Spuren meiner Handlungen fort zu waschen. Als ich schon beinahe das Geröllbett erreicht hatte, an dessen Rand sich eine Ansammlung von niedrigen Bäumen und Sträuchern befand, trat unvermittelt Maria hinter einem großen Felsen hervor, wo sie mit Carlos gesessen und auf mich gewartet hatte.

Ihr Schrei durchfetzte die Stille, ihre Augen waren vor Entsetzen unnatürlich geweitet. Dann sank sie mit Tränen in den Augen auf ihre Knie und hielt sich ihre Hände vor das Gesicht. Ihr Körper zitterte, der Kopf bebte, durchzuckt von Weinkrämpfen. Auch Carlos kam hervorgesprungen, blieb dann wie angewurzelt stehen, als er mich erblickte. Ich konnte nicht weiter, wurde mir erst jetzt meines ekelhaften Anblicks eines mittelalterlichen Henkermeisters bewusst.

Carlos lief zu Maria, nahm sie tröstend in seine Arme und führte sie hinter den Felsen. Dann vergingen endlose Minuten, in denen ich außer Stande war, mich zu rühren. Schließlich erschien Carlos erneut, ging langsam auf mich zu.

"Alles in Ordnung, mein Junge?"

Seine Stimme klang so weich, so verständnisvoll, ich konnte es kaum glauben. Langsam nickte ich, war nicht in der Lage, auch nur einen Ton von mir zu geben. Carlos konnte mich nicht berühren, schreckte unscheinbar vor mir zurück, doch die Liebe seiner Worte zeigte mir, dass er versuchte, meine Taten zu verstehen.

"Geh, mein Junge, und wasch dich! Ich werde den Rest übernehmen."

Als ich an ihm vorbei trat, vernahm ich ein ersticktes Seufzen, dann machte er sich langsam und unsicher auf den Weg über den Hügel, zurück zu den Schrecknissen, die ich verursacht hatte.

Nach etwa einer Stunde kam er wieder. Ich saß, so nackt wie zuvor, doch gereinigt so gut es ging, auf einem Felsbrocken am Ufer des Bachs, zitterte leicht, jedoch vor Kälte, nicht etwa, weil mich Gewissensbisse peinigten. Er ging langsam und gedrückt, hielt in seinen zitternden Händen die Erkennungsmarke des Soldaten, die er immer und immer wieder in seinen Fingern drehte. Maria weinte leise vor sich hin, ich konnte sie hören. Zuerst ging Carlos erneut zu ihr, beruhigte sie mit leisen Worten. Dann trat er auf mich zu, hielt mir Hose und Hemd entgegen, damit ich mich anziehen konnte.

"War es das, was notwendig war?"

Seine Frage war kein Vorwurf, sondern die Frage nach einer Erklärung für das, was er gesehen hatte und das er noch einordnen musste. Auch Maria war nun zu ihm getreten, wartete gespannt auf meine Antwort, ihre Augen gerötet und von stillem Entsetzen entstellt.

"Ja, Vater. Vergib mir, wenn du mir vergeben kannst, aber ich musste das tun, was ich getan habe! Er ist nicht mehr. Seine bestialische Seele ist nicht mehr! Das bisschen Gute in ihm hat Gnade erhalten, glaube mir! Ich kann dir nicht erklären, was dort geschehen ist. Aber eines kann ich dir mit Gewissheit sagen: Da drüben habe ich Gott gesehen, und dieser Gott hat mir meine Schuld vergeben! Jetzt bin ich frei, Vater, endlich frei!"

Freiheit

Aufbruch

Ich war entsetzt gewesen! Der Anblick eines menschlichen Aasfressers hatte mich zutiefst schockiert! Ohne die Hilfe meines Vaters hätte ich diese Situation niemals überstehen können, wäre bis ans Ende meiner Tage vor diesem Erschauern geflüchtet, vielleicht sogar verrückt geworden, wer weiß das schon?! Aber Carlos bemühte sich um mich, versuchte mir die tiefere Wahrheit dessen zu vermitteln, was ich aus dem Munde meiner Liebe ... - meiner Liebe? ... Konnte ich einen offensichtlich wahnsinnig gewordenen Kannibalen überhaupt lieben? - ... was ich aus diesem Mund, der meine Idee der Befreiung in sich trug, was diese Lippen, die so weich und zärtlich sein konnten, was dieser Mensch mir erst vor kurzer Zeit über seine Leiden offenbarte, hatte tropfen sehen, dieses Blut, diese Reste seines bestialischen Seins. Konnten Qualen so groß sein, dass sie das Zerfleischen, den Verstoß gegen jedwede Ordnung menschlicher Gesellschaft zu rechtfertigen im Stande waren? Ich hatte kein Wort zu Carlos gesagt, hatte meinen entsetzten Zweifel lautlos aus mir herausgeschrieen. Carlos aber hatte verstanden, hatte die rechten Worte gefunden, mich beruhigt, mir den entsetzlichen Anblick des Fisches beschrieben, als er fast tot in die Zelle geworfen worden war, hatte mir versucht zu erklären, was es bedeutete, in der Seele gemordet worden zu sein, was es hieß, sich Mitschuld am Tode derer zu fühlen, die noch tödlicher unter der Folter dieses Mannes gelitten hatten, der dort drüben, auf der anderen Seite des Hügels, auf der anderen Seite der Welt, jenseits moralischen Verstehens hingemetzelt, zerstückelt, entstellt im heißen Dreck lag. Ich versuchte fieberhaft, den Fisch zu verstehen, mir irgendein Motiv seiner Tat vorzustellen, welches das Ungeheuerliche auch für mich nachvollziehbar machte. Es gelang mir nicht.

Auch wenn ich mich langsam beruhigte, verharrte das abgrundtiefe Entsetzen in mir. Ich hörte, wie der Fisch sich im nahen Bach von seinen Sünden wusch, erkannte, dass ich mit diesem Monster, mit meiner Liebe, mit wem ...? alleine gelassen war, dass Carlos sich aufgemacht hatte, der Hölle direkt ins Auge zu blicken, sich zum Komplizen dieses Kannibalen zu machen, ihm zu helfen, die verräterischen Überreste seiner Tat zu verwischen.

Es war seltsam, aber ich war in jenen Minuten nicht in der Lage, auch nur einen vernünftigen Gedanken über diese Fragen hinaus zu denken. Es war für mich nicht möglich, Antworten zu finden, oder mich auch nur um einen Millimeter an das Gemetzel anzunähern. Statt dessen tauchte ich in meiner Vergangenheit ein, erinnerte mich meiner glücklichen Kindheit mit all ihren Höhen und Tiefen, den banalen, nicht enden wollenden Bauchschmerzen nach der Bonbonorgie mit meinem Bruder, bei der wir mehrere große Tüten ohne Pause in unseren kleinen Mündern verschwinden ließen, des gebrochenen Armes nach dem Sturz vom Baum in unserem Garten, meiner mit mir schimpfenden Mutter, meiner mich liebenden Mutter, meiner lachenden Mutter, meiner weinenden Mutter, Mutter ... An meinen Vater konnte ich mich absolut nicht erinnern, er war wie weggefegt aus meinem Gedächtnis, so als habe es ihn nie gegeben, so als hätte Carlos ihn in Gänze verwischt. Genauso waren die Abbilder meines Bruders verblasst, auftauchend und verschwindend in einem milchigen, fast blinden Spiegel. Tatsächlich blieb nur meine Mutter von meiner Kindheit übrig.

„Mutter!",

und ich merkte, dass ich dieses Wort meiner verlorenen Kindheit, diesen Quell meines Hasses, dass ich dieses Wort meiner unerfüllten Liebe an der Seite des einzig wissenden Menschen, Carlos, vor mich hin murmelte, der inzwischen wieder neben mir kauerte, die Erkennungsmarke des Offiziers in der Hand, ganz der korrekte Kämpfer, der die Regeln einzuhalten wusste und trotzdem die Ungeheuerlichkeiten des Fisches zu decken bereit zu sein schien. Tränen liefen mir über die Wangen, und ich fühlte mich in diesem Augenblick, der mich so nah an meine Kindheit gebracht hatte, in den knochigen Armen des alten, weisen Mannes meines Lebens so schwach, verletzlich und klein, so Schutz und Geborgenheit suchend, wie noch nie zuvor in meinem Leben.

Nein, ich hatte noch nie wirklich gehasst! Wen hätte ich auch hassen sollen? Ein paar vermummte Gestalten vielleicht? Die Nachbarn, die aus Angst wegsahen? Die Politiker, nicht recht erkennbar in ihrer abstrakten Ferne? Die Soldaten etwa, die vor langen Jahren ebensolches Unrecht über unser Land gebracht hatten wie heute? Meine Feinde, die kein wirkliches Gesicht zu haben schienen? Oder gar mich selbst, die noch immer nicht eindeutig Stellung zu ihrer Geschichte bezogen hatte? Oder sollte ich den Fisch hassen, jenen verloren Mann, der durch einen dummen Zufall zum mordenden Opfer geworden war, der wirklich Grund hatte, sich, die Welt, aber vor allem anderen diesen Offizier zu hassen? Oder etwa Carlos, meinen zweiten Vater? Immerhin war er der Grund, die unausgesprochene Ursache für den Tod meiner Familie gewesen! Doch ich kannte die Fremden nicht, die Mörder, hatte ihre Gesichter nie gesehen, ihre Lust oder ihre Abscheu in ihren Augen. Ich konnte sie nicht hassen, sie waren doch nur ein allmählich verblassendes Bild meiner Kindheit. Die einzige, die ich vielleicht hätte hassen können, das merkte ich erst jetzt, war ich selbst, die erst einen zerstörten Fisch kennen lernen musste, um an seinem wahrhaftigen Hass erkennen zu können, dass ich mir den Meinen all die Jahre nur eingebildet hatte!

Sicherlich, meine Mutter war vor meinen Augen ermordet worden, feige, bestialisch und ohne Grund, aber als ich fähig geworden war, Rache dafür zu üben, hatte mein väterlicher Carlos schon längst dafür Sorge getragen, meine Wut in geordnete Bahnen zu lenken, meinen Hass in politische Rationalität zu verwandeln. Ja, Carlos hatte zwar meine Rache zugelassen, eine abwägende, kühl kalkulierende Rache, nie jedoch meinen Hass, jenes zerstörerische Gefühl, an das ich so gerne geglaubt hatte! Er schien mich dadurch vor einer Bestialität bewahrt zu haben, die der Fisch so verzweifelt durchzustehen hatte. Und in diesem Moment merkte ich, dass ich dem Fisch Unrecht getan hatte, dass ihm Vergebung zustand, ihm, der so alleine gelassen von der Welt all jene unvorstellbaren Qualen durchleiden musste, die ihn nicht nur körperlich zerstören wollten, sondern eben auch seine Seele, sein Innerstes, sein Selbst.

Ja, ich war bereit, dem Fisch seine Handlungen zu vergeben, Dinge, die ich nicht direkt gesehen hatte, die mir aber in meiner Imagination so bestialisch erschienen, dass ich immer noch nicht verstand, warum ich überhaupt bereit sein konnte, diese Unmenschlichkeit seiner Handlung zu verzeihen. War dazu nicht ausschließlich Gott in der Lage? War es denn nicht gar anmaßend zu glauben, ich könne diesen Kannibalismus, dieses Unglaubliche überhaupt entschuldigen?

Doch dann sprach er, rechtfertigte sich nicht, bat nicht um Vergebung, sondern erklärte den Blick in eine mir verborgenen Göttlichkeit gesehen zu haben, sprach von Gnade für die Seele des Getöteten, redete nicht von Hass, so wie ich es gedacht hätte, sondern davon, frei zu sein.

Ich verstand nicht, was in mir vorging, aber ich erkannte, dass der Fisch sich weit über das erhoben zu haben schien, was ich in meinem kleinen Hassgefühl zu erkennen im Stande gewesen war, dass er mit seinem unglaublichen Verhalten etwas vollzogen hatte, das meinem Verstehen gänzlich fern blieb. Verwirrt blickte ich in seine Augen, erinnerte mich der Worte meines Vaters, die mich aufforderten, mit meinem Gefühl zu sehen, erkannte einen endgültig befreiten Fisch, einen Menschen, der von einer Aura umgeben zu sein schien, die nicht von dieser Welt war, auf dessen Körper sich in der untergehenden Sonne ein Licht verbreitet, das ihn wie einen Engel aus meiner Kindheit erscheinen ließ.

„Gabriel?"

Ich hätte soviel sagen können, ihn fragen, warum er das da gemacht hatte, doch mir fiel nichts anderes ein, als diese erkennende Frage eines Namens, seines Namens, den ich ihm gerade gegeben hatte. Obwohl Carlos sich immer um Neutralität bemüht hatte, war ich christlich geprägt worden. In unserem Land war das fast schon unausweichlich. Die Worte des toten Fisches, dieser seltsame, übernatürliche Anblick in der Abendsonne, das Unaussprechliche seiner Handlungen, erinnerten mich unwillkürlich an die Rolle des Erzengels, assoziierten den nunmehr endgültig gestorbenen und namenlosen Fisch mit diesem Gabriel. Da merkte ich, dass ich ihm durch den Namen vergeben hatte! Es war nicht etwa so, dass ich in ihm etwas Übernatürliches sah, dass ich die Ungeheuerlichkeiten einfach so vergessen wollte oder konnte, nein, aber ich erblickte in seinen Augen, dass er vor sich selbst Gnade erfahren hatte, nicht etwa Verständnis oder gar Recht, nein einfach nur Gnade. Dies ermöglichte es mir, ihm gegenüber ebenso gnädig zu sein, ihm einen Namen zu geben, einen Namen, der zu dem passte, was den schrecklichen Geburtswehen dieses neuen Menschen ebenbürtig war.

Nachdem die lähmende Anspannung langsam von uns abgefallen war und uns Gabriel, der diesen Namen ohne Problem sofort zu akzeptieren schien, über das nahende Unheil für die Dorfbewohner informiert hatte, eilten wir zum Dorf zurück, um die unschuldigen Menschen vor den nahenden Soldaten zu retten und uns selbst vor der immer noch an unseren Nerven zerrenden Nachdenklichkeit. Doch wir kamen zu spät!

Schon von weitem hörten wir Gewehrsalven und entsetzte Schreie. Dann sahen wir in der inzwischen einsetzenden Dunkelheit die Militärfahrzeuge, die mordenden, wie Berserker wütenden Soldaten, denen kein Funke Leben zu entgehen schien. Nach für uns grauenvollen Stunden des Hinmetzelns, in denen wir zur beinahe lähmenden Hilflosigkeit verdammt waren, zogen die Mörderhorden im lodernden Schein der brennenden Ortschaft ab, wurden von der Nacht vertilgt, die sich kurz darauf in eine tödliche Hölle für die Mörder selbst verwandelte, deren Fahrzeuge ahnungslos in eine Minenfalle fuhren, die wir in aller Schnelle vorbereitet hatten. Es war für uns wie eine stille Genugtuung, eine Art Wiedergutmachung an den Opfern des Dorfes, das für uns soviel bedeutet hatte. Die wenigen überlebenden Soldaten unseres Anschlags töteten Carlos und ich aus dem Dunkel dieser grauenvollen Nacht, in der sich sogar der Mond hinter schwarzen Wolken versteckte. Gabriel beteiligte sich nicht an unserer Rache für das Dorf, half uns zwar die Minen auszulegen, von denen Carlos immer ein paar bei sich trug, warum, das wusste ich jetzt, doch er war noch immer nicht in der Lage, auch nur einen Schuss abzugeben. Insbesondere wollte uns Gabriel aber nicht zu den Soldaten begleiten, die tot neben den zerborstenen Fahrzeugen lagen. Immerhin mussten wir prüfen, ob es Überlebende oder Verletzte gab, die wir hätten versorgen müssen. Doch er blieb im Dunkeln zurück, weigerte sich, auch nur einen Meter auf diese Mörder zuzugehen, jene Soldaten, die auf einen irrsinnigen Befehl hin, Hunderte von unschuldigen Menschen, Männer, Frauen und Kinder abgeschlachtet hatten.

Wir verscharrten die Leichen nicht, wollten zumindest diesmal der Junta klar machen, dass sie zu weit gegangen war. Dann kehrten wir ins Dorf zurück, in dem uns das Grauen empfing. Im gespenstischen Licht der brennenden Häuser lagen Leiber überall verstreut, erschossen, erschlagen, Gliedmaßen abgetrennt. Eine größere Ansammlung toter Frauenkörper fand sich neben dem Kircheneingang, nackt, entstellt, vergewaltigt, darunter auch kleine Mädchen, Kinder noch, fast Babys. In der eingestürzten Kirche dann der größte Teil der Menschen, bis zur Unkenntlichkeit verbrannt, an die höllengleichen Massaker Ruandas erinnernd. Unseren Freund, den Zahnarzt, fanden wir nicht, auch sonst schien kein Leben mehr in diesem Dorf zu existieren. Oh mein Gott, so fragte ich mich im Stillen, wo sollte das noch enden?!

Gabriel verscharrte die Leichen zusammen mit Carlos. Ich hatte mich mehrmals übergeben, war so schwach, als habe man stundenlang auf meine Magengrube eingeschlagen. Ich verstand die Welt nicht mehr, musste erkennen, mit jeder Faser meines Verstandes erkennen, dass dieser Kampf auch mich zusehends zur Bestie werden lassen konnte, sofern ich nicht die richtigen Konsequenzen zog!

Schweigend verließen wir den Ort des Grauens. Es dämmerte bereits, wir mussten uns beeilen, denn jeden Augenblick konnten erneut Soldaten auftauchen, die ihre Kameraden suchten. Am Rande der verbrannten Siedlung, unweit eines kleinen Hügels, vielleicht einen Kilometer vom Dorfplatz entfernt, befand sich die stinkende, leicht schwelende Müllgrube der toten Bevölkerung. Wir mussten an ihr vorbei, wollten wir zu unserem Camp zurück ohne die verräterische Straße in die Stadt zu passieren. Da hörten wir das leise Wimmern eines Säuglings. Carlos rannte los, hechtete in den Müll ohne eine Sekunde nachzudenken. Nachdem er das nackte Kind im Unrat gefunden hatte, trug er den winzigen Körper, der mit blauen Flecken übersät war, zu uns. Gabriel wickelte sofort ein Tuch um das Würmchen, doch ich konnte nicht hinhören, nicht hinsehen, weigerte mich mit meiner ganzen Seele, dieses lebende Zeichen der Vernichtung, meiner Niederlage vor mir selbst, zur Kenntnis zu nehmen. Sollte Carlos sich doch ein weiteres Kind zulegen, das schien ja seine Bestimmung zu sein! Ich auf jeden Fall hatte meine Entscheidung getroffen! Ich musste diesen Teufelskreis aus Tod, Folter und Sinnlosigkeit verlassen, musste eine Freiheit wiedergewinnen, die mir anscheinend nie wirklich zuteil geworden war, die ich aber liebend gerne mit Gabriel, dem vergessenen Fisch, dem unbekannten Gringo aus einer beschaulicheren Welt, verbringen wollte!

Vergebung

"Aber warum konntest du ihm nicht vergeben?"

Maria fragte mich seit Tagen immer und immer wieder nach meiner Unfähigkeit, meinem Folterer verzeihen zu können.

Schon vor einigen Tagen waren wir mit dem Säugling auf dem Arm im Camp angekommen. Das Entsetzen hätte kaum größer sein können, als unsere Kameraden von dem Gemetzel erfuhren. Alle kümmerten sich sogleich rührend um das kleine Würmchen, und eine Amme fand sich zum Glück auch recht schnell.

Doch Maria hatte eine einsame Entscheidung getroffen, die sie vorerst aber nur Carlos, später dann auch mir mitteilte: Sie würde das Camp verlassen, sich aus dem Widerstand zurückziehen. Den Grund hatte sie uns noch nicht genannt, ebenso sollte im Camp sonst noch niemand davon erfahren.

Auch ich, der ich endlich wieder einen Namen hatte, einen Namen allerdings, der meine früheren Leben endgültig vergessen ließ, auch ich hatte mich entschieden, das Camp, Carlos und dieses Land zu verlassen. Ob Maria mich begleiten würde, schien von der Beantwortung der vielen Fragen abzuhängen, die sie mir immer wieder stellte, jedoch insbesondere von meiner Erklärung, warum ich meinen Folterern nicht wirklich verzeihen konnte und damit zum Kannibalen geworden war.

Es erschien mir seltsam, aber Maria konnte anscheinend jede noch so grausame Einzelheit meines vernichtenden Werkes nachvollziehen, zeigte Verständnis selbst dort, wo ich es eigentlich nicht erwartet hätte, akzeptierte jedoch vor allem meine transzendenten Erklärungsversuche, meine schier übernatürlichen Begegnungen mit anderen Seelen und irgend etwas göttlichem. Die Aufteilung unserer Seele in eine Dreiheit erkannte sie in ihren christlichen Wurzeln als Symbol der göttlichen Dreifaltigkeit, schien mit dieser Vorstellung nicht eine Minute Probleme zu haben. Auch hier stellte sich heraus, dass sie meine Handlungen gerade wegen der beinahe theologischen Begründung, dem Priesterhaften darin, anzunehmen bereit war, mich nicht mehr als simplen Mörder, als triebgesteuertes Ungeheuer sah, sondern mir in dem erlittenen Leiden eine solche Rache zuzugestehen bereit war.

Doch trotz der mir zugefügten Qualen, trotz der tief greifenden Erklärungen durch Carlos, blieb für sie die alles entscheidende Frage noch offen im Raume stehen, warum konnte ich meinem Peiniger nicht vergeben?

Carlos, Maria und ich saßen wieder einmal alleine in der Hütte des alten Mannes, die uns als einziger Zufluchtsort im Camp für solche Gespräche die notwendige Intimität gab. Maria hatte mir wieder diese Frage gestellt, ausgesprochen mit einer ungestümen Hartnäckigkeit, die endlich eine Erklärung einverlangte. Ich ließ mir Zeit, antwortete nicht sofort. Dann, als ich die Worte gefunden zu haben glaubte, begann ich leise zu sprechen, meinen Kopf gesenkt, in eine tiefe Nachdenklichkeit versunken:

"Maria, dir bedeutet die Antwort auf diese Frage sehr viel. Sie scheint dir wichtiger zu sein, als alle Erklärungen, die ich dir bisher gegeben habe. Ich glaube, du möchtest ergründen, warum ich ihn getötet habe. Du suchst nach dem Motiv der Rache, die nicht vergeben kann. Gnade, dieses göttliche Versprechen, unseren Peinigern zu verzeihen, uns in einem genialen Augenblick der Schöpfung von Gott übereignet, uns scheinbar die Fähigkeit vermittelnd, mit dem Schöpfer gleichzuziehen, uns eben über die Natur des Tötens und getötet Werdens hinweghebt, diese Gnade suchst du in mir, um mich trotz meiner Tat als Mensch wieder erkennen zu können. Ist dies die Voraussetzung dafür, dass du mich auch weiterhin lieben kannst?"

Ich blickte Maria direkt ins Gesicht, wartete auf ihre Zustimmung, die unserer Liebe wahrscheinlich den Todesstoß versetzt hätte.

Maria jedoch sah zu mir auf, mitleidig fast. Ihre Worte kamen schleppend über ihre Lippen:

"Ich weiß es nicht, Gabriel. Es erscheint mir so, als ob unsere weitere Zukunft davon abhinge, zu wissen, dass du zur Vergebung bereit bist. Doch vielleicht kommt es auch anders. Ich denke, es hängt davon ab, was du mir zu sagen hast. Aber ich bitte dich, sei ehrlich zu mir und zu dir, denn ich möchte nicht eines Morgens aufwachen und denken, da liegt ein Ungeheuer neben mir!"

Ihr Blick hatte sich verändert, war beinahe flehentlich geworden.

Ich nickte verstehend vor mich hin, überlegte, wie ich beginnen sollte. Carlos hörte nur zu, saß etwas abseits, fast so, als wolle er sich vor uns verstecken, doch ich fühlte, dass auch er gespannt auf meine Antwort wartete.

"Die Frage ist doch: Warum sollen wir verzeihen? Damit eine zivilisierte Gesellschaft Bestand haben kann, muss sie sich Regeln aufbauen, die ein Überleben auch dann ermöglicht, wenn ein Mitglied aus dieser Gemeinschaft ein folgenschweres Verbrechen begangen hat. Ist eine Gesellschaft von jedem einzelnen seiner Mitglieder stark abhängig, so sollte sie eher bereit sein, Verfehlungen zu verzeihen, einfach, damit die Gruppe überleben kann. Doch zugleich muss sie sich einige Tabus setzen, damit die Gruppe nicht von innen heraus zersetzt wird, sozusagen ihre Grundstrukturen zerstört werden. Das finden wir in allen Gesellschaften wieder, ob sie nun urzeitlich oder modern sind. Vergebung ist Bestandteil des Zusammenlebens, wichtig für alle Mitglieder der Gemeinschaft, ihr Vertrauen ineinander und die Strukturen der Gesellschaft.

Aber man kann nicht alles vergeben und vergessen. Damit es aber nun nicht zu einem unkontrollierten Morden kommt, entwickelten alle Völker, alle Ethnien, Gesetze, Regeln, wie man in den Fällen vorzugehen habe, in denen eine Vergebung aus gesellschaftlicher Sicht, also hinsichtlich der Überlebensfähigkeit der Gruppe, aber auch hinsichtlich des Gemütszustandes der Geschädigten eigentlich nicht mehr möglich ist. Mörder werden dann gehängt, Ketzer verbrannt, Ehebrecher gesteinigt und so weiter. Vor der Gemeinschaft finden sie keine Vergebung. Mann schließt die Täter aus, tötet sie, schafft sie aus dem Blickfeld der Allgemeinheit.

Damit dies alles aber trotzdem eine Art Trost vor uns selbst finden kann, wurden im Rahmen der Religionen Auswege geschaffen, wie diesen Tätern trotz allem noch eine Art Vergebung zuteil werden kann: Die Gnade wird nicht mehr von uns Menschen, von der Gruppe, gegeben, sondern vermittels der Priester direkt von Gott. Man verschiebt also die Frage des Verzeihens auf den Tag eines imaginären Jüngsten Gerichts, einen Tag, den wir noch nicht einmal zu denken in der Lage sind. Und selbst an diesem Tage, so glauben wir, wird nicht allen Sündern die Vergebung teilhaftig werden, die sie sich wohlmöglich erträumt hatten.

Vergebung, so glaube ich, ist letztendlich ein Vehikel, das nicht wirklich existiert! Es soll uns zum einen über die Natur der Rache, der Vergeltung, erheben, zum anderen uns davor bewahren, vor uns selbst, vor unserem Gewissen, ja, unserer Seele, zu verzweifeln.

Jede Gesellschaft muss einen Mörder vernichten, will sie auf Dauer überleben. Doch im Krieg wird dann plötzlich jeder zum Mörder. Aus diesem Dilemma komme ich nur mittels dieses abstrakten Vehikels der Vergebung heraus, in dem ich den Mord zu einer gerechten Sache im Sinne der Gemeinschaft erkläre, die ethisch-moralische Vergebung der individuellen Sünde dann jedoch ins Transzendente der Religionen versetze.

Andere Tabu-Brüche hängen dagegen ausschließlich von der jeweiligen gesellschaftlichen Situation ab, können sich also von einer kompromisslosen Ausschaltung der Täter, wie zum Beispiel durch die Steinigung eines Ehebrechers, in eine gesellschaftliche Tolerierung oder gar Akzeptanz wandeln, sofern sich auch die Gesellschaft entsprechend wandelt. Lediglich der Mord bleibt als eine Art Todsünde, die nicht zu verzeihen ist, bestehen. Das sagen nicht nur die weltlichen Gesellschaften, sondern auch ihre Religionen, alle Religionen, auch die Christliche!"

Wie aus dem Nichts unterbrach mich Carlos in meinem Redefluss, so als wolle er mich herausfordern:

"Ja schon, Gabriel, aber du selbst weißt, dass alle Religionen selbst diesen Tätern noch eine Hintertür offen lassen und dass moderne Gesellschaften Mörder nicht mehr zwangsläufig hinrichten müssen, um überleben zu können. Und sogar de Sade hat doch in „Aline et Valcour" diesen Tätern einen Ausweg eröffnet!"

"Ja, sicherlich. De Sade war da einer der Ersten, ich glaube sogar, überhaupt der Erste, der versuchte, Vergebung auf rationale Beine zu stellen, indem er sogar den Mördern die Möglichkeit gab, in das Reich des weisen Zamé, auf die Insel Tamoe zurückzukehren, um nach einer Zeit der Buße, der Strafe im Exil, in die Gemeinschaft wieder aufgenommen zu werden. Das war wirklich revolutionär, viel moderner als seine Zeit selbst, was er da in „Aline et Valcour" schrieb, der erste Gedanke an Resozialisierung in der Geschichte der Menschheit, so glaube ich. Wusstest du eigentlich, dass er selbst „Aline et Valcour" als sein Hauptwerk bezeichnete, nicht etwa die „Hundertzwanzig Tage" oder die „Justine"? Aber egal.

Ja, die modernen Staaten nach dem zweiten Weltkrieg versuchen, eine Art Vergebung selbst dieser Substanz bedrohenden Taten zu ermöglichen. Das nennt sich dann Resozialisierung, hat mit Vergebung aber nicht wirklich etwas zu tun, denn Ziel des Strafvollzugs gerade dieser Klientel ist es, den mörderischen Charakter, die tödlichen Eigenschaften des Täters, niederzuringen, ihn sozusagen von innen heraus zu zerstören, zu liquidieren, diesem Wesen also eben keine Vergebung zu gewähren, sondern lediglich einer zurecht geformten Hülle des Monsters eine neue Chance zu gewähren. Ist der Täter dagegen nicht zur Kooperation bereit, erscheint er also nicht resozialisierbar, so wird er auch in unseren modernen, humanistisch geprägten Gesellschaften bis zu seinem Tode in Sicherungsverwahrung genommen, weggeschlossen, getötet, eben ganz ohne jede Vergebung. Wozu auch? Der Mörder bedroht als einziger den Bestand der Gemeinschaft, alle anderen Verbrechen scheinen vor seinem Hintergrund zu verblassen.

Lediglich de Sade tötete in dieser Frage nicht ohne Vergebung, sondern lässt die Argumente des Mörders denen seiner Opfer gegenüberstehen, offenbart den Opfergeist als die Prägung zur Selbstaufgabe, ja Selbstzerstörung, will dann in „Aline et Valcour“ eben aus diesem Grunde den Mördern sogar die Möglichkeit eröffnen, nach einem befristeten Aufenthalt im Außen, in einer vielleicht noch feindlicheren Umgebung, in einer Welt, die von Mördern geprägt ist, in die Gemeinschaft zurückzukehren, wenn er selbst es will und nicht etwa, wenn die Gemeinschaft es dem Mörder aus falsch verstandener Gnade erlaubt. Er entlarvt messerscharf die Lüge der Vergebung, entzieht den aufgeklärten Humanisten zwar nicht gerade genial aber doch mit bestimmter Überzeugung dieses Feigenblatt der scheinbaren Menschlichkeit.

Aber Carlos, bitte entschuldige, ich muss auf die Frage Marias zurückkommen!"

Ich blickte Maria entschuldigend an.

"Bitte verzeih mir Maria! Ich habe mich etwas in theoretischen Abstraktionen verheddert..."

"Nein, es ist schon gut. Es stört mich nicht. Eure Theoretisierungen sind immer spannend anzuhören und manchmal finde ich sogar das eine oder andere Argument, das mir vielleicht weiterhelfen kann. Auf jeden Fall werde ich wohl euren ominösen Marquis lesen müssen, da komme ich wohl nicht drum herum..."

"Trotzdem, Maria. Ich muss dir antworten, warum ich diesem Mann nicht verzeihen konnte!

Ich glaube, dass man sich immer und überall die Mühe machen sollte, Menschen, die einen Fehler begangen haben, selbst wenn er schlimm war, zu verzeihen. Auch ein Mörder kann diesen Mord aus einem Fehler, einer falschen Einschätzung der Situation, seiner Gefühle oder sonst eines besonderen Umstandes begangen haben. Dann könnte ich sicherlich auch Gründe finden, ihm zu vergeben.

Aber wie ist es mit einem Mörder, der aus reiner Lust tötet? Kann ich auch ihm vergeben? Vielleicht. Es könnte davon abhängen, wie er seine Lust begründet, ob sich dort Rechtfertigungen finden lassen, die seine Tat in irgendeiner Weise entschuldigen. Wenn ja, warum nicht?!

Aber ich glaube, wir sollten lernen zu unterscheiden, ob wir einem Mörder gegenüberstehen, der einen Körper tötet, oder ob es sich um eine Bestie handelt, die in der Art und Weise, wie sie tötet, zeigt, dass sie eigentlich die Seele des Opfers treffen will.

Jemand, der foltert, kann dies tun, um Informationen oder Geständnisse herauszupressen, oder eben, um möglichst lustvoll und für sein Opfer demütigend, die individuelle Struktur des Opfers zu zerstören. Solche individuellen Killermonster tauchen immer wieder auf, werden dann aber mit aller möglichen Härte und ohne Aussicht auf Vergebung oder Milde verfolgt, denn sie stellen eine große Gefahr für das Vertrauen in die Gesellschaft dar.

Anders ist dies aber, wenn ganze Bevölkerungsgruppen aktiv zu solchen Monstern werden, die Regierenden für ihren Machterhalt eben genau diese Monster benötigen und deren lustvolle Mordgier auszunutzen, zu benutzen bereit sind. Dann wird die Existenz der Menschheit als Ganzes in Frage gestellt! Wann historisch betrachtet solche Mordgesellen zum ersten Male auftauchten, sei dahin gestellt, auf jeden Fall gab es sie bereits in der kirchlichen Inquisition, doch ihren bestialischen Höhepunkt erreichten sie zweifelsohne im Holocaust, vor dessen Unfassbarkeit alles andere verblassen muss!"

"Doch selbst bei den Überlebenden der Konzentrationslager gab es viele, die ihren Peinigern später verzeihen konnten! Ihnen war es wichtiger, dass die Verantwortlichen zur Rechenschaft gezogen wurden. Ist es nicht so?"

Maria sah mich herausfordernd an.

"Sicherlich hast du recht, Maria! Aber das bedeutet nicht, dass diese Menschen, diese gepeinigten Opfer ihren Folterern wirklich verziehen. Weißt du, ich glaube, dass die Projektion der Schuld auf die scheinbar Verantwortlichen, einen fast schon abstrakt zu nennenden Hitler oder Goebbels, einen Freisler oder Mengele, dass diese Verschiebung der Verantwortung eine Art Selbstbetrug der Opfer darstellt! Sie mussten ja vor sich selbst Rechenschaft dafür abgeben, warum sie nicht frühzeitig gehandelt, nicht Widerstand geleistet hatten. Und dann waren da diese Folterer, ihre Folterer, ihre Mörder, Menschen, die so direkt, so hautnah waren, ja, vielleicht sogar ihre Nachbarn, ehemalige Freunde! Wie willst du das überstehen? Wie willst du jemals wieder Vertrauen in irgendeinen Menschen gewinnen, wenn du das erlebt hast?

Also musst du dich selbst belügen! Musst nach den Verantwortlichen da oben, jenen abstrakten Größen jenseits deiner Zugriffsmöglichkeiten suchen, damit du dich aus deiner Verantwortung stehlen, sie einem ebenso abstrakten Gericht überantworten kannst, damit du nicht selbst in deiner schier unmenschlichen Verzweiflung zum Mörder an deinen Folterern wirst. Denn das ist es, was du willst! In solch einer Situation, nachdem du erkannt hast, dass du die Schrecken überlebt hast, ist dein alles beherrschender Gedanke die Rache! Ist dies nicht der Fall - und ich höre schon jetzt die revoltierenden Stimmen, die von sich behaupten, sie würden nach ihrer Errettung in Dankbarkeit zu Gott beten, sich seinen gnadenvollen Händen anvertrauen! -, so offenbaren die Opfer gerade damit ihre absolute Opferhaltung, die sie zu Schlachtvieh degradierte, aus einer Haltung heraus, die nichts weiter ist als individuelle Schwäche vor der eigenen Courage!

Vergebung... Vergebung existiert nicht! Wenn ich meinem Peiniger vergebe, dem Menschen, in dessen grinsende Augen ich blicken musste, als er mit aller Lust seine Hände zur vernichtenden Folter führte, wenn ich diesem Ungeheuer dadurch vergeben kann, indem ich meine Rache auf die Verantwortlichen da oben lenke, diese sozusagen zu Übermördern, zu Bestien erster Klasse mache, so habe ich dem Mörder von Morgen, dem Vernichter der menschlichen Existenz bereits die Hand gereicht, habe seiner menschenverachtenden Lust nachgegeben, ihn sozusagen eingeladen, mich erneut und immer wieder hinzumetzeln, Tag für Tag, Stunde um Stunde, in jedem Augenblick meines Daseins!

Nein, Maria! Ich kann nicht vergeben! Nicht dem Monster meiner Geschichte, nicht diesem Mann, der für seine Taten selbst verantwortlich ist, und den ich zur Rechenschaft ziehen musste, weil es kein anderer für mich machen konnte! Denn er hat mich, meine Seele zerfetzen wollen, er hat die Seelen der Frauen getötet und gefangen, er war die Bestie, die es auszuschalten galt!

Sicherlich, auch die Generäle trifft Schuld daran, aber die ist abstrakt, ist Grund für euren Kampf um eure Freiheit! In meiner Rache dagegen, die nicht vergeben konnte, ging es um die Tilgung der bestialischen Seele meines Folterers aus dem Allbewusstsein der Menschheit! Dass ich dabei erkennen musste, dass auch er, oder zumindest ein Teil seines Selbst, eine Berechtigung hat, zu unser aller Seelen zu gehören, das hat mich erstaunt und zuerst verwirrt, aber dann wurde mir klar, dass wir ja nicht als Bestie geboren werden, sondern sich diese erst im Laufe der Zeit heraus entwickelt. Das soll nichts entschuldigen, denn die Anlagen zur Bestie sind in uns allen vorgegeben, sie sind Bestandteil unseres Seins! Doch wenn wir das Bestialische in uns zulassen, nicht dagegen ankämpfen, dann müssen wir auch damit rechnen, aus der Welt der Seelen, die wir selbst beschmutzt haben, ausgestoßen zu werden!

Ob ich das dann durch eine Hinrichtung mache, durch eine Atombombe oder eben durch Kannibalismus ist nur ein filigraner Unterschied, der höchstens die Frage offen lässt, ob in der modernen Form des Tötens solcher Bestien deren Seelen wirklich aus unserem Menschenbewusstsein getilgt werden. Mir scheint es aber eher so, dass wir seit der Verdinglichung des Mordes und der darauf folgenden Rache, dass wir uns seit der Entwicklung der Moderne in eine Welt der Anhäufung von Seelenmonstern aufgemacht haben, wir in unseren Handlungen immer steriler, scheinbar humaner, aber in Wirklichkeit immer höllischer werden. Der Gipfel dieser Denkweise des zum Ding degradierten Menschen war für mich zweifelsohne die Entwicklung der Neutronenbombe durch die Amerikaner, die ihre Menschenverachtung darin offenbarten, dass sie materielle Dinge noch über das Leben selbst stellten, Mensch und Tier gleichermaßen vor der Bombe verschwinden ließen, sich selbst endgültig zu Gott erheben wollten, in dem aberwitzigen Glauben, dadurch Kriege gewinnen zu können. Letztendlich, davon bin ich inzwischen überzeugt, würde der Einsatz dieser Bombe aber einen rachsüchtigen Aufschrei in der Welt der Seelen hervorrufen, dem dann die überlebenden Menschen nichts mehr entgegenzusetzen hätten, denn die Toten dieses antihumanistischen Aktes würden die Überlebenden zum Irrsinn treiben, dessen Selbstzerfleischungen ich nicht miterleben möchte! Da erscheint mir meine Handlung, die so abstoßend auf uns alle wirkt, beinahe schon menschlich, meinst du nicht auch?! Ich glaube aber, dass meine Tat, so ungeheuerlich sie mir selbst auch erscheint, mit Sicherheit die konsequentere, nicht vielleicht die richtige, aber bestimmt die ehrlichere war."

Libertad

Nach einigem Zögern, vielen schlaflosen Nächten mit Gesprächen, die an den Nerven zerrten, entschied sich Maria dafür, Gabriel zu begleiten und das Land, ihre Heimat, endgültig zu verlassen.

"Ich kann nicht mehr! Carlos, Vater, bitte verzeih mir diesen offensichtlichen Verrat an unserem gemeinsamen Kampf, an dir! Aber ich verspüre Angst in mir, Angst davor, mich in Handlungen treiben zu lassen, denen gegenüber mir erst Gabriel die Augen geöffnet hat."

Bittend sah sie Carlos an, beinahe verzweifelt. Sie erhoffte sich eine Vergebung von ihrem Vater, die ihr die Entscheidung leichter machen würde. Sie hoffte auf das tiefe Verständnis ihres Vaters, diese emotionale Nähe zu dem alten Mann.

"Ich hatte mir das fast schon gedacht."

Die Stimme des langsam weißhaarig werdenden Mannes klang klar und versöhnlich.

"Es ist deine ureigenste Entscheidung, mein Kind! Ich habe dich nie zu diesem Kampf, zu irgendeinem Kampf gezwungen!“

"Ach Vater!"

Maria unterbrach ihn in einem erstaunlich unwirschen Ton, der Gabriel verwirrt aufblicken ließ.

"Sei doch nicht immer so verdammt aalglatt! Ich möchte, dass du mich einmal in deinem Leben anbrüllst, mir klar zu verstehen gibst, was du dir wünschst, weinst, mich in deine Arme nimmst oder mir sonst deinen Verlust zu erkennen gibst! Warum bist du bloß so vernarrt in diesen Glauben von absoluter Freiheit? Die gibt es nicht, und die wird es auch niemals geben! Vor allem nicht zwischen Vater und Tochter, du alter Narr! Ich liebe dich doch, mir ist zum weinen, zum schreien zu Mute, ich könnte auf dich und mich einschlagen, wenn ich daran denke, dich für immer verlassen zu müssen! Ach Vater...!"

Weinend fiel sie Carlos um den Hals, klammerte sich an ihn wie ein kleines Äffchen.

"Maria,"

die Stimme des immer starken Kämpfers wirkte gebrochen, verwirrt, und nur leise kamen seine Worte über die bebenden Lippen,

"ich will dich nicht verlieren, möchte dich am liebsten mein ganzes Leben um mich herum haben! Was glaubst du, wie schwer es mir gefallen war, als du zum Studium ins Ausland gingst, als ich erkennen musste, dass du ein großes Mädchen geworden warst, eine wunderbare Frau?! Und jetzt wirst du mich endgültig verlassen! Mit diesem Jungen da, den ich dir von ganzem Herzen wünsche, glaube mir! Aber auch mir bricht es das Herz, deinen Abschied zu akzeptieren. Doch ich weiß, dass dir deine Entscheidung nicht leicht gefallen ist, dass du von deinem Leben retten willst, was noch zu retten ist! Du suchst nach einer besseren Zukunft, hast Angst vor der Bestie in dir, die du durch Gabriel erst zu erkennen im Stande warst! Das ist gut so, und ich liebe dich deshalb um so mehr, denn es zeigt mir, das meine Erziehung nicht umsonst war, dass ich dich zu einer reifen, eigenständigen Frau gemacht habe, die um ihrer Selbst willen sich von all dem was sie liebt zu trennen in der Lage ist, ihre Heimat, ihre Freunde, ihren zweiten Vater! Ich werde dir helfen, dich unterstützen wo immer ich kann, sag mir was du brauchst, und ich werde es für dich besorgen! Aber du musst dir auch im Klaren sein, dass du schon bald ganz alleine auf dich gestellt sein wirst, auf einem Weg zu deiner individuellen Freiheit, die dir der Rest dieser verfluchten Welt leider nicht so einfach gewähren wird! Glaube mir, mein Kind, der Kampf um deine persönliche Freiheit hat mit dem heutigen Tage erst begonnen, du wirst alle Hindernisse dieser Welt in deinen Weg gelegt bekommen, wirst dich und die anderen verfluchen, aber du wirst trotzdem niemals deine Entscheidung bereuen! Denn eines weiß ich mit Gewissheit, dass du einen Weg zu dir finden wirst, allein oder mit diesem Mann da!"

"Du bist unglaublich!"

Maria begann aus ihren Tränen heraus zu lachen.

"Carlos, du unverbesserlicher, lieber alter Mann! Du kannst nicht einfach sagen: Geh nicht, bleib bei mir, ich will dich nicht verlieren! Nein, du musst wieder eine verständnisvolle Rede an die Nation halten, über Freiheit und Selbstbestimmung ... ach, Mann, ich liebe Dich! Ich werde dich immer in meinem Herzen bei mir tragen, glaube mir!"

Maria und Gabriel konnten das Camp noch nicht sofort verlassen. Carlos musste noch neue Pässe für sie besorgen. Er ließ ihnen die freie Wahl, meinte aber, Pässe aus ihren jeweiligen Heimatländern wären nicht das Richtige, zum einen wegen der ständigen Visa-Pflichten im Falle Marias, zum anderen, weil Gabriel offensichtlich mit seiner alten Heimat nichts mehr anzufangen wusste. So entschieden sich die beiden für französische Pässe, da sie beide diese Sprache fließend beherrschten und sie gleichermaßen der ausgeprägte, fast schon krankhafte Individualismus der Franzosen in ihrer Suche nach persönlicher Freiheit zusagte.

Nachdem Carlos für sie beide die Pässe besorgt hatte überreichte er ihnen die Unterlagen für mehrere Konten in verschiedenen Ländern der Erde. Carlos hatte Zeit seines Lebens große Geldsummen angesammelt, da er immer davon überzeugt gewesen war, dass er für sein Alter oder seine Freiheit irgendwann einmal kämpfen musste, was mit einer erheblichen Geldsumme einfacher war. Wie genau er an die Gelder gekommen war, erklärte er den beiden nicht, versicherte ihnen jedoch, dass dies alles legale Summen aus legalen Börsengeschäften seien, die er rechtmäßig versteuert hätte, sie bräuchten sich also keine Sorgen zu machen.

Wie viel Geld er ihnen überließ, sagte er nicht, es sollte eine Überraschung sein, doch er meinte, sie könnten sich damit schon ein paar schöne Tage machen, ohne unbedingt sofort Arbeit suchen zu müssen. Das käme dann schon noch früh genug, sofern ihnen nichts Besseres einfiele.

"Vater?",

es war der letzte Abend vor ihrem endgültigen Abschied. Carlos, Maria und Gabriel saßen abseits des großen Platzes an einem kleinen, unscheinbaren Lagerfeuer.

"Ja, mein Kind?"

Maria stocherte verlegen mit einem kleinen Ast in der staubigen Erde.

"Vater, glaubst du ich bin eine Deserteurin?"

"Warum fragst du mich, Maria? Glaubst du es denn?"

Maria schwieg. Gabriel sah ihr aus dem dunklen Zwielicht des Feuerscheins in ihre Augen, versuchte gespannt zu ergründen, was in ihr vorging.

"Wenn es bedeutet, sich vor seiner Verantwortung gegenüber den Vorgesetzten, den Befehlen, dem Wohl seines Volkes zu drücken - dann glaube ich, eine Deserteurin zu sein, ja. Aber Vater ..., was bedeutet dies für mich? Was bedeutet es für dich?"

Carlos blickte sie mit einem sehr ernsten Gesicht an, begann langsam und eindringlich zu sprechen:

"Maria, mein Kind, Desertion ist eine der schwerwiegendsten Entscheidungen im Leben eines Menschen. Sie hat nichts mit der Frage nach der Befolgung von Befehlen oder gar dem Gehorchen einem Vorgesetzten gegenüber zu tun! Einem Deserteur geht es doch vielmehr darum, zu entscheiden, ob die Taten, die ihm bevorstehen, das Töten anderer Menschen im Kampf, dass diese Taten vor dem Auge seines Gewissens Bestand haben oder nicht. Kann sein Mord durch das Überleben seines Volkes oder dessen Freiheit gerechtfertigt sein? Kann er diesen Mord vor sich selbst, seinem Gewissen, guten Glaubens rechtfertigen? Sind die Argumente für die Befolgung von Befehlen stark genug, um vor sich selbst zu bestehen? Und schließlich: Können die abstrakten Absolutionen der Regierenden oder der Kirchen ihn vor seinem inneren Auge wirklich beruhigen? - Frage dich das selbst, mein Kind, und du wirst die Antworten darauf finden, ob du eine Deserteurin oder nur ein Feigling bist! Darauf willst du mit deiner Frage doch hinaus, oder?!"

Maria sah Carlos verblüfft in die Augen. Dann lächelte sie ihn an und nickte leicht mit ihrem Kopf.

"Ja, du hast Recht. Es war in Wirklichkeit die Frage danach, ob du mich als ein Feigling betrachten würdest. Aber du hast mir mal wieder nur neue Fragen aufgetischt, nichts beantwortet. Oder vielleicht doch: Wenn ich dich richtig verstehe, so sagst du doch, dass meine Entscheidung sicherlich eine Desertion darstellt, eine Desertion vor den Aufgaben zur Befreiung unseres Volkes, aber dies gleichwohl einen lobenswerten Akt darstellt. Hab ich Recht?"

"Ja, genau! Siehst du, Maria, Deserteure sind eine Art Spiegelbild des gesellschaftlichen Gewissens. Menschen, die ihre persönliche Integrität über die abstrakten Befehle, die scheinbaren Zwänge eines Kampfes stellen, zeigen sich nicht als gemeine Feiglinge, sondern sie sehen die möglichen Konsequenzen ihres Handelns in der ganzen Tiefe voraus, müssen sich für ihr Gewissen oder für ihre Gesellschaft, für ihre Unschuld oder ihre Schuld entscheiden. Diese Menschen sind die moralische Elite einer jeden Gesellschaft, einer jeden Gruppe. Ich ziehe meinen Hut vor ihnen, nicht weil du dich für eine Desertion entschieden hast und ich dich sozusagen freisprechen möchte, nein, ich habe schon immer die höchste Hochachtung vor diesen Menschen gehabt, vor dieser Kraft in ihrer Entscheidung, die ja nur zu oft ihren Tod nach sich zieht. Ich bin fest davon überzeugt, Maria, dass den Deserteuren dieser Welt die Denkmäler errichtet werden müssten und nicht den Soldaten oder gar Regenten, denn während diese über Leben und Tod ihres und anderer Völker entscheiden, während die Soldaten wie Vieh ohne nachzudenken - oder im guten Glauben - ihren Vorgesetzten folgen, überwinden jene, die Deserteure, ihre abgrundtiefe Angst vor ihrem eigenen Tod, vor ihrem scheinbaren Versagen gegenüber der Gesellschaft, vor der Schande für sie und ihre Familien und entscheiden sich für die Erhaltung des Lebens und der Treue gegenüber ihrem Gewissen als höchster Instanz menschlichen Daseins. Nein, Maria, du brauchst keine Angst davor zu haben, dass ich dich insgeheim verstoßen würde, dich gar verachtete! Ich weiß, dass du dir deine Entscheidung zu gehen nicht einfach gemacht hast, sie nicht aus reiner Liebe zu Gabriel getroffen wurde, dass du dir dein Handeln mehr als genau überlegt hast, du sicherlich tief in dein Innerstes geschaut hast. All das weiß ich, Maria, und ich hoffe, auch du weißt dies, mein Junge!"

Bei diesen Worten blickte Carlos unverwandt zu Gabriel, der bei diesen Worten aufzuckte, fast, als habe er geschlafen. Dann nickte Gabriel in die Dunkelheit, ernst, in sich versunken. Als er sprach, schien es dunkler um sie herum zu werden, ruhiger, fast lautlos. Seine Stimme klang matt, fast so, als habe ihn alle Kraft verlassen:

"Als ich diesen Mann tötete, hatte ich Angst vor den Konsequenzen für mich. Ich fragte mich, ob ich meine Taten vor mir selbst verantworten konnte. Ich ekelte mich vor mir selbst, vor diesem Blut an meinen Händen, dieser Schuld in meinem Kopf. Diese Stimmen, diese Präsenz der gemarterten Frauen, ja sogar der Ratten, retteten mich aber vor dem sicheren Wahnsinn. Aber ich habe auch gespürt, dass ein neuerlicher Mord an einem anderen Menschen, ob nun Soldat oder Zivilist, vor mir selbst keinen Bestand haben könnte. Mein Mord an diesem Offizier war eine Art Wiedergutmachung an der Welt, das habe ich gefühlt. Auch wenn meine Seele vor Pein aufschrie, konnte ich doch die inneren Qualen ertragen. Doch gleichzeitig merkte ich, dass diese furchtbaren Schmerzen nicht noch einmal auf mich zukommen durften. Maria,"

und bei diesen Worten sah er sie flehentlich an,

"gibst du mir eine Chance, kannst du mir verzeihen? Und verstehst du, dass meine Entscheidung, dieses Land zu verlassen, viel eher Feigheit darstellt als deine mutige Desertion? Carlos hat Recht, wenn er dir Hochachtung zollt! Du hast durch mich das bestialische Gesicht deines Kampfes gesehen, hast erkennen müssen, dass du eine Entscheidung treffen musstest, bevor es dafür zu spät werden würde. Du hast bereits Menschen getötet, aus Pflichtgefühl, aus Überzeugung, vielleicht sogar aus Rache. Und dann hast du die Bestie im Menschen durch mich erkennen müssen - und all deine politisch gerechtfertigten Handlungen wurden plötzlich in ein anderes Licht gerückt, stimmt´s?"

Seine Stimme klang nicht herausfordernd, sondern eher verzeihend. Maria schwieg länger als gewöhnlich, doch weder Carlos, noch Gabriel wollten ihre Gedanken unterbrechen. Schließlich sah sie von den wirren Zeichnungen im Sand auf, die sie die ganze Zeit über mit ihrem Ast gemalt hatte.

"Ja, ihr habt recht! Ich hatte eine ungeheure Angst vor dem, was du, Vater, sagen würdest, wie du über mich urteilen würdest. Ich hatte die ganze Zeit dieses Gefühl, vor meiner Verantwortung der Gruppe und dir gegenüber zu entfliehen. Seltsam, wenn ich es recht betrachte, so kam in meinen Überlegungen niemals auch nur ein Gedanke an unser Volk und seine Freiheit auf, sondern alles bezog sich immer auf mein direktes Umfeld, auf meine Verantwortung mir und den Opfern gegenüber. Es war wie ein Spannungsfeld zwischen der Gruppe und mir, und ich musste erkennen, dass alle Bindungen an die Gruppe, ja sogar an dich, Vater, nur durch gesellschaftliche Normen, durch Erziehung und emotionale Bindungen bestimmt waren. Meine Entscheidung gegen den Kampf und für die Desertion dagegen war ganz alleine meine Entscheidung, war einzig auf mich fixiert. Ja, Vater, ich hatte Angst vor dem, was du sagen oder denken könntest! Und jetzt bin ich dir dankbar für dein Verständnis!"

Mit diesen Worten viel sie Carlos weinend um den Hals. Nach langen Minuten, in denen ihr Körper von Schluchzern geschüttelt wurde, beruhigte sie sich wieder. Ihre verweinten Augen blickten auf, suchten das Gesicht Gabriels. Als sie ihn erblickte, lächelte sie verlegen, fragend, doch dann hellten sich ihre Augen auf, und sie griff nach seinem Kopf, riss ihn ungestüm zu Carlos und sich herüber, wuschelte den beiden wie kleinen Kindern in den Haaren herum und begann zu lachen, befreit von einer unsagbaren Last.

"Und du?"

Maria stellte diese Frage, hin und her gerissen zwischen Begeisterung und Reue.

"Ach weißt du, Maria, ich bin ein alter Mann, werde vielleicht nicht mehr allzu lange leben. Das was ich habe, reicht allemal. Und für unseren Kampf um die Freiheit des Landes, da mache dir keine Sorgen! Das wird an anderer Stelle geregelt.“

Er blickte die beiden verliebten jungen Leute ein letztes Mal an, dann meinte er, schon fast unwirsch:

"Nun macht endlich, dass ihr wegkommt, ihr Kletten! Ich will euch hier nicht mehr sehen! Wenn ihr wollt, könnt ihr mir ja eine Postkarte schicken, am besten an die Adresse des Präsidenten der Republik ...!"

Mit diesen Worten drehte er sich um und verließ Gabriel und Maria, seine Kinder, seine Lieben, um sich dem zu widmen, was er schon immer am besten gekonnt hatte, dem Kampf um die Freiheit seines Volkes.

Gabriel und Maria konnten dank der sehr gut gefälschten Pässe ohne Problem nach Brasilien einreisen. Sie hatten ihr Aussehen so verändert, dass die aktuellen Fahndungsfotos keine Aussagekraft mehr hatten. Lediglich ihre Fingerabdrücke hätten sie verraten können, wenn sie denn verlangt worden wären, denn in den biometrischen Daten waren fremde Abdrücke gespeichert, damit sie nicht sofort erkannt werden konnten. Doch so passierten eine jung gebliebene Frau mit langen, weit wallenden schwarzen Haaren, gekleidet in ein wunderbar feminines französisches Designerkleid und ein ebenso in elegantes Tuch geworfener junger Mann mit ebenso wallendem langem Haar in einem nicht minder luxuriösen Fahrzeug europäischer Herkunft die Grenze. Diese Art der Tarnung erschien ihnen am Besten, den Wagen würden sie schon in Rio wieder an die Guerilla zurückgeben. In Rio ließ Gabriel auch die letzten notwendigen Anpassungen an seiner Prothese vornehmen, die doch immer wieder geschmerzt hatte.

Über ihren weiteren Weg hatten sie sich noch keine Gedanken gemacht, hatten sich ihre nähere Zukunft schwieriger vorgestellt, insbesondere, da sie nicht mit einer solch großzügigen Hilfe durch Carlos gerechnet hatten.

"Lass uns nach Guyane fliegen. Mir ist so, als habe ich dort noch etwas zu erledigen. Außerdem erinnere ich mich daran, dass ich in den lokalen Zeitungen Verkaufsanzeigen für Segelschiffe gesehen habe. Das wäre doch vielleicht etwas für uns, oder?"

"Kannst du denn segeln?"

Maria blickte Gabriel erstaunt an, denn es offenbarte eine fast abenteuerliche Seite, eine Lust zum Ungewissen in seinen Augen, die ihr gänzlich unbekannt gewesen war.

"Ja, mach dir keine Sorgen, ich bin schon als Kind gesegelt. Es ist zwar schon etwas länger her, aber da oben herrschen sowieso die immer gleichen Passatwinde und eine so große Küstendrift, dass wir recht schnell in der Karibik sein werden, das hab ich mal irgendwo gelesen. Dann werden wir beide schon soviel Übung haben, dass es danach ganz von alleine klappen wird."

Also flog er wieder nach Französisch-Guayana, jener ersten Station auf diesem Kontinent, auf einer Reise in ein neues Dasein. Als sie aus dem Flugzeug stiegen, umfing ihn erneut dieser erstickende Geruch des tropischen Regenwaldes, diese schweißtreibende heiße Feuchte, die sie beide unmittelbar in eine andere Welt zu katapultieren schien. Noch einmal blitzte in ihm der Gedanke auf, seine Eltern im fernen Deutschland über seine Rettung zu informieren, aber er entschied sich vorerst dagegen, einfach, weil er ihnen nicht hätte erklären können, was geschehen war.

Mit einem der viel zu teuren Taxen fuhren sie zu jenem kleinen Hotel im Zentrum der Stadt, in dem er schon vor seiner Abreise nach Brasilien gewohnt hatte. Es war wie ein Test für ihn, er fragte sich, ob die nette Besitzerin, eine junge Französin, die den Sprung in dieses Land vor vielen Jahren gewagt hatte, ihn wieder erkennen würde. Aber nein, obwohl sie über gute Menschenkenntnisse verfügte, erkannte sie ihn nicht wieder, lediglich über den etwas unfranzösischen Akzent der beiden wunderte sie sich, den er jedoch mit den Worten erklärte, sie kämen aus einer Gegend unweit der spanischen Grenze.

"Sie haben Glück, dass ich noch ein Zimmer für sie frei habe!“

Maria und Gabriel sahen die Frau fragend an.

"Sind sie denn nicht wegen des Karnevals hier? Alle Welt kommt doch in diesen Tagen deswegen hierher!"

Und tatsächlich, noch am selben Tag zogen verkleidete Kindergruppen durch die Straßen der Stadt, sangen und tanzten. Am Abend fragten sie die Hotelbesitzerin, was man denn so am Karneval hier anstellen würde.

"Nun, nachmittags geht man zu den Umzügen, die von Sonntag bis Aschermittwoch andauern, danach geht man in einem Restaurant oder zuhause mit Freunden essen und dann vergnügt man sich die ganze Nacht auf dem Balle Paré-masqué."

Erstaunt blickten sie die Frau an.

"Was ist das denn?"

"Sie hat es aber wirklich völlig unwissend in diese Gegend verschlagen, oder?!"

Sie lachte freundlich.

"Nun, sie Madame, müssen sich noch schnell ein paar Touloulou-Kostüme besorgen. Ich kenne da eine gute Adresse für sie, wo man ihnen sicherlich weiterhelfen wird. Der Spaß wird aber nicht ganz billig, so ein Kostüm kostet, wissen sie?"

"Äh,"

Maria blickte etwas dumm aus der Wäsche,

"warum brauche ich denn gleich mehrere Kostüme? Und was bitte ist eine Tou..?"

"Tou-lou-lou."

Die Frau schüttelte ungläubig ihren Kopf.

"Das ist die wichtigste Person bei dem ganzen Spaß! Die Touloulou ist eine Frau, deren gesamter Körper unter ihrem Kostüm versteckt ist – sogar ihr Gesicht. Sie ist die Königin des Vavals, des Karnevals der Guyanesen, dem kein Mann einen Wunsch abschlagen darf. Sie entscheidet alleine und aus freiem Willen, mit wem sie tanzt, trinkt, lacht oder sogar die Nacht verbringt! Und eines ist ihr gewiss: ihre absolute Anonymität! Deshalb benötigen sie auch mehrere Kostüme, die den jeweiligen Tagesfarben angepasst sind und es ihnen erlaubt, unerkannt zu bleiben. Denn selbst wenn sie eine erotische Nacht mit einem Mann verbringen, darf dieser ihnen weder das Kleid noch etwa die Maske abnehmen! Und dies wiederum ist sehr wichtig für sie, mein Herr: Lüften sie niemals die Maske einer Touloulou! Den handfesten Ärger, der ihnen dann bevorstehen würde, den würden sie noch in zehn Jahren aus tiefstem Herzen bereuen!“

Gabriel und Maria sahen sich teils belustigt, teils verwirrt an. Sollten sie dieses Spiel wagen?

"Zu diesem Balle Paré-masqué – geht die Frau denn da alleine hin?“

Das war Gabriel, der sich noch nicht sicher war, was er von all dem halten sollte.

"Tja, wissen sie, normalerweise ja. Aber viele Franzosen trauen ihren Frauen nicht und gehen daher gemeinsam mit ihnen zu Chez Nana, dem wichtigsten dieser Bälle. Aber dadurch geht natürlich auch ein bisschen der Reiz verloren, oder?!“

Gemeinsam schlenderten sie durch die Massen der Zuschauer, die an den folgenden Tagen das bunte Treiben in den Straßen Cayennes verfolgten. Es zog sie unweigerlich in ihren Bann, diese Freiheit, diese Lust, dieser Mummenschanz. Sie waren fasziniert von den farbenfrohen

Kostümen des Sonntags, erstaunt über die sexuellen Pantomimen, den Rollentausch der Geschlechter des Montags, die offen wilde Erotik des roten Dienstags veranlasste sie zu kopulierenden Körperverrenkungen in aller Öffentlichkeit und die lustige Trauer des Aschermittwochs weckte bereits die Vorfreude auf die Wiedergeburt Vavals, der Gabriel wie ein Abbild seiner Selbst vorkam, getrieben von Fremden, gemordet, wieder geboren, frei.

Doch am Abend ging Maria dann alleine los, jeden Tag in ein anderes, Gabriel unbekanntes Kostüm gehüllt. Sie schlenderte im Rhythmus der eigentümlichen Musik zu jener Baracke, in der sich unzählige Touloulous einem wilden Treiben hingaben und die unverkleideten Männer zu einer willigen Staffage degradiert wurden, in die sich später dann auch Gabriel einreihte. Beide gingen jedes Mal mit einem ihnen unbekannten Herzklopfen zu jenem Ball, ähnlich den Gefühlen aus ihrer Jugend, als sie ihr erstes Rendezvous vor sich hatten.

Doch dann wurde Gabriel von einer Touloulou zum Tanz aufgefordert, den er nicht ablehnen durfte, und schon bald trieb er auf jener unvergesslichen Woge erotischer Hüftschwünge, heißer Luft und dem wilden Atem der Touloulou an seinen Ohren. Er schwamm mit ihr auf den Wellen der Musik, die einfach nicht enden wollte, die ihn von Minute zu Minute, von Stunde zu Stunde immer tiefer in den Rausch ihres heißen, willigen Schoßes trieb, ihn beinahe an ihr Geschlecht klebte, sein Penis hoch erhoben, reibend, sie fordernd, doch zugleich abwartend, was sie wohl zuließe. Dann zog sie ihn in einer schwülen Ohnmacht ins Dunkel der Nacht, drehte ihm ihr Gesäß entgegen, hob irgendwo ihre Röcke, zeigte mal einen unschuldigen, weißen Slip, mal verführerische Strapse, dann wieder gar keine Verhüllung, offenbarte ihm ihr weit geöffnetes Geschlecht, streckte ihm ihren dampfenden Anus entgegen, wollte von ihm genommen werden, wild und unersättlich, ihn aussaugen, in sich aufnehmen, jede ihrer verborgenen Öffnungen mit seinem Samen angefüllt wissen, wollte treiben auf der Woge einer allumfassenden Lust, einer Freiheit, die nur die Touloulou zu kennen schien, die ihn, Gabriel, mitriss, hinein in einen Taumel der grenzenlosen Begierde.

Am Morgen dann, wenn die ihm unbekannte Touloulou sich in das Vidé[26] der bunt gekleideten Frauen einreihte, tanzend durch die erwachenden Straßen Cayennes zog, da fragte er sich jedes Mal, mit wem er wohl dieses orgiastische Erlebnis gehabt hatte, ob er Maria wohl davon erzählen könnte.

Doch dann wartete er mit einem leicht schlechten Gewissen jedes Mal in ihrem Hotelzimmer auf Maria, die immer erst bei Tagesanbruch auftauchte, verschwitzt und nach Sex riechend, sich ihrer Kleider entledigte, nicht dem nächtlichen Kostüm, das sie gut vor ihm zu verstecken wusste, sich dann wie eine Furie auf ihn stürzte und ihn mit einer Gier nahm, die ihm den Atem raubte. Er fühlte an jedem Morgen, wie der Samen eines ihm unbekannten Mannes an seinem steifen Schaft herunterlief, wie sich seine Manneskraft mit der eines Anderen vermischte, wie sie sich in einer verschlingenden Begierde über ihn stülpte, die ihn eigentlich hätte erschrecken müssen. Doch nichts davon kam ihm in den Sinn. Nein, er genoss diese berauschenden Nächte, diese wilden Morgen mit Maria, dieses Ungewisse in dem, was die Nacht ihnen beiden gebracht hatte, eine Freiheit, von der er bisher noch nicht einmal geträumt hatte.

Am Aschermittwoch kamen sie dann beide kurz nach Mitternacht in ihr Hotel, denn diese Nacht war kürzer als die anderen, er traf sie an der Eingangstüre, sie diesmal noch in ihr traumhaft schönes schwarz-weißes Kostüm gehüllt, das Gesicht von der Maske verdeckt, die Augen dunkel gefärbt, die Finger mit weißen Handschuhen bedeckt, doch er erkannte sie wieder, die Touloulou dieser Nacht, die er vor wenigen Minuten so ungestüm genommen hatte, diesmal ja, denn sie hatte einen großen Ring an ihrem Finger, einen

[26] Straßenumzug, bei dem sich am frühen Morgen alle Touloulous Cayennes zum Tanz auf den Straßen treffen.

Ring auf dem ihre Namen standen, einen Ring, den sie jetzt abnahm und ihm über seinen Ringfinger stülpte, ihn dann küsste, gefolgt von einigen gehauchten Worten:

"Ich liebe dich, Gabriel! Ich liebe dich, weil du die ganzen Tage nicht gefragt hast, weil du dich hast treiben lassen, unwissend und voller Angst, doch mit solcher Gier in deinen Augen, dass ich dich dafür bis ans Ende meiner Tage begehren werde! Ja, Gabriel, ich war deine Touloulou, all die Nächte! Komm, ich will dich noch ein letztes Mal als Touloulou, bevor wir diese Stadt für immer verlassen werden!“

Einige Tage später verließen sie das kleine Hotel sehr früh. Am Wochenende des wilden Treibens hatten sie ein Segelschiff gefunden und gekauft. Die Papiere waren schnell fertig gestellt, nur der neue Name des Schiffes war noch nicht registriert worden. Doch an diesem Morgen würden sie die Schiffspapiere endgültig erhalten, konnten dann noch am selben Tage in See stechen, hinein in ein neues Leben, ein Leben, das ihnen Freiheit versprach, eine Freiheit, von der sie noch nichts ahnen konnten, von der sie noch keine Vorstellung hatten. Als sie das Schiff am Nachmittag dann erreichten, voll gepackt mit Proviant und anderen wichtigen Utensilien für die kurze Reise in die Karibik, da betrachteten sie voller Stolz ihren neuen Besitz, ihren Traum, ihre Verheißung.

Bevor sie von ihrem Beiboot aus auf das Schiff kletterten, hielt Gabriel Maria am Arm fest, drehte sie zu sich um und gab ihr einen zärtlichen Kuss.

"Ich möchte dir etwas schenken, etwas, von dem ich nicht wusste, dass es noch existierte. Carlos gab es mir kurz bevor wir ihn verließen.“

Mit diesen Worten drückte er Maria einen kleinen, unscheinbaren Plastikring in die Hand, der ihr niemals passen würde. Fragend blickte sie ihn an.

"Ein kleines Mädchen gab ihn mir in Brasilien, lange bevor die Hölle über mich hereinbrach. Als die Soldaten mich gefangen nahmen, übersahen sie ihn, vielleicht weil er so unscheinbar ist, so kindisch, so unmännlich. Ich versteckte ihn bis zu jener Nacht meines Todes. Da presste ich ihn mit all meiner Kraft in meine Hand, umklammerte ihn, als müsse er mir mein Leben retten. Doch als ich merkte, dass es keinen Ausweg mehr geben würde, schluckte ich ihn kurzerhand hinunter. Dieser Ring, Maria, war einer der Gründe für mein Überleben. Er gab mir die Kraft dieses Mädchens, diese Unschuld, diesen bedingungslosen Willen zum Überleben!"

Maria betrachtete sich den Ring genauer. Dann blickte sie erneut auf Gabriel.

"Und wie kam Carlos an den Ring, wenn du ihn heruntergeschluckt hattest?"

"Überleg mal. Er fand ihn in meinem Kot...! Und bewahrte ihn für mich auf. Er sagte mir zum Abschied, dass Dinge, die wir bei unserem Tode lieber in uns drin haben wollen als dass sie im Dreck verrotten, dass solche Dinge uns am Leben erhalten, dass diese Dinge unsere Verbindung zu unserer Seele darstellen, dass wir uns an sie klammern, um zu überleben."

"Aber warum willst du ihn dann mir geben? Behalte ihn doch! Er hat dein Leben gerettet!"

"Ja, Maria, er hat mir die Kraft gegeben, die Kraft dieses Kindes. Aber jetzt bin ich frei! Ich brauche seine Kraft nicht mehr. Aber vielleicht wirst du sie eines Tages benötigen, diese Kraft der Freiheit, wer weiß das schon?"

Wieder gab er Maria einen Kuss, nahm sie dann in seine Arme und hob sie, wie ein Bräutigam seine Braut, auf das Schiff.

Wenig später holten sie den Anker ein, hissten die Segel, auch wenn nur wenig Wind war, und machten sich auf in ihr neues Leben. Das weiße Schiff schnitt langsam durch die ruhigen Wellen in den dunkler werdenden Abend, der Bug hob und senkte sich, als wenn ihr Schiff atmen würde, und der Namenszug, ihr Traum, winkte der sich entfernenden Küste zu:

La Libertad

Nachwort

Es mag verwundern, dass der Protagonist des Romans - der Namenlose, der Fisch, Gabriel - für seine Tat am Ende des Romans nicht zur Rechenschaft gezogen wird. In einer zivilisierten Gesellschaft würde er sicherlich vor ein Gericht kommen und ebenso sicher auch verurteilt werden. Man würde ihm mit großer Gewissheit zwar Mildernde Umstände zugestehen, nach all den Qualen, die er erleiden mußte, aber ein funktionierende Rechtsstaat müßte über ihn richten.

Die Situation im Roman betrifft allerdings keinen wie auch immer gearteten Rechtsstaat, sondern die Ereignisse finden in einem Willkürstaat statt, in einem Staat zudem, der sich durch einen Guerillakrieg oder gar Bürgerkrieg in einer Phase der Umwälzung befindet.

In solchen Phasen gibt es keine Gerechtigkeit in dem Sinne, wie wir ihn in unserer Gesellschaft verstehen. Im Nazideutschland gab es keine Gerechtigkeit, ebensowenig in den totalitären Staaten des Sozialismus oder der Diktaturen. Ob es Gerechtigkeit im philosophisch-moralischen Sinne überhaupt gibt und wie diese aussehen mag, wird hier nicht weiter erörtert werden.

Fakt ist aber, dass der Rückzug auf eine scheinbar gerechte Judikative in einem Willkürstaat nicht zulässig ist, dass dieser Rückzug, der Befehlsnotstand oder der Rechtsnotstand, so wie ihn die Richter der NS-Zeit später für sich in Anspruch nahmen, nicht zulässig ist, denn in einem Unrechtsstaat kann es kein gerechtes Recht geben, Recht wird zum spiegelnden Zerrbild der herrschenden Verhältnisse, wird zum Unrecht im scheinbaren Recht. Folglich kann es in einem solchen Staat auch keinen Richter geben, der die Taten des Protagonisten dieses Romanes hätte zur Disposition stellen können.

Wenn hier die Frage nach Recht und Gerechtigkeit gestellt würde, so müßte sie vor einem Tribunal nach Beendigung des Unrechtsstaates gestellt werden oder aber vor einem internationalen Tribunal. Würden man aus der Rückschau allerdings bereit sein, eventuelle Morde oder - für unser Verständnis - Gräueltaten durch KZ-Insassen an ihren Peinigern vor Gerichten verhandeln zu lassen?

Die Frage im Rahmen der Folter und der massenhaften Vernichtung von Menschen in Vernichtungsmaschinen - und nichts anderes waren die KZ, der

Gulag, die Lager in Argentinien und in anderen diktatorischen Staaten, die Umerziehungslager in China und der Sowjetunion, die Massenvernichtungen in Kambodscha, der Genozid in Ruanda, die Weiße Folter in unseren zivilisierten Staaten - wirft moralisch-ethische Problemstellungen auf, die jenseits der Frage nach Recht und Gerechtigkeit steht: Während sich der Folterer und staatliche Mörder durch das scheinbare Recht seines Unrechtsstaates gedeckt sieht, kann sich der Gefolterte und Gemordete nur auf sein natürliches Recht auf Leben sowie seine körperliche und seelische Unversehrtheit berufen. Wird ihm dieses Recht während der Folter genommen, so hat er keine Möglichkeit, sein Recht vor einer anderen Instanz als seiner Selbst einzuverlangen.

Ein Tribunal mag ihm in einer späteren Phase der Geschichte sein Recht geben, in der Unmittelbarkeit des Geschehens innerhalb des Unrechtsstaates oder einer gewaltsamen Auseinandersetzung innerhalb eines Bürgerkrieges ist dies jedoch nicht möglich. Der Protagonist des Romans könnte also später durchaus für seine Handlungen zur Rechenschaft gezogen werden, mag sein durch ein ordentliches Gericht seines Herkunftslandes, mag sein durch ein internationales Gericht oder ein nationales Tribunal. Ob ihm hier dann Gerechtigkeit widerfahren würde, ist aber nicht Betrachtung dieses Romans, denn hier stellt sich nur die Frage im Rahmen der unmittelbaren Handlung, die Frage nach Gerechtigkeit im Angesicht der Folter, der Qualen und der Vernichtung der seelischen Integrität eines Menschen.

Den Weg, den der Protagonist hierbei einschlägt, ist seltsam, er entspricht nicht unserem Bild von Gerechtigkeit, von Rache oder Vergebung, er ist metaphysisch und archaisch. Diese Herangehensweise an die Frage, wie geht ein Opfer von Folter mit seinem Folterer um, würde er die Gelegenheit dazu bekommen, ist insofern eher theoretische Natur, da die Opfer meist keine Gelegenheit mehr bekommen, auf den Folterer in überhaupt einer Weise zu reagieren. Aber, würden wir uns die Frage danach stellen, würden wir sie in der Unmittelbarkeit des Aufeinandertreffens von Opfer und Folterer stellen, so würden wir keine rational begründbaren Reaktionen erkennen können: Es erscheint menschlich verständlich, wenn Opfer sich an ihren Peinigern rächen wollen, doch diese Rache ist in der Unmittelbarkeit nicht damit abgetan, dass der Peiniger vom Gefolterten einfach nur getötet wird, das Opfer will Genugtuung für seine Qualen, sucht nach unmenschlicher Rache, sofern es noch die Kraft dazu besitzt.

Vergebung kommt erst später, in der Rückschau vielleicht, ist aber sicherlich keine Vergebung im Sinne eines Akzeptierens des Geschehenen. Das also die überlebenden Opfer des Holocaust keine Rache an ihren Peinigern übten, ihnen scheinbar teilweise sogar so etwas wie Vergebung entgegenbrachten, ist aus der Rückschau sicherlich dem Umstand geschuldet, dass die Opfer zuvorderst mit einem schrecklichen Kapitel ihres Lebens abschließen wollten, sie sich dabei aber eben auch hinter der Ansicht versteckten, die einzelnen Folterer hätten nicht aus eigener Motivation gefoltert, sondern seien eben doch nur die Chargen der großen Massenmörder gewesen.

Die staatliche Auseinandersetzung mit diesen Tragödien der Menschheit sind zusätzlich immer auch dem Umstand geschuldet, dass man den Tätern, die als Mitläufer erscheinen, nur zu gerne einen Persil-Schein ausgeben möchte, denn dadurch erhofft man sich die zukünftige Funktionsfähigkeit des Staates nach dem Unrecht. Man richtet dann die allseits bekannten Täter, die Diktatoren und ihre Generäle, die Machthaber und ihre politische Eliten, man richtet sie so öffentlich wie möglich, um zu zeigen, dass nun die Phase der Gerechtigkeit und des Rechts wieder eingekehrt sei, jedoch verschließt man die Augen vor der individuellen Verantwortung und Schuld der scheinbaren Mitläufer, der kleinen Folterer, der alltäglichen Mörder, derer, die mit Genuss - ja, dies im wörtlichen Sinne! - zu Bestien geworden sind.

Und hier schließt sich der Kreis: Menschen sind von Natur aus nicht nur in der Lage, bestialisch zu handeln, nein, sie tun es auch, sobald eine Gesellschaft es ihnen erlaubt - dies belegt die Geschichte in unzähligen Variationen über die Jahrtausende menschlicher Gesellschaften hinweg.

Ist der Protagonist des Romans also schuldig? Hat er in der Unmittelbarkeit des Aufeinandertreffens mit seinem Folterer moralisch-ethisch-philosophisch-religiös-juristisch richtig gehandelt? Das sind die Fragen, die der Roman bewußt offen läßt. Er konfrontiert an dieser Stelle den Leser mit einer ursprünglichen Frage, mit der Frage nach Gerechtigkeit im Angesicht der unbeschreiblichen Folterqualen, mit der Frage also, was uns als zivilisierte Menschen von der Barbarei der Folter unterscheidet, oder ob wir nicht doch Teil dieser unmenschlichen Disposition sind, so wie dies bereits de Sade in seinem Vorwort zu den „Hundertzwanzig Tagen" beschrieben hatte.

Bernhard Conrad, 2020

Quellen und weiterführende Literatur

Die Literaturliste erhebt keinen Anspruch auf Vollständigkeit

Folter:

- Amnesty International:
    - HINTERGRUNDINFORMATIONEN ZU FOLTER, www.amnesty.de/informieren/hintergrundinformationen-zu-folter
    - FOLTER 2014, 30 Jahre Gebrochene Versprechen, www.amnesty.de/sites/default/files/2017-05/Amnesty-Bericht_Folter_2014.pdf
    - AMNESTY INTERNATIONAL REPORT 2017/18 ZUR WELTWEITEN LAGE DER MENSCHENRECHTE, www.amnesty.org/download/Documents/POL1067002018GERMAN.PDF
    - Bericht über die Folter, Fischer Taschenbuch Verlag, Frankfurt/ M. 1976, 260 S.
- Gerhard Beestermöller (Hrsg.): Rückkehr der Folter. Der Rechtsstaat im Zwielicht? Beck, München 2006, 196 S.
- Winfried Brugger: Vom unbedingten Verbot der Folter zum bedingten Recht auf Folter? In: JZ 2000, S. 165–173.
- Folter – Made in USA, ARTE-Dokumentation 2010/2011
- Daniela Haas: Folter und Trauma. Therapieansätze für Betroffene. BIS-Verlag, Oldenburg 1999 (Diplomarbeit)
- Franz Helbing: Die Tortur. Geschichte der Folter im Kriminalverfahren aller Zeiten und Völker, Berlin 1926; Bechtermünz, Augsburg 1999, 266 S.
- Horst Herrmann: Die Folter. Eine Enzyklopädie des Grauens. Eichborn Verlag, Frankfurt am Main 2004, 400 S.
- Peter Koch / Reimar Oltmanns: Die Würde des Menschen – Folter in unserer Zeit. Goldmann, München 1979, 280 S.
- Marnia Lazreg: Torture and the Twilight of the Empire. From Algiers to Baghdad, Princeton U.P., Princeton, NJ/ Oxford 2008, 360 S.
- Cecilia Menjivar, Nestor Rodriguez (Hrsg.): When States Kill: Latin America, the U.S., and Technologies of Terror (Taschenbuch), Texas University Press, Austin 2005, 374 S.

- Manfred Nowak: Folter: Die Alltäglichkeit des Unfassbaren, Kremayr & Scheriau, Wien 2012, 240 S.
- Edward Peters: Folter. Geschichte der peinlichen Befragung. Europäische Verlagsanstalt, Hamburg 1991, 256 S.
- Jan Philipp Reemtsma: Folter im Rechtsstaat? Hamburger Edition, Hamburg 2005, 156 S.
- Folterwerkzeuge und ihre Anwendung 1769. Constitutio Criminalis Theresiana, Reprint-Verlag-Leipzig, 2003, o. Paginierung

Gulag:

- Nanci Adler: The Gulag Survivor. Beyond the Soviet System, Transaction Publishers, New Brunswick, London 2002, 290 S.
- Anne Applebaum: Der Gulag. Siedler, Berlin 2003, 734 S.
- Wladislaw Hedeler, Meinhard Stark: Das Grab in der Steppe. Leben im GULAG. Die Geschichte eines sowjetischen „Besserungsarbeitslagers“ 1930–1959. Schöningh, Paderborn 2008, 463 S.
- Tomasz Kizny: Gulag, Hamburger Edition, Hamburg 2004, 431 S.
- Julia Landau, Irina Scherbakowa (Hrsg.): Gulag. Texte und Dokumente, 1929–1956, Wallstein Verlag, Göttingen 2014, 216 S.
- Ralf Stettner: „Archipel GULag“. Stalins Zwangslager – Terrorinstrument und Wirtschaftsgigant. Entstehung, Organisation und Funktion des sowjetischen Lagersystems 1928–1956, Schöningh, Paderborn 1996, 448 S.
- Nicolas Werth: Die Insel der Kannibalen. Stalins vergessener Gulag. Siedler, München 2006, 224 S.

Hexenverfolgung:

- Jakob Sprenger, Heinrich Institoris: Der Hexenhammer, Speyer 1487; Deutsch: Johann Wilhelm Richard Schmidt, Berlin 1906; DTV, München 2000, 864 S.

Holocaust:

- Frank Bajohr u. Andrea Löw (Hrsg.): Der Holocaust: Ergebnisse und neue Fragen der Forschung. Fischer, Frankfurt am Main 2015, 352 S.
- Vincas Bartusevicius u. a. (Hrsg.): Holocaust in Litauen. Krieg, Judenmorde und Kollaboration im Jahre 1941. Böhlau, Köln 2003, 337 S.
- Wolfgang Benz, Barbara Distel: Der Ort des Terrors. Geschichte der nationalsozialistischen Konzentrationslager, 9 Bände, C.H. Beck, München 2005, 5.216 S.
- Martin Doerry (Hrsg.): Monika Zucht (Fotografien): Nirgendwo und überall zu Haus. Gespräche mit Überlebenden des Holocaust. DVA, München 2006, 264 S.
- Daniel Goldhagen: Hitlers willige Vollstrecker. Ganz gewöhnliche Deutsche und der Holocaust. Goldmann, München 2000, 728 S.
- Raul Hilberg: Die Vernichtung der europäischen Juden. (englischsprachiges Original 1961) 3 Bände. Fischer, Frankfurt am Main 1990. 1.350 S.
- Eberhard Jäckel u. a. (Hrsg.): Enzyklopädie des Holocaust. Die Verfolgung und Ermordung der europäischen Juden. Piper, München 1998, 1.912 S.
- Claude Lanzmann: Shoah. Trotzdem, Grafenau 1999, 240 S.
- Alexandra Rossberg, Johan Lansen (Hrsg.): Das Schweigen brechen. Berliner Lektionen zu Spätfolgen der Schoa. Peter Lang GmbH, Berlin 2003, 390 S.
- Grzegorz Rossoliński-Liebe: Der Verlauf und die Täter des Lemberger Pogroms vom Sommer 1941. Zum aktuellen Stand der Forschung. In: Jahrbuch für Antisemitismusforschung, 22 (2013), S. 207–243.
- Dieter Schenk: Der Lemberger Professorenmord und der Holocaust in Ostgalizien. Verlag J. H. W. Dietz, Bonn 2007, 308 S.
- Sybille Steinbacher: Auschwitz. Geschichte und Nachgeschichte (= Beck'sche Reihe. 2333). Beck, München 2004, 128 S.
- Gerd R. Ueberschär: Orte des Grauens. Verbrechen im Zweiten Weltkrieg. Primus, Darmstadt 2003, 288 S.

Kannibalismus:

- Cătălin Avramescu: An Intellectual History of Cannibalism. Princeton University Press, Princeton NJ 2009, 317 S.
- Gereon Janzing: Kannibalen und Schamanen. Verbreitete Irrtümer über fremde Völker (= Der Grüne Zweig. Bd. 247). Werner Pieper & The Grüne Kraft, Löhrbach 2006, 154 S.
- Annerose Menninger: Die Macht der Augenzeugen. Neue Welt und Kannibalen-Mythos, 1492–1600 (= Beiträge zur Kolonial- und Überseegeschichte. Bd. 64). Steiner, Stuttgart 1995, 334 S.
- Manfred Riße: Abendmahl der Mörder. Kannibalen – Mythos und Wirklichkeit. Militzke, Leipzig 2007, 192 S.
- Walter Pape, Daniel Fulda (Hrsg.): Das Andere Essen. Kannibalismus als Motiv und Metapher in der Literatur (= Rombach-Wissenschaften. Reihe: Litterae. Bd. 70). Rombach, Freiburg (Breisgau) 2001, 548 S.
- Hedwig Röckelein (Hrsg.): Kannibalismus und europäische Kultur (= Forum Psychohistorie. Bd. 6). Edition Diskord, Tübingen 1996, 252 S.
- Reay Tannahill: Fleisch und Blut. Eine Kulturgeschichte des Kannibalismus (= Goldmann-Sachbücher 11215). Goldmann, München 1979, 219 S.
- Ewald Volhard: Kannibalismus, Strecker & Schröder, Stuttgart 1939, 539 S.
- Christian Spiel: „Menschen essen Menschen. Die Welt der Kannibalen“, C. Bertelsmann, München,1972, 254 S.

Länderspezifische Berichte:

Argentinien:

- Alberto Del Castillo Troncoso: Fotografía y memoria en Argentina (1976-2016), in: *L'Ordinaire des Amériques (Online)*, Coin des curiosités, Femmes et militantisme politique sous les dictatures en Amérique latine, 03.07.2017
- Amnesty International: Hölle im Diesseits, 25.07.2016
- Der Fotograf des Horrors von Buenos Aires, Merian, www.merian.de
- Folter in der „Venda Sexy“, Deine Korrespondentin, 07.07.2017

- „Man entriss ihnen ihre Babys, bevor man sie tötete“, Welt, 14.05.2018
- Putsch, Folter, Flucht – und dann Schikane, Lateinamerika Nachrichten, April 2014
- Über das KZ- und Folterzentrum El Vesubio: Fernsehbericht TV Publica Argentina, 12.07.2011

Elisabeth Käsemann:

- Focus-Artikel "Der Tod und das Mädchen", Nr. 6, 2.2.2004, S. 104 – 109

Ermordung eines deutschen Studenten in Argentinien:

- TV-Dokumentation „Todesursache Schweigen“, gesendet auf 3sat am 21.1.2005 um 20:15 Uhr

Brasilien:

- Chinesisches Bad, Der Spiegel, 04.12.1967
- Folter mithilfe von Schlangen und Ratten, faz, 11.12.2014
- Heilige Mission, Der Spiegel, 15.12.1969
- Direito à Memória e à Verdade: histórias de meninas e meninos marcados pela ditadura / Secretaria Especial dos Direitos Humanos. – Brasília : Secretaria Especial dos Direitos Humanos, 2009.
  120 S.

Chile:

- Chile: Gefesselt zum Haus des Schreckens, Der Spiegel, 13.10.1975
- „Colonia Dignidad“: Prügel, Folter und Gesang, correctiv, 05.04.2019
- Eine Frau in der Hölle, Lateinamerika Nachrichten, Februar 1995

China:

- Häufige Folter- und Misshandlungsmethoden in der VR China, Internationale Gesellschaft für Menschenrechte (IGFM), www.igfm.de, 2020

Guantanamo:

- www.amnesty.ch/de/themen/folter/folter-im-krieg-gegen-terror

- Wärterinnen zwangen Häftlinge zum Sex, Der Spiegel, 20.01.2015

Irak:

- Alexander Bahar: Auf dem Weg in ein neues Mittelalter? Folter im 21. Jahrhundert. dtv, München 2009, 260 S.
- Das sind nicht Helden, sondern Monster, Der Spiegel, 27.05.2017
- Philip Gourevitch, Errol Morris: Die Geschichte von Abu Ghraib. Aus dem Englischen von Hans Günter Holl. Carl Hanser Verlag, München 2009, 300 S.
- Dennis Kirstein: Amerikas Terrorkreuzzug – Kriege, Folter und Menschenrechtsverletzungen im 21. Jahrhundert. Books on Demand, Norderstedt 2008, 252 S.
- www.sueddeutsche.de/thema/Folter_im_Irak, 2020

Mexikanischer Drogenkrieg:

- „Es waren 1100 Tage in der Hölle", Der Spiegel, 10.02.2014
- Gefoltert und in Säure aufgelöst. Brutaler Studentenmord erschüttert Mexiko, ntv, Freitag, 27.04.2018
- Szenen des mexikanischen Wahnsinns, Tagesanzeiger Schweiz, 19.02.2018

Südafrika:

- Folter in Südafrika, Die Zeit, 06.08.1965

Syrien:

- Folter und Tausende Tote in syrischen Gefängnissen, www.zeit.de/politik/2016-08/amnesty-international-syrien-gefaengnisse-folter-tote, 18.08.2016
- Folter während des Syrischen Bürgerkrieges, wikipedia, 2020

Vietnam:

- DIE NADEL MIT DEM PURPURKOPF, Der Spiegel, 16.06.1965
- Dir wird dein Vietnamurlaub vergehen, nachdem du das hier gelesen hast, Vice.com, 26.04.2013
- Holzpflock ins Ohr, Der Freitag, 11.12.2014

- “Ich sah niemanden, der lebend herauskam …”, Der Freitag, 14.05.2004
- „RIESENSPASS BEIM KILLEN“, Der Spiegel, 14.04.1969

Philosophie:

Donatien-Alphonse-François Marquis de Sade:

- „Les 120 Journées de Sodome ou l’Ecole du libertinage“, Paris, 1785, unveröffentlichte Textrolle, 12,1x0,11 Meter; Rumpfausgabe deutsch:„Die Hundertzwanzig Tage von Sodom oder die Schule der Ausschweifung“, Berlin, 1904 (ca. 900 S.); vollständige französische Ausgabe (soweit bekannt): Paris, 1931-1935, 543 S.
- „Les Infortunes de la Vertu“, Paris, 1787/1788, unveröffentlicht ; Rekonstruktion : Paris 1930 (138S.)
- „Justine ou les Malheurs de la Vertu“, Paris 1791; deutsch: „Justine oder Die Leiden der Tugend“, München, 1964 (258 S.)
- „La nouvelle Justine ou les Malheurs de la Vertu, suivie de l’Histoire de Juliette, sa Sœur“, Paris, 1797 (3.700 S.), Verbot : 1798 ; deutsch : „Justine oder Die Leiden der Tugend gefolgt von Juliette oder Die Wonnen des Lasters“, Berlin, 1905 (1.100 S.)
- „Aline et Valcour ou le Roman Philosophique“, drei Ausgaben („A, B und C“), 4 Bände, alle Paris, 1795, Verbot: 1815 und 1825, 1.767 S.; deutsch (Rumpfausgabe): „Aline und Valcour oder der philosphische Roman : geschrieben in der Bastille, ein Jahr vor der Französischen Revolution“, Hamburg, 1963 (1.092 S.)
- La philosophie dans le boudoir, London 1795
- Die Philosophie im Boudoir, Manfred Pawlak, Herrsching 1972, 363 S.
- Die Philosophie im Boudoir, Curiosa der Weltliteratur, 1907, 2 Bd., 276 und 342 S.
- Justine oder die Leiden der Tugend gefolgt von Juliette oder die Wonnen des Lasters, 1904 (Privatdruck); vollständiger Nachdruck: Greno Verlagsgesellschaft, Nördlingen 1987, 1.156 S. (davon 36 Seiten Literaturliste 1796 bis 1988)
- Aline und Valcour oder der philosophische Roman, Merlin Verlag, Hamburg 1963, 1092 S.

- Marion Luckow (Hrsg.): Marquis de Sade, Ausgewählte Werke, Bd. 1 - 3; Merlin Verlag, Hamburg 1962 - 1965, 3.887 Seiten

über de Sade

- Guillaume Apollinaire: L'Oeuvre du marquis de Sade, in: Les Maîtres de l'Amour, 1909
- Jaques Lacan: Kant avec Sade, in: Critique, 191, 1963
- Richard von Krafft-Ebing: Psychopathia sexualis, 1886; Verlag von Ferdinand Enke, Erlangen 1907, 452 S.
- Iwan Bloch (Eugen Dühren):
    - Der Marquis de Sade und seine Zeit, Barsdorf Verlag, Berlin 1900, 502 S.
    - Neue Forschungen über den Marquis de Sade und seine Zeit, Max Harrwitz, Berlin 1904, 488 S.
- Max Horkheimer und Theodor W. Adorno: Dialektik der Aufklärung, Querido Verlag, Amsterdam 1947; Fischer Taschenbuch, Frankfurt am Main 1988, 288 S.
- Albert Camus: Ein Literat. Über den Marquis de Sade, in: Merkur, 1952, S. 454 - 464
- Jean Paul Sartre: Gleichgültigkeit, Begierde, Hass, Sadismus, in: Das Sein und das Nichts, rowohlt, Hamburg 1952, S. 285 - 332
- Gilbert Lely: Leben und Werk des Marquis de Sade, Rauch, Düsseldorf 1961, 459 S.
- Simone de Beauvoir: Soll man de Sade verbrennen?, Szczesny, München 1964, S. 7 - 84 (französisch 1951)
- Erich Fromm: Der destruktive Charakter: Sadismus, in: Anatomie der menschlichen Destruktivität, DVA, München 1974, S. 254 - 258

Peter Sloterdijk:

- „Kritik der zynischen Vernunft", Suhrkamp, Frankfurt/M. 1983, 959 S.

Christian Thomasius:

- Summarischer Entwurf der Grundregeln, die einem studioso juris zu wissen nöthig, Halle 1699; Sciencia, Aalen 1979, 266 S.
- De crimine magiae, Halle 1701; DTV, München 1986, 232 S.

Thukydides (ca. 460-404 v. Chr.):

- Der Peloponnesische Krieg, Reclam, Ditzingen 2000, 867 S

Romane und Erzählungen:

Janina Baumann:

- Als Mädchen im Warschauer Ghetto, Bastei Lübbe, München 1986, 320 S.

Henry Charrière:

- Papillon, Robert Laffont, Paris 1969, 516 S.
- Papillon, Fischer Taschenbuch, Frankfurt am Main 1978, 592 S.

Blair Niles:

- TEUFELSINSEL. LEBENSGESCHICHTE EINES UNBEKANNTEN STRÄFLINGS., Drei Masken Verlag, München 1932, 338 Seiten
- Condemned to Devil's island: the biography of an unknown convict, Harcourt, Brace and Co, New York 1928, 376 S.

Sonstiges:

Buffy Sainte-Marie:

- „The Universal Soldier", LP „It's my way!, 1964, bekannt gemacht durch den US-Sänger Donovan (LP „Catch the wind", 1965)
- Klaus J. Gantzel und Torsten Schwinghammer (Hrsg.): Die Kriege nach dem Zweiten Weltkrieg 1945 bis 1992: Daten und Tendenzen, LIT 1997, 496 S.

Weiße Folter:

- Metin Başoğlu, Maria Livanou: Torture vs Other Cruel, Inhuman, and Degrading Treatment. Is the Distinction Real or Apparent?, Archives of General Psychiatry, 2007; 64:277-285
- Angelika Birck, Christian Pross, Johan Lansen (Hrsg.): Das Unsagbare – Die Arbeit mit Traumatisierten im Behandlungszentrum für Folteropfer Berlin. Springer, Berlin 2002, 303 S.
- Das waren die 10 schrecklichsten Foltermethoden der CIA, Focus, 10.12.2014
- Das sind die 13 Foltermethoden der CIA, Welt, 10.12.2014
- Rainer Mausfeld:
    - Foltern für das Vaterland. Über die Beiträge der Psychologie zur Entwicklung von Techniker der

„weißen Folter“, www.schattenblick.net/infopool/sozial/psychol/spber076.html, April 2009.
- Foltern ohne Spuren. Psychologie im Dienste des »Kampfes gegen den Terrorismus«., in: Wissenschaft & Frieden, 2010, Heft 1: Intellektuelle und Krieg, Seite 16–19.

- Alfred W. McCoy: Foltern und foltern lassen. 50 Jahre Folterforschung und -praxis von CIA und US-Militär. Zweitausendeins, Frankfurt 2005, 257 S.
- Peter Nowak, Gülten Sesen, Martin Beckmann (Hrsg.): Bei lebendigem Leib – Von Stammheim zu den F-Typ-Zellen. Gefängnissystem und Gefangenenwiderstand in der Türkei. Unrast Verlag, Münster 2001, 200 S.

Danksagung

Mein Dank gilt vor allem all jenen, die an dieses Projekt und seine Verwirklichung geglaubt haben und mir Mut gaben, trotz der vielen Widrigkeiten, nicht aufzugeben.

Ein ganz besonderer Dank gilt meiner Frau und meinen Kindern für ihre Unterstützung sowie die Zeit, die sie mir geben, damit ich schreiben kann.

Für ihre Freundschaft und Inspiration danke ich all jenen Menschen, die ich in Südamerika kennenlernen durfte, namentlich ganz besonders Nardo Aluman, Guy Bourdet, Rachel Chevassus und Christian Holveck, Jean-Paul Klingelhofer, Georg Lazo, John Li A Fo, René Mariwajoe und seiner Familie, Christian Medus, Scott Mory, Lucia Pierre, Vanessa Rachae-Tjokrodimedjo, Imelda Resodikromo, Christian Rommel, Thierry Sallantin, Josien Tokoe-Aluman, Erwin Watchmann, Lilian Wiebers-Tjokrodimedjo und Daniel Williams; für eine besondere Inspiration danke ich den beiden unbekannten Mädchen auf dem Schiff von Marajó nach Bélem.

Für die fachliche Beratung hinsichtlich der Anfertigung einer Zahnprothese danke ich Frau Melanie Happach, ich hoffe, ich habe ihre Ausführungen richtig verstanden und einigermaßen sachlich korrekt umgesetzt.

Für die Gespräche über Verfolgung und Folter danke ich insbesondere jenen Personen, die ich in Litauen, Guyane und Suriname kennenlernen durfte und die bereit waren, so offen über ein schlimmes Kapitel ihres Lebens zu berichten.

Nicht zuletzt danke ich den Probelesern: Christine Boison, Christine Floss, Susanne Mielenz und Laura Conrad

In Memoriam

Patrick John, ein Mann mit einer unglaublichen Geschichte; Daniel Masse, der mich in eine vergangene Zeit blicken ließ; die Geschwister Nelson, deren Leben aus der Sklaverei in die Freiheit führte, ja: „wir sind alle nur Fremde hier"; Koen Resodikromo, der die Verfolgung, Flucht, Schikanen und persönlichen Schläge nicht überlebte - ich bedauere sehr, dass unsere langen Gespräche dich nicht retten konnten, ruhe in Frieden; Denny Tjokrodimedjo, was für ein Freund du warst, du bist viel zu früh gegangen; Kris Wood, Umweltaktivist, ermordet; Christian ???, wie war eigentlich dein wirklicher Name, ich habe es nie erfahren: Deserteur, auf der Flucht im Garten unserer Freunde ermordet; mein Vater, der mir oft aus seiner Zeit als Kriegsgefangener erzählte und der trotz allem die Kraft besaß, zuzugeben, dass er zu Recht in Gefangenschaft war; meine Mutter, die nur ein einziges Mal über ihre Kindheit mit mir sprach: versteckt in einem Kloster in Frankreich, die ihre Mutter erst nach dem Krieg mit sechzehn Jahren kennenlernen durfte.

Für alle verfolgten, gefolterten und ermordeten Menschen dieser Erde - ihr Schicksal dürfen wir niemals vergessen, selbst wenn wir sie nie persönlich kennengelernt haben sollten.

In Erinnerung an die Opfer der Militärdiktaturen in Südamerika

Argentinien (1976 - 1983):
30.000 Menschen wurden ermordet oder sind vermisst
230 Kinder wurden entführt
Brasilien (1964 - 1985):
50.000 Menschen wurden verhaftet
20.000 Menschen wurden gefoltert
356 Menschen wurden ermordet oder sind vermisst
4 Kinder wurden wahrscheinlich entführt
Chile (1973 - 1990):
42.486 politische Gefangene alleine 1976
1.185 Menschen werden vermisst
2.011 Menschen wurden offiziell ermordet (extrapolierte Statistiken gehen von bis zu 10.000 Ermordeten aus)
Paraguay (1954 - 1992):
ca. 2.000 Menschen wurden ermordet
1.000.000 Menschen gelten als vermisst
Suriname (1980 - 1987; Dschungelkrieg 1986 - 1992):
mindestens 500 Tote, davon viele Zivilisten (ermordet: mindestens 54)
über 10.000 Flüchtlinge
Uruguay (1973 - 1985):
55.000 Menschen wurden verhaftet
166 Menschen sind vermisst
131 Menschen wurden ermordet
12 Babys wurden entführt

Quellen:
Suriname: Klaus J. Gantzel und Torsten Schwinghammer (Hrsg.): Die Kriege nach dem Zweiten Weltkrieg 1945 bis 1992: Daten und Tendenzen, LIT 1997, 496 S., S. R-254
Alle anderen Länder: Direito à Memória e à Verdade: histórias de meninas e meninos marcados pela ditadura / Secretaria Especial dos Direitos Humanos. – Brasília : Secretaria Especial dos Direitos Humanos, 2009, S. 101

Guyana und Französisch-Guayana waren im 20. Jahrhundert die einzigen Gebiete Südamerikas, in denen es keine Militärdiktatur gegeben hat, allerdings herrschten in Guyana lange Zeit bürgerkriegsähnliche Verhältnisse und in Französisch-Guayana existierte bis 1939 das Bagno, zwischen 1946 und 1954 das Gefangenenlager für Häftlinge des Indochinakrieges.

Von Bernhard Conrad sind aktuell im Buchhandel folgende Titel erhältlich:

Guyana
Reisen (Bd. 3 der Reihe), Kurzreiseführer
1. Auflage, BoD Norderstedt, 2019
148 Seiten
ISBN: 978-3749468744

Suriname
Reisen (Bd. 2 der Reihe), Reiseführer
2. Auflage, BoD Norderstedt, 2019
348 Seiten
ISBN: 978-3749428816

Französisch-Guayana
Reisen (Bd. 1 der Reihe), Reiseführer
3. Auflage, BoD Norderstedt, November 2018
376 Seiten
ISBN: 978-3748199038

Zwischen Ariane, Merian und Papillon
Geschichten aus Französisch-Guayana und Suriname
1. Auflage, BoD, Norderstedt, 2015
212 Seiten
ISBN 978-3734798146

Christian Holveck und Bernhard Conrad
Trois Faces, Drei Gesichter, Three Faces
Fotobuch
1. Auflage, BoD, Norderstedt, 2018
120 Seiten, Hochglanzpapier, fester Einband
Französisch, Deutsch, Englisch
Édition Française: ISBN 978-2322122554
Deutsche Ausgabe: ISBN 978-3752830699

Für weitere Informationen besuchen Sie bitte folgende Internetseite:

www.bconrad.eu